国家社科基金
后期资助项目
GUOJIA SHEKE JIJIN HOUQI ZIZHU XIANGMU

应用型硕士研究生培养研究

Research on the Cultivation of Application-Oriented Master's Students

廖湘阳 著

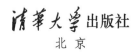

清华大学出版社
北京

图书在版编目(CIP)数据

应用型硕士研究生培养研究/廖湘阳著. —北京:清华大学出版社,2021.12
ISBN 978-7-302-59719-3

Ⅰ.①应… Ⅱ.①廖… Ⅲ.①研究生教育–人才培养–研究–中国
Ⅳ.①G643

中国版本图书馆 CIP 数据核字(2021)第 273779 号

责任编辑:商成果
封面设计:傅瑞学
责任校对:欧 洋
责任印制:杨 艳

出版发行:清华大学出版社
　　　　　　网　　址:http://www.tup.com.cn,http://www.wqbook.com
　　　　　　地　　址:北京清华大学学研大厦 A 座　　邮　　编:100084
　　　　　　社 总 机:010-62770175　　　　　　邮　　购:010-62786544
　　　　　　投稿与读者服务:010-62776969,c-service@tup.tsinghua.edu.cn
　　　　　　质量反馈:010-62772015,zhiliang@tup.tsinghua.edu.cn
印 装 者:北京同文印刷有限责任公司
经　　销:全国新华书店
开　　本:165mm×238mm　　**印张:**26.5　　**插页:**1　　**字数:**448 千字
版　　次:2021 年 12 月第 1 版　　　　　　　**印次:**2021 年 12 月第 1 次印刷
定　　价:98.00 元

产品编号:091311-01

国家社科基金后期资助项目
出版说明

　　后期资助项目是国家社科基金设立的一类重要项目,旨在鼓励广大社科研究者潜心治学,支持基础研究多出优秀成果。它是经过严格评审,从接近完成的科研成果中遴选立项的。为扩大后期资助项目的影响,更好地推动学术发展,促进成果转化,全国哲学社会科学工作办公室按照"统一设计、统一标识、统一版式、形成系列"的总体要求,组织出版国家社科基金后期资助项目成果。

全国哲学社会科学工作办公室

目　　录

绪　　论

随着社会发展水平的提升和科技创新竞争的加剧,研究生教育的战略地位得到了进一步强化,成为国家创新力和竞争力发展战略的主要构成,成为实现创新驱动发展、促进经济提质增效的战略支撑,成为国家发展、社会进步的重要基石。与此同时,研究生教育的目标与功能发生显著变化,呈现出分化与转型的发展趋势,面向社会经济发展的多元化需求,创新培养模式、优化培养过程、加快培养应用型硕士研究生成为研究生教育改革发展的国际趋势。

一、研究生教育的多元分化和职业取向愈加突出

硕士、博士学位业已成为某些就业领域和职业岗位从业人员的基本要求。通过研究生阶段的专门学习和系统训练,研究生解决复杂问题的能力明显增强,更能胜任需要综合能力的各种岗位。本科教育提供给学生一些基础知识和工作技能,保证经济社会发展所必需的人才支持和技术支持,进而实现社会的维持性发展;研究生教育则不仅提供给学生先进的知识及技术,而且进一步开发了学生的批判性思维能力,使学生成为创造性生产者,进而推动社会的创新性发展。研究生教育经历成为成功就业和高质量就业的一个优势,不仅可以大大增加研究生在与其学位对应的职业领域就业的机会,并且能够使研究生有机会在与其研究工作并不直接关联的其他领域找到工作,表现出更高的适宜被雇佣的能力(employability),获得一个研究生学位能够在更换职业时拥有更大的选择性。越来越多的就业领域和职业岗位倾向于要求应聘者具有硕士以上学位,这意味着研究生学位正在日益成为一些领域从业人员的基本要求。与此同时,社会提高了学术型专业人才入职的门槛,绝大部分学科的科研与教学人才只从博士毕业生中吸纳,硕士研究生就业的非专业化、非学术化趋势日益加剧,各种非传统学术性岗位成为硕士研究生就业的新领域。

随着教育规模的扩张和培养类型的分化,研究生培养的学术维度和职

业维度的交叉愈加明显，一个不能回避的问题是如何在学术与实践之间保持恰当的平衡。研究生教育发展"受到知识逻辑、学科逻辑、社会逻辑和创造逻辑的支配"①，其发展轨迹遵循"钟摆理论"，即以具体问题为导向，在学术逻辑与社会逻辑之间运行，以期实现动态平衡，而每次动态平衡的实现都会推进作为支点的社会实际问题的解决。硕士研究生教育发展的最大动力来源于专业实践的强烈需要，专业性、应用研究性、实践性成为这类教育项目的基调和特征。未来新型硕士研究生培养应着重考虑三方面的目标：一是要强调培养"研究型专业人员"，满足某些专门领域对技术型领导者的需求；二是要瞄准社会实践领域的实际问题，着重开发和发展研究生与职业领域实际密切相关的实践性知识及能力；三是要同时兼顾研究生的未来职业发展，重视研究生经历对于其职业发展的长远影响。应用型硕士研究生培养必将迎来一个快速发展期，而其发展是与当前强调消费者参与教育决策和教育质量保障的大环境相适应的，学生的选择以及职业的多样性刺激着应用型硕士研究生教育的发展。学生选择多元化与自由度的扩张是与需要专门知识的新兴职业的蓬勃发展相联系的，是与学生职业规划的发展成熟相一致的，学生能够以可选择的类型与模式接受研究生教育②。

硕士学位的发展正从学位类型的增多拓展到学位性质的部分改变。硕士学位越来越类似一个"筛查机制"（screening mechanism）③，结合不同情况予以分化与分流，或是按照早期的传统模式硕士毕业后直接就业，或是作为那些有意攻读博士学位却未能如愿或者未能完成博士学习任务而被淘汰的学生的"安慰奖"，或是被视作通往博士之路的必要准备。硕士学位这一"筛查机制"的焦点指向硕士学位的职业化，许多硕士学位正逐渐演变成为在商业、政府和非营利性组织领域从业做准备的教育项目，体现出"证书教育"（credentialing high-quality learning）的新特征④，传统硕士学位也许将被一种专业化的终端型证书（a professionalized terminal credential）

---

① 刘贵华，孟照海.论研究生教育的发展逻辑[J].教育研究,2015,36(1)：66-74.

② W.诺顿·格布拉，马文·莱泽逊.高等教育中的职业教育主义：教育信条的胜利[J].高馨,译.国际高等教育研究,2007(3)：1-10,25.

③ Carol B. Lynch. Master's Education in a Global Context：the U. S. [EB/OL]. http://www. cgsnet. org/portals/0/pdf/mtg_am07LynchPS. pdf. 2015-12-12.

④ K. J. Kohl, J. LaPidus. Postbaccalaureate futures：New markets, resources, credentials [M]. Washington D. C. ：American Council on Education and Oryx Press,2000.

所取代①,或者演变成一种创业者证书(entrepreneurial credential)②或就业的资格证书。因此,研究生教育应当向研究生提供更加富有活力的和系统综合的职业发展经验,提供更多有明晰职业化倾向的硕士学位项目。

随着研究生教育规模的扩大,其就业市场不再局限于学术领域,而是拓展到各种非传统学术领域,这就要求研究生培养项目与之匹配。但是,正如 Donald A. Schon 所评论的,"绝大多数的大学体制着眼于一种特定的认识论,一种培养选择性地忽略实践能力和专业艺术性(professional artistry)的知识观点"③,对应于科学与学识的"硬知识"与对应于专业艺术性和纯朴性的"软知识"之间在培养计划、课程体系中存在着明显的割裂。研究生培养要想有助于研究生毕业后能够应对工作环境、工作方式、思维方式的变化及其带来的新挑战,就必须消除这些"割裂",建立新的知识论、课程论和人才培养模式。那么,研究生教育对此应如何做准备?需要采取哪些措施解决这些问题?如何更好地满足新一代新型研究生的职业发展愿景?如何帮助他们通过创造知识解决复杂的社会问题并获得成功体验?当我们考虑将来需要什么样的研究生教育时,我们无法预知未来的劳动力市场将会是什么样的,无法预知未来的职业岗位将会对能力提出什么样的要求,无法预知未来的新生劳动力应当做什么样的职业准备,进而我们也就无法按照预测的图景去精确地制订研究生教育计划。即便如此,仍然可以通过保持研究生教育本身的多元化、灵活性来增强研究生教育系统对于研究生供求关系变动的适应性。我们对于无法预测的发展趋势是可以采取积极应对措施的,就研究生培养而言,一是技能的纵向提升,强调更高要求和更高水平;二是技能的横向贯通,强调更加灵活和迁移能力。新型研究生培养计划需要提供来自业界的实习和实践支持④,培养和发展研究生"就业所需的品质和迁移技能"(the qualities and transferable skills

---

① Judith Glazer-Raymo. Trajectories for Professional Master's Education [EB/OL]. (2014-07-12). http://www.cgsnet.org.

② Commission on the Future of Graduate Education in the United States. The Path Forward:The Future of Graduate Education in the United States[R/OL]. http://www.fgereport.org/rsc/pdf/CFGE_report.pdf.

③ 唐纳德·A.舍恩.反映的实践者——专业工作者如何在行动中思考[M].夏林清,译.北京:教育科学出版社,2007:前言.

④ Commission on the Future of Graduate Education in the United States. The Path Forward:The Future of Graduate Education in the United States[R/OL]. http://www.fgereport.org/rsc/pdf/CFGE_report.pdf.

necessary for employment)①,以使其能够灵活应对学术界以外的雇佣机构对转移性技能的要求,更好地满足个人适应不同职业岗位的需要以及劳动力市场对复合型人才的需求。当前硕士研究生培养普遍缺乏清晰的职业切入点,而为其勾画职业出路又是非常重要的,这个方面构成未来研究生教育革新和变化的主旋律。

二、中国研究生教育目标定位与发展路径需要重构

随着高等教育从大众化启动之际的非常规快速发展演进到稳步发展,再到迈进普及化阶段,我国高等教育诸多方面都已经发生了显著变化,有必要对高等教育包括研究生教育的定位进行深入的反思与分析。具体而言,一是这一进程中高等教育不同层次之间关系的变化;二是高等教育大众化阶段研究生教育的性质变化与发展模式;三是研究生教育在高等教育迈进普及化阶段后将扮演什么角色;四是未来研究生教育的性质与定位。研究生教育要在这一大的背景下,对学位的职能进行重新定位,对硕士研究生培养目标进行重新定位,促进整个研究生培养的分类发展②。对此,相关研究提出了许多对策建议,一个主要思路就是大力发展专业学位研究生教育。

现在面临的问题在于我们既缺乏对专业学位研究生教育本质特征的自觉认识,也没有形成较为完备的专业学位研究生培养体系,尤其是普遍缺乏相应的实践教学指导力量和实践教学资源。与此同时,社会舆论也往往仍以学术型研究生培养质量标准来衡量专业学位研究生的培养质量。这对于通过大力发展专业学位研究生教育为各行各业提供大批高素质从业人员这一发展战略的实施是非常不利的。而相对完备的专业学位研究生培养体系的缺失,使大力发展专业学位研究生教育缺少良好的依托平台③,因而通常会借用学术型研究生培养资源和培养平台,其结果一是导致整个研究生培养资源的稀释,二是导致专业学位研究生培养的预期目标难以达成,产生研究生培养质量的隐患。

积极发展专业学位研究生教育,对于推动我国研究生教育结构调整、

①　Quality Assurance Agency (QAA). National Qualification Framework in England. Wales and Northern Oreland[R/OL]. http://www.qaa.ac.uk.

②　黄宝印.我国专业学位教育发展的回顾与思考(下)[J].学位与研究生教育,2007(7):26-31.

③　徐俊忠,周云,戴怡平."类专业学位":一种拓展应用型人才培养的策略性措施——中山大学的实践与体会[J].学位与研究生教育,2009(11):1-4.

增强研究生教育满足经济社会发展多元化需求的能力,起到了积极作用。但是,这种发展思路有其局限性①。面对经济社会发展对各种非传统型学术岗位的人才需求,单一的专业学位研究生教育体系已经无法独当大任,需要开创更加开放的培养体系与培养模式。因此,需要对研究生教育系统进行重组,对学位职能进行重新定位,必须脱离现有学位分类框架,找到一个更加具有开放性和包容性的概念或者体系,推进"学术型和应用型学力体系"的分立②,建立专门的应用型硕士研究生培养体系,构建专门的、独立的、源于应用型硕士学位本身的支持网络。

在我国研究生教育发展的早期阶段,硕士研究生和博士研究生的培养目标都基本定位为高等学校、科研机构的教学科研后备人才。这一格局已经发生根本性的变化,但是社会大众、研究生培养单位、指导教师和研究生自身都或多或少地保留着研究生是科学研究和高校教学后备人才的经验性看法,"培养模式结构固定化与目标单一化并存"③的现象仍然存在,这种观念以及与之相应的一些习惯性做法成为研究生教育质量问题的诱因。研究生培养目标定位的调整不能仅仅停留在表面上,而必须深入研究生培养的各方面和各环节,并且要通过舆论宣传,引导社会各界对研究生培养目标树立正确的观念,避免将研究生就业态势与研究生学位贬值、研究生培养质量纠缠在一起。实际上,就业难题并非朝夕之间可以解决的,研究生就业所面临的严峻挑战需从调整就业期望、培养就业技能等多方面加以解决。未来要从三方面着手来改善研究生就业状况:一是提高研究生教育质量;二是提升用人单位工作岗位技术含量;三是实现研究生培养和社会需求之间的有机匹配。2019 年,我国高新技术企业达到 22.5 万家,科技型中小企业超过 15.1 万家;169 个高新区生产总值达 12 万亿元,经济总量占全国的 1/10 以上;全社会研发支出达 2.17 万亿元,占 GDP 的比重达 2.19%;科技进步贡献率达到 59.5%④。科技创新尤其是大量新技术的研发应用和产业化的全面推进为应用型硕士研究生培养提供了战略机遇。

"一个传统是提供高质量、高层次的研究生教育的卓越历史传统;另一个传统是对变化和改革不愿适应的传统。优秀传统曾经对我们很合

---

①　廖湘阳.非学术型硕士研究生教育发展的路径与重点[J].学位与研究生教育,2010(2):21-25.

②　闵维方.中国教育与人力资源发展报告(2005—2006)[M].北京:北京大学出版社,2006:157.

③　"中国学位与研究生教育现状"课题调研组.中国学位与研究生教育发展报告(2011)[M].北京:清华大学出版社,2012:127.

④　刘垠,操秀英.我国创新型国家建设取得新进展[N].科技日报,2020-05-20(1).

用……即当我们提倡研究生及专业教育变革时应建立在优秀传统的基础上。"①要保持研究生教育最本质的内核,研究生教育本身必须首先作出改变。如果不能在保有最本质的内核的前提下,积极主动地寻求、推动变革,研究生教育就有可能偏航或迷航。反过来,如果研究生教育的变革没有坚守其本质内核,则这种变革就只不过是迷失自我的一种喧闹罢了。"深层次根本性问题的解决,需要长期的实践探索,更需要……进行系统的研究生教育理论和实证研究……使研究生教育实践具有理论指导,使我们可以对未来作出符合规律的预测和规划。这是一个成熟的研究生教育体系应当具备的能力,也是走向研究生教育强国的必由之路。"②重申应用型硕士研究生培养,并不是完全排斥和彻底否定专业学位研究生教育,并非对过去应用型硕士研究生培养改革探索的沿袭和回归,而是基于国际研究生教育改革发展的共同趋势,基于我国专业学位研究生教育发展现实,基于我国应用型研究生培养的探索实践。

三、应用型硕士研究生培养是研究生教育改革与发展的重点

如前文所述,针对高级应用型人才的缺乏以及学术型学位研究生培养的局限,我国研究生教育结构调整和模式创新的一个主要思路是大力发展专业学位硕士研究生教育。这一发展思路对于提升我国研究生教育的社会适应能力起到了积极作用。但是,这种发展思路有其局限性,因此有必要重申应用型硕士研究生培养这一观念,并基于这一观念对我国研究生教育结构和模式进行重构。其一,专业学位研究生培养的一个基本前提是与特定职业相对应,这种职业定位特性决定其具有"面向成熟职业"的局限性,而当前大量涌现的新职业或新岗位并非"成熟职业",而是新兴职业或新型岗位;应用型硕士研究生培养则更加具有包容性和开放性,系统研究其发展有助于更好地推进硕士研究生培养的真正多样化,有助于硕士研究生人才结构的优化,以适应社会对各种应用型人才的需求。其二,探索应用型硕士研究生培养模式、培养平台、培养过程,有助于推进研究生教育结构的调整和培养模式的优化,拓展硕士研究生教育的发展空间,形成结构合理的研究生教育体系,满足创新型国家建设对高层次人才的多元化需求。

---

① 大卫·沃德.令人骄傲的传统与充满挑战的未来:威斯康星大学 150 年[M].李曼丽,李越,译.北京:清华大学出版社,2007:90.

② 赵沁平.开拓、创新、求真,科学构建研究生教育学学科体系[J].研究生教育研究,2014(6):1-3.

其三,重申应用型硕士研究生及其培养,理论上有助于深化对学术型学位、专业学位、学术型研究生、应用型研究生等基本概念的认识,实践上有助于建构起我国应用型硕士研究生培养的发展框架,为处于转型期的我国研究生教育的政策选择与制度创新提供参考。

为此,要基于研究生教育发展背景的变化和我国专业学位研究生教育发展道路的利弊,探讨我国研究生教育结构调整和模式创新的可能空间和路径选择,探讨应用型硕士研究生培养的基本规律和实践策略。具体而言,一是基于研究生教育发展背景以及发展定位的多维度分析,阐述加快应用型硕士研究生培养的现实意义,为我国研究生教育正在推进的结构调整提供新的思路。二是从我国研究生教育发展的实际出发,阐述应用型硕士研究生培养的重点与路径,以引导研究生培养单位形成新的发展特色和优势。三是从其质量特质和能力结构出发,探讨应用型硕士研究生培养平台建构和培养过程优化的策略,以指导研究生培养单位优化应用型硕士研究生培养体系。

总之,要在新的发展背景下和新的发展平台上,勾勒出应用型硕士研究生培养的基本规律和实践策略,为我国研究生教育结构调整和模式创新提供决策咨询。

其一,应用型硕士研究生的需求更多地来自当前尚未发展为成熟的专门职业的各种技术型岗位,因此,主要面向成熟职业的专业学位研究生教育并不是满足应用型高层次人才需求的全部途径,还必须开辟其他途径。社会需求量最大的不是学术型人才,也不是对应着严格的职业资格的专业学位人才,而是在这之外能够适应各种技术岗位和管理岗位的应用型高级人才。未来要大力发展专业学位,但是,也要回到应用型研究生培养改革的起点,以应用型研究生人才的培养为重点,而非建立庞大的专业学位体系。

其二,应用型硕士研究生培养必须寻求新的发展途径和发展空间,其中之一就是传统学术型硕士研究生教育的重构与分化。所谓重构,就是硕士研究生培养的基调由学术型整体转型为应用型;所谓分化,是将应用型作为整个硕士研究生培养的基调和主体,将学术型硕士研究生培养和专业学位研究生培养作为分化发展的两支。这一模式能够较快改善我国的研究生教育结构,发挥优质教育资源的效能,且属于内涵式发展。

其三,应用型硕士研究生培养改革之初存在许多有益的探索,专业学位只是其中一种。改革探索选择走发展专业学位这条路有其必然性,但是这种选择除了内在原因,还受到其他方面因素的影响,这种选择实际上导致了改革探索的萎缩与狭隘。现在讲的"应用型"并不是对过去的完全回归,而是有其新意,它更多的是一种顶层设计,而不只是培养模式改革的探索(过去主要集中于此),是由一种被动的筛查机制转变为主动的分流分类培养机制。

其四,应用型硕士研究生培养将是我国研究生教育未来发展的重点,是我国优化研究生教育结构和人才培养模式的根本途径之一。发展的重点是形成培养应用型硕士研究生的观念意识,创新基于应用型硕士研究生分化发展的培养机制与模式,建立以实践能力和职业技能发展为核心的培养体系和培养平台,开发相应的课程体系和培养资源,完善相应的质量保障体系。

研究生培养体系面临着新的挑战。2018 年第四届中国研究生教育国际论坛上,海外学者的报告主题从一个侧面充分显示了这一点。美国研究生院协会副主席 Julia Kent 女士的《为今天的研究生应对未来研究挑战作准备》、英国卡迪夫大学物理与工程学院教育和学生事务院长 Andrew Roberts 的《"真实学习"应对世界"重大挑战"》、英国卡迪夫大学物理与工程学院 Alan Kwan 的《21 世纪研究生应掌握的"新兴"技能》、英国高等教育质量保障署国家和国际处处长 Rowena Pelik 的《突破边界:交互式的质量保障体系》、哈佛商学院出版社国际事务高级副总裁 Vinay Hebbar 的《未来的工作——对未来领导者的启示》[1],都强调研究生培养体系要更加开放和具备更高水平。新经济、新业态、新产业,人工智能、大数据、互联网+等日益发展,要求从业者不仅要拥有某个职业或职业领域的能力组合,而且要具有在不同环境下不断自我调整以及学习新技能和新方法的能力[2]。研究生教育必然是培养模式和培养过程不断创新的系统,必然是能够满足社会和研究生个体多元化需求的体系。

---

[1]　教育部学位与研究生教育发展中心.唱响研究生教育"高端引领 创新互动"的"同一首歌"——第四届中国研究生教育国际论坛圆满闭幕[EB/OL]. http://www.cdgdc.edu.cn/xwyyjsjyxx/sy/syzhxw/284387.shtml.

[2]　克劳斯·施瓦布.第四次工业革命[M].李菁,译.北京:中信出版社,2016:47-48.

第一章 文献综述与概念界定

硕士学位的地位可谓起起伏伏,在整个中世纪欧洲,它是与博士学位并驾齐驱、没有本质差异的最高实质性学位。随着中世纪大学的演变,硕士学位之"最高实质性学位"的色彩不断淡化,以至于到 18 世纪末不再是重要学术成就的标志,硕士学位一定程度上蜕化为荣誉性学位。19 世纪早期以来,随着现代研究生教育制度的建立,硕士学位重新成为实质性学位。到了 19 世纪末叶,随着硕士和博士研究生规模的扩大,旨在培养未来大学教师的硕士学位再次面临博士学位成为大学教师入职门槛的冲击。硕士学位要在研究生教育的新形态中得以立足和重塑形态,其定位与性质就需要重新界定,其中应用型硕士研究生培养成为新的实践和理论探讨方向。

第一节 文献综述

一、国外研究文献述评

1. 美国研究生教育发展历程与主题研究

Richard J. Storr 在其著作《美国研究生教育的开端》(*The beginnings of Graduate Education in America*)中,将 1865 年内战结束前的美国研究生教育分为三种①。C. F. Conrad 和 D. J. Eagan 在 1990 年对美国硕士教育研究进行了全面的文献综述,将美国硕士教育研究划分为四个阶段:作为高等学校教师学术资格的硕士学位(1859—1900 年),多元目标的硕士教育(1900—1945 年),扩张、专业化和多样化(1945—1970 年),硕士教育的转型(1970—1990 年)②。Maresi Nerad 等 1997 年编辑的《美国研究生教育》

① Richard J. Storr. The Beginnings of Graduate Education in America[M]. Chicago: University of Chicago Press,1953.

② C. F. Conrad,D. J. Eagan. Master's degree programs in American higher education[M]//J. C. Smart (ed.). Higher Education: Handbook of Theory and Research. New York: Agathon Press,1990: 107-160.

(*Graduate Eduation in the United States*)对 20 世纪最后 10 年美国研究生教育的关键问题进行了讨论,认为虽然所讨论的问题很少是全新的,但研究生教育机构必须作出新的回应①。有研究者通过文献检索发现,1940—1979 年是集中阐释增加某一特定领域专业学位的原因及其一般要求和标准,1980—1999 年是集中分析具体要素在人才培养与质量改进中的意义与价值,2000—2013 年的研究主题转向如何提高特定学科专业学位研究生培养质量、专业学位项目认证、毕业生能力及其与就业的关系②。

2. 硕士学位培养目标定位研究

Nathan M. Pusey 评论指出,关于研究生教育目的存在两种显然不同的意见——只准备培养学院里的教师还是训练接班人以承担增长知识的更重要责任③。Bernard Berelson 于 1957 年完成的一份报告详细描述了美国研究生教育各种利益关系的冲突,阐述了发展趋势及其存在的问题,提出要实现研究生教育的主要目的,高度专门化的研究是必不可少的④。正如1957 年以 Devereus C. Josephs 为首的总统高等教育委员会(the President's Commission on Higher Education)指出的"要求扩展研究生教育和研究生专业教育,不只是由于教师短缺这一个问题。……需要许多受过高等训练的其他种类的人才,这是非常重要的,政府和商业两方面需要更多的技术人才"⑤。Judith S. Glazer 在 1986 年发表的文章中认为硕士学位正在经历一场身份危机,提出必须思考硕士学位的主要功能是什么,它如何最好地满足学生、雇主对应用性的期望与要求⑥。Glazer 总结硕士服务于三个目标之一:"作为博士学位的踏脚石(Ph. D. stepping stone);作为不愿或不能继续攻读高级学位的安慰奖(the consolation prize for failing to finishing a Ph. D.);作为许多职业的终极学位(terminal degree)。"⑦美国科学、工程

①   Maresi Nerad, Raymond June, Debra Sands Miller. Graduate Education in the United States [M]. New York:Garland Publishing Inc. ,1997.

②   郭芳芳,郎永杰,闫青,等."专业硕士扩招"的理性思考——基于 S 大学践行政策过程的质性研究[J].北京大学教育评论,2014,12(4):17-33,183-184.

③   奈什·M.帕西.研究生教育和研究力量[M]//杭州大学高等教育研究室,编译.高教研究丛刊,十一辑[出版者不详]:[出版地不详],1985:24-25.

④   B. Berelson. From Graduate Education in the United States[M]//Graduate education in the United States. New York:McGraw-Hill Book Company Inc.,1960.

⑤   转引自奈什·M.帕西.研究生教育和研究力量[M]//杭州大学高等教育研究室,编译.高教研究丛刊,十一辑[出版者不详]:[出版地不详],1985:29.

⑥⑦   J. S. Glazer. The Master's Degree:Tradition, Diversity, Innovation[R]. ASHE-ERIC Higher Education Report,1986(6):13.

与公共政策委员会(The Committee on Science, Engineering and Public Dolicy, COSEPUP)等组织发布的报告声称:"研究生教育在两种方式上是实现国家目标的基础。第一,我们的大学有责任培养未来的研究人员和教师——为明天的变化和产品打下基础及教育下一代的教师和研究人员。第二,研究生教育直接为国家更广泛的科技、经济和文化发展目标作出贡献。"①

硕士学位传统上是学术界和商界之间最密切的联系,不断变化的劳动力技能需求加强了这种传统②。但是,研究生教育学术性与职业性的钟摆总是更倾向于学术性,比如有研究评论商学院 MBA 教育"迷失了方向……商学研究生教育的关注点……越来越局限——与企业人员越来越脱节",他们学会的是如何分析而不是如何行动,学到的是处理问题的技巧,而关于如何实施解决方案却知之甚少,"培养出来的是技术官僚,提着一个大工具箱却无法完成组织需要他们完成的任务"③。虽然研究生证书并未成为就业的必备条件,但是拥有此证书的人就业状况会更好,也足以显示一个更高的学位的确有利于在人才市场中的竞争。与此同时,仅仅拥有一份证书与一个学位已经不能成为就业的充分条件,对证书拥有者的技能进行再评价的体系与措施已经开始建立④。

Oliver C. Carmichael 研究了美国学位类型、课程设置多样化的发展趋势与存在的问题,指出有必要认真对待学位的多样化(150 种硕士学位和 68 种博士学位)、名称的混乱以及由大学所提供的典型的硕士学位和博士学位的变化和种类等问题⑤。Pusey 也指出在同一水平提供两种学位,其中一种难免被认为地位比较低下⑥。Blume 等人则声称研究生教育不能混淆培养学术新人的任务与向社会团体的文化和智力活动提供社

①　美国科学、工程与公共政策委员会,等.重塑科学家与工程师的研究生教育[M].徐远超,等,译.北京:科学技术文献出版社,1999:7.

②　C. F. Conrad, D. J. Eagan. Master's degree programs in American higher education[M]//J. C. Smart (ed.). Higher Education: Handbook of Theory and Research. New York: Agathon Press, 1990: 107-160.

③　斯里坎特·M.达塔尔,戴维·A.加文,帕特里克·G.卡伦. MBA 教育再思考——十字路口的工商管理教育[M].伊志宏,徐帆,译.北京:中国人民大学出版社,2011:68-70.

④　Robert G. Burgess. Beyond the First Degree: Graduate Education, Lifelong Learning and Careers [M].Buckingham: SRHE and Open University Press, 1997: 13.

⑤　Oliver C. Carmichael. Graduate Education: A Critique and A Program[M]. New York: Harper & Brothers publishers, 1962: 51.

⑥　奈什·M.帕西.研究生教育和研究力量[M]//杭州大学高等教育研究室,编译.高教研究丛刊,十一辑[出版者不详]:[出版地不详],1985:25.

会支持的义务,否则将导致标准的降低①。美国研究生院协会(Council of Graduate Schools,CGS)20 世纪 80 年代中期启动了一项全国性大规模调查和研究,Conrad 等人牵头完成的美国硕士研究生教育研究,利用决策情况中相关人员作出的选择作为分析工具,提出了一个硕士点分类法,把 47 个案例分为四个理想模型,即附属型(ancillary)、专业发展型(career advancement)、学徒型(apprenticeship)和社区中心型(community-centered)②。

Berelson 在其 1960 年出版的《美国研究生教育》(*Graduate Education in the United States*)中提出了一些需要讨论的问题,包括硕士学位的发展空间在哪里、如何在规模数字压力下维持标准、如何应对不断加深的学科专业化等,探讨了美国学位之乱象及其整治,建议未来发展要"加上改变,再加上选择"③。研究普遍认为多样化和分层化是研究生教育发展的共同趋势。Tony Becher 等人提出英国研究生教育要实行分层化发展策略,在政策和实践两个层面上实现分化(stratification)和差异化(differentiation)④。为了应对社会需求的多样化,研究生教育从宏观结构到微观运行机制都体现出多元化发展趋势,研究生教育机构还必须进一步多样化⑤,要"提供一个更宽的学业选择范围","大学及其研究生教育事业的伙伴应该共同合作,努力拓宽研究生的课程选择"⑥。Glazer 分析了硕士学位的五个主要变化,即扩散(proliferation)、多样性(diversity)、质量控制(quality control)、理论—实践困境(the theory-practice dilemma)、创新和变革(innovation and change),指出硕士学位的结构、目的和内容的假设已经改变并将继续改变,最终形成一个新的硕士学位范式⑦。与此同时,"美国的研究生教育事

---

①　S. Blume,O. Amsterdamska. Post-graduate education in the 1980s[M]. Paris:organization for Economic Co-operation and Development,1987.

②　Clifton F. Conrad, Jennifer Grant Haworth, Susan Bolyard Millar. A Silent Success:Master's Education in the United States[M]. Maryland:The Johns Hopkins University Press,1993.

③　B. Berelson. Graduate Education in the United States[M]. New York:McGRAW-Hill Book Company Inc. ,1960.

④　Tony Becher,Mary Henkel,Maurice Kogan. Graduate Education in Britain[M]. London:Jessica Kingsley Publishers Ltd. ,1994:7-8.

⑤　S. Blume,O. Amsterdamska. Post-graduate education in the 1980s[M]. Paris:organization for Economic Co-operation and Development,1987.

⑥　美国科学、工程与公共政策委员会,等.重塑科学家与工程师的研究生教育[M].徐远超,等,译.北京:科学技术文献出版社,1999:4-5,12.

⑦　Judith S. Glazer. Toward a New Paradigm[EB/OL]//Joslyn L. Green. The Master's Degree:Jack of All Trades. (1987-04). https://files. eric. ed. gov/fulltext/ED284467. pdf.

业是多类的和分散的,由于参与高等教育的使命和机构的多样性,任何重要的变动都需要基于互相理解的合作实现"①。正如 Merzbacher 感叹的,研究生教育始终面临着为共同需求制订计划与依赖开明的自我调节之间的古老冲突②。Douglas M. Peers 在题为《硕士学位的未来:研究、职业或其他》(*The Future of the Master's Degree*:*Research*,*Professional and Other*)的报告中描述了硕士学位近期新的发展趋势,其中最明显的全球性转变就是专业硕士学位的快速增长③。可以预见,硕士学位的增长将会持续,而其中最为突出的则是将有更多的研究生培养机构、学生、雇主和国家选择更为全面的专业硕士学位④。

3. 硕士研究生培养职业化趋向研究

"教育体系面临的整体挑战是要从集中培养一小群精英转型为广泛培养一大批知识工作者。"⑤研究生教育在继续保持传统上以研究为基础的培养模式的同时,应当有更多的硕士学位项目转向清晰的职业化发展方向,增开一些旨在增强研究生从事非研究工作的就业潜力的课程,开展技术职业(technical professions)方面的培训⑥,以更好地满足研究生对职业道路的个性化选择以及劳动力市场对技能型、应用型人才的需求。实际上,硕士学位已经表现出明显的职业化⑦,一方面研究生教育必须改进以适应学生和社会需求,另一方面研究生职业发展项目是满足这种需求的有效途径,研究生教育应当向研究生提供"更加富有活力的和更好地综合的职业发展经验"⑧。无论是为了满足劳动力市场的多元化需求,还是为了满足个体的个性化职业发展的要求,都"应当存在一个宽泛的研究生教育机会

---

① 美国科学、工程与公共政策委员会,等.重塑科学家与工程师的研究生教育[M].徐远超,等,译.北京:科学技术文献出版社,1999:25.

② E. Merzbacher. Rethinking graduate education[J]. Physics Today,1976,29(6):88.

③ Douglas M. Peers. The Future of the Master's Degree:Research,Professional and Other[EB/OL].(2014-04-08).http://www.cgsnet.org/portals/0/pdf/mtg_sm09Peers.pdf.

④ Judith Glazer-Raymo. Trajectories for Professional Master's Education[EB/OL].(2014-07-12).http://www.cgsnet.org.

⑤ 圣地亚哥·伊尼格斯·德翁左诺.商学院——引领高等教育变革[M].徐帆,译.北京:中国人民大学出版社,2014:导论.

⑥ David King. SUNY and the PSM Degree:The New York Context[EB/OL].(2012-09-20).http://www.cgsnet.org/portals/0/pdf/am09_KingD.pdf.

⑦ Carol B. Lynch. Master's Education in a Global Context:the U. S.[EB/OL].(2015-12-12).http://www.cgsnet.org/portals/0/pdf/mtg_am07LynchPS.pdf.

⑧ Bonnie Holaday,Kenneth A. Weaver,Linda B. Nilson. Revisioning graduate professional-development programs[J]. College Teaching,2007,55(3):99-103.

以迎合经济和社会发展的战略性需要"①。因此,必须认真考虑如何恰当定位研究生教育,以培养未来的知识创新型劳动力②。

"由于硕士教育日益被视为在信息社会中丰富知识、提高专业技能的一种重要途径,扩张和多样化主要发生在专业领域中。……许多致力于为新兴专业培养人才的新领域也不断设立硕士点。"③与此同时,在传统上被视为"专业性的"领域内部也发生着类似的新兴领域和次生领域的爆炸性发展。硕士学位日益与个人为高级专业工作做准备相联系,硕士学位的"专业化"(professionalization)成为显著趋势。Donald Spencer 总结的"硕士学位新面孔"包括五个基本维度:"专门化"(specialization,高度专门化的学位点的增长)、"专业化"(professionalization,面向实际工作者的项目增加)、"应用性"(application,实践经验的整合)、"去中心化"(decentralization)和"去个性化"(depersonalization,对住读和辅导没有统一标准)。以上每个维度都代表了一项与传统学术标准的重要分离,硕士研究生被期望掌握具体的而非一般性的技巧和知识体系④。Norton 和 Lazerson 提出"研究生教育不能脱离应用,需要通过实习和合作等实践手段改进过于强调学术的模式"⑤。相关研究报告也声称,就业市场的走向建议"最有效的研究生教育制度是不仅为学术研究的独立的职业,也为各种非学术环境的非传统的就业培养学生"⑥。

学位变化的形态正在从过去学位类型的增多拓展到学位性质的部分改变。曾任美国研究生院协会主席的 Jules LaPidus 就曾预测,未来本科后学位从学位项目到证书发放可能都会发生一系列变化⑦。硕士学位正演变成就业的资格证书,而且这一趋向正在从应用性学科拓展到人文学科。

---

①　Robert G. Burgess. Beyond the First Degree: Graduate Education, Lifelong Learning, and Careers [M]. Buckingham: SRHE and Open University Press, 1997: 12.

②　Council of Graduate Schools. White Paper—NDEA21: A renewed commitment to graduate education[EB/OL]. http://www.cgsnet.org/portals/0/pdf/NDEA21RevNov05.pdf.

③　克利夫顿·康拉德,珍妮弗·格兰特·霍沃思,苏珊·博雅德·米勒.美国如何培养硕士研究生[M].袁本涛,刘帆,等,译.北京:北京大学出版社,2016:3(序言).

④　克利夫顿·康拉德,珍妮弗·格兰特·霍沃思,苏珊·博雅德·米勒.美国如何培养硕士研究生[M].袁本涛,刘帆,等,译.北京:北京大学出版社,2016:12-18.

⑤　Grubb W. Norton, M. Lazerson. Vocationalism in Higher Education: The Triumph of the Education Gospel[J]. The Journal of Higher Education, 2005, 76(1): 1-25.

⑥　美国科学、工程与公共政策委员会,等.重塑科学家与工程师的研究生教育[M].徐远超,等,译.北京:科学技术文献出版社,1999:67.

⑦　K. J. Kohl, J. LaPidus. Postbaccalaureate futures: New markets, resources, credentials[M]. Washington DC: American Council on Education and Oryx Press, 2000.

一至两年的传统模式的博士前教育正在被一种专业化的终端型证书（a professionalized terminal credential）所取代，这种证书对应的教育项目旨在培养竞争力强的技能型劳动者①。Judith Glazer-Raymo 也断言，硕士学位已演变成一个创业者证书（entrepreneurial credential）②，拿到研究生学位能够使其成为知识型创业者（intellectual entrepreneurship）③。

有研究建议硕士生在决定继续攻读博士学位之前要考虑学术生涯是否适合自己，尤其是要考虑所在学科的潜在就业市场，如果计划攻读的学科的学术工作前景并非充满希望，应该考虑以硕士学位作为最终学位而直接进入就业市场④。Leonard Cassuto 从"就业市场"即"学术就业市场"（academic job market）这一传统方程式出发，拓展就业市场领域的内涵，以使之能够包含"就业市场"应当包括的内容即学术工作、替代性学术工作和非学术工作（academic，alternative academic，and nonacademic jobs），将这些一起作为一个连续的就业选择机会范围⑤。Alan I. Leshner 在 2015 年发表评论，美国研究生教育仍然集中在学术研究训练，但是绝大部分研究生毕业后进入不了传统的学术共同体，因此要对研究生教育结构进行根本性的审视，并结合当前环境考虑是否需要对整个研究生教育系统进行重构。与此同时，系统重构必须坚持"做好事时不伤害"（Do no harm while doing good）这一原则，继续保持其传统优势⑥。Alan I. Leshner 在 2018 年再次指出美国研究生教育体系结构和功能的演变滞后于环境的变化，特别是研究生职业志向的持续变化，他提出要以学生为中心，推进研究生教育的现代化⑦。Charleston 等人则建议要采取积极的干预措施鼓励 STEM（Science-Technology-Engineering-Mathematics）领域的硕士、博士重新建立自我效能

① Commission on the Future of Graduate Education in the United States. The Path Forward：The Future of Graduate Education in the United States[R/OL]. http://www.fgereport.org/rsc/pdf/CFGE_report.pdf.

② Judith Glazer-Raymo. Trajectories for Professional Master's Education[EB/OL].（2014-07-12）. http://www.cgsnet.org.

③ Council of Graduate Schools. Graduate School and You：A Guide for Prospective Graduate Students[R/OL]. http://www.cgsnet.org.

④ Kevin D. Haggerty, Aaron Doyle. Ways to Screw up in Grad School[M]. Chicago：The University of Chicago Press,2015：171.

⑤ Leonard Cassuto. The Graduate School Mess：What Caused It and How We Can Fix It[M]. Cambridge：Harvard University Press,2015：184.

⑥ Alan I. Leshner. Rethinking graduate education[J]. Science,2015,349(6246)：349.

⑦ Alan I. Leshner. Student-centered,modernized graduate STEM education[J]. Science,2018,360(6392)：969-970.

(self-efficacy)和绩效期待(outcome expectations)[1]，但这并不容易。Simon Fletcher 等人采用集体案例研究的方法(collective case study approach)，从 29 次半结构化访谈(semi-structured interview)中收集数据，探讨了三个保健教育研究生项目的毕业生返回实践中遇到的阻力形式，比如管理、医疗、组织和跨专业，其障碍不仅仅受语境影响(contextually determined)，而且还植根于持久的社会观念(enduring social perceptions)、角色不安全感(role insecurity)和职业保护主义(professional protectionism)[2]。

"曾被热烈模仿的研究生学习的传统模式现在似乎已不适应新学科、新学生或更新的研究生院。"[3]整个社会对专门人才的需求呈现出大规模、多规格、高层次的特点，研究生教育需要尝试"新的范式(new paradigm)，新的实践(new practice)，新的人群(new people)"[4]。专业博士学位类型的演变证实了这一点，有研究认为第一代专业博士学位"哲学博士+课程"，强调专业理论与专业技能的应用，其基本理念是博士生针对实践情境开展研究；第二代专业博士学位"混合课程+专业实践"，被 Terri Seddon 定性为"为专业实践而不是为对学术知识作贡献的研究服务"[5]，可称为"实践者博士学位"(practitioner doctorate)[6]。Tom Maxwell 等人认为，"知识生产模式 1 与第一代专业博士学位具有一致性"，"模式 2 与第二代专业博士学位之间更为一致"[7]。Subhabrata Banerjee 和 Clive Morley 认为传统的哲学博士应该处在"模式 1"的一端，专业博士最多只能是 Anne Sigismund Huff 所说的知识生产"模式 1.5"，既保留了"模式 1"中的理论元素，也融入了"模

---

①　L. V. Charleston, R. Leon. Constructing self-efficacy in STEM graduate education[J]. Journal for Multicultural Education, 2016, 10(2)：152-166.

②　Simon Fletcher, Cheryl Whiting, Annette Boaz, et al. Expanding postgraduate clinical research capacity：an exploration of key resistances[J]. Journal of Further and Higher Education, 2019(6).

③　罗杰·L.盖格. 研究与相关知识——第二次世界大战以来的美国研究型大学[M]. 张斌贤, 孙益, 王国新, 译. 保定：河北大学出版社, 2008：253.

④　Bonnie Holaday, Kenneth A. Weaver, Linda B. Nilson. Revisioning graduate professional-development programs[J]. College Teaching, 2007, 55(3)：99-103.

⑤　Terri Seddon. What is doctoral in doctoral education?[M]//Bill Green, Tom Maxwell, P. J. Shanahan. Doctoral Education and Professional Practice：The Next Generation?. Armidale：Kardoorair Press, 2001：3.

⑥　Stan Lester. Conceptualizing the Practitioner Doctorate[J]. Studies in Higher Education, 2004 (6)：750-777.

⑦　T. W. Maxwell. From First to Second Generation Professional Doctorate[J]. Studies in Higher Education, 2003(3)：279-291.

式2"中的实践元素①。2006年Shulman等人提出设计一种新型专业实践博士(PPD)②,其课程体系具有鲜明的"混合型课程"的特征,实现高度整合的模块课程教学,实现知识和理论在不同系统之间的有效转换;实践性特征特别突出,更清楚地置身于知识生产模式2的领域,聚焦于工作实践行动,可称为"第三代专业博士学位"。

4. 研究生教育发展趋势研究

英国研究生教育协会(UK Council for Graduate Education,UKCGE)2019年年会通知中写道:25年前,研究生教育被视为"高等教育边缘"的"家庭手工业",而现在业已成为一个数十亿英镑的成功案例。展望未来,如果政府要在2027年前实现其工业战略研发目标,研究型硕士(postgraduate research,PGR)和课程型硕士(postgraduate taught,PGT)数量上的迅速增长至关重要③。

Keane和Elaine认为在国际性研究生领域日益扩大和愈加重要背景下,研究生教育研究的相对缺乏,特别是从扩大参与(widening participation)的角度这一点来看,值得引起注意④。美国研究生院协会发布的《扩大研究生教育的参与》(*Broadening Participation in Graduate Education*)提出将倡导加强研究生教育的多样性和包容性工作,作为国家人才发展战略的重要组成部分;支持创新型专业硕士学位,以满足数学、科学、工程、社会科学和人文学科等关键领域的国家紧迫需求;塑造研究生教育支持和研究计划,以鼓励创造力和包容性,并将其作为美国创新战略的关键组成部分⑤。

美国研究生院协会发布了一系列报告来呼吁和推动研究生教育改革发展。2008年发布的《研究生教育与公益事业》(*Graduate Education and the Public Good*)指出,研究生教育旨在为新的全球经济创造劳动力、进行突破性创新研究、促进技术转让、培育企业家和创新者,研究生教育是造就参与和保持知识经济社会竞争力所必需的高技能劳动力的关键因素⑥。

---

① S. Banerjee,C. Morley. Professional Doctorates in Management:Toward a Practice-Based Approach to Doctoral Education[J]. Academy of Management Learning & Education,2013,12(2):173-193.

② Lee S. Shulman,C. M. Golde,A. C. Bueschel,et al. Reclaiming Education's Doctorates:A Critique and a Proposal[J]. Educational Researcher,2006,35(3):25-32.

③ UK Council for Graduate Education-Annual Conference 2019[EB/OL]. http://www. ukcge. ac. uk/events/ac19-133. aspx#one.

④ Keane, Elaine. Being altruistically motivated: the postgraduate and career motivational orientations of access students at an Irish University[J]. Cambridge Journal of Education,2016:1-17.

⑤ Council of Graduate Schools. Broadening Participation in Graduate Education[R]. 2009.

⑥ Council of Graduate Schools. Graduate Education and the Public Good[R]. 2008.

美国研究生院协会和美国教育考试服务中心(Educational Testing Service,ETS)2010 年联合发布的《前进之路:美国研究生教育的未来》(*The Path Forward:The Future of Graduate Education in the United States*)描绘了美国研究生教育及其就业市场的深刻变革和应对举措,分析了目前研究生教育系统中大学、工业和政策各领域存在的缺陷,指出美国需要高技能、有创造力、有革新力的劳动力资源,而这些人才正是美国研究生教育系统的成果①。2012 年 Wendler 等人发布的报告《从研究生院到职场之路》(*Pathways Through Graduate School and Into Careers*)指出,要将知识和培训相联系,成立行业及研究生教育咨询委员会,提供未来职业和劳动力需求信息,提供研究生职业指导②。

2017 年 9 月,美国研究生院协会和美国教育考试服务中心召开了主题为"研究生教育 2030:展望未来"(Graduate Education 2030:Imagining the Future)的战略领导人峰会,讨论了未来研究生教育面临的六个问题,即全球和区域人口变化(global and regional demographic shifts)、技术趋势(trends in technology)、代际观点(generational perspectives)、全球化(globalization)、劳动力需求(workforce demands)以及重新界定大学(conceptualizing the university),形成了《研究生教育 2030:展望未来行动指南》(*Graduate Education* 2030:*Imagining the Future*)的指导性建议③,认为毕业生通过研究生教育获得渊博的知识和思维能力,但是这些并不足以应对工作挑战;研究生未能很好地适应外面真实的世界,表现得太专业化、理论化、技术化,缺乏沟通和团队协作能力;研究生需要在诸多的不确定性中进行专业实践,涉足多个领域和学科,需要有效合作和跨学科思考。

5. 国外研究现状述评

综上所述,国外研究生教育研究呈现出以下特点:其一,涌现了一批专门研究机构和研究人员。美国研究生院协会等中介组织以及华盛顿大学研究生教育创新与研究中心等高校专门研究机构牵头完成了诸多项目研究。C. F. Conrad、Maresi Nerad、Judith S. Glazer 等学者成为研究生教育

---

① Commission on The Future of Graduate Education in the United States. The Path Forward:The Future of Graduate Education in the United States [R/OL]. https://files. eric. ed. gov/fulltext/ED509441. pdf.

② Wendler,Cathy,Bridgeman,et al. Pathways Through Graduate School and Into Careers[R/OL]. https://files. eric. ed. gov/fulltext/ED531249. pdf.

③ CGS,ETS. Graduate Education 2030:Imagining the Future [EB/OL]. https://cgsnet. org/ckfinder/userfiles/files/2017_GlobalSummit_Practical_Actions. pdf.

研究的代表人物。其二,形成了较为集中的研究主题,比如社会需求尤其是劳动力市场变化对研究生教育的影响与要求预测研究、学位类型多样化研究、研究生教育国际化研究、研究生资助研究等。相关研究的基本共识是硕士学位呈现多样化和职业化发展趋势,更好地回应雇主对研究生技能结构的需求是研究生教育改革的一个基本方向。正如 Nerad 等人的评论,美国研究生教育研究文献中讨论的大部分都不是新问题,关于这些问题的争论在美国研究生教育的历史中反复出现过①。其三,重视调查研究。从所掌握的研究文献来看,普遍重视调查研究和案例研究,学术论文大多是基于小规模的调查研究和案例,专题研究报告大多基于大规模的调查研究,专题研究报告成为国外研究生教育文献的一个重要组成部分。

文献回顾与分析显示了国外研究生教育研究的不足:一是明显的西方话语体系,与我国相关研究存在明显的话语体系差异,我国重点关注的研究主题在国外很少受到关注,比如学位授权、学科建设等;二是不太关注从理论上进行研究,研究文献集中在相关问题的调查分析上,缺少从学理上对这些主题进行理论探讨;三是对形成体系化的研究成果缺乏兴趣,从笔者所获得的著作类成果来看,部分著作是不同主题研究成果的汇编,缺乏按照一个框架对单一主题所进行的系统研究。

二、国内研究文献述评

1. 中国应用型硕士研究生培养早期探索与研究

（1）应用型硕士研究生培养重要性研究

培养应用型高级专门人才是 20 世纪 80 年代后期我国研究生教育改革的一个方向性大课题②。研究生教育界普遍认为:研究生教育不能只培养适合到高等学校和科研单位工作的研究生,要培养"以搞应用为主的高级专门人才"③;"四化"建设最紧缺、最迫切需要的还是职业型高层次应用人才④;各类侧重应用的人才缺口仍然很大,研究生教育要面向经济建设的主战场而下大力发展侧重应用的学科领域⑤。研究生教育要尽快改

① Maresi Nerad, Raymond June, Debra Sands Miller. Graduate Education in the United States [M]. New York: Garland Publishing Inc., 1997: V.

② 秦惠民. 论高校培养应用型高级人才应扬长补短[J]. 学位与研究生教育, 1988(4): 57-61.

③ 谷教砚. 加强领导 推动改革 努力提高研究生教育质量——研究生工作座谈会情况综述 [J]. 学位与研究生教育, 1986(4): 6-9,18.

④ 汪其岭. 高层次应用人才的需求与培养[J]. 学位与研究生教育, 1988(4): 48-51.

⑤ 何东昌. 关于学位工作改革与发展的几个问题[J]. 学位与研究生教育, 1993(6): 2-6.

变培养规格单一的情况,要根据实际需要,培养不同规格的研究生①;针对不同的岗位培养不同类型的研究生,"要更加自觉地培养高层次应用型人才"②;调整和控制纯学术型、理论型人才的发展规模,积极探索和大力扶持"应用型、实务型人才培养"③。有研究认为,硕士生教育应主要培养各种类型的高层次应用人才,走出一条培养不同规格的应用型硕士生的新路子④。

有学者提出"应用型高级专门人才作为一个独立的教育概念或范畴,尚需从严格的科学意义上确定和论证"⑤,存在着内容与形式相统一、培养方式与教育目标相协调的问题,比如其质的规定性是什么、其在应用上的特点表现在哪里、培养应用型高级人才采取什么形式等⑥。有学者认为"学术型"和"应用型"是两种不同的类型和规格,前者要求具有从事科研工作的能力,而后者要求具有独立担负技术工作的能力;也有学者认为用"学术"和"应用"两个词来区分这两大类专业人员可能并不恰当,既然已经提出培养高层次专门人才,不如更准确地称为培养"专业人才"⑦。

不同层次的人才各自特有的本质属性就体现在其适应某种特殊社会需要的应用性上⑧,相关文献进一步探讨了应用型硕士研究生的内在特征和人才规格⑨⑩。研究认为硕士研究生教育应更好地体现应用性⑪,硕士生

---

① 吴本厦.贯彻教委《通知》精神 全面提高研究生质量 深化研究生教育改革[J].学位与研究生教育,1987(6):1-6.

② 蒋德明.切实采取有效措施 全面提高研究生培养质量[J].学位与研究生教育,1987(5):9-14.

③ 徐志清.研究生教育必须坚持持续 稳定 协调发展的方针[J].学位与研究生教育,1990(6):32-34,22.

④ 刘晖.提高质量 深化改革——研究生工作座谈会情况综述[J].学位与研究生教育,1987(6):9-13.

⑤ 高秀兰,李明志.面向经济建设培养应用型人才[J].学位与研究生教育,1993(5):59-60.

⑥ 秦惠民.论高校培养应用型高级人才应扬长补短[J].学位与研究生教育,1988(4):57-61.

⑦ 吴世明.对发展研究生教育的两点思考[J].学位与研究生教育,1994(4):45-48.

⑧ 李余生,孙爱珍.工程类型硕士生培养特征[J].学位与研究生教育,1994(5):35-40.

⑨ 吴本厦.积极推动财经政法学科应用类硕士生的培养工作[J].学位与研究生教育,1989(1):1-3.

⑩ 高秀兰,李明志.面向经济建设培养应用型人才[J].学位与研究生教育,1993(5):59-60.

⑪ 李立国,詹宏毅.我国硕士研究生教育的学科结构变化分析[J].学位与研究生教育,2010(3):20-24.

培养目标"从以学术型为主转变为以应用型为主"或者"学术型和应用型研究生并重"①②。有学者提醒,在纠正一种倾向的时候切忌忽略另一种倾向,任何实际工作中的专业人才都必须经过一定的实践锻炼,不能忽视人才成长必须经过长期的实践锻炼这一最重要的规律③。

(2)应用型硕士研究生培养模式研究

研究生教育界和社会各界纷纷探索培养应用型高层次专门人才新的模式和途径④。有研究提出应该"进一步搞活硕士这一层次的培养,实行培养模式和渠道的多样化"⑤。硕士学位的独立性必须以适应多样化的社会需求为根本依据,体现出更多调节自适与他适的特性⑥。培养模式改革要主动地适应经济建设和社会发展的需要,把学术标准与实际效用统一起来⑦。有研究认为硕士生教育的调整要向经济建设和社会发展迫切需要的工程技术和各类应用性学科专业倾斜⑧。在不宜马上就调整硕士学位培养要求的背景下,硕士学位标准和培养规格可试行多种规格、类型的培养,如加强侧重应用的人才培养,在学制上可以有某些灵活处理,在培养方式上可以有所不同⑨。

应用型硕士研究生培养改革的探索,首先集中在工程领域和经济等应用学科领域,最具代表性的就是工程类型硕士研究生培养的探索。当时的一个基本判断是扩大工程类型硕士研究生的培养已刻不容缓⑩。改革思路是将工程类型硕士研究生作为工学硕士的一种规格和一种类型,同一学

---

① 周叶中.目标转换与模式重构:我国硕士研究生教育改革的必由之路[J].学位与研究生教育,2010(4):57-60.

② 程斯辉,王传毅.研究生培养模式:现实与未来——"研究生培养模式改革"高端论坛综述[J].学位与研究生教育,2010(3):50-53.

③ 秦惠民.论高校培养应用型高级人才应扬长补短[J].学位与研究生教育,1988(4):57-61.

④ 秦惠民.关于我国学位类型的多样化趋势[J].学位与研究生教育,1994(1):45-47.

⑤ 林功实,白永毅.研究生培养模式和渠道多样化的探讨[J].清华大学教育研究,1989(6):60-63.

⑥ 复旦大学研究生院课题组.我国硕士学位类型若干问题的探讨[J].学位与研究生教育,1995(1):55-59.

⑦ 张文修,叶绍梁.解放思想 转变观念 大胆推进研究生教育改革[J].学位与研究生教育,1993(3):54-55.

⑧ 王庆.抓住机遇 深化改革 开拓进取 实现研究生教育的较大发展[J].学位与研究生教育,1993(5):1-5.

⑨ 何东昌.认真贯彻落实党的十四大精神 加快学位工作的改革和发展[J].学位与研究生教育,1993(1):1-3.

⑩ 林功实.加速实现硕士生培养重心的调整[J].学位与研究生教育,1996(4):12-15.

位、不同类型而不是另一种学位,着力点是"工学硕士"培养模式的多样化[①②]。研究生教育界主张特定意义上的工程类型硕士研究生培养和广义上的工程类型硕士研究生培养两种形式都应被肯定和鼓励,同时特别强调抓好特定意义上的工程类型硕士研究生的培养[③]。但是,有学者认为依照工学硕士培养目标去培养对综合性、复杂性要求极高的工程类型硕士,难以实现毕业生成为"相应层次的成品工程师人才"这一质的变化[④]。量的改变有助于扩大就业市场,唯有质的改变才能真正提高研究生的职业或岗位胜任能力。应用型硕士研究生培养改革探索从工程领域快速拓展,有研究开始探索如何培养理科应用型研究生[⑤]、应用文科领域和人文学科领域应用型硕士研究生,但与工程领域和临床医学领域一致积极推动应用型硕士研究生培养相比,应用文科领域和人文学科领域存在比较大的分歧。

随着工程类型硕士研究生培养改革实践的深入和相关理论探讨的深入,有研究者提出要在现有的研究生教育层次和类型中再增加一些新的层次和类型,有的研究已经开始探讨设置与学术型学位、专业学位并存的应用型学位,开始探讨实践包括但不限于专业学位的应用型硕士研究生培养改革,比如增设授予职业型(应用型)学位的学科门类[⑥]、设置各种职业学位[⑦]、探讨建立新的学位类型即专业学位[⑧]。来自研究生教育管理部门和实践界的研究者认为,设置"工程硕士"专业学位势在必行[⑨],切实可行[⑩],

① 吴本厦.认真总结经验 面向经济建设 进一步推动培养工程类型硕士生工作[J].学位与研究生教育,1989(3):8-12.

② 李余生,孙爱珍.工程类型硕士生培养特征[J].学位与研究生教育,1994(5):35-40.

③ 谢桂华,梁国雄.工科研究生教育指导思想上的一个重要转变——培养工程类型硕士生经验交流会综述[J].学位与研究生教育,1989(3):13-16.

④ 刘国权,蒋恒.改革完善工科研究生教育体制的研究与思考[J].学位与研究生教育,1996(1):18-22.

⑤ 刘晓峻,张小明,汪以初.以基础研究为依托向高科技应用延伸——综合性大学培养理科应用型研究生的探讨[J].学位与研究生教育,1993(1):6-8.

⑥ 汪其岭.高层次应用人才的需求与培养[J].学位与研究生教育,1988(4):48-51.

⑦ 吴本厦.研究生教育发展和改革的几个问题[J].学位与研究生教育,1987(2):1-5.

⑧ 王忠烈.总结经验 深化改革 全面提高研究生教育质量[J].学位与研究生教育,1991(6):1-7.

⑨ 吴振一,刘颖,郑燕康,等.设置"工程硕士"专业学位完善高级工程技术人才培养体系[J].学位与研究生教育,1996(5):60-63.

⑩ 秦和平.工科研究生教育中设置硕士专业学位的思考[J].学位与研究生教育,1997(1):59-62.

理论界和实践界从宏观原因分析①、发展的必然和条件成熟程度②、培养模式与培养过程③等多个角度进行了分析。

有研究提出既要"完善已经建立起来的培养应用型高层次专门人才的办法,又要继续探讨培养应用型高层次专门人才的新途径和新办法"④。这一基本共识被延续,比如有研究者在 2006 年还提出一方面要继续推进工程硕士培养模式创新,探索"课程型"工程硕士的培养;另一方面要深化工学硕士培养改革,着力提高其实际应用能力⑤。前者是发新枝(探索"课程型"工程硕士的培养),后者是老枝出嫩芽(着力提高工学硕士的实际应用能力)。

虽然几经变迁,但应用型硕士研究生培养始终是我国研究生教育改革发展的方向之一。有研究总结了我国应用型研究生培养的实施重点以及阶段性成果,认为"应用型研究生培养体系已基本形成"⑥,进一步了解各行业领域对应用型人才的培养需求并灵活调整应用型研究生的培养方案及培养方式是努力的方向。

(3)应用型硕士研究生培养研究与实践述评

其一,经过早期探索,政府部门、实践界和理论界达成了一个基本共识,我国硕士生教育要重点面向经济建设的主战场,应在满足基本要求的前提下,转向应用型硕士研究生培养⑦,实现结构、类型、质量与效益的统一与最大化。这也说明,早期应用型硕士研究生培养改革的焦点集中在"应用型",重点探索如何从多方面实现"应用型",探索方向和改革方案是开放的,后来才逐渐凸显"专业学位"。这一阶段,研究的基本假设是社会需求对硕士研究生能力结构提出新的要求,传统的培养模式和培养体系已经不再适应,必须进行改革,改革的重点和切入点集中在"应用",即培养

① 王建,张文修.试论设立"工程硕士"专业学位的必要性[J].学位与研究生教育,1996(3):59-61.
② 林功实.加速实现硕士生培养重心的调整[J].学位与研究生教育,1996(4):12-15.
③ 胡鹏山,席时桐.面向新世纪工科研究生教育体系、模式、过程的思考[J].学位与研究生教育,1996(1):23-26.
④ 王忠烈.总结经验 深化改革 全面提高研究生教育质量[J].学位与研究生教育,1991(6):1-7.
⑤ 陈皓明.树立科学的质量观和发展观 全面推进工程硕士教育发展[J].学位与研究生教育,2006(11):15-17.
⑥ 英爽,康君,甄良,等.我国研究生培养模式改革的探索与实践[J].研究生教育研究,2014(1):1-5.
⑦ 丁雪梅,钱乙余,张满山,等.参照国际模式 结合中国国情 进行两年制硕士研究生培养的探索(下)[J].学位与研究生教育,1998(2):45-50.

目标人才类型的应用型、课程体系知识内容的应用性、教学方法的应用性和体验型、论文选题的应用型、就业取向的非传统学术性岗位等。

其二，当时的研究者群体主要是来自研究生教育实践界，其研究更多的是属于工作研究、经验研究和政策建议研究，许多研究非常具有前瞻性和实践智慧，这是我国研究生教育研究的一个显著特征，也正是这一优良传统有力地推进着我国学位与研究生教育制度的逐步完善与创新实践。当然也开始有一些研究者从理论上探讨应用型硕士研究生培养的理论问题。

其三，应用型硕士研究生培养改革探索随着专业学位的推出及其培养规模的扩大而逐渐为"专业学位"所替代，相关研究从一种开放式的探索尝试转而聚焦于专业学位研究生教育的发展与完善。实际上正如有研究所批评指出的，"只要一提到高层次'应用型'人才培养，好像就是专业学位的事"，这种错误观念影响着专业学位研究生教育的发展[1]。最近 10 年，应用型硕士研究生培养又成为研究的热点和改革的焦点，主张培养高层次应用型人才[2]。

其四，相关研究更多的是从现状和问题出发，关注必要性和对策建议研究，较少关注理论探讨。较大一部分文献属于对政策文本的解读，以及对政策文本实践策略微观层次具体探索经验的介绍和实施效果的总结。总的来看，以往文献的研究方法主要是定性研究，更多的是应然式研究，部分文献有小范围的调查访谈，普遍缺乏针对某一专题的大范围调查研究。

2. 中国专业学位研究生教育发展研究

专业学位的设置是我国学位制度改革的一项重要内容，促进了应用型高层次专门人才的培养[3]。我国专业学位研究生教育的研究与发展是相互促进的，专业学位研究生教育的制度和政策是逐步建立和不断完善的，而关于专业学位的理论研究则是重要的推动力量。

（1）专业学位研究生教育本质属性研究

理论界和实践界都关注专业学位研究生教育本质属性的研究，除了一些专门研究这一主题的文献，许多文献中也涉及对这一点的探讨，这从侧

---

① 潘剑波，李安萍.专业学位研究生教育应用性的缺失及其对策[J].教育发展研究,2012,32(17):14-18.

② 王洪才，莫玉婉.应用型研究生培养模式探索——关于研究生教学改革的行动研究叙事[M].厦门：厦门大学出版社,2017:扉页,1,11.

③ 赵沁平.继往开来续新篇——纪念《中华人民共和国学位条例》实施 20 周年[J].学位与研究生教育,2001(1):1-5.

面反映出专业学位研究生教育本质属性之研究已成为相关研究的理论基础。有研究认为,专业学位研究生教育的基本特性主要表现在四方面:是一种从学术学位研究生教育中生发出来的相对独立的教育类型;是一种以适应社会职业需要为根本目的的教育;是一种以培养专业化做事为主要目标的教育;并不完全排斥学术学位教育①。专业学位本质属性研究的主要观点可以分为两大类,即单一属性观和多元属性观。

其一,单一属性观。

一是持"职业性"观点,认为"职业性"是"专业学位的本质属性"②;"职业性作为专业学位的基本属性,是专业学位区别于其他学位类型的本质特征"③。相关研究认为,专业学位研究生教育要求学位获得者要具有较强的职业能力④;专业学位实质是职业学位,具有鲜明的职业性⑤;专业学位是在学术型学位基础上为适应社会分工需求多样化而分化出来的一种学位类型,"具有'学位+职业'的双重性质"⑥;具有鲜明的实践取向,"职业性"是其基本属性⑦。有学者则认为科学学位也有"职业性"这一属性,将其作为专业学位研究生教育本质属性的理由难以令人信服⑧。

二是持"专业性"观点,从专业化理论的角度提出"专业性"是专业学位研究生教育的本质属性⑨。相关研究认为,专业学位研究生教育强调应用实践、专业化知识、职业技能,一般都是依托和指向已经或即将实现专业化的职业领域⑩;作为其支撑的是融学术性和技能性于一体的"专业";其"专业性"要求专业学位获得者既要具有"高深知识",还能将"高深知识"

①　别敦荣.专业学位研究生教育的特性及其质量标准的学理探析[J].研究生教育研究,2013(3):76-81.

②　史耀媛,许克毅.职业化背景下我国专业学位高等教育发展研究[J].中国高教研究,2005(6):19-22.

③　王子成,厉晖.浅谈我国专业学位设置的整合与规范[J].学位与研究生教育,2007(1):12-16.

④　史耀媛,许克毅.职业化背景下我国专业学位高等教育发展研究[J].中国高教研究,2005(6):19-22.

⑤　邓光平.国外专业博士学位的历史发展及启示[J].比较教育研究,2004(10):27-31.

⑥　蔡建华,周宏力.专业学位研究生教育的职业特性及其实现[J].中国高教研究,2011(4):47-50.

⑦　翟亚军,王战军.我国专业学位教育主要问题辨识[J].学位与研究生教育,2006(5):23-27.

⑧　詹婉华.专业学位"职业性"属性的探讨[J].江苏高教,2008(4):90-91.

⑨　石中英.论专业学位教育的专业性[J].学位与研究生教育,2007(1):7-11.

⑩　申姗姗.从"专业性"看专业学位教育的发展[J].学位与研究生教育,2009(7):61-65.

运用于实践,具有解决实践中复杂问题的职业技能和职业素养①。相对于"学术性"对理论研究的侧重,"专业性"指向应用实践,既包括培养过程中对应用实践能力的强化训练,也包括相应职业领域的实践特性。但社会各行业都存在应用与实践的问题,学术性学位获得者也可能从事应用实践性职业,即"应用实践"还不足以充分、准确地体现"专业性"的内涵。

研究者对专业学位之"专业"的内涵及其相关概念进行了较为深入的研究②。有学者认为,"专业学位"指的是"professional degree",并不是"specialty degree",更不是"special academic degree"或者其他,它指向实践性专业(practicing profession),而非大学教授、科学家从事的所谓学术性专业(academic profession)③。它更多的是基于职业标准来设定的,这种职业有其独特的知识领域,有严格的入门标准和鲜明的实践性。随着研究的进一步深入,关于"专业性"形成了两种不同观点:一是将"专业性"简单解释为"职业性",专业学位的设置只需具备相对应的职业领域即可;二是认为"专业性"不能等同于"职业性",专业学位的设置必须对应已经实现了专业化的职业领域。随着专业学位类型的增多和培养规模的扩大,专业学位体系化和规范化引起学者的关注。有学者认为,应该对专业学位的设置进行整合和规范,专业领域偏大的应"分",领域过于"狭窄"或"细化"的应"合"④。有研究认为,专业学位的"学术化"、人才培养模式的同质化、职业人才的低层次化等问题的根源在于对专业学位研究生教育发展的基本导向把握不力⑤。

三是持"应用研究性"观点,认为应用研究性是专业学位研究生教育的本质属性,培养实践中既强调研究性要求以保证其归属于研究生教育的合法性,又突出特定职业领域实践能力的要求以形成通过科学研究解决实际问题的能力,而且还要求具有较高的概括性和较强的解释力⑥。相关研究认为,培养应用研究能力是专业学位研究生教育的本质,专业学位研究

①　石中英.论专业学位教育的专业性[J].学位与研究生教育,2007(1):7-11.

②　王沛民.研究和开发"专业学位"刍议[J].高等教育研究,1999(2):46-49.

③　邹碧金,陈子辰.我国专业学位的产生与发展——兼论专业学位的基本属性[J].高等教育研究,2000(5):49-52.

④　王子成,厉晖.浅谈我国专业学位设置的整合与规范[J].学位与研究生教育,2007(1):12-16.

⑤　靳培培.论我国专业学位研究生教育发展的基本导向[J].学位与研究生教育,2013(1):48-52.

⑥　袁广林.应用研究性:专业学位研究生教育的本质属性[J].学位与研究生教育,2011(9):42-46.

生教育的质量主要通过职业性与学术性的融合予以保证,而培养应用研究能力正是整合职业性与学术性的根本途径①。关键的问题是需要考虑"应用研究性"是否充分体现了专业学位研究生教育的突出特征,即便是其突出特征,成为其本质属性又是否合乎逻辑。

其二,多元属性观。

多元属性观从多个维度即组合多个属性来界定和阐释专业学位研究生教育的本质属性。

一是持"专门的知识属性+独特的职业性"观点,认为专业学位研究生教育体现出"知行统一"的特点,旨在培养出更多既熟"知"又善"行"、更能适应社会要求的高层次应用型人才,具有"专门的知识属性"和"独特的职业性"两方面的基本属性②。相关研究认为,我国专业学位研究生教育在发展目标的定位上仍存在对"学术性价值观"与"职业性价值观"的矛盾和困惑③。其一,"专门的知识属性"是专业学位研究生教育作为研究生教育类型之一而理应具有的本质属性。其二,专业学位研究生教育区别于学术型研究生教育的最主要特征就是"职业性",且这种"职业性"更多地表现为"实用性"。其三,与一般职业教育相比,专业学位研究生教育的这种"职业性"蕴含着更多的"知识属性"。由此,"'专门的知识属性'和'独特的职业性'共同规定着专业学位研究生教育的本质属性"④。

二是持"实践性+职业性+综合性"观点,认为"专业学位研究生教育的基本属性应包括实践性、职业性和综合性"⑤。其一,专业学位研究生教育旨在满足社会经济发展对应用型人才的需求,是对科学学位获得者应用能力有所欠缺的一种弥补,具有实践性。其二,"专业学位"乃"professional degree","professional"表达的就是"职业的"意思,具有职业性。其三,专业学位研究生教育要求专业学位获得者"知与行""理论与实践""做人与做事"相统一,具有综合性。

三是持"职业性+学术性+研究性"观点,认为"职业性、学术性和研究性是专业学位研究生教育的三大基本特征,三者缺一不可,共同规范

① 刘国瑜,李昌新.对专业学位研究生教育本质的审视与思考[J].学位与研究生教育,2012 (7):39-42.

② 史雯婷.专业学位研究生教育的基本属性探讨[J].学位与研究生教育,2004(10):32-35.

③ 栾锦红,梁红蕾.国外专业学位研究生教育发展目标的定位与实践[J].学位与研究生教育,2013(6):74-77.

④ 史雯婷.专业学位研究生教育的基本属性探讨[J].学位与研究生教育,2004(10):32-35.

⑤ 邹碧金,陈子辰.我国专业学位的产生与发展——兼论专业学位的基本属性[J].高等教育研究,2000(5):49-52.

着其发展方向"①。其一,要求学位获得者具有专业职业技术,专业学位必将成为相应职业的从业资格之一,因而具有"职业性"。其二,属于研究生教育层次,所培养的"高层次应用型人才"的理论要求和学术要求都高,因而"学术性"应是其本质属性之一。其三,其培养过程并非单纯的职业训练过程,乃是一个包含实践、学习和研究的综合性过程,体现出"综合性"。

四是持其他多元属性观点。有研究从学位与专业的角度提出"专业学位具有职业性与学术性相统一、特定的职业指向性和教育的实践依赖性等特征"②。有研究从哲学的视角分析提出,"专业学位研究生教育具有教育性、独立性、社会性、统一性和发展性等基本特征"③。有研究认为专业学位的特性主要表现为三方面,即"专业与职业的紧密衔接性、理论与实践的高度渗透性、知识与技术的集成创新性"④。有研究认为,专业学位的特点有两个,即"精英性(包括选择性和探究性)和专业性(职业导向和应用性)"⑤。有研究认为,专业学位教育的特性可以概括为两方面:"一是具有鲜明的实践取向,其存在是直接指向并服务于特定职业的发展需要;二是具有明显的学术品格,其任务是为特定职业的发展与变革提供新的智力支持,并能够在已有的职业经验中总结、提炼出具有普适性的观点和原则,从而提升从业者的专业素养。"⑥有研究认为,"职业性""专业性"和"研究性"等属性都无法完全概括专业学位研究生教育的内涵,其最大的区别就在于更强调"基于职业,强调实践,注重技能,突出应用"⑦。

《关于加强和改进专业学位教育工作的若干意见》(学位〔2002〕1号)提出:"专业学位,或称职业学位,是相对于学术性学位而言的学位类型,培养适应社会特定职业或岗位的实际工作需要的应用型高层次专门人才。

① 刘国瑜.论专业学位研究生教育的基本特征及其体现[J].中国高教研究,2005(11):31-32.
② 别敦荣,赵映川,闫建璋.专业学位概念释义及其定位[J].高等教育研究,2009,30(6):52-59.
③ 翟亚军.去魅与回归:专业学位研究生教育的本质与特征[J].学位与研究生教育,2014(2):48-51.
④ 刘亚敏,胡甲刚.专业学位研究生培养模式改革[M].北京:科学出版社,2017:50.
⑤ 王菲菲.我国专业学位的定位及其展望[J].西安社会科学,2011(2):143-145.
⑥ 牛国卫,张红.专业学位的特性与专业学位研究生质量的提升[J].研究生教育研究,2011(4):81-85.
⑦ 孙国友.追本溯源:专业学位研究生教育的本质属性探骊[J].研究生教育研究,2016(2):75-79.

专业学位与相应的学术性学位处于同一层次,培养规格各有侧重。"①许多学者关于专业学位的性质和特性的研究皆基于这一政策文本。问题是,研究者从相关政策文本中引用的作为其立论依据的内容并未直接提及所谓"专业性"或者"职业性",因而并不能从政策文本所提的专业学位(或者职业学位)与学术性学位这两组概念中得出"学术性学位"具有"学术性"、"专业学位"具有"专业性"的结论。从多个维度总结提炼专业学位研究生教育的本质属性,在研究初期有助于更加全面地认识其属性、特征,但有两点要处理好:一是所提出的各个特性本身的准确性;二是各个特性间组合的合理性。有研究认为专业学位研究生教育的属性研究要兼顾三个基本的维度或视角:一是专业学位研究生教育究竟是在怎样的社会背景下产生的,即从其产生的历史和过程中凝练它的本质属性;二是专业学位研究生教育生存和发展的缘由,即依据其社会功能探究它的本质属性;三是专业学位研究生教育是如何发展变化的,即从其运作形态或模式去剖析它的本质属性②。上述各种观点分别从某个角度、在一定范围和程度上揭示了专业学位研究生教育的内涵和本质,但仍有管窥之憾,需要结合专业学位研究生教育的新特征,在整个研究生教育体系及其所涉及的更多关系中去把握其本质属性。

(2)专业学位研究生教育改革发展策略研究

其一,宏观政策建议研究。

有研究提出,在硕士学位教育中,应重点发展专业学位教育,使"专业学位教育与学术学位教育的比例逐步达到 1:1,并向 2:1 的比例发展"③。专业学位研究生教育的加快发展具有补偿性发展、多元化发展和示范性发展的特征④。要准确把握我国专业学位研究生教育的发展速度,即专业学位授权单位、专业学位授权类别、专业学位授权领域都有较大的发展空间⑤。有学者基于国际比较研究提出了建设相对独立的专业学位

①　国务院学位委员会,教育部.关于加强和改进专业学位教育工作的若干意见[R/OL].(2002-01-09).http://www.moe.gov.cn/s78/A22/xwb_left/moe_826/tnull_3077.html.

②　邹碧金,陈子辰.我国专业学位的产生与发展——兼论专业学位的基本属性[J].高等教育研究,2000(5):49-52.

③　谢安邦,朱宇波.我国学位与研究生教育发展 30 年:回顾与展望[J].教育研究,2008(11):19-29.

④　杨旭辉,汪敏生.关于加快发展专业学位研究生教育的思考[J].研究生教育研究,2011(6):80-84.

⑤　梁传杰,吴晶晶.我国专业学位研究生教育发展历程回顾与前瞻[J].研究生教育研究,2014(3):23-27,31.

研究生教育体系的具体对策建议①。有研究提出稳步发展专业学位体系，专业学位的学位点设置应尽可能覆盖所有的行业和应用型学科，依据劳动力市场的需求结构调整类型结构②；建立起以专业学位硕士生教育为主的硕士研究生教育体系③；专业学位教育应体现与学术学位教育的差异，形成两者独立的培养路径④。

有研究提出要把外延改革引入到内涵改革上，将"改革重心从招生方式、规模发展等方面的改革向培养阶段的内涵改革转移"⑤，缓解专业学位培养高层次应用型人才"力不从心"的尴尬局面，关键还是要把握"职业性与学术性的高度统一"这一准确定位⑥。有博士学位论文提出"合理的专业学位研究生培养模式，关键在于培养目标的准确定位，以及课程体系和教学过程等其他要素是否建构起基于目标取向的内在逻辑联系"⑦。有研究主张专业学位研究生教育应当坚持加强职业性、淡化学术性、强化实践性的发展思路⑧，而有研究主张寻求实践与学术之间的适当平衡⑨。有博士学位论文提出专业学位研究生教育发展定位应当强调市场驱动，关联职业需求；重视专业能力，凸显职业特性；体现出职业性和知识性的价值统一，以及发展定位与社会需求之间的一致性和适度超前性⑩。有研究提出构建新型工程类硕士培养体系需要思考四种对接关系，即学生职业发展与企业人才需求之间的对接、生源多样化与社会需求多样化之间的对接、培养资源与差异化培养目标之间的对接、研发工作需要与导师组指导之间的

① 李俭川，周伟，刘勇波.加快建设相对独立的专业学位研究生教育体系[J].学位与研究生教育，2012(1)：55-58.

② 袁本涛，王传毅，等.我国研究生教育结构调整问题研究[M].北京：经济科学出版社，2015：77-78.

③ 别敦荣，易梦春，李家新."十三五"时期研究生教育发展思路[J].中国高教研究，2016(1)：83-90.

④ 刘贵华，等.中国研究生教育发展报告2013[M].北京：教育科学出版社，2015：200.

⑤ 刘惠琴，沈岩，张文修.论工程硕士研究生教育的改革与创新[J].清华大学教育研究，2004(3)：102-105.

⑥ 张朋召.应用学位：设置我国第三种硕士学位类型的构想[J].研究生教育研究，2015(5)：27-30.

⑦ 陶学文.我国专业学位研究生培养模式及其创新研究[D].武汉：华中科技大学，2011.

⑧ 于东红，杜希民，周燕来.从自我迷失到本性回归——我国专业学位研究生教育存在的问题及对策探析[J].中国高教研究，2009(12)：49-51.

⑨ 牛国卫，张红.专业学位的特性与专业学位研究生质量的提升[J].研究生教育研究，2011(4)：81-85.

⑩ 陈静.我国专业学位研究生教育发展问题研究[D].重庆：西南大学，2013.

对接①。

其二,专业学位与职业资格制度研究。

有研究认为接受专业学位教育应当是获得特定社会职业资格的前提条件,这既是专业学位教育目标的导向所在,也是特定社会职业发展的内在要求②。但在多数情形下专业学位教育与职业准入资格之间并未建立起紧密的衔接,导致人才培养与职业准入标准、职业素养要求相割裂③。有学者结合案例探讨了专业学位与职业资格认证对接要点(证书水平、知识覆盖、实践要求)及具体标准④。有研究者认为,进一步发展专业学位、增设新的专业学位类型时,要充分考虑该学位类型对应的职业类型的专业化程度,除了遵循政策文本强调的"需要原则""能力原则"及"国际经验原则",应当增加"职业(专业)成熟度"这一维度,即"要考察这一职业领域是否在知识基础、技能水平、伦理规范、人才素质、组织水平等方面都已经达到或接近公认的专业化标准"⑤。既然职业资格准入制度尚不完善,就应另辟蹊径,而不是将更广泛的"应用型"全部押宝在缺乏职业准入制度支撑的"职业性"上。

其三,专业学位研究生培养模式研究。

专业学位研究生培养模式改革必须对不同价值主体的价值取向进行价值整合,进一步明确理念层面、目标层面、过程层面和操作层面的价值取向⑥。有研究根据专业学位研究生培养目标和类型特点,提出了以职业需求(occupational-demand)为导向,以五方协同(five-party-coordination)为依托,以三段融合(three-section-fusion)为关键,以跨域培养(cross-domain-training)为途径的 OFTC 培养模式⑦。有学者构建"四螺旋"培养模式与"四阶段"培养流程,推动培养单位、产业、政府、社会性评估机构的相互作

① 魏峻,姬红兵,高晓莉.关于工程类硕士专业学位研究生培养方案改革的思考和建议[J].研究生教育研究,2018(3):30-35.

② 别敦荣,赵映川,闫建璋.专业学位概念释义及其定位[J].高等教育研究,2009,30(6):52-59.

③ 白晓煌,张秀峰.专业学位教育与执业准入资格的协同衔接研究——美国的经验与启示[J].中国高教研究,2018(8):100-106.

④ 李娟,孙雪,穆晓星.专业学位与职业资格认证对接机制的案例研究与要素分析[J].研究生教育研究,2012(6):67-72.

⑤ 石中英.论专业学位教育的专业性[J].学位与研究生教育,2007(1):7-11.

⑥ 刘亚敏.我国专业学位研究生培养模式改革的价值取向[J].研究生教育研究,2016(2):1-5.

⑦ 郭时印,朱育锋,李尚群.专业学位研究生实施 OFTC 培养模式的实践探索[J].学位与研究生教育,2018(8):52-57.

用与协同培养[①]。有研究提出了"三段式"培养方案,即"0.5 年校内培养+1 年基地培养+0.5 年校内培养"(知识构建+工程实践+理论总结)的培养模式以及"三个转变""三个结合""三大能力"的培养理念[②]。有研究提出高校、实践部门、导师应共同构建"两段式、三结合"人才培养模式[③]。有研究提出"系统重构、流程再造"的改革方针,构建了"宏观愿景层—中观体系层—微观措施层"的 MLP 改革模型[④]。

课程体系特别是实践课程体系建设也是研究的焦点之一。有研究指出,要从底层教学的微观层面出发将专业学位研究生作为高层次应用型人才的培养落到实处[⑤]。有研究提出,教育硕士专业学位课程应该具有经验性、工具性和通识性取向[⑥]。有研究构建了管理与经济专业以"管理案例分析""企业诊断咨询"和"创新创业实作"三大实践课程为核心的 3C(case→consultation→creation)实践创新课程体系[⑦];建立"基础+专业+综合知识+职业实践"模块式课程体系[⑧];增强"有效实践"或"实践有效性",提高实践的针对性、有效性以及实践时间的有效性[⑨]。有培养单位探索了项目式实践课程,创新性地将项目式教学模式运用到全日制专业学位研究生实践课程教学中,以解决工程人才培养的"最后一公里"难题[⑩]。有研究建议,应弱化或限制就业实习,强化专业实践,丰富专业实践内容,规范专业实践环节[⑪]。

专业学位研究生教育的整个教育模式应该独树一帜并自成体系,将学

---

① 田学真,张俊.全日制专业学位研究生教育质量的提升——基于"四螺旋"培养模式的探索[J].研究生教育研究,2013(3):82-86.

② 赵志涵,肖洋.构建"三段式"水利类专业学位研究生培养模式——河海大学专业学位研究生培养模式的改进与创新[J].研究生教育研究,2015(4):81-85.

③ 秦发兰,陈新忠,汪华,等.关于全日制专业学位研究生特色化培养的思考[J].中国高教研究,2012(4):56-60.

④ 刘贻新,张光宇,阎秋生,等.基于 MLP 模型的地方工科院校研究生教育综合改革与实践——以广东工业大学为例[J].学位与研究生教育,2018(2):17-21.

⑤ 刘红.专业学位研究生课程建设:知识生产新模式的视角[J].中国高教研究,2015(3):36-40.

⑥ 母小勇,谢安邦.论教育硕士专业的课程目标和取向[J].教育研究,2002(1):19-23.

⑦ 宋金波,吕一博,孙力,等.管经专业学位研究生 3C 实践创新课程体系构建[J].学位与研究生教育,2018(6):38-43.

⑧ 周文辉,陆晓雨.专业学位硕士研究生课程教学现状及改革建议——基于研究生教育满意度调查的分析[J].研究生教育研究,2014(6):60-64.

⑨ 马永红,张乐,李开宇.校外人员参与促进培养目标达成路径研究[J].研究生教育研究,2018(1):76-82.

⑩ 蔡小春,刘英翠,熊振华.全日制专业学位研究生项目式实践课程的创新探索[J].学位与研究生教育,2018(4):20-25.

⑪ 孟令奎.论硕士生专业实践与就业实习[J].研究生教育研究,2018(2):54-59.

术学位研究生培养中对学术能力培养的"高标准"和职业教育中对实践性、应用性的"严要求"有机结合起来,其教学指向的重点是探讨如何"做事",其侧重点是事物之间的实然逻辑组合形式,而非事物本身的应然逻辑关系①。全日制硕士专业学位研究生专业能力与职业技能协同培养要坚持"以职业实践能力为核心,达成深度与广度的动态平衡,聚焦于良好合作的长效机制,做到学术指导与实践指导相互配合、理论课程与实践课程统筹兼顾、校内培养与校外实践相辅相成"②。

（3）专业学位研究生教育问题反思研究

其一,专业学位的认同度。

全日制专业学位硕士研究生对"专业"的认同度不高③。早期调查研究显示"学生对专业学位的认同度不高,培养环节尚未充分体现专业学位教育的特点",近期调查研究则显示认同度已有明显提升④。有调查显示其总体认同度在中等偏上水平,其中得分最高的是情感认同,其次是价值认同和认知认同⑤。

全日制专业学位硕士研究生职业认同存在障碍:缺乏职业经验,职业认同先天不足;缺乏明确对应的职业领域（岗位）,职业认同制度基础薄弱;培养过程缺乏对职业认同的关照和呼应,难以完成从专业到职业的转变⑥;总体实践能力、三类实践能力和实践能力各要素三个层面的校企契合度大多处于中度水平⑦。专业学位研究生教育在实现跨越式发展的背后却面临着社会认同度低、生源退而求其次、配套资源短缺、自我迷失、办学宗旨异化等诸多尴尬⑧。企业导师存在自我认同的"知行分离"、处境身

---

① 杜尚荣,施贵菊,朱毅.专业学位研究生培养的实践指向性教学模式建构研究[J].研究生教育研究,2017(1):78-82,92.

② 廖湘阳.全日制硕士专业学位研究生专业能力与职业技能协同培养研究[J].研究生教育研究,2013(5):74-79.

③ 张乐平,刘金程,王应密.全日制专业硕士培养模式认可度调查研究——以H大学为案例[J].研究生教育研究,2013(4):77-80.

④ 张东海,陈曦.研究型大学全日制专业学位研究生培养状况调查研究[J].高等教育研究,2011,32(2):83-90.

⑤ 万森,赵国祥.全日制硕士专业学位研究生社会认同实证研究[J].研究生教育研究,2016(5):66-73.

⑥ 韦岚,全守杰.全日制专业学位硕士研究生职业认同的意义解读与整体构建[J].研究生教育研究,2013(2):82-85.

⑦ 张建功,杨诚,黄丽娟.基于企业需求的全日制工程硕士实践能力校企契合度研究[J].研究生教育研究,2016(6):73-79.

⑧ 包水梅,顾怀强.专业学位研究生教育——跨越式发展背后的尴尬及其化解[J].中国高教研究,2011(9):41-45.

份认同的"交往疏离"、专业身份认同的"名实偏离"的"三离"状态[①]。

其二,应用性、实践性等特质的培养效果。

有研究认为"专业学位教育自诞生之日起,学科知识与专业实践之间的矛盾就日益凸显。即:专业实践所需的高度专门化的知识能否通过大学教育这一途径获得,大学对学科理论知识的追求和使命感对专业学位教育是否产生影响"[②]。造成专业学位教育学科知识与实践脱节的主要原因之一是工作体系不成熟。"培养专业人员以岗位需要为基础,目的是培养职业能力,解决实际问题,其课程设计的基础应当是实际工作所需的知识与技术"[③],然而部分专业学位缺乏像临床医学、律师、工商管理那样系统的培训体系,因此课程设计缺少逻辑,质量标准任意性很大。全日制硕士专业学位研究生培养要兼顾专业能力与职业技能,其协同培养面临着教学安排的冲突、职业经验的缺失、实践平台的不足等困难[④]。在我国,专业学位研究生教育存在一些问题,比如:本科化现象[⑤],培养措施低端化[⑥],"同化、矮化、弱化"现象[⑦],培养模式学术化倾向[⑧]、"理论化"色彩浓厚[⑨]、"现实环境不支持","正在实施的专业硕士教育的具体环节"不到位[⑩]等。此外,专业硕士的职业认知与人才市场需求不匹配,其就业意愿与就业市场的现实脱节,并未发挥专业硕士的技能优势和应用型特征[⑪]。对专业学位的"职业性""应用性"缺乏确切、清晰的认识,课程设置体系不能突出"实

---

① 郑世良,李丹.专业学位研究生教育中企业导师的身份认同研究[J].学位与研究生教育,2018(7):61-65.

② 徐铁英.专业学位教育的双重取向:内涵与启示[J].研究生教育研究,2016(1):75-79.

③ 赵炬明.学科、课程、学位:美国关于高等教育专业研究生培养的争论及其启示[J].高等教育研究,2002(4):13-22.

④ 廖湘阳.全日制硕士专业学位研究生专业能力与职业技能协同培养研究[J].研究生教育研究,2013(5):74-79.

⑤ 赵阳.专业学位研究生教学本科化的反思及其对策[J].教育发展研究,2014,34(3):79-84.

⑥ 吴蔚,何昌清,古继宝.我国研究生分类培养的理念、实践与困惑[J].研究生教育研究,2015(1):48-52.

⑦ 万淼,赵国祥.全日制硕士专业学位研究生社会认同实证研究[J].研究生教育研究,2016(5):66-73.

⑧ 王永哲.我国全日制专业学位研究生培养的学术化倾向及改革对策[J].研究生教育研究,2016(4):22-25,79.

⑨ 别敦荣,万卫.论我国专业学位研究生教育人才培养模式改革[J].研究生教育研究,2011(4):77-80.

⑩ 郭芳芳,郎永杰,闫青,等."专业硕士扩招"的理性思考——基于S大学践行政策过程的质性研究[J].北京大学教育评论,2014,12(4):17-33,183-184.

⑪ 蒋承,罗尧.专业硕士的就业意愿研究[J].北京大学教育评论,2014,12(4):2-16,183.

践性"和"应用性"①；普遍存在专业实践时长不足、课程安排与学术学位研究生雷同等现象②；专业实践过程缺乏共同参与式的绩效管理机制,实践基地并未成为"利益相关者共同体"③。专业学位研究生在知识与能力上并没有显现出任何特色和差异,专业学位硕士研究生理应进行"差异培养"的地方未得到重视、理应受到"同等对待"的地方反而获得区别对待④。

其三,对专业学位研究生教育发展路径的反思。

专业学位研究生教育改革取得了显著成就,清华大学等单位申报的《工程硕士专业学位教育机制的创新与实践》⑤、复旦大学申报的《我国临床医学教育综合改革的探索和创新》⑥分别获得了 2005 年、2014 年高等教育国家级教学成果特等奖。设置具有职业背景的专业学位对调整学科、专业结构,改变人才规格过于单一的状况,打通应用性学科研究生教育通向实际工作部门的渠道发挥了积极作用⑦。但是,硕士研究生培养所面临的问题并未被有效解决,只是暂时因各种类型、各种形式的专业学位的蓬勃发展而被遮蔽。

有研究者采取新制度主义的微观分析模式,认为在我国"工程硕士学位制度的生成和发展中,高校在制度生成阶段起了重要作用,政府在制度化的过程中作用明显,市场则在不同时期都提供了制度变革的空间"⑧。中国专业学位研究生教育改革发展的一个现实背景是,专业学位乃是从应用型硕士研究生培养改革探索而来,是在研究生培养单位内部学术组织架构未做什么实质性变革之情形下,由传统研究生培养体系"外延"而来。应用型硕士研究生培养早期探索历程中,专业学位只是途径之一,但由于

① 李茜,张晖,张大勇,等."应用型"农业推广硕士专业学位研究生培养模式的再思考[J].中国高教研究,2012(6)：45-49.

② 张东海.专业学位研究生实践能力培养体系及其成效研究——基于传统研究生院高校的调查[J].中国高教研究,2017(6)：82-89.

③ 焦磊,郭瑞迎.全日制专业硕士教育专业实践绩效管理机制研究[J].研究生教育研究,2018(5)：43-47,76.

④ 汪雅霜,付玉媛,汪霞.从院校服务转向成长收获：专业学位硕士研究生满意度实证研究[J].中国高教研究,2018(11)：57-62.

⑤ 王大中,张文修,叶取源,等.工程硕士专业学位教育机制的创新与实践[J].中国高教研究,2005(11)：20-23.

⑥ 汪玲,何珂,包江波.临床医学科学学位与专业学位教育培养模式的比较研究[J].研究生教育研究,2014(6)：81-84.

⑦ 张孝文.深化改革 调整结构 提高质量 进一步推进我国的位工作[J].学位与研究生教育,1995(3)：8-13.

⑧ 史静寰,郭欻.院校与研究生教育的制度创新——工程硕士专业学位的生成及制度化过程研究[J].教育研究,2005(6)：13-19.

对其"自反性"认识不足,片面强调其发展对整个研究生教育结构调整和质量提升的促进作用,导致整个应用型研究生培养改革走向单一的发展专业学位研究生教育的道路,"专业学位研究生教育体系发展路径的封闭性、排他性,难以满足'应用型'人才的需求"①。

我国专业学位的发展仍然面临着严峻的挑战。有学者认为我国专业学位教育当前遭遇了三重危机,即概念危机(整个社会特别是知识界对于"学位"概念的已有理解)、基础危机(各专业学位所对应职业领域的专业化程度)和制度危机(介于主观思想与客观社会因素之间的制度因素),它们共同构成了当前我国专业学位教育的危机状态,制约着专业学位教育的发展②。另外,部分专业学位所对应的专业难以职业化,其岗位职责难以专门化,也就是说学术学位与专业学位之间存在中间状态,要想对学术性岗位之外的所有岗位进行职业化是存在巨大困难的,在我国整个技术发展基础还较弱和职业资格制度不健全的背景下更加困难。

(4) 专业学位研究生教育研究现状述评

其一,我国研究生教育研究文献显示"专业学位研究生教育"自 2000年以来一直是热点领域。这些文献的研究重点从专业学位的必要性和基本属性、专业学位研究生教育的国际比较拓展到不同类别专业学位研究生教育的课程体系、培养模式、质量标准,2009 年以后重点集中在"全日制硕士专业学位"研究上。研究范式从国际借鉴、实践探索到经验总结、理论研究,从笼统的泛泛而论发展到有针对性的深入研究。

其二,正如前述我国专业学位教育发展遭遇概念危机、基础危机和制度危机三重危机,专业学位研究生教育研究也存在这三重危机:一是专业学位的本质属性和专业学位研究生教育的内涵特征尚不清晰,导致有些研究缺乏基本的逻辑起点,甚至有些概念都不准确,比如有些文献中使用的"学位教育"③;二是专业学位、专业学位研究生教育的研究主要是来自高等学校、科研院所的学术人员和管理人员在探讨,缺乏来自专门职业领域的人员积极参与,导致相关研究缺乏与实际职业场景的呼应;三是专业学位设置、专业学位研究生培养模式改革等更多受宏观政策制度的影响,研究文献中有相当一部分属于政策解释和政策实践范畴,缺乏有理论深度的系列研究成果。现有文献"缺少从制度变迁、管理体制变革的视角对研究

---

① 潘剑波,李安萍.专业学位研究生教育应用性的缺失及其对策[J].教育发展研究,2012,32(17):14-18.

② 石中英.论专业学位教育的专业性[J].学位与研究生教育,2007(1):7-11.

③ 陆叔云."学位教育"不当用词的辨析[J].高教探索,2010(4):10-14.

生教育结构调整中存在的深层次矛盾和困境进行的深入剖析,以至于难以提出有针对性的、系统化的政策建议"①。比如有研究提出要在加强研究生教育职业性和实践性的同时"淡化学术性",其前提假设是当前的硕士研究生培养非常学术化,而实际上并非如此,而且专业学位研究生培养也并不排斥学术性,只是指向另一种类型的学术性(实践场域的)。

其三,随着专业学位研究生教育成为发展的重点,一个被研究者和实践者忽略的问题应当引起重视,即专业学位研究生教育与其他类型研究生教育之间的关联与区别、专业学位研究生教育与高等职业教育的关联与区别,以及如何基于其特殊性及与其他教育类型的区分而建立起有效高质、健全完备、相对独立的专业学位研究生教育体系。建立相对独立的专业学位研究生教育体系首先要回答两个问题:相对独立的关键要素有哪些?相对独立到何种程度?适应专业学位研究生教育目标的培养方案是其根本要素,同时还要辅以相对独立的教育实施主体、师资队伍、管理力量和评价体系。这里有三个关键词:一是关联,二是区别,三是体系化。这三者构成推动专业学位研究生教育健康发展的关键。

其四,文献分析发现对专业学位研究生教育的研究似乎有着用不同概念、不同术语来指称相似现象、相似取向的特征。比如,关于专业学位本质属性的研究,有着许多不同的观点,但从这些文献的字里行间能够看到不同的概念和术语所指称的事物其本质上的相同性。造成这种现象的原因,一是研究者群体同质性明显,很少有真正来自职业一线的专家参与其中,而主流的研究者又普遍缺乏实际职业经验;二是现有文献成果具有依据相同的政策文本、通过与学术型学位的对比来展开论证的共同之处。专业学位研究生教育研究真正植根于职业场景是其未来发展的一个趋势。

3. 中国研究生培养模式及其改革研究

(1)研究生培养模式的界定及其要素研究

何谓研究生培养模式? 2009 年 12 月,在武汉大学研究生院等举办的"研究生培养模式改革"高端论坛上,与会专家对研究生培养模式进行了多角度多维度的讨论,提出了许多新颖、有价值的观点②。有学者认为研究生培养模式是"根据高层次人才成长的规律和社会的需要,在一定的教育思想、教育理论和特定需求指导下,为实现研究生培养目标(培养规

---

① 赵琳.制度创新与研究生教育结构调整[M].北京:清华大学出版社,2018:13.
② 程斯辉,王传毅.研究生培养模式:现实与未来——"研究生培养模式改革"高端论坛综述[J].学位与研究生教育,2010(3):50-53.

格），参与研究生培养的主体与研究生培养基本环节之间所形成的组合样式及运行方式，它是研究生培养特性的一种简约性概括，它表达的是参与研究生培养的主体要素就'培养什么样的研究生'和'怎样培养研究生'两个基本问题在研究生培养诸环节中的解决方式"①。有学者从培养目标、学制、培养单位、培养过程、运行方式、运行机制等要素出发，对比分析了学术型人才培养模式与应用型人才培养模式②。有学者认为，人才培养模式的概念已经超越了原本的"模型"或者"样式"的范畴，不仅指所包含的多个要素，而且指这些要素通过一定的理念和方法而整合成具有一定结构的整体，这一整体在不同的教育情境之下呈现和演化出各具特色的培养模式类型③。

　　有研究基于对 200 多篇尝试界定"研究生培养模式"的论文的分析，总结归纳出"体系说""环节说""指标说""活动说""方式说""结构说""过程说"等多种界定方式以及培养模式要素构成的不同观点④。关于研究生培养模式的构成要素研究，形成了"三要素说""四要素说""六要素说""八要素说"。"三要素说"认为在研究生培养诸多环节中，培养目标、培养过程和组织管理是最为重要的因素⑤。"四要素说"认为研究生培养模式的组成要素为四个，但不同研究中四要素具体所指有差异，比如培养目标、课程设置、培养过程和质量评估四要素⑥，再比如培养目标、课程体系、教学内容、导师指导四要素⑦。"六要素说"认为研究生培养模式是由培养目标、培养方式、课程体系、培养过程、管理制度、质量评价六大要素组成的相互联系、相互制约的有序系统⑧。"八要素说"依据培养过程及其结构，认为研究生培养模式应包括"培养理念、培养目标、培养组织、培养制度、导师队伍、平台建设、方案实施、培养评价等要素"⑨。有研究者针对研究生培

　　① 程斯辉，詹健.研究生培养模式研究的新视野[J].清华大学教育研究,2006(5)：83-88.

　　② 秦发兰，胡承孝.目标导向的研究生培养模式研究[J].学位与研究生教育,2014(1)：50-54.

　　③ 廖文婕.我国专业学位研究生培养模式的系统结构研究[M].厦门：厦门大学出版社,2013：47.

　　④ 陈新忠，董泽芳.研究生培养模式的构成要素探析[J].学位与研究生教育,2009(11)：4-7.

　　⑤ 李盛兵.世界三种主要研究生教育模式之比较研究[J].教育研究,1996(2)：12-17.

　　⑥ 胡玲琳.我国高校研究生培养模式研究——从单一走向双元模式[M].上海：复旦大学出版社,2010：内容摘要.

　　⑦ 何振雄.整合不同类型研究生培养模式 满足社会发展对各类人才的需求[J].学位与研究生教育,2007(10)：52-55.

　　⑧ 周叶中.多样化需求与研究生教育模式改革[J].中国高等教育,2004(17)：35-37.

　　⑨ 陈新忠，董泽芳.研究生培养模式的构成要素探析[J].学位与研究生教育,2009(11)：4-7.

养模式的构成要素,应用问卷调查法,对中国专业学位研究生培养模式进行了实证研究,基于培养目标、培养过程、支撑条件、外部协作和质量保障等变量的操作性界定,构建了一个整体理论模型,并采用巢状模式法进一步验证了各变量之间的相互关系①。

(2) 研究生培养模式分类研究

对研究生培养模式分类的研究,不同研究采用不同的分类标准,大致有以下六种。

分类标准之一:培养目标。有学者提出以培养目标为导向划分学术型与应用型两种培养模式,两种模式纵向贯通、横向融合②。有学者认为我国高校研究生培养模式已开始逐步从单一走向双元模式,学术型与应用型研究生培养模式并存是目前研究生培养模式改革的主要方向,并从价值取向、性质特征、培养对象、层次结构四个方面对两种培养模式进行了系统的对比分析③。有学者提出应该实行"研究型"与"职业型"的双模式培养制度以适应目前研究生教育发展的现状。有研究提出了多元互补型的培养模式,建议在稳定原有学术性研究人才培养的同时,大力培养经济建设与社会发展中所亟须的各行各业开发型、技术型、管理型等应用性高层次人才④。

分类标准之二:活动要素。有学者以研究生培养过程中的活动要素(即教学、研究和实践)为依据,划分出学徒式、专业式和协作式三种培养模式,不同的培养模式对教学、科研或生产(实践)的重视程度和侧重点各不一样⑤。有学者在此基础上提出了第四种模式即教学式研究生培养模式(专业学位)⑥。有研究提出应从强化社会功能的角度进行差别化研究生培养,包括强化学徒式培养的学术传承功能、强化专业式培养的经济适应功能、强化教学式培养的产业推进功能、强化协作型培养的科技创新功能、发挥各类研究生培养模式的综合服务功能⑦。

① 张建功.中美专业学位研究生培养模式比较研究[M].广州:华南理工大学出版社,2014:46-80.

② 秦发兰,胡承孝.目标导向的研究生培养模式研究[J].学位与研究生教育,2014(1):50-54.

③ 胡玲琳.我国高校研究生培养模式研究——从单一走向双元模式[M].上海:复旦大学出版社,2010:内容摘要.

④ 王全林.多元互补:中国研究生培养模式的战略选择[J].高等农业教育,2005(2):73-75.

⑤ 李盛兵.世界三种主要研究生教育模式之比较研究[J].教育研究,1996(2):12-17.

⑥ 薛天祥.研究生教育学[M].桂林:广西师范大学出版社,2001:283-292.

⑦ 王建华,唐建荣,吴林海.基于分类推广的研究生差别化培养模式研究[J].研究生教育研究,2014(2):33-37.

　　分类标准之三：研究生培养主体。有研究根据参与研究生培养的主体在研究生培养过程诸环节中所处的地位和发挥的作用不同，将研究生培养模式划分为"政府主导型模式、高校（研究生培养单位）主导型模式、学科专业单位主导型模式、导师主导型模式、研究生主导型模式和社会（用人单位）主导型模式六种类型"①。

　　分类标准之四：培养层次。按研究生培养层次分类，研究生培养模式可以分为硕士生培养模式和博士生培养模式。也有学者对法、英、德、美四国的博士生培养模式进行研究后，概括为教学型、研究型、专家型、综合型四种模式②。

　　分类标准之五：课程结构。有研究认为比较科学的方法是根据课程结构将研究生培养方式划分为学术型、非学术型或应用型，其中以应用课程为主的培养方式为应用型的，以学术课程为主的则为学术型的。课程间不存在学术层次不同的问题，更多的是指向和价值取向的不同③。

　　分类标准之六：组织要素。以研究生教育的组织单位为依据，研究生培养模式可以划分为学校型、学院型、跨校型、以学科为基础的跨校型和虚拟研究生院五种④。

　　研究生培养模式及其要素的界定要注意"培养模式"这一概念与研究生教育其他概念之间的关系。一些研究文献的基本假设是人才培养模式与人才培养规格是一一对应的，但这两者并非线性对应，有必要进一步界定学位类型与人才培养的关联与区别，学位类型总是有限的，而人才培养则是多种规格的，体现出更多的培养单位特色和学科特色，此其一。其二，研究文献所提出的特定模式的各要素在研究生培养实践中的关系是属于上位概念、平行概念还是下位概念，即是否在一个逻辑层面上。

　　（3）研究生培养模式改革研究

　　研究生教育更好地适应社会发展需要的改革实践逐步形成了多模式、多途径培养研究生的格局⑤。有研究梳理了我国研究生培养模式改革的历程⑥，推进培养目标的多样化和培养模式的变革成为研究生教育改革发

---

　　①　程斯辉，詹健.研究生培养模式研究的新视野[J].清华大学教育研究，2006（5）：83-88.

　　②　陈学飞，等.西方怎样培养博士：法、英、德、美的模式与经验[M].北京：教育科学出版社，2002：1-10.

　　③　王洪才，莫玉婉.应用型研究生培养模式探索——关于研究生教学改革的行动研究叙事[M].厦门：厦门大学出版社，2017：16-22.

　　④　李盛兵.研究生培养模式研究之反思[J].教育研究，2005（11）：55-58.

　　⑤　林功实，白永毅.研究生培养模式和渠道多样化的探讨[J].清华大学教育研究，1989（2）：5-10.

　　⑥　王战军.中国学位与研究生教育40年[M].北京：中国科学技术出版社，2018：131.

展的一条主线。

其一,培养目标分类研究。

以往研究文献的一个基本观点是应用型人才培养构成研究生教育的主体。在知识经济时代,"研究生教育要培养两类人才:一类是能够获取知识产权的创新人才,另一类是能够把已有的科技知识成果应用于实际,促进传统产业由粗放型向集约型转变的创业型人才"①。有研究认为工程硕士的培养目标是培养复合式应用型工程硕士,"复合式"是指理论知识与工程实践、技术能力与管理能力、工程研究与市场开拓相复合的德智兼备的人才,"应用型"是指能够综合运用知识与能力解决工程实际问题的工程型人才②。

分类培养是研究生教育发展的必然要求③,应该提倡根据不同的培养目标设计与之相匹配的培养方案④。有学者从入学形式、培养规格、培养目标、培养方式、培养模式五个基本概念及其相互之间的四种关系出发,分析了我国学位与研究生教育类型设置和规格要求的基本理论⑤。文化因素、社会因素、经济因素和教育因素驱动研究生培养类型从单一学术型人才向学术型与应用型人才并存转变⑥、向以应用型为主兼及学术型的目标转换⑦。有学者认为应分别建立学术性与职业性学位体系,学术性学位与实践性学位是两类不同的学位,不能根据学术性学位的模式来框定专业学位模式⑧。有研究进一步提出未来专业学位教育应体现出与学术学位教育明显的区分,形成专业学位教育与学术学位教育两条互不交叉的培养轨道⑨。还有学者则从研究谱、教育谱和职业谱三个维度对中职硕士研究生

---

① 眭依凡.研究生教育的发展原则[J].学位与研究生教育,2000(3):3-7.

② 汪劲松.面向企业自主创新 培养复合式应用型工程硕士——清华大学工程硕士教育十年的改革与发展[J].学位与研究生教育,2007(1):4-6.

③ 阮平章.分类培养是研究生教育发展过程的必然选择[J].学位与研究生教育,2004(8):21-24.

④ 叶志明.对研究生教育与培养模式的思考[J].学位与研究生教育,2005(2):6-9.

⑤ 叶绍梁.我国学位与研究生教育"类型设置 规格要求"的基本理论研究及若干设想[J].学位与研究生教育,1997(4):56-62.

⑥ 胡玲琳.学术型与应用型人才培养类型并存的驱动因素探析[J].学位与研究生教育,2011(6):58-61.

⑦ 刘亚敏,胡甲刚.流程再造:基于硕士研究生学制改革深层转换的思考[J].学位与研究生教育,2008(7):56-60.

⑧ 赵炬明.学科、课程、学位:美国关于高等教育专业研究生培养的争论及其启示[J].高等教育研究,2002(4):13-22.

⑨ 张东海,陈曦.研究型大学全日制专业学位研究生培养状况调查研究[J].高等教育研究,2011,32(2):83-90.

的培养目标进行了界定,其中职业谱维度是对人才培养目标的职业指向的定位,教育谱维度是对教育类型的定位,研究谱维度是研究属性的定位,以此全面把握人才培养的规格和标准①。

并不能将分类培养简单理解为科学学位与专业学位并举的二元结构,在科学学位教育中渗透和加强职业训练有其特殊意义②。当然,学术性学位不加区分地靠拢专业学位也是不行的,过度学习借鉴专业学位可能导致其自身的失色,传统的学术性学位应再加以区分、分流以实施分类培养。有学者以思维(mind)特征与操作(hand)特征为两个维度,将学士、硕士和博士三种不同层次的学位进行归类,形成六种倾向性不同、层次不同的学位类型,用两个维度分类下的三级学位制度来实现人才的分类培养③。诸多文献提出了基于分层设定的思路实现培养目标的多元化和基于多维思路培养应用复合型人才的建议④。要实现新的目标定位和分层,必须以培养模式、培养方案的多样化为重要依托,努力"构建各种方案多重组合,相互转换衔接的通道网络"⑤。应该坚持按培养目标、培养能力进行分类培养和分类规范,学术型人才按精英序列进行规划和培养,应用型人才按不同层次的规格进行培养,培养的内容应侧重于应用型技能和职业性训练,使其毕业后就能以较高的职业素质很快地进入职业状态⑥。

其二,培养模式改革策略研究。

有文献从宏观层面和微观层面提出了推进研究生培养模式改革的建议⑦。有学者从理论和现实的层面论证了我国进行研究生培养模式多样化的必要性,提出了从高校办学模式多样化、学位类型多样化、入学条件宽松化、导师指导多样化、学位要求多样化、学科建设综合化六方面全面实施多样化培养的设想⑧。有学者主张"实现硕士生培养目标从学术型到应用

①　刘伟民,徐丹阳,王沛民.基于REO三维模型的中职硕士培养目标定位辨析[J].学位与研究生教育,2008(6):40-43.

②　胡甲刚.科学学位与专业学位的有机结合——美国专业科学硕士(PSM)教育的改革探索[J].学位与研究生教育,2013(10):67-71.

③　杨斌.治理视角下的研究生教育:权力重构与制度调整[J].学位与研究生教育,2015(6):1-3.

④　侯晓虹.美国高层次应用型国际商学教育研究——兼议中国现状与改革建议[J].研究生教育研究,2014(1):91-95.

⑤　周谷平,章亮.我国硕士研究生培养的问题及对策[J].清华大学教育研究,2000(4):25-28.

⑥　张国有.就学就业趋向与研究生教育发展[J].北京大学教育评论,2004(4):20-22.

⑦　"研究生培养模式创新的理论与实践研究"课题组.中国研究生培养模式的理论与实践研究[M].北京:高等教育出版社,2013:161-168.

⑧　刘鸿.我国研究生培养模式研究[M].青岛:中国海洋大学出版社,2007.

型的重心转换,建立适应经济社会发展和培养应用型人才目标要求的新型培养模式"①。有学者基于问卷调查数据分析,提出了目标导向的类型化研究生培养模式改革框架,主张应当"以研究生读研目的为主要目标导向,按研究生类别与专业进行精细化、类型化的培养模式改革"②。

　　差异化发展仍然是研究生培养的主要途径,培养单位应当根据自身发展特点"分层次、分类型地采取不同培养模式"③。有学者提出针对不同来源研究生的学习与发展需求,建立服务于个人学习发展需求的分类培养模式④。有研究者重新审视研究生教育目标,认为除保留传统研究生教育的学术性目的,应将行业需要的"专业性研究生培养目标纳入当前研究生教育培养目标体系"⑤,丰富研究生教育的目标方向。有研究基于协同理论视角,构建了高等学校和工程院所跨界联合培养的协同机制⑥。有研究基于案例分析提出要注重联合培养的内涵建设,合作方共同研究确定和开设有特色的课程模块,加强研究方法课程和前沿课程,拓宽研究生的认知视野和国际视野⑦。有培养单位探索"双院制"协同平台、"双师制"协同培养、"双向制"协同创新、"团队制"项目管理等模式⑧。有研究提出要围绕应用型硕士研究生培养的方向开发套餐式核心课程,包括导读性知识、普及性课程和深入研究性课程,供研究生进行选择⑨。这里需要强调的一点是要注意应用型硕士研究生培养与传统的学术环境之间的切合与融合问题。

　　其三,培养模式改革路径研究。

　　研究生培养模式改革面临激进变革和渐进改革的选择。就应用型研

---

①　周叶中.目标转换与模式重构:我国硕士研究生教育改革的必由之路[J].学位与研究生教育,2010(4):57-60.

②　王霁霞,张颖.目标导向的类型化研究生培养模式改革研究——基于近十年读研目的调查的数据分析[J].学位与研究生教育,2017(7):38-43.

③　王建华,唐建荣,吴林海.基于分类推广的研究生差别化培养模式研究[J].研究生教育研究,2014(2):33-37.

④　向诚,柴毅,王东红,等.紧贴行业需求,校企协同培养控制工程领域高层次应用型人才[J].学位与研究生教育,2014(4):11-15.

⑤　刘少雪.研究生教育多元化发展的时代要求与趋势[J].高等教育研究,2009,30(2):61-65.

⑥　郑娟.跨界联合:工科博士生培养模式新探索[M].北京:社会科学文献出版社,2017:19-24.

⑦　北京航空航天大学首都高等教育发展研究基地.高校与科研院所联合培养研究生典型案例汇编(2012)[M].北京:北京大学出版社,2014.

⑧　朱云辰,黄杉,华晨.基于协同创新的专业学位研究生教育——以浙江大学城乡规划专业为例[J].研究生教育研究,2017(1):73-77.

⑨　梁德东,于爱国,陈雪梅,等.全日制工程硕士培养模式的创新与实践——以吉林大学车辆工程领域工程硕士培养为例[J].学位与研究生教育,2013(12):17-21.

究生培养而言,专业学位的突飞猛进可谓激进式变革,当前更应当推进的是渐进式改革,特别是在非专业学位的领域内进行再一次分化,着力培养应用型人才。对于研究生培养适应社会需求的改革路径,目前有两类观点:一类为"多元化调整"观点,主张通过研究生培养模式各构成要素的"多元化的调整"来达成目标;一类为"结构调整与建设"观点,主张研究生培养模式改革的首要任务是研究生教育结构的调整转型①。有研究提出了研究生分类培养模式改革的策略:"SO"策略,发扬优势,抓住机遇,继续推进研究生分类培养模式改革;"WO"策略,直面自身的弱点和不足,采取多种渠道,加强研究生分类培养的条件建设;"ST"策略,利用优势,回避威胁,加强研究生分类培养的管理及制度建设;"WT"策略,减少弱点,回避威胁,积极进行战略转移②。研究生培养单位根据实际情况进行了各具特色的改革和创新,清华大学把硕士研究生教育的目标从以培养学术型人才为主向以培养各行业高层次专业应用型人才为主进行转变,确立研究型、复合型、应用型并存的多元化人才培养目标;中国科学技术大学对专业学位研究生采取集团化培养模式,充分整合现有资源,加强资源共享和优势互补,解决了在学校层面上分类培养可能产生的顾此失彼的难题;中山大学开展了"类专业学位"应用型人才培养工作,即在现有的研究生人才培养学科目录下,"根据专业学位研究生的培养要求与规范,培养现有国家专业学位类型中所没有的职业型人才"③;哈尔滨工业大学将硕士生培养分为学术研究型和应用研究型,其中应用研究型又分为全日制工程硕士生和模式改革应用研究型两类④。

多元调整与结构转型是研究生培养模式改革的两个方向,前者是增量改革,后者是存量改革,前者是通过拓展研究生培养类型规格来满足社会的多元化需要,后者是通过研究生培养模式、机制内部的改革来满足社会的需求。当社会需求不断变化时,多元调整是变化之初行之有效的应对策略,但多元调整做到一定程度后再"多元"就会加大难度,一方面多元的空间已经不大,另一方面多元的积极效应也明显递减,况且无限地"多元"下

①　程斯辉,王传毅.研究生培养模式:现实与未来——"研究生培养模式改革"高端论坛综述[J].学位与研究生教育,2010(3):50-53.

②　丁雪梅,甄良,宋平,等.研究生分类培养模式改革的 SWOT 分析及对策研究[J].研究生教育研究,2011(1):7-10.

③　徐俊忠,周云,戴怡平."类专业学位":一种拓展应用型人才培养的策略性措施——中山大学的实践与体会[J].学位与研究生教育,2009(11):1-4.

④　丁雪梅,甄良,宋平,等.实施分类培养 构建应用型人才质量保证体系[J].学位与研究生教育,2010(2):1-4.

去反而有可能造成研究生教育系统的无序与混乱,此时势必要通过彻底性的结构调整,即研究生教育系统内部的重组,建立起全新的培养类型、培养模式、培养机制,以更好地适应社会需求。可以将研究生培养模式应对社会需求的变革划分为两个阶段:一个是相对平衡阶段,此时"多元调整"是行之有效的应对策略,可以通过多元化发展来做大增量,以适应社会的需求,从而达成需求与供给之间的相对平衡;另一个是振荡阶段,此时研究生教育的供给与需求之间出现非常大的差异,研究生教育供给本身也陷入相对混乱的状态,此时就必须通过彻底性的结构调整,改变整个研究生教育的供给,以实现供给与需求在一个新的平台、模式、机制上的相对平衡。

(4)培养模式研究现状述评

其一,研究生培养模式研究体现出从宏观向微观、从改革实践向模式构想转变的特点。早期的研究文献大多指向笼统的研究生培养模式,许多文献的研究主题是"培养模式",但其主要内容更多的是对所在单位、学科研究生培养改革的一些实践做法和成功经验的介绍和总结,真正将研究框架和内容提升到"模式"层面的文献较少。随着研究的深入,有些文献开始真正从"模式"这个层面探讨研究生培养模式的要素与结构。

其二,以往研究生培养模式的研究注重概念分析、总结模式类型、侧重借鉴国外、关注层次类型,但缺乏对研究生培养模式划分依据的重视和研究。研究生培养模式分类研究还有待深入。要分层次、分类型探讨研究生培养模式,分层次进行研究即从硕士生培养模式和博士生培养模式两个层次来进行研究,分类型进行研究即针对不同类型的研究生建构适合的培养模式[①]。要处理好划分标准的单一性和划分标准本身的模糊性,模式划分依据的标准或参照系不同,模式名称及其分类也就不同,而依据不同标准划分的模式之间有着一定关联和交叉。培养模式归根结底是建立在培养目标基础之上的,因此要促成在培养模式和渠道多样化过程中目标指向与行动措施的相互匹配,比如同一硕士层次、不同培养模式间不同知识结构的实质等效问题。

其三,研究生培养模式研究体现出"改革""时代"特征。培养模式实践与改革研究始终是研究生教育研究的一个热点领域,这是因为:一方面,与其他研究领域相比,随着研究生教育的改革发展,研究生培养模式必然要改革创新,如何结合新形势、新要求调整和优化研究生培养模式及其各要素就成为当时的研究热点。另一方面,与其他研究主题相比,培养模

---

① 祁晓庆.我国研究生培养模式研究十年[J].中国高教研究,2006(9):16-19.

式研究特别是微观层面的改革实践有着更大的自由度,同时又有着更大的研究人员群体,许多非研究生教育研究专职人员纷纷结合具体学科来探讨研究生培养模式。从未来发展看,这一趋势将继续下去。

其四,研究生培养模式的研究方向是从单一维度、单一学科、单一案例的分析与总结转向多维度、多视角、多案例的整合式研究,比如构建一个框架对不同培养单位或者不同学科的研究生培养模式进行较大范围的调查研究和对比分析。当前的许多研究往往集中或者拘泥于培养模式及其要素的某一点展开,未来研究要转向对培养模式及其诸要素的纵深递进和横向集成,要结合社会经济发展和研究生教育发展的新业态、新要求,立足形成高水平人才培养体系,探讨研究生培养模式的改革创新路径。

第二节　概念界定

增强学术理论性的实现手段是概念界定、理性判断和推理过程,是对概念、判断和推理的适当运用①。要探讨应用型硕士研究生培养就必须先对"应用型硕士研究生"的内涵进行清晰的、科学的界定,在此基础上才能深入探讨如何培养应用型硕士研究生。

一、概念界定的思路

概念是思维的细胞,明确的概念界定提供研究的逻辑起点和分析框架。可以从概念性定义和操作性定义两个维度探讨"应用型硕士研究生"的内涵。

1. 概念性定义视角下的"应用型硕士研究生"

概念性定义是抽象理论层面上的定义,其常用的方法是"属加种差"定义法,即用变量的本质特征和上位概念来界定。按照这一逻辑,"应用型硕士研究生"的界定是在"硕士研究生"这一"属"的约束下再通过"应用型"这一"种差"来对其内涵和外延予以界定。一方面,这种界定逻辑有其严谨性,有助于更好地在整个研究生培养体系中把握应用型硕士研究生的内涵及其培养的基本规律和特殊性。另一方面,"应用型硕士研究生"作为当前研究生培养的一个国际性的发展方向,对这一概念的界定并不仅仅是明晰其本身内涵,也是对整个研究生教育的理念与制度创新的推进。也就是说,也可以通过对"应用型硕士研究生"的界定来推动对硕士学位性

---

① 郁庆治.论学位论文的"学术理论性"[J].学位与研究生教育,2009(3):9-13.

质的反思以及硕士研究生培养模式与体系的重构,也许这才是最为根本的。此前的种种探索之所以存在各种问题,很大程度上就源于改革存在着"做加法"的惯习,而缺乏对研究生教育基本理念、基本制度的深入的理论层面的反思,更未结合研究生教育系统本身及其发展环境的变化而对研究生教育概念的内涵进行符合时代的重新界定。

"应用型硕士研究生"不是"硕士研究生"和"应用型"两个概念简单构成的复合概念,而是一个全新的概念,相应地,应用型硕士研究生之培养与其他类型硕士研究生之培养有着不同的本质内涵和实践形态。"硕士研究生"这个词之前的限定词"应用型"对培养所产生的影响并不仅仅是框定培养目标、人才类型、教育内容、培养过程的差异,而是影响到研究生教育的本质和内涵,要使两者更好地结合,须对研究生教育的内涵与本质进行重构,即将应用型硕士研究生作为一种独立、清晰的类型确立之后,研究生教育也就不再是过去的"研究生教育"了,其外延扩大了。这里有两种路径,一是从"硕士研究生"出发界定"应用型硕士研究生",二是从"应用型硕士研究生"出发反思"硕士研究生"。前一种路径被大量使用,相关研究主要就是从"硕士研究生"这一"属"概念出发来分析"应用型硕士研究生"的特殊性的;而从重构硕士研究生培养体系的目的来看,不应局限在完全按照"硕士研究生"的框架和术语来研究"应用型硕士研究生",更需要从"应用型硕士研究生"本身出发,从多个学科角度来分析其内涵和特性,以此反推"硕士研究生"及其培养的系统重构。

研究生教育早期主要是为高等学校、科研机构提供后备的专业技术人才,在此发展阶段,相关利益主体对研究生培养目标乃至目标的达成路径持基本一致的看法。此时,研究生教育有些高不可攀,一般人对研究生教育更多的是持以敬仰乃至认为其神秘,而较少从自身的主观感受来讨论这个概念。也就是,此时"研究生教育"对于一般群体而言是一个缺乏实际意义的抽象概念,自然对此概念就无所谓什么别的看法、认识和态度,这个概念也就不存在争议。从深层次来说,也意味着这个概念背后所隐含的价值取向是单纯、明确并被广泛接受的。当然,这种接受更多的是一种盲从、下意识的接受,是一种被动、机械的接受,毕竟它与社会个体自身利益关联很少。当研究生教育这个概念开始日常化,被更多的人议论的时候,与此有关的一些看法开始出现了分歧,而且主要是这一概念与其具体实践之间出现了不一致。这种差异通常是由于研究生教育具体实践形态的多样化造成的,已如前述,在过去,研究生教育是一个指向单一、内涵明确的概念,与之相应的则是其表现形态的固定化、统一化,随着研究生教育具体实践形态多样化的不断丰富,过去指向单一的概念模式或者概念内涵就面临挑战,容易引发概念的混乱,而随着研究生教育指向的多样化,其内涵势必日益复杂化。在这一复杂化的过程中,参与其中的利益主体越来越多,对研究生教育的诉求也越来越多,诉求的指向也越来越多元,这就使得研究生教育概念明确化的难度明显加剧。在这种背景下,关于研究生教育内涵的界定或者对其认识的方式是叠加式的,即新的认识、新的要求、新的内涵不断叠加,而所有叠加起来的内涵又缺乏顶层设计和系统梳理,这种简单的叠加自然很难达成爱因斯坦所推崇的简单的美。既然存在着内涵的分歧,不同利益主体自然就有可能从不同角度出发来界定符合其利益诉求的研究生教育概念。对于研究者来说,要看到当前多元化的具体实践带给研究生教育的活力,提炼一个更加具有包容性的研究生教育概念。首先遇到的一个问题就是研究生教育不同系列之间的整合,比如全日制与非全日制之间,学术型学位与专业学位之间,高等学校研究生教育与科研机构研究生教育之间,博士研究生教育与硕士研究生教育之间,甚至包括不同学科特别是基础学科研究生教育与应用学科研究生教育之间、传统的研究生群体(应届毕业生)的研究生教育与非传统的研究生群体(工作很多年的人)的研究生教育之间。

　　"应用型硕士研究生"这个概念更是体现出以上特征。在早期整个研究生教育几乎全是"学术型学位"研究生培养时,关于应用型硕士研究生培养的改革探索实际上是有明确的目标和明确的对象的,是一种应对新要求的补充、转型与分化。这一点在文献综述部分已有说明。但是,随着应用型硕士研究生培养类型的增多和规模的扩大,"应用型硕士研究生"的指向却变得模糊了,这固然受到专业学位概念的引入和快速发展的影响,还受到了应用型硕士研究生及其培养本身的影响。进入新的阶段后,"应用型"似乎已经失去明显的对照,没有对立面,其自身也变得模糊不清,从一个特殊的用法(比如早期的工程类型硕士和经管法类应用文科硕士)逐渐变成一个日常概念。这一方面体现了其相对独立性,另一方面也体现了其特殊性的日益淡化。而这一态势对如何界定这一概念提出了新的要求,需要从学术概念和日常用法两个角度兼顾考虑。实际上,应用型硕士研究生已经不仅仅是一个学术概念,需要对其各种日常用法进行梳理,以更好地提出一个概念性定义。

　　结合以上分析,"应用型硕十研究生"要综合采用"属加种差"定义法和日常用法分析来予以清晰界定。前者主要是揭示其基本规律和特殊性,明确其在整个研究生教育中的位置以及与其他研究生教育类型之间的关系。后者主要是揭示研究生教育相关利益主体是如何理解应用型硕士研究生及其培养以及这种理解又是如何影响其发展的。

2. 操作性定义视角下的"应用型硕士研究生"

操作性定义是指用可观察、可测量、可操作的特征来界定变量含义的方法。一个好的操作性定义将使得所要分析的概念变得更加具体化、形象化，构成一个概念从概念化过渡到操作化的纽带和桥梁，为进入实践操作层面提供了方向和依据①。"应用型硕士研究生"研究存在割裂的现象：一方面是不断涌现的大量概念性定义，而缺乏基于相关定义的实践探索；另一方面是不断开展的应用型硕士研究生培养改革实践，却缺乏明晰的概念界定。因此，对应用型硕士研究生及其培养进行准确的操作性定义具有重要的现实意义。

操作性定义是对概念性定义的具体化，体现出一种选择性。当然无论何种选择都必须以反映该概念的固有特性或者固有特性之一为前提。Donald Spencer 1986 年在题为《转变中的硕士学位》的文章中追溯了文理科"传统硕士学位"的"多变的声誉"，同时指出"学术界没有一个顶层设计和全盘规划，而是愿意让不同学校分别调整自己的硕士学位，以适应当时环境的需要，这种随意性在硕士层次比其他任何教育层次都要明显"②。这意味着我们需要根据话语背景和讨论问题的基点来进行不同的操作性定义，从整个研究生培养体系的高度重构应用型硕士研究生的操作性定义，与从课程体系改革的角度、质量保障的角度来界定应用型硕士研究生的操作性定义，是可以有所区别的，问题是要保证操作性定义的切入点与具体内容相匹配。"应用型硕士研究生"操作性定义可以从培养目标、培养模式、就业方向，甚至生源特征等多个维度进行界定，具体使用时又可能局限于某个维度，但是在进行专门的操作性定义界定时必须综合考虑各个维度，以从总体上准确把握其内在特征和概念张力。

随着多元目标的硕士研究生教育的蓬勃发展，正如美国大学协会硕士学位相关问题委员会 1935 年发表的一份有关硕士学位的目的、标准和命名的报告中所声明的，"试图仅仅根据（这些目标中的）一个或另一个来给硕士学位定性的做法很可能是武断的和徒劳的"③。应用型硕士研究生培

①　赵军,周玉清.研究生教育质量概念研究新视野[J].学位与研究生教育,2011(6)：52-57.

②　转引自克利夫顿·康拉德、珍妮弗·格兰特·霍沃思,苏珊·博雅德·米勒.美国如何培养硕士研究生[M].袁本涛,刘帆,等,译.北京：北京大学出版社,2016：17-18.

③　转引自克利夫顿·康拉德、珍妮弗·格兰特·霍沃思,苏珊·博雅德·米勒.美国如何培养硕士研究生[M].袁本涛,刘帆,等,译.北京：北京大学出版社,2016：10.

养的概念性定义是多维度的,比如研究维度、教育维度、职业维度。研究维度界定的是其作为研究生教育之"研究"的基本特性和要求,通常是以参与科学研究的方式、途径与样态予以表征,无论硕士研究生如何定位,这一维度始终存在,缺乏这一维度映照的"应用型硕士研究生"及其培养就蜕化为高等职业教育乃至中等职业教育了,从这个意义上来讲研究维度是基本维度。教育维度界定的是其作为研究生教育之"教育"的基本特征和要求,通过课程体系、培养过程等方面来予以体现和表征,反映的是应用型硕士研究生培养作为研究生教育的一类而承载的人才培养特性,虽然各类新式学位大行其道,但硕士研究生培养之"教育"维度是不可缺失的。应用型硕士研究生培养不是训练而是教育,是有目的、有计划的教育过程,只是其教育过程与其他类型的硕士研究生培养相较而言有其特殊性。从这个角度讲教育维度反映的是应用型硕士研究生及其培养的归属和属性。职业维度界定的是其服务面向的问题,而且为应用型硕士研究生及其培养之"研究"和"教育"的特殊性提供了一个新的平台和空间,集中体现了培养什么样的应用型硕士研究生、为谁培养这样的应用型硕士研究生、怎样培养这样的应用型硕士研究生的问题所在和解答指向。从这个角度来看,职业维度是应用型硕士研究生之研究维度与教育维度的内涵特征和基本要求现实化的基础与保障。

"应用型硕士研究生"及其培养的概念界定要注意的一个方面是,学位类型规格是形式,是反映学术标准的规范,研究生培养规格是内容,是根据培养目标的实践表现,内容与形式要达成统一。这里需要进一步考虑是类的关系还是层的关系。从学位来看,必然是层的关系;从培养来看,更多的是类的关系。特别是随着硕士培养规模的扩大、高等教育的大众化,"硕士"这一某些人眼中的过渡学位体现出新的特征,表现为传统精英、新的精英、大众化等复合型特征。这又引发单一学位类型的多重标准问题,即究竟是单一学位多重标准还是使学位类型多样化?学位类型的多样化是不可回避的趋势。

二、硕士学位的分类方法

学位大致可以分为以学术研究为方向的学位(research-oriented degree)和以专业实践为方向的学位(practice-oriented degree),分别体现了两种倾向性或两种价值观念,即前者更重视理论,后者更重视实践和实用。现在有一种约定俗成的说法,即将我国学位类型划分为学术型学位与专业学位两类,而且国家层面也努力推动学术型与专业型研究生教育的并重发展。然而,这种二分法受到了质疑和诘问。

1. 设置第三种硕士学位类型

针对学术型学位与专业学位二分法引发的问题,许多学者从不同角度出发提出设置第三种学位的建议。有学者建议设置"专业硕士学位、科学硕士学位、课程硕士学位"①②三种类型的硕士学位。有学者提出构建我国应用博士学位制度,并将其界定为一个在专业博士学位的基础上紧密围绕应用型博士研究生的培养而形成的相对独立的政策及管理体系③。有研究建议我国设立与国际研究生教育接轨的正规的短期职业型硕士文凭或学历,作为我国研究生教育的重要补充④。有研究建议建立有别于科学学位、专业学位的新学位类型——职业学位,即技能型副学士、技能型学士、技能型硕士三级"职业学位"体系⑤。中山大学通过创设"类专业学位"的学科平台,培养现有国家专业学位类型中所没有的职业型人才,加大应用型和职业型人才培养力度⑥。

从科学研究的角度,有学者从科学的三种形态即纯科学研究、技术科学研究、应用科学研究出发,相应地将学位分成三种类型:"第一种是科学研究型学位,第二种是技术研究型学位,第三种是应用研究型学位。第一种是对科学(包括自然科学和社会科学)进行研究所获得的学位,第二种是对技术进行研究获得的学位,第三种是对科学和技术理论的应用进行研究获得的学位。"⑦这种观念看到了将学位划分为学术型与专业型两类的缺陷,并提出了三分法。学位类型与科学研究分化密切相关,但是根据科学分化形态或者科学存在形态来划分学位类型似乎过于学科逻辑化,而学位类型的多样化发展取向的一个方面就是去学科化而强调社会需求,因此,学科类型的界定除了考虑科学分化发展维度,还必须重点考虑社会需求特征。科学分化发展与社会需求两者存在一致性,同时也存在明显

①　叶绍梁.我国学位与研究生教育"类型设置 规格要求"的基本理论研究及若干设想[J].学位与研究生教育,1997(4):56-62.

②　复旦大学研究生院课题组.我国硕士学位类型若干问题的探讨[J].学位与研究生教育,1995(1):55-59.

③　程晗.构建我国应用博士学位制度的思考[J].中国高教研究,2001(2):49-50.

④　吴杨,丁雪梅.欧洲硕士学位类型、学制的研究以及对我国的启示[J].中国高教研究,2006(2):50-53.

⑤　陈厚丰,李海贵.建立我国高等职业教育学位制度的探讨[J].高等教育研究,2015,36(7):54-59.

⑥　徐俊忠,周云,戴怡平."类专业学位":一种拓展应用型人才培养的策略性措施——中山大学的实践与体会[J].学位与研究生教育,2009(11):1-4.

⑦　康翠萍.对学位类型界定的一种重新解读[J].学位与研究生教育,2005(5):50-52.

的差异。

从学位体系的角度,有研究建议将我国学位分为学术研究型学位、应用研究型学位和专业学位(职业学位)三种类型,前两者可统称研究型学位,着重培养研究型人才,专业学位则着重培养职业岗位型人才①。有学者针对"学术型"与"专业学位"二分法存在的认识混乱、边界模糊和定位宽泛等现象,基于社会对高层次应用型人才需求的迫切性和研究生教育的现实状况,提出建立更加完备、更加符合研究生教育现实的学位类型体系:"以学位类型来区别所培养人才的类型。所提出的学位体系包括两大类学位:一是学术型学位;二是应用型学位。应用型学位又根据与职业领域的相关度区分为专业学位和非职业型应用型学位,形成三种学位类型并存的研究生培养格局,适应社会发展对人才的多元化需求。"②

从学位结构的角度,有研究认为当前硕士学位类型的二元格局已经限制了学位功能的发挥,"满足社会需求"这一内在功能"倒逼"学位类型结构的调整,设置第三种硕士学位类型即应用学位(applied degree)势在必行。"我国硕士研究生教育规模结构的合理状态应该呈现出一个金字塔形状:第一层为学术学位研究生,主要作为博士研究生过渡环节,同时培养少而专的学术精英;第二层次为专业学位研究生,作为具有实践经验的人员提升职业水平的主要途径;第三层次为应用学位研究生,培养尚无明确职业背景、毕业后在社会各行业领域从事技术或管理工作的应用型研究生";"应用学位是介于专业学位和学术学位的一种中间状态,三种硕士学位类型并非等级上的划分,皆为同一层次,只是培养目标、培养规格和培养模式存在差异或是各有侧重"③。

从培养实践的角度,有学者提出,"在科学学位下分设学术型科学学位和应用型科学学位,在已经获得授权的科学学位专业下设置一种面向行业并具有较强职业指向、实践性很强的学位,以满足社会对高层次应用型人才的需求,弥补现行专业学位人才所适应的职业领域有限之不足"④。具体而言,学术型科学学位硕士的培养目标定位为"培养从事学科基础理论

①　纪宝成.关于我国研究生学科专业设置问题的思考[J].学位与研究生教育,2007(8):1-6.

②　刘春惠,王战军.基于学位类型的研究生教育质量评价[J].学位与研究生教育,2012(2):9-13.

③　张朋召.应用学位:设置我国第三种硕士学位类型的构想[J].研究生教育研究,2015(5):27-30.

④　史学浩,张冰红.应用型科学学位设置的必要性与可行性——以暨南大学应用型科学学位硕士生教育为例[J].学位与研究生教育,2011(6):62-65.

的教学和科研人才(侧重理论研究)",专业课程设置按照学科分类来设定课程,能力培养指向"具有较强的教学与科学研究能力";硕士专业学位的培养目标定位为"培养适应社会特定职业或岗位的实际工作需要的应用型高层次专门人才(侧重实践能力)",专业课程设置以实际应用为导向,与职业资格衔接,注重案例分析与实践,能力培养指向"具有适合于特定职业和岗位的职业能力";应用型科学学位硕士的培养目标定位为"培养具有运用理论基础知识解决相关实际问题的高层次应用型复合人才(侧重理论与实践相结合)",专业课程设置侧重理论与实践相结合的应用性、实务性、操作性的课程,能力培养指向"具备将基础理论转化为解决实际问题的应用能力"。

2. 开展第三类硕士培养

更多的文献是从人才培养类型的角度对学术型与专业学位二分法提出改进。有研究者主张将硕士生培养分成三种类型,即课程型(master course)、理论型(academic degree)、应用型(professional degree),其中"应用型"是指参加工程项目、产品设计与开发及引进项目的消化与完善等课题的研究生,主要侧重于本学科工程技术知识与能力的培养[1]。有学者提出,我国硕士研究生教育可按以下三种类型确立培养目标:学术型研究生——培养具有较高学术水平和科研素质的高校师资和科研人才;课程型研究生——培养掌握系统专门知识的高层次人才,以满足社会专业化程度不断提高的要求;职业型研究生——培养适应社会各专门领域对从业人员特定要求的高层次专门人才[2]。有学者建议改革硕士研究生的培养目标、途径、模式与学习年限,采用"4+1模式"(四年本科+一年硕士)培养职业型硕士研究生[3]。有学者基于问卷调查数据分析,主张以研究生读研目的为主要目标导向将研究生划分为"学术为主型、应用为主型、学术与应用并重型三种类型"[4]。哈尔滨工业大学将全日制专业学位研究生与学术学位中的应用研究型硕士生归并成一类,称为应用型研究生,将原来的学

---

①　朱启超,隋智通,徐心和,等.调整硕士培养目标适应社会发展需要[J].学位与研究生教育,1996(4):61-64.

②　张民宪,丁康.全面质量观与多元培养目标——论硕士研究生学制改革[J].学位与研究生教育,2006(8):19-24.

③　方展画,薛二勇,劳俊华.硕士研究生学制国际比较及启示[J].高等教育研究,2007(1):105-109.

④　王霁霞,张颖.目标导向的类型化研究生培养模式改革研究——基于近十年读研目的的调查的数据分析[J].学位与研究生教育,2017(7):38-43.

术研究型研究生简称为学术型研究生①。

3. 学术型·职业型·应用型三分法

学位处于不断演变和分化的过程中,学位的类型逐渐丰富,特定学位的内涵也相应地发生变化。学位的分类应当考虑与职业岗位、培养模式的对应,问题是就社会就业岗位而言,除了一部分学术型学位对应的传统学术性岗位、一部分专业学位(与职业资格联系密切)对应的专业性职业岗位,存在大量不易也不宜定向的就业岗位,所需专业技能是难以按传统的范围狭窄的学科技能、职业技能划分的。换言之,除了较少的学位获得者的职业领域和就业方向比较明晰,更多的是不清晰的。基于此,按照二分法将所有学位划分为学术型学位和专业学位是不妥当的,一是造成两者的对立,二是没有全面反映当前研究生教育的实际情况,因此,需要转变思考问题的视角,进一步分析两者各自的边界以及两者之间的其他可能性和发展空间。学术学位(科学学位)与专业学位(职业学位)的二元区分容易陷入"非此即彼"的境地,两类学位"彼此互证"的"二元对立"导致难以辨识各自质的规定性②。在纯粹的学术研究和应用型的研究之间、部分领域尤其是应用性学科领域的研究培训的不同类型之间均暗含着张力。如果把"研究性"和"实践性"作为两维,按"研究性"与"实践性"的强度分为9个区间,则可以形成一个由81个方格组成的高等教育类型坐标图,每个方格表示一种类型③,即极端类型之外还存在其他多种中间状态类型。研究与应用、理论与实践之间的平衡已经打破,对学术型学位与专业学位进行比较的研究文献随处可见,如何完善各自培养模式与培养过程的研究文献也随处可见,但问题的关键已经不在这两者本身,而是这两种学位能否涵盖类型明显不同但又存在交叉的研究生教育的各个空间。摆脱研究生教育二分法的藩篱,有利于丰富高层次人才类型,增强研究生教育的社会适应性。

要注意学术型培养模式和应用型培养模式两个概念出现的语境,当前把"传统的培养方式认定为学术型培养模式是一种比较笼统、含糊的说

① 英爽,康君,甄良.哈尔滨工业大学应用型人才培养改革实效[J].学位与研究生教育,2014(1):28-32.

② 马健生,陈玥.专业学位教育中学术能力培养的错位问题检视[J].教育研究,2015,36(7):40-48.

③ 孙友莲.硕士研究生分类培养需"研用合一"[J].教育发展研究,2014,34(19):62-66.

法"①。实际上,过去的硕士研究生培养并非根据培养类型的划分来界定的,而更多的是现实条件约束下的产物,即便称其为模式,也只能是现实条件约束下的一种被动培养模式,是从结果来看其培养过程。就模式而言,至少是缺乏一个真正的对比框架的,即没有另外一个模式与之对比,从而彰显出这种模式的特征。传统模式之所以被称为学术型模式,是因为我们觉得它满足不了社会急需的应用型研究生的培养,所以要探索应用型人才培养的模式,就直接、简单地把过去的模式称为学术型培养模式。

　　亚里士多德把人的活动分成三种类型:一是"生命的营养和生长活动";二是"感觉的生命的活动";三是"有逻各斯(logos)的部分的实践的生命活动"②。他进一步将有逻各斯的部分的实践的生命活动划分成三个部分,即理论的、实践的、制作的。其中,理论的活动即"沉思"(contemplation)是对不变的、必然的事物或事物的本性进行思考的活动,理论沉思的目的是把握事物的真,即获得不变事物的知识。实践和制作的题材则是可变化的、不必然的、不确定的事物,是因人的努力可以改变的事物,是我们的行动能够对之起一定作用并因此而影响其结果状态的事物。实践和制作都是人的有逻各斯的实践活动,但是实践的逻各斯的品质与制作的逻各斯的品质不同。理论与实践形态的多样化,反映在人才培养中就是学者与实践者之间的关系是多样化的,可以构成四个不同的类别(见图1-1)③。

　　美国卡内基教学促进基金会呼吁设置新的应用型博士学位,曾任基金会会长的 Lee S. Shulman 提议设立专业实践博士学位(Doctorate of Professional Practice, D. P. P.),强调其"以实践智慧服务专业实践"(practical wisdom in the service of professional practice)的特征而区别于教育领域的哲学博士和教育博士④。英国研究生院协会将实践博士界定为:包含一个原初性的创造作品,作品本身能够证明对该领域的原创度、熟识度和贡献度。概言之,尽管哲学博士或许也关注实践研究,"专业博士以工作实践为导向进行研究,但是实践博士则是依靠实践(by means of practice)而非关于实践(about practice)或在实践内(within practice)推进知识"⑤。

①　王洪才,莫玉婉.应用型研究生培养模式探索——关于研究生教学改革的行动研究叙事[M].厦门:厦门大学出版社,2017:21.

②　亚里士多德.尼各马可伦理学[M].廖申白,译.北京:商务印书馆,2004:19.

③　Bernhard Streitwieser, Anthony C. Ogden. International Higher Education's Scholar-Practitioners: Bridging Research and Practice[M]. Oxford: Symposium Books Ltd,2016:31.

④　Lee S. Shulman, C. M. Golde, A. C. Bueschel, et al. Reclaiming Education's Doctorates: A Critique and a Proposal[J]. Educational Research,2006,35(3):25-32.

⑤　胡钦晓.英国实践博士:形成、特征及启示[J].教育研究,2016,37(4):125-133.

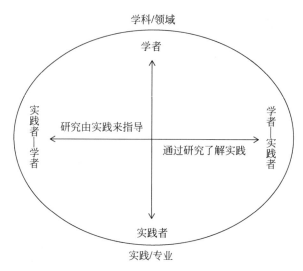

图 1-1　学者–实践者关系的类别

对应英国学者 Christopher Frayling 的分类,"艺术设计领域的研究"
(research into art and design),属于理论性的,通过学术论文与学位论文的
形式来体现,哲学博士属于此类;"通过艺术设计的研究"(research through
art and design),其理论性相对较弱,譬如材料研究、研发工作和行动研究
等,专业博士属于此类;"为艺术设计的研究"(research for art and design),
其理论性更弱,更加强调实际成果的产出,思想主要融于产品之中,实践博
士属于此类①。

　　"当人们提到研究应该满足社会需要时,经常强调基础研究和应用研
究或者学术性学习项目和专业性或职业性学习项目的区别,但很多专家认
为这种差别正在变得越来越模糊。"②从研究生就业市场来看,社会需求最
大的既非学术型学位人才,也非专业学位人才,而是与明确的就业取向有着
明显不同的各种应用型人才。如果按照所谓学术型学位与专业学位来划分
研究生培养类型的话,实际上既限制了研究生潜在的就业机会,又使专业学
位应该高度明确的就业市场变得混乱。当前大量涌现的并非"成熟职业"而
是前职业或者有待成熟的职业,专业学位的职业定位特性决定其具有"面向
成熟职业"的优势和先天局限性,相应地决定了其人才培养的局限性。有别
于专业学位的应用型硕士研究生培养则正好是迎合这一巨大的新兴职业岗

---

①　C. Frayling. Research in Art and Design[M]. London:Royal College of Art,1993:1-5.
②　乌尔里希·泰希勒.迈向教育高度发达的社会:国际比较视野下的高等教育体系[M].肖
念,王绽蕊,译.北京:科学出版社,2014:14.

位人才需求的有效举措。表 1-1 展示了研究生就业岗位的变迁情况。

表 1-1 研究生就业岗位变迁

阶段	模式	就业市场(主导性)	与社会联系程度	知识生产方式
第一阶段	模式二 职业性主导	专门职业岗位(教师、医生、律师、牧师)	很少	前洪堡模式
第二阶段	模式一 学术性主导	学术岗位	较少	洪堡模式
第三阶段	模式一和模式二分离并存(学术性与职业性并重)	学术岗位 专门职业岗位	较多	后洪堡模式
第四阶段	模式一和模式二渗透互动(学术性与职业性兼具)	非学术性岗位 学术岗位 专门职业岗位	很多	知识资本主义模式

供需不平衡更多的仍然是量的问题,而能力与水平上的错位则是质的问题。前者似乎可以通过新的类型、模式等多样化予以改进,后者则需要深入到研究生培养的最底层和内核;前者可以通过政策调整来推进,后者只能更多地依靠培养单位的自主创新和指导教师的理念创新。当前硕士研究生的供给存在供需错位,社会需要的三类人才的分布呈两头小、中间大的橄榄型,即学术精英型硕士和与职业领域、职业资格有着严格的紧密联系的专业学位硕士研究生的社会需求比较小,而复合型应用型硕士研究生的社会需求比较大。从未来发展趋势来看,学术劳动力就业市场、职业资格对应的专门职业领域的需求量保持平稳,非传统学术劳动力市场则呈现持续上升势。其中学术劳动力市场、职业资格对应的专门职业领域是一个闭合系统,非传统学术劳动力市场则是开放系统,也体现出更大的灵活性和适应性。

有学者提出,研究生教育类型分布开始呈现出阶梯型结构,"两端是学术型和职业型,两端之间是'其他型'"[①]。还有学者提出关注"工程硕士与工学硕士之区别的同时关注两者之间的融合与沟通"[②],通过激发社会、企业与学生的选择与参与,建立起沟通工程硕士与工学硕士之间的桥梁。这里所强调的就是学术型学位研究生与职业型研究生培养之间的沟通与互

① 胡志刚,张非也,高博,等.专业学位研究生教育计划的生成机制建设——军事职业胜任力视角[J].学位与研究生教育,2015(12):56-62.
② 陈兴德,王翠娥,王晟.美国工程硕士研究生教育历史、现状与反思——兼论工程硕士研究生教育的学术性与专业性之争[J].学位与研究生教育,2011(6):72-77.

通,并不必要非此即彼。区分是为了更好地界定,从而保证培养的针对性,进而基于清晰的区分建构一个互动的网络,增强研究生教育系统的社会适应能力。

基于上述分析,按照培养目标和培养类型,硕士研究生的类型可以采取两种划分方法:一是划分为学术型硕士研究生、应用型硕士研究生,此方法是采用"应用型硕士研究生"的广义界定,即狭义的学术型硕士研究生之外的皆统称为应用型硕士研究生。二是划分为学术型硕士研究生、职业型(专业学位)硕士研究生、应用型硕士研究生,此方法采用"应用型硕士研究生"的狭义界定,学术型硕士研究生、职业型(专业学位)硕士研究生也皆采用狭义界定。三者皆采用狭义界定的三分法有助于更好地界定各自的边界,分别采取相应的政策引导、培养模式和就业指导,达成基本标准的质量保障与多元需求的服务引领。本研究主张硕士研究生类型采用学术型、职业型(专业学位)和应用型三类型划分方法,具体分类见图1-2。

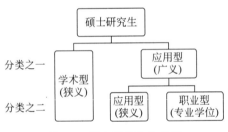

图 1-2　硕士研究生的分类

三、应用型硕士研究生之"定性而非定型"

研究生类型的多样性与分类培养是相辅相成的,研究生学习动机、职业经验、学习投入等方面的差异推动着培养模式的多样化,培养模式的创新为满足不同类型的需求创造了条件。在过去很长一段时期内是有意无意地消除不同类型研究生之间的差异,以达到学术标准,当下则是要分类培养而彰显不同类型研究生的特性。随着研究生分类培养实践的深化,在硕士研究生培养单位将呈现学术型硕士研究生、专业学位硕士研究生和应用型硕士研究生竞相斗艳的新面貌。

案例一

研究生薛淑学习很投入,保持着本科阶段的学习习惯和学习模式,重视对教材的研读,与此同时在指导教师的要求和引导下以"研究"为抓手对自己的学习进行升级,开始关注"为什么"和理论化、学理化,尝试着以"学术"的方式加深自身知识的体系化和系统化。薛淑热衷于围绕指导教师给出的问题寻找答案,并为此阅读相关文献以获得基础知识,在这个过程中她习惯于按照学科知识体系来评价所学知识的意义。构成其认知结构框架的是学科体系,点缀其上的则是一个个的学科知识点或片段。薛淑绝大部分时间往返于研究室、图书馆、寝室三点之间,以完成课程学习、研究选题、学位论文撰写等环节及其要求。薛淑的桌面上摆满了需要阅读的专业文献,电脑里储存的也是各种专业学术论文。薛淑整个硕士研究生生涯似乎是在按照自主的节奏一步一步地推进,度过研一、研二,进入研三,但她私下里总会诉说导师今天安排了什么任务、明天又要求做什么。与指导教师交谈时,薛淑也觉得导师对其学习与研究乃至未来职业方向有着比较明确的设想,导师知道薛淑的每个学习环节应该达到什么水平及可能达到什么水平。进入研三第一学期的薛淑已经公开发表了一篇学术论文,第二篇论文已经投寄给学术声誉更高的专业刊物。薛淑有着自己的职业规划,计划集中时间准备博士入学考试,同时也关注一些高职院校的专任教师招聘信息。薛淑已经在这所大学待了六年,的确有些想离开了,但又并不想离开高等学校这种环境。

案例二

研究生楚一生最近很苦恼,在完成一年的研究生课程学习后开始实习,但他感觉自己根本就不适合这个职业。楚一生本科阶段和研究生阶段的课程学习都很优秀,喜欢与同学、朋友高谈阔论,经常就某个问题与同学辩论一番。楚一生有着较好的家庭背景,很小的时候就确立了职业目标,大学和研究生所学专业也如其所愿。开始实习后,他每天面对的不再是允许高谈阔论的环境,而更多的是就某项技能进行反复的练习。刚开始的时候,是新奇的、充满兴趣的,但经过三周的时间后楚一生开始感觉到厌烦了。每天早出晚归,独自一人反复练习某一项技能,的确不太适合性格活跃的楚一生。楚一生总是觉得此前课程学习的东西和当下做的工作之间没有直接的联系,似乎不学习那些内容同样也可以进行练习。好在这个职业是楚一生一直的梦想,他还是慢慢坚持下来了,从最初的笨拙和手忙脚乱到比较顺利地掌握一套技能,他开始感觉到那种娴熟带来的成就感,开始乐而忘返,自觉地完成实习指导教师安排的实习任务。同寝室的其他专业的研究生同学发现楚一生似乎不再主动参与一些问题的讨论了,对一些热点新闻似乎也不太关注了,桌面上的新潮杂志也不见了,更多的是一些行业刊物和行业人物报道。大家在寝室闲聊时,楚一生很少发言,情感外露越来越少,经常一个人嘀咕"怎么不对""怎么更好呢"。他变得越来越自信了,同学们都觉得楚一生越来越"像那么一回事了"。

案例三

　　研究生易咏兴给人的第一印象就是一个"好奇宝宝",他对新鲜事物都很好奇,但似乎很少一直关注某个东西。易咏兴对课程的学习并不像薛淑那样投入,更不会经常搬一堆经典专著来啃,也不爱去记忆抽象的原则和原理,甚至都怀疑现在的课程学习对未来的工作有多大意义。说到未来工作,易咏兴也不知道自己将来到底会从事什么工作,问指导教师,得到的答案也是先学习专业课程,以后自然就知道了。不过有一点是易咏兴感兴趣的,那就是可以经常离开学校到一些高新技术企业参观。每次参观回来后都要写总结汇报,易咏兴每次都写得很认真,也很真实,的确是参观期间的一些收获。但让易咏兴苦恼的是写总结的时候感到收获很大,但下次再去参观时觉得自己又变成了"小白痴"。为了弥补这一点,易咏兴有意识地阅读相关资料,记忆一些知识点,但效果并不大。研二下学期进入实习阶段后,易咏兴发现似乎很多方面都发生着变化,感觉自己每天都在被"怎么回事?""怎么还不行?"之类的问题所烦扰,不断思考的同时发现对过去所学的知识的认识越来越清晰,逐渐产生了一种天生我材必有用的感受。但他也经常感到"纸上得来终觉浅",有的时候觉得自己对本专业知识和技能学习掌握得不够,更多的时候则感觉到对其他专业太缺乏了解,所缺乏的似乎不仅仅是必要的专业技能,更是宽阔的视野、沟通的技巧。虽然转变的过程困难重重,但易咏兴逐渐找到了乐趣,似乎时刻都在尝试着新的东西,每天与不同的人打交道,每天碰到不同的问题。在这个过程中,他对自己的未来也有了比较清晰的认识,从言必称书上怎么说开始转向更深入的思考,解决实际问题的能力也渐渐增强,易咏兴关注的焦点也发生了变化,不再纠结 A 与 B 的因果关系和必然的逻辑关系,而是更关注大量的数据、现象之间的相关关系,关注如何在数据、现象与专业知识之间建立有意义的关联,如何根据这些相关关系进行科学的预测。面对不确定性、突发性,他经常会突然灵感一现地提出快捷、有效、易推广的解决方案,而获得的成就感可以让他连续兴奋好几天。易咏兴做了几大本实习笔记,准备好好整理后写出一份高质量的总结报告。

1. 性质:多样化职业发展的更大可能性

Dietrich Benner 提出一种行动具备以下方面即可称为实践:"第一,如果它源于一种不完善或一种困境,它改变这种困境,却不消除这种不完善;第二,如果人通过这种行动获得了其确定性,但这种确定性不是直接出于人的不完善性,而首先是通过其行动达到的。"[①]教育发展的本质并非确定性、完善性,而是一定的确定性、不完善性,人是在受教育中不断完善的,但始终处于不完善性之中,这也正是教育的魅力和张力所在。

大学并非职业培训场所。一方面,大学不完全具备职业培训所需的条件和环境,以给予学生系统深入的基础理论学习而非职业实践训练见长;另一方面,大学人才培养又不得不考虑职业需求和就业市场,加大专业实践能力的训练和职业素养的培养力度。应用型硕士研究生与专业学位硕士研究生的最大差异主要是从其今后担负的工作来判定,而并非在实际培养过程中就已经直接指向今后的工作岗位,即所学的专业与他们毕业后选择的职业并不直接对应[②],这反映了应用型硕士研究生"定性而非定型"的特性。挑战性的学习环境、有计划的学习体验和丰富的学习经历是应用型硕士研究生培养的基本要求。

应用型硕士研究生"定性而非定型"的特性从其培养目标上体现出来。学术型硕士研究生的培养目标有着明显的抽象性,专业学位硕士研究生的培养目标有着明显的职业性,而应用型硕士研究生的培养目标则体现出泛化的特征。学术型硕士研究生的培养依赖实验室,专业学位硕士研究生的培养依赖"临床诊断",应用型硕士研究生的培养则依赖行动研究。应用型硕士研究生培养固然要尽可能地明确课程学习成效,但同时也要允许一些出乎意料却能够令人满意的成效发生,实际上在其教学设计中就需要留有产生此类非预期成效的空间,因为其教学设计的路径远不如学术型和专业学位培养那样明晰和单一。学术型硕士研究生培养对知识的系统

---

① 底特利希·本纳.普通教育学——教育思想和行动基本结构的系统的和问题史的引论[M].彭正梅,徐小青,张可创,译.上海:华东师范大学出版社,2006:17.

② 叶绍梁.我国学位与研究生教育"类型设置 规格要求"的基本理论研究及若干设想[J].学位与研究生教育,1997(4):56-62.

性要求非常高,要求基础理论知识比较广博,所培养出的学生应该具有极强的思辨能力,特别要善于理论分析和论证。应用型研究生的培养重点则在于应用理论知识的能力,需要学生具备分析实际问题的能力并能够根据环境的变化设计出切实可行的行动策略①。

Peter Jarvis 在其专著《专业教育》(*Professional Education*)中认为,专业教育的目标是培养能够胜任专业工作的实践者(produce competent practitioners)②。专业学位研究生教育将职业标准作为认证标准,以此加强人才培养与职业资格之间的联系,更好地体现出"以职业为导向"培养理念。但是,一方面,职业能力标准和教育标准之间具有不小的差距,能否不加转换地将职业能力标准直接作为教育认证标准值得思考③;另一方面,研究生职业成熟度处于基本成熟水平④,研究生在职业规划、职业探索、职业信息、职业决策四方面发展水平的成熟度有待提高。这就直接制约了专业学位研究生教育发展的空间。实际上,知识密集型社会确实需要高度专门化的专家,但更需要受过广博教育的问题解决者,其思考和行为较少受制于学科规训和学科边界之约束。应用型硕士研究生培养实际上是在理论与实践之间搭建了桥梁,依托发现、提出、分析、解决与专业实践紧密相关的现实问题的训练过程,培养研究生应用和创新实践性知识、专业实践技能的倾向和能力。

2. 基石:策略性知识与实践能力

从知识体系构建的角度看,不同类型的专业人才具有不同的知识架构,其静态(知识体系的构成)与其动态(知识体系的建构方式)各有差异。可以将知识分为陈述性知识、程序性知识、策略性知识三类,不同性质的知识体系有其更为切合的人才培养类型。总体来看,学术型人才培养主要依托的是陈述性知识,职业型人才培养主要依托的是程序性知识,应用型复合人才培养主要依托的是策略性知识。依托陈述性知识的学术型人才培养的基本逻辑是从基础到创新,追求的是理论体系的完备性;依托程序性知识的职业型人才培养的基本逻辑是从经验到熟练,追求的是行业经验和个人体悟的融合;依托策略性知识的应用型复合人才培养的基本逻辑是

———————

　　① 王洪才,莫玉婉.应用型研究生培养模式探索——关于研究生教学改革的行动研究叙事[M].厦门:厦门大学出版社,2017:1.

　　② Peter Jarvis. Professional Education[M]. London: Croom Helm Ltd., 1984: 25.

　　③ 刘婷,高虹,王应密,等.我国工程硕士教育实施专业认证的问题与对策[J].学位与研究生教育,2015(8):57-61.

　　④ 王丽萍,谢小凤,陈莹颖,等.研究生职业成熟度及影响因素研究[J].学位与研究生教育,2015(10):47-52.

从开放到综合,追求的是知识与场景的匹配和贯通。学术型研究生追求的是深度,以达成知识的深刻;应用型硕士研究生追求的则是宽度,以达成知识的概化和灵活,适应复杂多变的真实的、当下的环境,从而体现出明显的"跨界性"。

知识观的演变为应用型硕士研究生培养奠定了认识论基础和知识论基础。"专业学院必须从根本上关注学问的世界,关注这个世界与需要得到解决的许多问题的世界之间的互动关系。"[①]传统的知识观认为,知识的发展主要是指对新知识的探索和研究,其创新主要是通过从知识到知识的基础研究来实现的。新的知识观认为,知识的形成和发展最终是为了满足人的生存、发展的需要,强调科学理论的实践特性,知识本身的潜在价值需要人来利用它创造新的价值,是以知识探索和发展,还应包括对已有知识的新的运用途径的研究(应用研究)和练就以新途径运用知识的能力。为此,研究生培养应当指向三个维度:一是传统的生产知识的基础研究;二是开发应用已有知识的新途径的应用研究;三是发展以新途径运用知识的能力。不同类型研究生培养的三个维度的组合形式(主要是各自所占比重)是不同的。知识发展新趋势导致知识观的演变,新的知识体系和知识观导致以之为依托的人才培养类型和模式出现分化,而这种分化又正好适应了职业变迁。应用型硕士研究生培养的立足点在于在实践中突出对知识新的运用途径的研究和对学生运用知识的能力的培养,不同于学术型研究生的知识学习,它并不太强调学术性,而是更强调科学知识的开发、应用以及技术的开发和应用。

Conrad 和 Eagan 1990 年提出,在过去 20 年中,硕士教育最突出的发展趋势就是多样化、专业化以及新领域和子领域的迅速增加,其中包括许多新兴跨学科学术领域[②]。三个新的趋势使应用型硕士研究生面临良好的发展机遇:一是新的知识主体(拥有研究技能的专业人士)的大量涌现;二是应用性知识(与实践情景紧密结合的新的知识形式)的不断创新;三是应用性知识生产情景(工作场所与实践领域)的日益重要。这三者的结合拓展了知识的应用途径,形成了新的知识生产体系,增强了知识的社会价值,即应用知识的过程中创造新的知识,拓展知识的过程中增进应用性知识,通过知识应用活动实现知识转移和知识转向。学科发展的核心是知

①　帕利坎.大学理念重审——与纽曼对话[M].杨德友,译.北京:北京大学出版社,2008:12.

②　克利夫顿·康拉德,珍妮弗·格兰特·霍沃思,苏珊·博雅德·米勒.美国如何培养硕士研究生[M].袁本涛,刘帆,等,译.北京:北京大学出版社,2016:19.

识的发现、创新和按自身逻辑的高深化,而职业实践强调的是知识的整合和情境化。

应用型硕士研究生培养要以专业性向度为基础、以实践性向度为杠杆,"专业性向度"指向适应特定职业或岗位的实际工作需要的应用型研究能力,"实践性向度"指向毕业生应用所学来改善职业或岗位以及提升组织绩效的组织协调能力①。专业性向度和实践性向度都依托大学与工作场所的新的知识生产体系,依托新的知识生产体系的不断形成与整合,依托培养单位、研究生、指导教师与工作场所的新的连接,贯穿新的培养场所和新的知识生产体系中不断涌现的实际问题的感受、领悟、解决和提升,贯穿匹配新的知识生产体系的系统规范的学习,贯穿培养研究生提出解决问题的设想、建构模型、最终付诸实践的能力与意识这一核心。博士研究生的培养相对容易,而硕士的来源主要是应届本科毕业生,他们缺乏实践经验和职业经验,其培养并非职业提升,而是职前教育,应当怎么做?只能通过创设丰富的职业实践情境,可以是案例教学,可以是校内实践平台或基地,也可以是到生产一线,但要注意的是这里提的是"创设",自然是人为的、有目的的,因此要与培养目标、培养方式、实践途径等一起综合考虑,是自上而下设计出来的,是为了学生更好地领会和运用理论与方法的情境设置。而在职硕士研究生的培养则是自下而上对接的,它是"对接理论",创设情境则是为了学生更好地理解理论,将来更好地对接职业。显然,这两者是有区别的。虽然与一般工匠相比,应用型硕士研究生培养的解决方法及其思维体现出较大的普适性,即可以按一定模式去推演,但与学理性相比,体现出明确的场域性。也就是说,存在着学理性—学术—专业型研究人员和实用性—应用—研究型专业人员这两条脉络。

3. 定位:体用结合

学位的本质是"学"与"术",学位的"学"与"术"之间的关系是不断演变的:第一阶段是"未分化",学与术的属性是整体并存的,整合表征为一种职业资格;第二阶段是"重学轻术",学与术出现分化,正是"以科学而达致修养"的纯科学和纯知识观念推动德国研究生教育的兴起,"学位"与"研究生教育""科学研究"联姻而疏离职业要求;第三阶段是"术"的体系化,形成一套具有普遍性且具有一定学术地位的理论和技术体系;第四阶段是学术的多元化,发现的学术、整合的学术、应用的学术与教学的学术并

---

① 胡纵宇.教育博士的培养指向:专业性向度与实践性向度[J].学位与研究生教育,2014(11):5-9.

存共进。不同阶段硕士学位与学术性的关系也发生着变化,依次从无关联、紧耦合、解构到重构,导致对"学术性"内涵的拓展以及对硕士学位本身的重新定位。

《中华人民共和国学位条例》规定了学士、硕士、博士三级学位的学术标准,其中第五条规定了硕士学位的授予标准:①在本门学科上掌握坚实的基础理论和系统的专门知识;②具有从事科学研究工作或独立担负专门技术工作的能力。"标准要素①"指向理论知识水平,其达成主要通过学位课程的学习;"标准要素②"指向能力,给出的是两个选项,即具有"从事科学研究工作"的能力或者"独立担负专门技术工作"的能力。如果作简单的归类划分,前者是"学",后者是"术",这一规定是比较恰当的。但在实践中,"学"或"术"这两个选项被异化为唯"学"独尊,这从依据《中华人民共和国学位条例》而制定的《中华人民共和国学位条例暂行实施办法》以及学科目录将学科门类统一定名为"××学",甚至一级学科、二级学科也多是以"××学"冠名可见一斑①。能力规格的窄化导致培养目标的窄化,进而造成培养模式与途径的窄化。"标准要素②"的达成本来存在两个可选渠道:①通过科研训练特别是学位论文的撰写等使之具有"从事科学研究工作"的能力;②通过强化实践性环节等使之具有"独立担负专门技术工作"的能力。"渠道①"强调的是"研",即"研究性",重在培养研究生对基础理论的探究与讨论,由此提升其理论水平和创新能力。"渠道②"强调的是"用",即"实践性",重在培养研究生根据某一行业的特殊需求,通过实践锻炼,提高相应的职业素养和专门技术能力②。随着研究生教育改革的推进尤其是专业学位研究生教育的加快发展,"学""术"都受到重视,但实际培养过程中对"术"的把握仍然存在偏颇,以"学术学位"对应"学",以"专业学位"对应"术",对"术"所做的乃是狭义的理解。如果简单地以"专业学位"对应"术","术"就被限制在极少的专业乃至职业领域。专业学位虽有"应用"之意,但相对于应用型研究生培养,其定位是社会特定职业领域的"专门人才",是以明确的职业领域、一定的实践经验为背景和依托,其优势体现在培养具有实践经验的在职人员上③。更进一步,"或"字前后各是一种类型,"或"本身代表一种中间状态、中间类型,也即存在三种形态:一是"学"及与其匹配的研究生培养目标与模式;二是"术"及与

---

① 王沛民.研究和开发"专业学位"刍议[J].高等教育研究,1999(2):46-49.

② 孙友莲.硕士研究生分类培养需"研用合一"[J].教育发展研究,2014,34(19):62-66.

③ 张朋召.应用学位:设置我国第三种硕士学位类型的构想[J].研究生教育研究,2015(5):27-30.

其匹配的研究生培养目标与模式;三是"或",即介于狭义的"学"与狭义的"术"之间的中间状态,及与其匹配的研究生培养目标与模式。

"学也者,观察事物而发明其真理者也;术也者,取所发明之真理而致诸用者也。""学者术之体,术者学之用。二者如辅车相依而不可离。学而不足以应用于术者,无益之学也;术而不以科学上之真理为基础者,欺世误人之术也。"①我国学位与研究生教育体系存在着明显的重学轻术倾向,"术"也被学术化,且局限于科学技术而无视职业技能。未来研究生培养应当兼顾重体之学、重用之术、体用结合三个维度,避免"学"与"术"的非此即彼,避免体用之争造成的割裂,如此方能满足社会对各类人才的需求。应用型硕士研究生培养介于对应重体之学的学术型学位与对应重用之术的专业学位的中间状态,定位于非特定职业的、就业面较宽的技术或管理岗位。对于没有明确职业背景、将来在社会各行业领域从事技术或管理工作的研究生来说,"应用型"是其真正的品质特征。

学术性与职业性两者之间还存在诸多过渡或中间状态,两者之间的关系也不断发生着变化。研究生教育学术性与职业性之间的关系不断演变,这一发展历程中伴随着硕士研究生培养主导模式的演变:第一阶段是职业性主导;第二阶段是学术性主导;第三阶段是学术性(主要是博士)、职业性(主要是硕士)势均力敌;第四阶段是应用型主导。专业学位教育之所以诞生在美国并成为硕士研究生教育的主体部分,原因之一是第二次世界大战后美国大学本科普遍实施通识教育,反对过早专业化和职业化,造成美国大学高级应用型人才的培养层次不断上移,相应地研究生层次的专业学位教育成为主流②。中国高等教育本科阶段就是专业教育,这种专业教育基础之上的研究生教育(无论是哪种形式)与美国基于本科通识教育的研究生教育是有很大差异的。学术型硕士研究生不再适合成为硕士研究生培养的主导类型,这并不意味着专业学位必然成为主体部分,而且由于职业成熟度、职业资格制度等各种因素的制约,我国硕士研究生培养不宜由专业学位主导,应用型硕士研究生培养成为主导是一个可行的、恰当的选择。

我国硕士学位制度建立之初就有两个明显特征:一是面向学术市场,主要是培养高等学校教师和科研院所后备教学、科研人员;二是独立性,有机会攻读博士学位的绝对人数和相对人数都极少,绝大部分硕士毕业后

---

① 梁启超.饮冰室合集·文集之二十五(下)[M].北京:中华书局,1989:12.

② 胡莉芳.美国专业学位研究生教育规模变迁研究(1971—2012年)[J].中国高教研究,2016(2):80-86.

选择就业。现在的格局已经发生显著的变化：就其就业而言，主要是面向非传统的学术性劳动力市场，因而表现出更强的市场化特征；就其独立性而言，硕士毕业直接攻读博士学位的绝对人数已经发生显著的变化，硕博连读在一些高水平大学已经成为常态。因此，硕士学位的重新定位及其培养目标的多样化和培养过程中的分流势在必行。但要注意的是，推进应用型硕士研究生培养，不是"使那些不适宜从事学术探索或没有学术兴趣的研究生提早进入职业市场"，而是提供社会需要的非传统学术探索模式的高层次人才。以前，硕士学位作为一种终端学位乃是由于经济、社会、科技、教育发展的状况决定的，比如20世纪80年代至90年代非常多的硕士生进入高等学校从事科学研究和教学工作，不是因为这些单位不需要博士，而是因为当时的博士培养规模太小，实在满足不了社会需求，因此，只能把硕士作为博士的简化版来替代博士，并以终端学位的形式来就业，而这些学术型人才在"研究生"这一身份上实际上还有很长的路要走。当前博士培养规模扩大后，仍然有大量的硕士没有或者不能进入博士阶段而直接就业，对在这种背景下所体现出来的硕士作为"终端学位"的特点要进行恰当的分析，不能再从博士这个层次自上而下去看待硕士的"终端学位"性质，而是要从硕士这个层次由下往上去看其"终端学位"，博士层次乃是硕士层次的分化和继续。分化是指一部分具有学术潜质和学术兴趣的人继续在学术的道路上前进，去攻读博士学位；继续是指这一部分人相对于直接就业的持"终端学位"的硕士研究生而言，可以继续攻读更高一级的学位。因此，中国学位与研究生教育体系重构的基点是重新阐释和定位硕士学位，而不是抛弃和模糊硕士学位。

4. 外显：胜任能力

应用型硕士研究生教育所培养的是具有高度胜任力的复合型人才，应当具备较高的综合素质，尤其是交流能力、团队合作能力、计划组织能力以及与非技术人员讨论技术问题的能力。应用型硕士研究生必须具有以下四大特征：①突出的实践性是根本特征；②明确的职业性是基本标志；③良好的适应性是必然要求；④较强的综合性是质量体现[①]。应用型人才培养的目标必须突出"两宽""两实"及其结合，"两宽"即理论知识面宽、专业素质宽，"两实"即具有较强的实践能力、能够出实用型成果[②]。实际上，

---

① 李小平，张建肖. 军队应用型研究生的内涵与特征分析[J]. 学位与研究生教育，2007(6)：55-58.

② 范精明，施长富，房京. 对加快军事应用型研究生培养的几点认识[J]. 学位与研究生教育，2004(5)：15-18.

与学术型硕士研究生和专业学位硕士研究生相比,应用型硕士研究生更加注重 KAQ(Knowledge-Ability-Quality)胜任素质培养,培养过程更加注重知识和能力的工作场景问题,这一取向顺应了当前人力资源管理的基本趋势,即强调胜任素质而非特别针对特殊职位、岗位的知识和能力。"胜任力是指特质、动机、自我概念、社会角色、态度、价值观、知识、技能等能够可靠测量,且可以把高绩效员工与一般绩效员工区分开来的任何个体特征"①,关注的是一组特征的组合、匹配、整合,以达成预期绩效。随着职位分析的单位从个体转向群体和组织,形态从静态转向职位变化、职位转换,关系从孤立隔绝转向跨界和多元,这一新形态、新要求导致人员招聘从罗列某职位对任职者具备的知识和技能的要求,转向强调员工为圆满完成多个职位的工作而必须具备的知识、技能和行为。

应用型硕士研究生的典型学习模式是强调问题,特别是实践情境中的真实问题,是通过"问题"的建构作用来把知识与问题的情境关联起来,从应用的角度以问题为逻辑把知识串联起来。在学习过程中固然同样重视应用、关联和解释,但与学术型硕士研究生强调与已知学科概念的关联不同的是,其强调的是与适宜场景的关联、与问题情境的关联,前者强调的是关联的自洽性,后者强调的是关联的切合性。应用、关联与解释时遵循的不是逻辑,不是学科逻辑的推演,而是基于已有知识和经验的直觉。学术型硕士研究生和应用型硕士研究生自觉使用的认知方式存在显著的差异,应用型硕士研究生培养的难点就在于此,尤其是对于缺乏职业经验的研究生而言更是如此。应用型硕士研究生培养,有职业经验与没有职业经验的有很大差异,因此这个亚类的研究生群体内部的差异更加显著。

学术型、职业型(专业学位)和应用型硕士研究生的核心能力形成路径存在明显的差异。学术型硕士研究生一般会使用相同的教学资源,有着明确的发展路径,其培养过程是线性推进;整个过程分为不同的阶段,每个阶段按照逻辑建立在前一阶段上;整体效果可以被理性、可靠地预测。专业学位硕士研究生重视专门技能学习,将大量的时间投入到高强度的实践中,刻意练习可以实现对某种技能的掌握,提升练习者的认知能力以及自我控制等职业品质,增强自我效能等成就感。学术型和职业型硕士研究生核心能力发展路径并不适合应用型硕士研究生,其中一个原因就是其所需要的特殊技能本身就是不清晰的,也就无法针对这些特殊技能进行刻意

① 陈万思.知识员工胜任力——理论与实践[M].上海:上海财经大学出版社,2007:34.

练习以达到熟练。就毕业生的特质而言,学术型硕士研究生体现出普适性,专业学位硕士研究生体现出对于特定职业岗位的内嵌式特征,应用型硕士研究生则是以内嵌式为主兼具适度普适性,强调灵活运用和可迁移性。相对而言,应用型硕士研究生缺乏严格的行动路径,因此可能会出现偏差甚至是较大的偏差。学术型硕士研究生面对的是未知,专业学位硕士研究生面对的是既有边界的未知,应用型硕士研究生面对的则是"无边界"的未知,需要极大的整合贯通能力。深层学习的基本要求是高水平的认知活动,这对于三类研究生的学习活动而言是共同的要求,但在实践中的表现又各有不同,对于学术型硕士研究生而言,其高水平的认知活动主要指向学科知识体系的升级,专业学位硕士研究生则主要指向职业技能的领悟和内化,应用型硕士研究生则主要指向知识体系与实践情境的有效的、合理的关联,即将知识体系的学习与其应用于实践工作情境的场域、途径和方式予以个性化的关联。学术型硕士研究生的专业训练旨在知识深度和理性,专业学位硕士研究生的专业实践技能训练旨在熟练和可迁移性,应用型硕士研究生的专业训练则旨在知识体系和能力的贯通以及灵活地学以致用。

"真正的教育应先获得自身的本质。……教育的目的在于让自己清楚当下的教育本质和自己的意志"[1],"教育并不会笔直地通往未来:它强调的是培养天赋和敏锐感受,只有通过它们,我们才能在当下过上最好的生活"[2]。人具有不完善性和可塑性,不要把不完善性当作一种被动的特质,恰恰只有人才有真正意义上的"不完善性",也只有人才有真正意义上的"可塑性"。也许没有人会否认这一点,但在实际的教育实践和其他各种社会实践中,我们做的似乎是希望通过实践由"不完善性"转变到"完善性",将"可塑性"转变为"确定性",这也许是人的本性的一种追求,但是,人的本质恰恰是"不完善性"和"可塑性",不可能达到"完善性",而且一旦人的未来已经是"确定性"时,人生还有意义吗?人生的意义就在于不断地改变不完善性,充分利用可塑性发展自己,而最终的目的并非所谓"完善性"和"确定性",而是在于这个过程,针对不完善性、利用可塑性不断发展自己和增强自由的过程。

本书中的"应用型硕士研究生",从其历史渊源来说沿革于20世纪八九十年代的工程类型硕士生、应用文科硕士生,但又与之有着本质的区别。

---

[1] 雅斯贝尔斯.什么是教育[M].邹进,译.北京:生活·读书·新知三联书店,1991:44.
[2] 肯·罗宾逊.让思维自由[M].闾佳,译.杭州:浙江人民出版社,2018:13.

过去是以学科特征来划分,现在是一种纯粹的人才培养类型;过去是以学术型为主导,现在应用型研究生培养成为一个新兴的发展类型。现在硕士研究生培养的基本类型是应用型硕士研究生,应用型硕士研究生已成为硕士研究生培养的主导类型。未来的发展趋势是学术型、职业型(专业学位)、应用型硕士研究生培养三分天下,其中学术型硕士研究生是保证培养高质量博士研究生的基础;专业学位硕士研究生的目标是职业资格化,要与职业资格认证制度建立起动态互动机制;应用型硕士研究生应当成为整个硕士研究生培养的主体,成为一个开放的、积极发展的领域。未来发展要合理紧缩专业学位的适用范畴,增强其职业针对性;调控学术型,实施中途分化(区分毕业后直接就业还是作为博士的准备阶段);扩大应用型硕士研究生的培养规模,增强整个硕士研究生培养的应用性色彩。

四、应用型硕士研究生培养的内涵特征

其一,终结性特征。[①]

国外的状况是界定博士而模糊硕士,我国则刚好相反。在我国,硕士学位体系十分明晰,或者说是将硕士博士化,这种发展路径和策略初始是成功的,但当前则面临问题。硕士学位研究生培养逐步摆脱学术性、过渡性学位的身份,向专业性、终结性学位过渡,这是世界性趋势,但在中国学位与研究生教育制度建立之初,硕士学位就是独立的,不存在向终结性学位过渡的问题,反而要淡化其独立性或自成体系的特征。综合以上分析,应用型硕士研究生及其培养首先是要从培养目标上明确其"定性而非定型"的导向,继之要从培养过程、培养模式、质量保障等各个维度建构起符合和有助于达成"定性而非定型"的人才培养类型规格定位这一目标的行动路径。新的教育形式总是伴随新的培养目标而出现,而新的培养目标的确立又主要由社会需求尤其是新的人才类型与规格的变化所推动。应用型硕士研究生的界定应当从培养目标、培养过程、培养内容等角度切入,应用型、学术型、专业学位的定位应区分开来,并据此制订各种学位类型人才培养的基本要求。应用型硕士研究生培养体现出兼具结构性与非结构性的特征,从课程教学来说,主要是结构性的;从实践技能培养及其实习实践来说,可能是非结构性的。

我国硕士学位既具有明显的终结性特征,又具有明显的过渡性特征。

---

①　本部分主要来自廖湘阳.非学术型硕士研究生教育发展的路径与重点[J].学位与研究生教育,2010(2):21-25.

在硕士层次,任何学科都既为研究生将硕士学位作为终结性学位提供完整的系统训练,又为研究生将硕士学位作为过渡性学位、准备攻读博士学位而提供扎实的基础训练,而且硕士层次和博士层次除了水平高低的差异,似乎在其他方面并不存在显著差异。这一做法使得我国硕士研究生教育的质量具有较高的国际声誉,但是随着硕士研究生培养规模的扩大,这种通常并不考虑学科性质、学生兴趣、人才需求等因素,且对于研究生而言乃是一种半强制性的做法,正遭遇就业市场的排斥。因此,应用型硕士研究生就其培养模式而言,带有明显的终结性特征,重视解决综合性现实问题的训练,强调毕业生具有相应的专业技能和职业素质,能够独立胜任相应岗位的专门性工作;就其发展机会而言,带有明显的开放性特征,即其终结性特征并非强制性的,而是基于宽泛的教育机会和自由的个人选择。这种设计将为研究生提供更宽泛的学业选择和更灵活的就业渠道。

其二,实践性特征。

理论是先于实践的、掌握理论知识就会形成实践能力这种看法显然是错误的,没有认识到实践问题的复杂性和变换性;实践所涉及的是一些具体的事务,是一系列有待解决的现实问题[①],并没有现成方案,必须根据实践的需要进行创造,这正是实践的魅力和张力所在。理论课程与实践课程相结合、课程学习与职业实践相结合,突出实践教学的特殊地位,将理论与实践结合起来,既用理论去阐释实践中出现的问题,又用实践去充实理论的应用性,在理论与实践的交互中解决实践中存在的问题,进而形成实践知识、实践能力与实践智慧,这样的过程才是应用型硕士研究生培养的基本过程。

学术性、实践性、职业性共同构成应用型硕士的质量特质。学术性是其基本属性,实践性是其表现形式,职业性则是其价值取向。

应用型硕士研究生教育,相较于本学科专门知识和技能以及学科制度规训的掌握,更加强调跨学科处理复杂问题的能力;相较于科研训练的系统性,更加强调在解决实际问题的过程中对学科知识和技能的使用;相较于基于学科逻辑体系的学科同行质量评价,更倾向依据社会用人单位的信息反馈和具体人才培养目标进行质量评价。应用型硕士研究生教育,一方面强调通过系统的学科知识训练和学位论文训练,夯实"价值性质量",提

---

① 杜尚荣,施贵菊,朱毅.专业学位研究生培养的实践指向性教学模式建构研究[J].研究生教育研究,2017(1):78-82,92.

升他们的发展潜力和适应未来工作岗位乃至职业变迁的可雇佣能力和灵活性;另一方面强调通过建立模拟化的未来工作场景和真实问题训练,增强"工具性质量",提升他们对于就业岗位和就业技能的迅速适应和变迁能力,以及快速融入工作团队的能力①。

其三,包容性特征。

学位是对培训体系与标准的最重要的认可形式,如果一类培养没有相应的学位,这类培养就很难持续健康发展②。鉴于应用型硕士研究生培养的复杂性和宽泛性,笔者认为,可以先界定培养目标和职业领域更为明确的学术型硕士和专业学位硕士的内涵与边界,基于此将除了培养目标和职业领域非常明确的学术型硕士、专业学位硕士的硕士研究生教育都称为应用型或者非学术型硕士研究生教育。应用型或者非学术型硕士研究生教育这个概念较之专业学位硕士研究生教育更加具有包容性,不再局限在专业学位框架之内。

要科学界定应用型硕士研究生教育在整个研究生教育体系中的定位,首先要界定硕士研究生教育与博士研究生教育之间在教育层次、类型、结构、模式上的差异;其次要界定学术型硕士研究生教育与应用型硕士研究生教育之间在教育类型、结构、模式上的差异;再次要界定应用型硕士研究生教育与专业学位硕士研究生教育之间的差异与关联;最后要具体界定应用型硕士研究生教育的层次、类型、目标、模式、指向。应用型硕士与学术型硕士的区别在于其定位于非传统学术性岗位,更加强调技能的培养,侧重产业实践的技术提供、特定环节和岗位的技术改进、企业创新的技术配套等方面的人才培养与技能训练。应用型硕士与专业学位硕士之间的区别在于其能够面向当前尚未成熟发展为职业的各种技术性岗位,突破了局限于成熟职业的专业学位教育框架,而且在学位体系中又并非属于终结性硕士学位。

有研究者在总结我国于 20 世纪 80 年代广泛开展的应用型硕士学位的试点探索工作后,肯定了"应用型硕士学位毕业研究生受到用人部门的欢迎",但也指出"遇到了不少问题,最主要的是两个方面:一是受到招生名额的限制,其培养数量满足不了社会需求;二是由于授予的学位名称仍然是学术型学位,'名不正,言不顺',也制约了应用型硕士研究生的培养

① 廖湘阳.非学术型硕士生教育质量特质与培养过程架构[J].中国高教研究,2010(2):37-41.

② 赵炬明.学科、课程、学位:美国关于高等教育专业研究生培养的争论及其启示[J].高等教育研究,2002(4):13-22.

和发展"。然后提出"解决这些问题的出路就是设置专业学位"。① 这种看法实质上反映的是研究生教育的"名"与"实"的问题,也就是追求的是研究生培养类型的"名"还是研究生培养质量的"实"。"名"与"实"相统一当然是最理想的,可现实总是残酷的。子曰:"质胜文则野,文胜质则史。文质彬彬,然后君子。"学位类型要与研究生教育模式相匹配,多样化的培养模式比学位类型的增加更加具有生命力,而与这两方面相比,更为根本的则是研究生培养单位的自主性,即研究生培养单位开展研究生教育改革实践的积极性和创造性以及支持和鼓励这些自主实践的政策支持和制度建议。

---

① 谢桂华.20 世纪的中国高等教育:学位与研究生教育卷[M].北京:高等教育出版社,2003:192-197.

第二章 应用型硕士研究生培养发展背景

研究生教育正面临系统内部和外部环境的复杂变化,就业市场的变化、知识生产方式的转型以及研究生教育系统的变化都对研究生培养提出了新的要求。要努力追踪这些变化,清晰把握这些变化及其影响,保持研究生教育的社会适应性。

第一节 就业市场的变化

劳动力就业市场的整体结构正在发生显著变化,研究生人才的需求主体不再是高等学校教师、研发机构科研人员等传统的学术性岗位,而是诸如高科技服务业、咨询业等新兴产业提供的非传统学术性岗位,因此研究生人才供给必须进行相应变革。

一、职业的变化

1. 职业的界定

职业是指从业人员为获取主要生活来源所从事的社会工作类别。对于职业内涵的认识可以从下面的对比中加以深化。

其一,职业与职业性的。职业(profession),或是指一种需要适当的训练和专门的学习的职业,比如法律、医疗和工程职业;或是指在某种职业或领域中的合格从业人员群体中的个体,比如教师职业的成员。职业性的(professional),或是指从事某种职业的人员,尤其是需要专门学习的职业;或是指在规定或默认的职业中谋生的人员,比如装修工;或是指有实践经验的从业人员,比如一名专家①。"职业"表征社会工作类别,"职业性的"则表征特定社会工作类别所体现出来的职业能力与职业水平。前者是以类别进行群体划分的,后者则是以能力进行水平划分的。因此,从事某种职业并不一定就拥有和表现出该职业从业者所应具有的"职业性的"能力

---

① Jeff Weber. The First Professional Degree Classification [EB/OL]. http://www. sheeo. org/network/presen2004/Focus%201_04. ppt.

与水平。"职业"是形式,"职业性的"是内涵,形式与内涵相统一才是一种理想的状态。在研究生培养中,"职业"是外在指向,"职业性的"是内在要求,是人才质量的根本所在。

其二,外职业与内职业。职业的概念可以从两方面加以说明,内职业是指从业者个人在一种职业中经历的通路,是"他或她自己的职业道路",即客观的外职业的主观一面;外职业是指经历一种职业(由教育始,经工作期直至退休)的通路,是指职业本身的演变以及社会地位的变化过程①。对于外职业即职业经历而言,教育可以在其不同阶段介入其中,比如职前培训、职中培训、退休培训等,而在不同阶段应当灵活采用不同的教育形式,强调不同的教育内容,在这个含义上,教育应当是连续的、连贯的,其价值在于帮助职业人员为不同阶段的工作和生活要求做好准备。对于内职业即职业体验而言,教育价值在于引导职业人员达成职业工作与个人发展的最佳匹配,促进个人的职业工作与其个人发展、其他兴趣爱好、家庭生活等方面的动态均衡与和谐发展。教育与外职业、内职业的价值是密切关联的,存在切合性与匹配度问题,即要通过教育等途径在外职业不同的经历阶段解决其面临的特殊的主观感受问题。比如,职业中期倦怠这个概念在一定程度上反映的是时间维度,但更实质的则是个体主观感受与外在表现,职业中期倦怠是否出现及其强弱程度存在明显的个体差异。

其三,职业与专业。职业可以分为普通职业和专门职业,前者是指技术水平和知识含量较低的职业,后者则是指含有较高技术水平和知识含量的职业。专门职业以及与之对应的专门学业都可简称为专业,包括学术性专业(academic profession)和实践性专业(practicing profession)②。专业(profession)被看成一个富有历史、文化含义而又变化着的概念,主要指一部分知识含量极高的特殊职业。Freidson E. 总结了对专业概念的两种不同理解:"第一种将专业看成一个较为宽泛、具有一定威信的职业群体,该群体成员都接受过某种形式的高等教育,成员身份的确定主要根据学历而不是他们专有的职业技能;第二种将专业界定为一个有限的职业群落,这一群落中各个个体都有特定的、或多或少雷同的制度(institutional)和意识形态(ideological)属性"③。"专业"(profession)与"职业"(occupation)、"行

① 施恩.职业的有效管理[M].仇海清,译.北京:生活·读书·新知三联书店,1992:1-8.
② 刘伟民,徐丹阳,王沛民.基于REO三维模型的中职硕士培养目标定位辨析[J].学位与研究生教育,2008(6):40-43.
③ 赵康.专业、专业属性及判断成熟专业的六条标准——一个社会学角度的分析[J].社会学研究,2000(5):30-39.

业"(trade)概念之间既有关联又有不同,从概念关系上看,"职业""行业"是上位概念,"专业"是下位概念,"专业"从属于"职业""行业"。"专业"不是"普通的职业或行业",而是那些"有学问的职业或行业",是"在知识基础与技术水平上非常成熟的职业或行业"①。基于对 Alfred North Whitehead 关于"专业"和"职业"的区分,穆尔认为:"专业涉及能运用通则(general principle)到特定问题上,而且现代社会中的一个特点就是,这类通则在不断地丰富和增长。"②"职业和专业似乎与特殊性有着内在的联系。一项工艺或一种专业的实践本质上是一种技艺性的工作"③,专业与其他职业的主要区别在于"学者式地应用非同寻常的深奥知识和复杂技能服务于公众需要",在于专业领域的知识具有职业性、系统性、高水平、研究性、深奥性及实践性等特点④。

2. 职业的变迁

职业随着社会生产和社会分工的发展而不断发展,新职业代表社会发展的新要求,反映新技术、新产业、新生产力和新社会关系。职业变迁是社会和行业组织的需要、个人的需要以及两者之间平衡关系综合作用的结果,职业变迁过程相应地包括组织过程、个人过程、匹配过程三个方面,政治、经济、文化、技术等因素带来的刺激和约束塑造了职业结构和劳动力市场⑤。进入 21 世纪以来,职业变迁呈现出一系列新的特征。

其一,职业变迁的趋势突出表现为职业的专业化。根据职业的成熟与发展规律,一种社会职业可以经由准职业、初级专长发展成正式职业、准专业,直至成熟专业。当然,并非所有职业都能够发展成专业,只有当这种职业发展到需要高等学校将与之对应的专门科学知识进行系统化(发展成课程)、结构化(组合成专业课程计划)、合法化(课程和课程计划获得确认)和传承(传授给准专业人员即学生)的程度时,才能发展成为专业⑥。职业的专业化程度集中反映为职业技能或者专业技能。技能是实现职业目的的保障,是规范职业活动的尺度,因此,技能水平(指的是任务复杂性的等

①　石中英.论专业学位教育的专业性[J].学位与研究生教育,2007(1):7-11.

②　转引自唐纳德·A.舍恩.反映的实践者——专业工作者如何在行动中思考[M].夏林清,译.北京:教育科学出版社,2007:20-21.

③　约翰·S.布鲁贝克.高等教育哲学[M].王承绪,郑继伟,张维平,等,译.杭州:浙江教育出版社,1998:88.

④　孙富强.论专业领域的知识特性——专业学位教育的知识基础分析[J].学位与研究生教育,2016(3):58-62.

⑤　施恩.职业的有效管理[M].仇海清,译.北京:生活·读书·新知三联书店,1992:6.

⑥　邓光平,郑芳."专业"与专业学位设置[J].江苏高教,2005(5):44-46.

级)和技能专业程度(反映了所运用的知识类型,使用的工具、设备和材料,以及产品或服务的性质)成为专业划分的标准。以技能作为划分标准进行职业分类成为世界范围内的发展趋势,这也从一个侧面反映出整个社会职业的技能化趋势,相应地,技术变革成为影响职业变迁的关键力量。比如,美国标准职业分类系统(Standard Occupational Classification System)SOC2010 版对 SOC2000 版修订的 453 个职业定义中,有 392 个修订的出发点解释为顺应技术的变革,新版中容纳了更多的专业性、技术性和服务性职业,而生产类职业增幅相对较少。

其二,职业变迁的速度加快且新的职业不断涌现。随着社会发展水平的提升以及人们需求的多元化,尤其是各种技术服务的社会化和专门化,不断涌现出各种新的职业。职业涌现的集中领域是知识型职业,与第一产业、第二产业职业数量逐渐减少、从业人员所占比例逐渐下降形成对比的是,第一、第二产业中知识技术密集度高的一些生产部门仍然涌现出一些新的职业或者岗位,这些职业或者岗位过去都是由文化水平较低的从业人员来承担的,随着整个产业技术水平的提升,转由具有高学历的专业技术人员来承担,其工作内容、专业技能等方面都相应地发生了本质性的改变,实际上已转型为新的职业或者岗位。新的职业或者岗位集中涌现在第三产业,尤其是信息服务业、管理咨询业和社会服务业,其新产生的职业的数量、技术含量、职业岗位数量都高于第一、第二产业,构成未来高层次人才集中就业的领域。《中华人民共和国职业分类大典》2007 年增补本收录了化妆品配方师、数控程序员、电子音乐制作师、品酒师、会展设计师、创业咨询师、安全评价师等新职业[1];2015 年修订版将职业分类原则由"工作性质同一性"调整为以"工作性质相似性为主、技能水平相似性为辅",依据"技能水平"的差异进行职业分类,比如根据产业性特征,在工业产业链中,将突出以研究、开发、应用、指导为主要工作任务的职业划归为第二大类即专业技术人员[2]。

其三,职业的多元化。从业者对待职业的态度发生了显著变化,就业方式呈现出新的模式:一方面,自由职业、自主创业成为越来越多人的选择;另一方面,同一职业面向不同的服务对象群体提供多元化、个性化的服务成为一种趋势。职业选择以及从业方式的多元化选择对教育提出了

---

① 中华人民共和国职业分类大典(2007 增补本)[M].北京:中国劳动社会保障出版社,2008:3-4.
② 国家职业分类大典修订工作委员会.中华人民共和国职业分类大典(2015 年版).北京:中国劳动保障出版社,中国人事出版社,2015:6-9.

新的要求,除高精尖的专门技能,可迁移能力、能力的可迁移性以及职业转换能力也尤显重要。

3. 职业与教育

(1) 职业与教育的关系

20 世纪以来,随着经济的发展、社会分工的进一步细化以及科学技术和信息的迅速发展,职业(occupation)的专业化(professionalization)程度不断加强。与此同时,专业教育(大学)与专门职业领域之间产生了双重关系,专业教育项目所在的专业学院(大学)与专业实践之间的双重关系体现在学科取向和实践取向兼具上[①]。有些职业,比如医生、律师,对于从业资格有着极为严格的要求,强调系统的专业学习。随着整个社会发展水平的提升,尤其是知识社会特征的日益凸显,一方面传统的学问性职业对于专业技能的要求越来越高,另一方面具有高智力成分的新职业不断增加[②],整个职业结构的重心逐步偏向新兴的高技术含量的职业,其结果就是职业与高等教育及其专业、学位的联系日益密切。实际上,各种职业之社会地位的变化历程就显示,一个行业要提升社会地位,成为一种专门职业,最为有效且简捷的方法就是将其从业资格与高等教育密切联系起来[③]。

大学通常以两种方式应对新职业的出现。其一,"职业—专业—课程"模式,其基本逻辑是当社会上出现新的专门职业需要时,大学就对照构想的新划分的职业活动设置相应的专业,确定专业建设框架,进而根据职业活动领域的具体任务、变化情况和发展前景,拟定该专门职业领域从业人员应具有的专业知识、素养和能力,并以此为根据来确定课程体系。其二,"职业—课程—专业"模式,即以课程的形式而非专业的形式来回应新职业的出现,当社会出现新的专门职业人才需求时,大学开发与之相应的选修课,及时增强学生进入新职业岗位的胜任力,以应对当下之急需。当新的专门职业有了稳定的人才需求和相对成熟的工作模式,且相应的课程、师资等方面的建设达到一定要求后,大学才正式设置与之对应的专业[④]。比较而言,"职业—课程—专业"模式比"职业—专业—课程"模式表现出更好的灵活性,一是能够及时地满足社会需求,变革课程体系或者设

① 唐纳德·A.舍恩.培养反映的实践者——专业领域中关于教与学的一项全新设计[M].郝彩虹,等,译.北京:教育科学出版社,2008.

② 爱德华·希尔斯.学术的秩序[M].李家永,译.北京:商务印书馆,2007:217.

③ W.诺顿·格布拉,马文·莱泽逊.高等教育中的职业教育主义:教育信条的胜利[J].高馨,译.国际高等教育研究,2007(3):1-10,25.

④ 薛天祥.研究生教育学[M].桂林:广西师范大学出版社,2001:33.

置新课程毕竟比增设新专业灵活,体现出更高的时效性;二是能够适时调整现行的资源配置和学科专业布局,改造传统学科专业,始终保持学科专业的社会适应性。

学生进入高等院校学习的一个直接目的是希冀通过接受高等教育获得特定学位,而这个学位又可与特定的职业接轨。实际上,学位就发端于职业资格的证明,原意是任教执照,是一种从业资格,是大学对社会职业需要的一种积极响应。"一名硕士或博士能够教书,但教师却不一定是硕士或博士。当硕士或博士头衔附加在一个姓氏前面时,只意味着它的拥有者已经完全熟练地掌握了他所学习的学科知识。他因而具备了从事该学科教学的条件,同样具备所有其他公认的从事智力工作所必需的条件。"[1]学位和职业资格起着联结个人能力和社会地位的功能,发挥着将学位获得者和职业岗位通过劳动力市场和教育机会市场这两个媒介联系起来的纽带作用[2]。学位与职业领域的衔接关系一般有两种情况:一种情况是行业性非常强,同一行业从业人员具备基本相同甚至完全一致的教育背景,拥有该类学位更容易获得同行的认同;另一种情形是虽然学位与职业领域之间没有直接的衔接,但是具有某种类型的学位在特定的细分就业市场上具有一定的优势。当然,职业、专业与学位之间的关联程度还受到学位类型本身的影响,一般而言,学术性学位是与学科领域紧密相连的,其与职业领域的联系相对弱一些;专业学位则与职业领域密切相关,从理论上讲每种专业学位都必须与特定的职业领域相对应。

(2)职业与教育间关系的类型

学位制度的产生,一开始就是出于职业的需要,其雏形是从业资格或许可证。中世纪欧洲的大学主要培养教师、牧师、律师、医师,其学位就是执教执照或者行医和做律师的资格证书。由于各个国家职业划分清晰程度的不同,职业资格体系的不同,以及高等教育体系构成的不同,职业、专业与学位之间的关系也呈现出不同的特征。

其一,一一对应型,代表性国家是德国。在德国,接受学校教育后所获得的学位和一般的职业资格的联系非常紧密,学位与职业之间存在着密切对应的关系。职业由法律进行明确的界定和明晰的区分,成为社会存在的基础单位,学位和职业资格在社会机会、社会地位的分配中起着关键作用。

---

① 里德-西蒙斯.欧洲大学史:第一卷,中世纪大学[M].张斌贤,等,译.保定:河北大学出版社,2008:159.

② 金子元久.高等教育的社会经济学[M].刘文君,译.北京:北京大学出版社,2007:193.

德国受教育证书包括考试证书、培训证书和毕业证书,构成德国职业培训中的"证书体系"①。

其二,松散连结型,代表性国家是日本。日本建立了学位和职业资格制度,但是取得一定的学位并不代表一定能得到特定的职业岗位。教育和职业的对应关系受到多种因素的影响,学位或职业资格虽然是关键影响因素,但其他因素的影响也很大。日本十分重视企业内部技能培训,职业人员其特定技能的获得主要是通过企业内部训练②,"日本有一个比大学部门显示出更大的力量和更有前途的'工业选择'"③,包括研究生教育在内的企业内部训练系统在日本高层次人才培养中发挥着重要作用,这就导致日本研究生教育的场所存在着工业实验室替代高等学校的漂移现象。因此,高等教育机构颁发的表示知识和技能水平的学位,尤其是研究生学位的社会地位分配功能反而被削弱。日本研究生教育改革的一个方向就是发展专业学位研究生教育,推进专业学位与相关职业资格的匹配,或是将专业学位作为参加职业资格考试的必要条件,其典型代表是法律领域,或是将专业学位作为参加职业资格考试的优先条件,专业学位获得者在参加职业资格考试时享有一定的优惠待遇,比如会计、知识产权专业学位④。

其三,特定连结型,以美国第一职业学位为例。美国第一职业学位(The First Professional Degree)是申请该行业的职业资格证书或执照的必要条件之一,相对而言,其他专业硕士学位与职业资格证书或执照之间的联系比较松散⑤。第一职业学位为从事特定职位提供一种必要的学术认证。这类学位的授予要满足以下条件:①项目的完成能为从事指定的职业提供必要的学术资格;②入读前须有2年以上大学学习经历;③学位的授予是在一个阶段的学习后(包括专业准备学习和专业学习),从注册到获得学位的时间不少于全日制6学年⑥。第一职业学位在美国高层次教育中占有重要地位,保证了美国特定行业从业人员的基本素质和能力,对规

---

① 许冰冰.德国职业资格证书制度研究[D].天津:天津大学,2010:23.

② 金子元久.高等教育的社会经济学[M].刘文君,译.北京:北京大学出版社,2007:193-194.

③ 伯顿·克拉克.探究的场所——现代大学的科研和研究生教育[M].王承绪,译.杭州:浙江教育出版社,2001:185.

④ 汪辉.日本专业学位教育与职业资格匹配的特点与问题[J].比较教育研究,2011(6):25-30.

⑤ 王莉华.多元化的美国专业学位教育及其质量保障机制[J].学位与研究生教育,2008(6):73-77.

⑥ Jeff Weber. The First Professional Degree Classification [EB/OL]. http://www. sheeo. org/network/presen2004/Focus%201_04. ppt.

范和支持行业发展产生着重要的影响①。

其四,尚未成熟型,以中国为例。由于从业资格制度、执业资格制度尚不健全,学位与职业之间缺乏必要的对应和关联。目前在我国,只有建筑学专业学士学位和硕士学位与国家建筑师注册制度建立了比较成熟的衔接制度。中国试图建立一种多元化的职业资格框架,比如:对职务与资格难以分离的职业,探索实行评聘结合的办法;攸关公共利益和人民生命财产安全的职业,实行职业准入制度;推行学历证书与职业资格证书的相互转换②。

职业理论在不同发展阶段的关注点不同:早期静态职业理论围绕"人—职"匹配展开;中期动态职业理论强调职业是一个连续的、长期的发展过程;当下整合职业理论认为个人对职业的选择是不断发展的③。这意味着我们在对待职业与教育的关系时应当顺应变化,不仅关注培育学生胜任职业的能力,还应关注增强学生职业变迁与转移能力,以及培育学生独立自主选择职业的意识与能力。大学确实应该为那些需要掌握高深知识、需要进行专业判断的职业提供教育培训,但是并非一切形式的职业训练都适合由大学或者应当由大学来完成,只有那些依赖某种高深知识而非主要强调实践技能的职业才适合在大学里进行系统训练④。技能培训与大学教育是有本质区别的,培训所需要的主要是在复杂的操作中表现出来的熟练技巧,而反复实践则是掌握这种技巧的途径;知识则是以某些基本的原理和程序为中心的,而为了掌握这些原理和程序,不仅需要专业上的实践,还需要知识上的积累。"情况越是特殊,知识就越是经验性的;知识越是经验性的,教育就越不是自由的。"⑤培训通常只是针对特定知识或能力的专门训练,而教育则是对综合能力和全面素质的系统培养。学科知识发展的需要仍是研究生教育的驱动力,更加广阔的就业范围成为研究生教育的新动力,而集中表现为创新能力和创新精神的综合素质则始终是研究生教

---

① 研究生专业学位总体设计研究课题组.开创我国专业学位研究生教育发展的新时代——研究生专业学位总体设计研究报告[M].北京:中国人民大学出版社,2010:113.

② 黄尧.学历证书与职业资格证书相互转换的理论与实践研究[M].北京:高等教育出版社,2007:27.

③ 罗英姿,黄维海.博士职业发展成功的非认知能力特征及教育增值效应[J].教育发展研究,2018,38(Z1):77-84.

④ 爱德华·希尔斯.教师的道与德[M].徐弢,李思凡,姚丹,译.北京:北京大学出版社,2010:3.

⑤ 约翰·S.布鲁贝克.高等教育哲学[M].王承绪,郑继伟,张维平,等,译.杭州:浙江教育出版社,1998:89.

育的内在本质,是研究生教育适应社会需求和引导社会需求而不是简单地满足职业变化的根本所在。

二、劳动力市场的变化

劳动力市场呈现出越加明显的灵活性,就业岗位、工作时间、工资薪酬等方面都随着外部条件的变化随时进行相应的调整。这种灵活性,一是指向外部,即工作变动涉及不同雇主并引起劳动力的流动和地域的变动,这里涉及的是就业人数的变化;二是指向内部,即同一企业的工作变换,也即职业的改变和企业自身的变动①。具体而言,劳动力市场出现了一种以临时合同工、灵活工作制、兼职和高失业率为特征的新气象,它与以长期合同、全日工作制和低失业率为特征的传统劳动力市场形成了鲜明对比。劳动力市场的变化是由许多根本性的变革造成的,是全球化、技术变革、企业行为变化交叉影响的结果②。全球化推进了人才的全球流动,技术变革对人才的能力结构和受教育程度提出了更高要求,企业组织行为的变化则催生了就业方式与工作模式的新形态。

1. 全球化

随着全球化的推进,看待全球化总进程以及集体和个人参与全球化进程的特定视角存在差异,这就构成了全球化的多义性和复杂性。全球化的影响主要体现在经济、政治、文化三个层次,在不同的语境下或是强调其经济影响,或是强调其政治影响,或是强调其文化影响。全球化的影响是复合的、交叉的,就以对劳动力市场的影响而言,显然既有经济的影响,又有文化的影响。从多方面来看,全球化主要是一种经济现象,人们尤为关注全球化进程中的资本流动、人员流动和技术流动,而文化的影响方面则体现为不同文化背景的从业人员之间的相互合作等。

全球化对劳动力市场的影响可以从两方面来加以分析:一方面是劳动力国际流动的加强;另一方面是国际性劳动力市场的形成。就前者而言,美国国家科学基金会(National Science Foundation,NSF)1998 年组织召开了题为"欧洲、亚洲和美洲的研究生教育改革及科学家和工程师的国际流动"(International Mobility of Scientists and Engineers to the United States)

---

① 桑德林·卡则斯,伊莲娜·纳斯波洛娃.转型中的劳动力市场:平衡灵活性与安全性——中东欧的经验[M].劳动和社会保障部劳动科学研究所,译.北京:中国劳动社会保障出版社,2005:1-2.

② 经济合作与发展组织(OECD).以知识为基础的经济[M].杨宏进,薛澜,译.北京:机械工业出版社,1997:14-15.

的研讨会,会议认为科学家和工程师的流动是个引起巨大兴趣的话题,对于具体国家来说,有两个因素要考虑:一是该国是发达国家还是发展中国家,二是人才的流向是人才外流还是人才输入。发展中国家的人才外流一般是由于缺乏机会导致的,适合高学历人才的工作机会很少[①]。人才的国际流动引起了各国的高度关注,如何吸引高层次人才已经上升到国家战略。美国媒体就纷纷发出了美国"应从人才争夺战中觉醒"的强烈呼吁。比如美国《时代》(Time)周刊在题为《我们看中国时的真正盲点》(Our Real Blind Spot About China)的文章中,阐述了大量在美国学成的中国人才纷纷"回流"的现象,中国积极吸引海外华裔科学家、工程师和企业家回国创业;再比如《纽约时报》(New York Times)认为随着中国成功招揽大批顶尖科学家及学者回国,未来中国将比美国更有能力把科研成果转化为产品后推向市场[②]。

与此同时,伴随着专业技能在全球范围的流通,面向高级人力资本的全球性劳动力市场的存在及其扩张已是个不争的事实。专业技能及其劳动力的全球流动表现出明显的阶梯效应,"与全球产业结构梯度转移相呼应,全球高层次职业也开始转移至发展中国家和地区"[③],承接产业转移的地区中那些具有相应技能的人员获得迅速增多的就业机会,从这些新落成的产业中获得就业岗位成为新的就业渠道。当然,这也对就业人员的素质提出了更高的要求,其中一个极为重要的方面就是与不同文化背景的人员沟通、交流、合作的能力。回到本研究的主题,就是教育的国际化问题,就是国际化人才的培养问题。全球性的研发网络以及各种新技术被广泛地用于通信和协作,使得发展国际视野和技能(global perspectives and skills)对于研究生而言必不可少[④]。国际化成为研究生教育的新维度(international dimension of graduate education),研究生教育要致力于增进研究生的跨文化理解能力,提升研究生的国际交流能力,拓宽研究生的国际视野。国际竞争力成为高层次创新人才素质的新内涵,因此各国都非常重

---

① National Science Foundation. Graduate Education Reform in Europe, Asia and The American and International Mobility of Scientists and Engineers: Proceeding of an NSF Workshop[R]. 2000.

② 美媒:中美人才战美落败[J]. 国际人才交流, 2012(7): 6.

③ 谢仁业,贺芳玲,房欲飞. 引领中国和平发展 建设研究生教育强国——未来学位与研究生教育发展的宏观背景与趋势[J]. 学位与研究生教育, 2006(4): 1-7.

④ Council of Graduate Schools. Graduate Education for Global Career Pathways[EB/OL]. http://www.cgsnet.org/graduate-education-global-career-pathways.

视研究生国际化培养①。培养具有国际视野、能够参与国际竞争的国际化人才成为高等教育改革与发展的必然趋势。

研究生教育是高等教育国际化中最具国际化的一部分,博士训练和高级研究的政策制定正从国家层面上升到国际层面②。许多国家都在研究生教育上进行新的投资,以保持国内强大的人才储备和吸引国际学生。同时,又有证据表明,研究人员和受过良好教育的专业人士在其职业生涯中可能会在多个国家和地区工作。研究生教育国际化作为高等教育国际化的重要组成部分,正迈向全面化、大范围、深层次和高质量的"新国际化时期"③。《全球博士教育》(*The Doctorate Worldwide*)、《博士教育全球化:动力与模式》(*Toward A Global PHD? Forces and Forms in Doctoral Education Worldwide*)对部分国家的博士生教育进行了介绍,提出了博士教育应把握的全球性关键维度④⑤。研究生教育要在研究生接受全球培训过程中发挥重要作用,要将国际性的经验和培训整合到研究生学位课程中。大学不仅应促进联合学位和双学位课程、学术研究交流和实习,还应以学校的国际多样性为基础,来培养学生的跨文化技能⑥。欧盟以超国家组织的形式提出了各种研究生教育国际化的政策,启动了"联合学位"(joint degree)计划,2002 年 5 月召开的"斯德哥尔摩欧洲联合学位发展研讨会"(*Stockholm Seminar on the development of European joint degree*)从八个方面规定了联合博士学位应具备的基本指标。美国研究生院协会 2006 年发表的评论《关于博士教育的横跨大西洋对话》中提出,扩展全球范围内关于研究生教育的国际对话成为世界研究生教育发展的一支重要推动力量。美国研究生院协会 2010 年发表的研究报告《联合学位、双学位及国际科研合作》(*Joint Degrees, Dual Degrees, and International Research Collaborations*),总结了研究

① 高虹. 国际化培养:研究生教育新维度 [EB/OL]. http://www. csadge. edu. cn/csadgeupload/uploadfile/28/1/1322449080411/1322449088187. pdf.

② 芭芭拉·M. 科姆. 博士生教育去向何方?——全球变化背景下欧洲的新举措[J]. 北京大学教育评论,2007(4):66-74,185.

③ 乌利希·泰希勒,陈洪捷. 欧洲化 国际化 全球化——高等学校何处去? [J]. 北京大学教育评论,2003(1):40-47.

④ Stuart Powell,Howard Green. 全球博士教育[M]. 查岚,严媛,徐贝,译. 上海:上海交通大学出版社,2012.

⑤ Maresi Nerad,Mimi Heggelund. 博士教育全球化:动力与模式[M]. 李毅,张国栋,译. 上海:上海交通大学出版社,2010.

⑥ Council of Graduate Schools. University Leaders Issue Statement on Preparing Graduate Students for Global Careers[EB/OL]. http://www. cgsnet. org/sites/default/files/pr_Summit2012_Sept6_final. pdf.

生教育国际合作、联合学位带来的好处、发展趋势和未来需要等。国际教育研究所 2011 年完成的一项国际调查《全球环境下的联合学位和双学位计划：基于国际调查的报告》(*Joint and Double Degree Programs in the Global Context：Report on an International Survey*) 表明,美、英、德、法、意、澳六国接受调查并予以回复的机构中有 95%计划开发联合学位或双学位项目。

2. 技术变革

前三次工业革命于社会个体而言是外在的,是借助外力提升生产效率,正在到来的第四次工业革命则是内在于社会个体的,是影响和融入社会个体的生活之中的,"它不仅改变着我们所做的事情和做事的方式,甚至在改变人类自身"[①]。与此同时,不同学科和发现成果之间的协同与整合变得更为普遍,各领域不断突破的技术之间的融合以及跨界互动,导致传统的人为划分不同领域以及职业之间界限的做法越来越不利于发展。"异质的主体群之间复杂的联合和折中导致了技术创新的产生和引进。由于经济主体的能力和局部知识种类的多样性,经济主体也具有了多样性。联合是以弱知识(weak knowledge)不可分性和不同技术知识的局部互补性为基础的"[②],知识革命(或者说信息革命、通信革命、科技革命)已经改变了工作的性质,使得原本以工业产品为基础的职业转变为以知识和信息为媒介的职业,这种转变一方面增加了对新的职业技能的要求,另一方面也重构了原来社会提倡的"3R"技能(reading-writing-arithmetic),转而重点发展人际交流、解决问题和推理技能等 21 世纪所需要的高级技能[③]。

新经济主要有三个特点：知识型员工被安排到专业性、技术性或管理性的工作岗位上,所占比重大；全球化；创新[④]。现代科学技术的大量使用降低了对重复性劳动的需求,而对非重复性认知技能的需求明显增加。随着科学知识和实践知识的迅速扩展,新知识的不断产生与快速应用使得知识适用期缩短,从业人员需要掌握额外的技术才能在现有的工作岗位上保持竞争力。新的职业不断出现,而一些长期存在的职业的重要性受到削弱甚至有些职业已经消失。技术变革导致许多行业正在或者即将面临解

---

① 克劳斯·施瓦布.第四次工业革命[M].李菁,译.北京：中信出版社,2016：Ⅹ,Ⅺ,3-11.

② 克瑞斯提诺·安东内利.创新经济学、新技术与结构变迁[M].刘刚,张浩辰,吴旬,等,译.北京：高等教育出版社,2006：24.

③ W.诺顿·格布拉,马文·莱泽逊.高等教育中的职业教育主义：教育信条的胜利[J].高馨,译.国际高等教育研究,2007(3)：1-10,25.

④ 凯瑟琳·艾伦.技术创业：科学家和工程师的创业指南[M].李政,潘玉,译.北京：机械工业出版社,2009：6-7.

构的危机,专业型的工作岗位和种类处于快速变化之中。未来主要的就业领域出现在那些新近涌现、规模较小、技术要求很高的企业中。雇佣大量人员的职业领域变化幅度最小,但这类职业领域目前对人才的需求总量则是相对稳定乃至逐渐减少的;职业领域变化幅度大的通常是那些新兴职业,这些职业对就业人员素质的要求明显普遍高于其他职业领域(当然传统的学术性岗位领域除外,比如大学教师、科研人员,这是一种相对稳定、需求量比较大、职业技能要求极高的职业领域),但某一特定职业所提供的工作岗位却并不多,这就对教育提出了多样化、针对性、切合性的要求。

3. 企业组织行为变化

影响企业成功的因素除了传统的规模、专业化,还包括速度、灵活性、整合以及创新。为了激活这些成功因素,需要改造垂直边界(层级壁垒)、水平边界(内部壁垒)、外部边界(外部壁垒)、地理边界(文化壁垒)这四种类型的边界,以便各种创意、信息和资源能够自由地流上流下、流进流出、穿越组织。领导者相应地要从发布命令和实施控制转向更加依赖于创造共享的思维模式、创造发展目标和授权的新方法,从知道正确的答案转向提出正确的问题①。随着环境的不确定性和复杂程度越来越高,企业组织就越需要灵活的结构和程序。越来越多的公司从一个严格机械化的组织结构转变成一个自由的、权力分散的组织,积极创建学习型、创新型组织,建立有利于促进创造、学习和互动的组织架构;对员工进行长期的培训以确保所有员工始终具有高水平的工作能力和学习技巧;在组织内外推动经验与知识的交流和共享,通过整合不同观点而创造性地解决问题,在部门内部、部门之间和组织之间实现有效的团队合作。企业组织行为的变化可由表 2-1 中对福特主义与后福特主义的比较直观地看出。

表 2-1　企业福特主义与后福特主义的比较

特征	福特主义	后福特主义
市场	严密保护的各国市场	全球性竞争
产品	标准化产品/大量生产	个别化产品/弹性及小批量生产
组织	官僚/阶层化组织	扁平/弹性组织
竞争	高产能/生产力、低成本/售价	创新、多样化、外包
工作类别	以制造业之蓝领工为主	以服务业为主的白领工作
工作特色	单纯、标准化工作	弹性、专门化、多样技能

---

① 罗恩·阿什肯纳斯,戴维·尤里奇,托德·吉克,等.无边界组织:移动互联时代企业如何运行[M].姜文波,刘丽君,康至军,译.北京:机械工业出版社,2018:前言,27.

续表

特征	福特主义	后福特主义
工作关系	低信誉、低授权	高信誉、高授权
教育与训练	教育程度较低、在职训练较少	知识劳工、教育程度高、在职训练正规化
劳动市场	技能需求稳定	技术及市场变化快、劳动市场较难估计
工会	向心力强、影响大	工会会员减少、影响力降低
社会阶层	明显	阶层界线模糊
生活风格	较多地受地域、阶级、性别等因素影响	尊重多元价值的全球化
消费	标准化产品/大量消费	个别化消费以追求自我表现

资料来源: http://academic.ed.tw/~scse/txt/19.html.

企业组织行为的变化直接影响企业人员的结构。2010 年 5 月 18 日,美国国际商用机器公司(IBM)的 Lilian Wu 在由美国研究生院协会和国家科学基金会组织召开的一次研讨会上,以 IBM 的工作为例,分析了关注客户需求的项目小组的形成①。IBM 雇员的构成情况是: ①顾客信任的顾问咨询员(10%),工作任务是为解决问题或把握机遇提供有价值的提议,并扩大有价值的共创关系; ②销售员(10%),聘用方式是签订一份包括工作、成果、奖励和风险的合同; ③包括 IT 系统工程师和企业工程师在内的设计师(5%),工作任务是设计高级的解决方案; ④通常与项目副经理一起负责客户问题的项目经理(5%),工作任务是拟订详细的项目计划; ⑤包括研究者、工业专家、数据专家、分析专家等在内的各种专家(45%),工作任务是从事各种研究和开发; ⑥企业运营人员(25%),工作任务是营销与沟通、人力资源管理、法务以及基本行政管理等。而项目工作的构成情况则是: 90%是企业对企业业务; 10%是企业对政府业务。企业内部岗位设置和就业人员结构已经发生显著的变化,高新技术公司更是如此: 整个从业人员的学历水平都有明显的提升,内部成员不再简单地划分为技术人员和工人,每个人都以一种研究实践者的身份从事工作; 每个公司所对应的核心专家的群体性质也趋向多元化,不再只是某个方面的专家的共同体,而是吸纳了多种不同类型的专家群体。

这些变化一方面改变着企业内部的组织结构和职能方式,另一方面对雇

---

① Lilian Wu. Building a Smarter Planet—a more intelligent, interconnected, instrumented world: University-Industry-Government-Non-profits[EB/OL]. http://www.cgsnet.org/portals/0/pdf/CGSNSF2010_Wu.pdf.

员的工作方式产生了显著的影响,推动着劳动力市场的变化,包括就业方式的改变,不断形成新的更加灵活的就业方式,比如有时间期限的劳动合同(固定期限或短期合同)、派遣劳动(由人员安置机构安排的固定短期工作)、非全日制工作、工作共享(job sharing)、兼职、临时工、家庭工作制(或远程工作模式)以及双方就特定工作任务或活动达成的工作协议等。与职业领域的增多相比,工作方式的变化幅度更加明显,正所谓变化的是工作而不是职业,工作的活动方式将会越来越多地由行业和地理位置来决定。过去许多职业都是按照某种十分相似的方式来就业和工作的,但现在不同职业之间、同一职业在不同机构之间、不同职业背景和爱好的就业人员之间,就业方式和工作方式存在千差万别。总之,企业在需要根据市场需求的变化调整其生产方式和成本的压力下,增加了对灵活就业方式的运用①。"正在发展的地区将是那些以培训、生活质量和网络动态为形式,提供最好基础设施的地区。未来的企业非常清楚如何发展它们的人力和社会资本。成功的个人会是那些不断学习和勇于承担发明新模型的风险的人。"②

互联网行业就业人员呈现出"两低一高"(年龄低、工龄短、学历高)的特点,互联网与传统行业存在人才跨界流动③。互联网以全新的形式创造就业机会,推动就业结构变化,导致就业方式的多元化,改变了对人才素质的要求。这一新的发展趋势对企业人力资源管理提出了新的挑战,同时也对高等学校人才培养提出了新的要求,一方面要针对"互联网+"驱动下可能出现的新的服务领域、技术领域培养应用型高级专门人才,另一方面要针对"互联网+"背景下劳动力市场的新趋势,增强毕业生跨界流动的就业能力。

快速发展的高新技术产业、第三产业提供的大量非传统学术性岗位要求创造一条从硕士教育直接通往劳动力市场的道路。劳动力市场的多变性使得研究生教育系统不可能完全适应这种变化,无法通过调整培养计划、教学方法和学科结构来完全适应劳动力市场的高速变化。对大学与现实之间这种反差的抱怨催生了以就业需求为导向的发展建议,但是,一个研究生教育系统的水平与品位既取决于它达到目标、满足要求的程度与能

---

①　桑德林·卡则斯,伊莲娜·纳斯波洛娃.转型中的劳动力市场:平衡灵活性与安全性——中东欧的经验[M].劳动和社会保障部劳动科学研究所,译.北京:中国劳动社会保障出版社,2005:40-48.

②　Jeff Saperstein,Dr. Daniel Rouach.区域财富——世界九大高科技园区的经验[M].金马工作室,译.北京:清华大学出版社,2003:473.

③　波士顿咨询公司.互联网时代的就业重构:互联网对中国社会就业影响的三大趋势.[R/OL]. http://www.bcg.com.cn/cn/files/publications/reports_pdf/BCG_Employment__Restructuring_in_the_Age__of_Internet_CHN_Final_Aug_2015.pdf.

力,同时也取决于它调节这些目标、引导社会需求的程度与能力。建立研究生教育与劳动力市场需求的有效衔接机制是必然选择,要从研究生供给结构对接需求结构、完善劳动力市场的运行制度规则、探索建立相互衔接的效果评价体系三个维度优化研究生教育与劳动力市场需求的衔接机制,以促进研究生教育质量的持续提升以及产业和经济的持续发展①。

三、研究生就业市场的变化

研究生就业市场的变化大致可以分为以下五个方面:一是就业机会的增加或者减少,这最直观地反映了研究生就业市场的变化;二是研究生就业岗位的技术含金量的增加或者减少,这在一定程度上反映了研究生的就业品质,是否学有所用;三是研究生就业领域的收缩或者扩张,即是否涌现出大批新的非传统就业岗位;四是研究生就业层次的合理性问题,即是否出现教育过度或学非所用的征兆;五是研究生就业岗位与所学专业的对应性问题,这反映了劳动力市场需要与研究生供给之间的互动水平。

1. 就业机会

正如 Klaus Schwab 所言,"就业市场两级分化的趋势更加严重:认知性和创造性强的高收入工作机会和体力性的低收入工作机会都会增加,但是常规性和重复性的中等收入工作机会将会大幅减少"②。知识产业的迅速发展带来了对高素质劳动力的巨大市场需求,这又刺激研究生教育规模在国际范围内的普遍扩大。澳大利亚著名经济咨询公司 Access Economics 在 2010 年提交的一份研究报告预测,2020 年以前对具有博士学位劳动力的需求将每年增加 3.2%,对具有硕士学位劳动力的需求则每年增加 3.7%③。但是,并非所有职业都需要高级学位。美国劳工统计局(Bureau of Labor Statistics)的分类统计显示,有 11 个职业(occupation)将博士学位作为完全资格(full qualification),有 31 个职业将硕士学位作为完全资格④,其他职业或者岗位并未将博士或者硕士学位作为资格条件。即便如此,各种就业领域和职业岗位证书的增加仍意味着研究生学位正逐渐成为从业人员的

① 丁楠,杨院.研究生教育与劳动力市场需求有效衔接机制探究[J].研究生教育研究,2018(1):11-15.

② 克劳斯·施瓦布.第四次工业革命[M].李菁,译.北京:中信出版社,2016:42.

③ 转引自 Cara Jenkin,Sam Kelton. Postgraduate university degrees paying off[EB/OL]. http://www. adelaidenow. com. au/ipad/postgraduate-university-degrees-paying-off/story-fn6bqphm-1226020028493.

④ Commission on the Future of Graduate Education in the United States. The Path Forward:The Future of Graduate Education in the United States[R/OL]. http://www. fgereport. org/rsc/pdf/CFGE_report. pdf.

基本要求①。这一点从受教育程度与薪资之间的正向关系反映出来。《美国教育统计摘要 2014》显示，平均年收入与学位之间的关系十分紧密，1990—2013 年各个年份不同学位获得者平均年收入由低到高依次是学士学位获得者、硕士学位获得者、博士学位获得者、专业学位获得者。以 2013 年为例，男性学士学位获得者、硕士学位获得者、博士学位获得者、专业学位获得者的平均年收入分别是 67 240、86 310、105 280、126 730 美元，女性则依次分别是 50 750、61 280、75 090、85 400 美元②。

相关研究预测，美国要求具有硕士学位的工作岗位将以一定的比例持续增长，2018 年与 2008 年相比，大约增加了 18%。预测显示，未来十年，超过半数的新工作岗位将涌现在专业领域或服务行业，比如科学和技术咨询行业。其中，制造行业新增大约 250 万个要求高学位的工作岗位，其中要求硕士学位的岗位将增加 18%，要求博士学位的岗位将增加 17%；服务行业的工作机会也将大幅增加，比如以硕士学位获得者为主要从业人员的物理治疗师和职业助理医师就成为需求增长最快的职业领域③。

研究生学位成为高质量就业入门条件的利好在研究生教育规模迅速扩大和整个就业市场压力加大的冲击下逐渐减弱，导致研究生就业越来越难。香港《信报》发表了阮纪宏题为《研究生学位贬值但不能不读》的文章，感叹什么都升值，唯独学位在贬值④。研究生就业市场呈现出日益严峻的趋势，许多研究生毕业后并不能找到理想的工作，统计数据或者新闻报道的例子说明了这一点。英国会计师协会 2011 年发布的一份研究报告披露，英国越来越多拥有大学以上文凭的毕业生只能谋得一份低技术性工作，很多人工作的领域和大学所学专业无关。日本的相关统计数据显示，日本硕士研究生就业难度明显加大，2012 年就有 10.3% 的硕士毕业生因各种原因找不到工作，其中 30% 左右的人文、社会科学硕士毕业生未能正常就业⑤。中国每年不断增加的毕业研究生也面临着就业的严峻挑战，就业难愈演愈烈，诸如"研究生

---

① Judith Glazer-Raymo. Trajectories for Professional Master's Education[EB/OL]. (2014-07-12). http://www.cgsnet.org.

② The National Center for Education Statistics(NCES). Digest of Education Statistics 2014[EB/OL]. http://nces.ed.gov/programs/digest/d14/.

③ Commission on the Future of Graduate Education in the United States. The Path Forward：The Future of Graduate Education in the United States[R/OL]. http://www.fgereport.org/rsc/pdf/CFGE_report.pdf.

④ 阮纪宏.研究生学位贬值但不能不读[EB/OL].凤凰卫视. (2012-10-18). http://phtv.ifeng.com/program/zbjsj/detail_2012_10/18/18347756_0.shtml.

⑤ 转引自廖湘阳,张晴,孙瑜.日本硕士毕业生初次就业状况及其应对策略[J].学位与研究生教育,2015(2)：66-71.

就业不如本科生""最难就业季"等相关报道和评论纷至沓来。与就业机会越来越少相伴随的是研究生就业岗位的低技术化,研究生从事城管、环卫工人等职业岗位见诸报道就从一个侧面反映了这一现实。

研究生学位的"含金量"在下降,其对于职业岗位的预示功能在减弱,研究生学位、研究生的形象正在发生巨大的变化。与上述情形形成鲜明对照的是,某些类型的研究生毕业生则能够顺利地找到满意的工作。美国管理专业研究生入学考试委员会(Graduate Management Admission Council,GMAC)2018 年一份调研报告显示,管理类研究生的需求呈现强劲的区域增长态势,各种管理类研究生项目的申请数,在亚太地区、加拿大、欧洲分别增长了 8.9%、7.7%和 3.2%,亚太地区主要来自国内申请者的增长,加拿大和欧洲则主要来自国际申请者的增长①。GMAC 发布的《GMAC 2018 年公司人员招聘调查报告》(The GMAC 2018 Corporate Recruiters Survey Report)显示,MBA 毕业生招聘需求仍然很强劲,81%的受访公司计划在 2018 年聘用 MBA 毕业生,而且 52%的公司计划当年增加 MBA 起始基本工资。2018 年美国 MBA 毕业生的基本起薪中位数预计为 105 000 美元,而直接从业界招聘的新员工为 85 000 美元,新招聘的学士学位为 65 000 美元②。这说明与学术型研究生相比,各种应用型研究生有着更大且更灵活的就业机会,发展各种新的应用型学位项目是整个研究生教育体系变革的重要方向。

2. 就业岗位

(1) 就业机构的变化

硕士研究生就业呈现出明显的非专业化、非学术化走向。高等学校传统上是我国博士、硕士研究生毕业后的主要就业单位,研究生教育很长一段时期内也是定位在为高等学校和科研院所培养教学、科研后备人才。但这一格局已经发生了根本性的变化,在我国博士、硕士毕业生当年直接以新增专任教师身份进入高等学校的比例在 2004 年达到最高峰 25.24%以后持续下降,2014 年该比例只有 8.47%,这从一个侧面反映了我国博士、硕士学位获得者就业的非学术化倾向(见图 2-1)。

---

① GMAC. Strong Regional Growth in Demand for Graduate Management Education[EB/OL]. https://gmac. gcs-web. com/news-releases/news-release-details/strong-regional-growth-demand-graduate-management-education.

② GMAC. MBA Hiring is Strong, with 4 in 5 Companies Planning to Hire Graduates in 2018[EB/OL]. https://gmac. gcs-web. com/news-releases/news-release-details/mba-hiring-strong-4-5-companies-planning-hire-graduates-2018-mba.

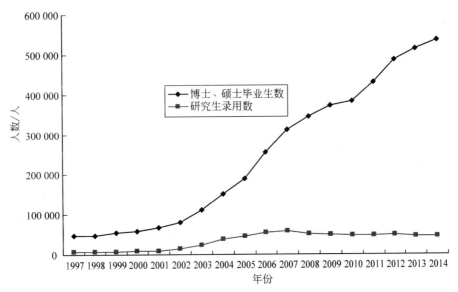

图 2-1　中国研究生毕业生人数与当年全国高校新增专任教师中录取研究生毕业生人数

（2）就业岗位类型的变化

与传统就业领域相比，当前博士的就业领域已经有了较大的拓宽，非传统学术机构的新型学术性岗位也成为其主要的就业领域①。华盛顿大学发起的"美国五年后的社会科学博士（SS5）"调查是美国对博士生培养情况的一个全国性调查，2005—2006 年对 6 个社会科学专业 1995 年 7 月 1 日至 1999 年 6 月 30 日获得博士学位毕业生的调查结果显示，受访者中的 63% 获得终身教职，19% 在学院或大学从事其他类型的工作，18% 在商业、政府或其他非营利部门工作；有 58% 的人声称获得博士学位后的第一份工作是部分时间制或临时性的②。

日本专业学位硕士毕业生就业的职业岗位类别呈现出结构性特征，专业学位硕士毕业生就业的总趋势是从事专业技术职业者的人数不断攀升，其中教员的增长幅度最大（2008 年开设教职研究生院后，专业学位硕士毕业生从事教员的人数剧增），事务性职业者人数也在不断增多。就目前来看，排在第一位的职业岗位是专门技术职业者，其次是事务类职业者，再次是管理类职业者（见表 2-2）。

---

① 刘少雪，杨亮. 从比较的角度看制约博士研究生教育规模的因素[J]. 学位与研究生教育，2005（11）：18-21.

② Maresi Nerad. Social Science PhDs—Five+ Years Out: A National Survey of PhDs in Six Fields [EB/OL]. http://depts. washington. edu/cirgeweb/phd-career-path-tracking/2261-2/.

单位：人

表 2-2 日本专业学位硕士毕业生初次就业职业岗位结构

职业类别		2009 年	2010 年	2011 年	2012 年	2013 年	2014 年	2015 年	2016 年	2017 年	2018 年
总数		2530	3014	3301	3687	3668	3684	3776	3663	4052	4520
专门技术职业者		719	1076	1400	1481	1481	1542	1629	1488	1622	2017
其中	研究人员	12	20	19	19	33	27	31	34	50	48
	制造技术职业者（研发）	/	/	48	87	64	93	100	121	116	107
	制造技术职业者（非研发）	/	/	28	46	14	59	21	15	19	32
	情报通信技术职业者	128	105	127	162	169	168	199	169	195	184
	教师	114	508	663	729	720	723	713	722	813	1140
	医疗保健人员	122	87	84	58	118	85	79	96	87	93
管理类职业者		323	320	302	240	326	320	368	452	544	663
事务类职业者		1027	1275	1049	1111	1351	1354	1273	1129	1211	1216
销售类职业者		70	103	142	193	195	171	168	224	253	211
其他		391	240	408	662	315	297	338	370	422	413

资料来源：http://www.e-stat.go.jp/SG1/estat/NewList.do? tid=000001011528.

　　研究生学位获得者尤其是博士学位攻读者,其最初的职业意向普遍指向学术部门,但是,他们获得学位后实际的就业领域、就业岗位与最初职业意愿相去甚远。据估计,美国大约一半的博士学位获得者就职于学术界之外的行业,工程和物理学领域该比例很高,分别达到85%和66%;社会科学和人文学科该比例较低,分别是38%和14%①。博士一定要进入学术部门工作已经不是必然选择,但是,那些脱离了学术职业的受调查者大多认为自己是被推出学术界的,是被挤掉的无奈选择。造成这种心理落差和剥夺感的原因有很多,其中一个关键原因是分流、分化过程中通常缺乏相应的引导机制,没有对市场需求作出积极的反应,未能使研究生获得多样化发展的灵活性。积极的变化正在发生,研究生培养在保持以研究为基础的培养模式的同时,增开一些旨在加强其从事非研究工作的就业潜力的课程。再比如,为了达成《里斯本条约》提出的目标,建立一个先进知识型的欧洲,提升欧洲的竞争力,欧洲各国纷纷进行博士生培养改革,以寻求科学研究与人才市场需要之间的平衡②。研究生教育必须改进以适应学生和社会需求,研究生职业发展项目正是满足这种需求的有效途径。一个具有多样化能力的研究生更加容易成功,在有效地处理变化的环境方面有更多的选择,因而就未来发展而言有着更加多样化的基础。研究生职业发展项目应当被视为研究生教育的基石③,研究生教育机构要与就业中心和其他机构开展合作,面向研究生提供针对特殊职业的专业技能培训和职业规划辅导。

　　正如美国劳工部出版的《职业前景季刊》(*Occupational Outlook Quarterly*)所指出的,航空、计算机、通信、家用电器、制药和医疗器械等行业中的知识密集型高科技生产类职位正在替代钢铁、汽车、橡胶和纺织业中的工厂类职位,美国新增加的就业岗位几乎全部产生于服务业而非产品制造业(见表2-3)。增长最快的职业通常需要硕士学位、博士学位或专业学位才能进入,需要硕士学位、博士学位或专业学位的职业在2012—2022年将增加最多的新的工作机会。

---

① Commission on the Future of Graduate Education in the United States. The Path Forward: The Future of Graduate Education in the United States[R/OL]. http://www.fgereport.org/rsc/pdf/CFGE_report.pdf.

② 李雪垠.欧洲推进"博洛尼亚进程"的博士生培养改革[J].学位与研究生教育,2006(10):67-72.

③ Bonnie Holaday, Kenneth A. Weaver, Linda B. Nilson. Revisioning graduate professional-development programs[J]. College Teaching,2007,55(3):99-103.

表 2-3 美国增长最快的职业预测(2012—2022 年)

序号	职 业	就业增长率/%	年工资中位数/美元
1	产业组织心理学家(Industrial-organizatonal psychologists)	53	83 580
2	个人护理助理(Personal care aides)	49	19 910
3	家庭保健助理(Family health aides)	48	20 820
4	孤岛工人(Insulation workers)	47	39 170
5	口译员和笔译员(Interpreters and translators)	46	45 430
6	诊断医疗超声波检查员(Diagnostic medical sonographers)	46	65 860
7	助手—砖匠,砌块,石匠,瓷砖和大理石镶嵌(Assistant—brickmasons, blockmasons, stonemasons, tile and marble inlay)	43	28 220
8	职业治疗助理(Occupational therapy assistants)	43	53 240
9	基因遗传咨询师(Genetic counselors)	41	56 800
10	物理治疗师助理(Physical therapist assistants)	41	52 160

数据来源:U. S. Department of Labor. Charting the projections:2012-22—A special issue. Occupational Outlook Quarterly. www. bls. gov/ooq /2013-14/ Winter.

(3)工作岗位的转换

博士、硕士学位获得者的工作岗位随着工作年限的增加有所变化。美国的一项统计显示,工作岗位与最高学位之间的关联性,博士学位层次高于硕士学位层次,硕士学位层次高于学士学位层次,而随着工作年限的增加,这种关联性总体上呈下降趋势。就硕士学位获得者而言,所有学科受访者中认为两者相关的比例均在 70%以上,绝大部分学科的受访者该比例在 85%左右;所有学科受访者中认为两者紧密相关的比例则低于 80%,绝大部分学科的受访者该比例集中在 60%左右;所有学科受访者中将研究与开发(R&D)作为主要工作活动的比例均低于 70%,最高的是工程学科受访者,最低的是社会科学的受访者(低于 15%);受访者中报告正在从事管理工作的比例,所有学科都呈上升趋势,从毕业之初的低于 10%,演变到获得最高学位 20 年后绝大多数学科该比例均超过 15%,其中社会科学的受访者这一比例最高,生命科学的受访者这一比例则相对处于较低水平①。

欧洲高等教育一体化博洛尼亚进程优先发展的十个领域之一就是提升就业能力,提升就业能力可使学生个人在变化的劳动力市场中抓住机

① Mark Regets. What do people do with science and engineering master's degrees? [EB/OL]. http://www. cgsnet. org/portals/0/pdf/mtg_am08Regets. pdf.

会。为此,"一方面,高等院校的人才培养应更有效地满足劳动力市场的需求,并使雇主更好地理解教育理念;另一方面,各高校应同政府、政府代理、雇主、在校生和校友一起,为学生提供更多的就业机会以及相应的就业咨询"①,帮助学生了解他们可选择的职业,进而更好地选择为他们实现职业目标打基础的研究生课程。经济合作与发展组织(OECD)在 2011 年启动了博士生"转化技能"素养调查,考察大学如何促进研究人员具备立足当今社会所必需的技能,包括团队合作能力、指导能力、协商能力、交流能力、组织能力(例如项目管理、时间管理和职业规划等)、研究能力、认知能力、授课能力、申请专利的能力以及知识转化的能力②。

美国研究生院协会和教育考试服务中心联合发布的《前进之路:美国研究生教育的未来》(2010 年)、《前进之路的推进》(2011 年)和《从研究生院到职场之路》(2012 年)等研究报告,描绘了美国研究生教育及其就业市场的深刻变革和应对举措:随着研究生教育规模的扩大,毕业生就业由学术领域拓展到不同的领域;由注重对研究能力培养向注重培养非学术能力转变,强化非学术性职业能力训练以适应劳动力市场对雇员能力要求的变化;直接面向产业界相关工作岗位设置职业性硕士研究生教育项目及其课程,主要培养某些特定领域所需要的工作技能③。研究生需要适应工作环境、工作方式和思维方式的变化,避免过于专业化、理论化、技术化,以胜任复杂的跨部门和跨学科合作,根据职业环境与自身职业规划有选择地进行工作岗位转换和职业领域转移。

第二节　知识生产方式的转型

研究生教育是国家创新体系中知识创新系统的核心,为国家创新体系提供知识储备、助推力和具有创新能力的人才。研究生教育与知识生产之间的关系越来越密切,知识生产方式的变迁要求研究生教育相应变革,研究生教育体系、培养模式和培养过程等方面的调整又是加速知识生产方式变迁的推动力量。

---

① 佛朝晖.未来十年欧洲高等教育区优先发展的领域——博洛尼亚进程之《鲁汶公报》[J].世界教育信息,2010(2):16-20.

② 中国学位与研究生教育学会.经合组织(OECD)开展博士生"转化技能"素养调查[J].国外研究生教育动态,2011(17):12-13.

③ 夏焰,汤建.从研究生院到职场——美国研究生就业市场变化及应对策略探析[J].研究生教育研究,2016(4):87-91.

一、新型知识生产方式

有别于传统知识生产模式的一种新的知识生产模式正在浮现,并从生产什么知识,到知识如何生产、知识探索所置身的情景、知识组织的方式,再到知识的奖励体制、知识监控机制等各个方面对知识生产施加全方位的深入影响。1994 年 Michael Gibbons 等人论述了知识生产和科学研究范式正在发生转型,提出了知识生产模式Ⅰ(Model Ⅰ)与知识生产模式Ⅱ(Model Ⅱ)的概念。Michael Gibbons 将这种新的知识生产模式称为知识生产模式Ⅱ,将传统的知识生产模式称为知识生产模式Ⅰ,在模式Ⅱ中,知识在更广阔的、跨学科的社会和经济情景中被创造出来①。

知识生产模式Ⅱ的出现与供给和需求双方的主要变化有关,尤其是与各种各样的专业化知识的需求增长有关。在供给方面,传统方式的专业培训或许仍是必要的,但已不够充分。当知识生产在各种应用情境中完成的时候,构架知识资源的新技能、鉴别问题的新技能以及解决问题的新技能成为关键②。在模式Ⅱ中,知识生产是异质性的,问题解决团队的构成随着要求的改变而不断改变。因此,模式Ⅱ具有如下特点。

其一,知识探索所置身的情景更加复杂,进行知识创造的场所(sites)数量大大增加,"大学作为知识生产的唯一场所的地位正在逐渐消失"③,其他非大学机构比如各种研究中心、企业的实验室、咨询机构、智库共同参与其中,"大学所生产的和流通的知识,现在被社会其他部门越来越多的一批知识生产者大大地扩充"④。知识生产从大学象牙塔走向社会,成为多中心、多主体的社会活动,这就意味着与高深知识的传播和创新息息相关的不再只是大学,以高深知识为素材的高层次人才培养活动也不再局限于大学。

其二,借助复杂的、便捷的沟通网络,通过各种电子的、社会的、正式的和非正式的联系方式,知识生产的不同场所之间的联系和合作更加密切。相应地,大学不再是自说自话的象牙塔,它必然重视社会的需要和公众的反映。学术网络超越高等学校、科研机构的范畴,越来越多的新型知识生产主体介入其中,成为学术网络新的一极和新的支点,而这又推动学术网

---

① 转引自罗杰·金.全球化时代的大学[M].赵卫平,译.杭州:浙江大学出版社,2008:158-192.

② 迈克尔·吉本斯,卡米耶·利摩日,黑尔佳·诺沃提尼,等.知识生产的新模式——当代社会科学与研究的动力学[M].陈洪捷,沈文钦,等,译.北京:北京大学出版社,2011:54.

③ 杰勒德·德兰迪.知识社会中的大学[M].黄建如,译.北京:北京大学出版社,2010:184.

④ 伯顿·R.克拉克.建立创业型大学:组织上转型的途径[M].王承绪,译.北京:人民教育出版社,2003:160.

络之间更加密切的关联,包括更多的异质性知识之间的关联。

其三,知识生产沿着分工与合作两方面变革,一方面不同的知识生产机构所重点突破的研究领域向着越来越细分的专业领域递进,另一方面日益细化的专业领域之间的再结合成为知识生产的枢纽,各个知识生产机构及其重点领域的重构与整合构成了新的知识生产模式的基本要素。新的结构变化导致功能的变迁,增强了知识生产系统满足社会需求的能力,集中表现出一种有力的整体性与集成化。封闭式创新逐步演化成新型的开放式创新,开放式创新强调分布式创新流程,这些知识流涉及进入特定组织的知识流(通过内部流程利用外部知识源)和从特定组织流出的知识流或二者兼有(将外部知识源和商业化活动结合起来)①。

其四,知识生产由传统的学科活动转移到新的社会情景之中②。科学与产品成为一体,发现与应用不再隔断,实验室与市场直接接触,科学与技术作为一个个具体的创业项目,不再局限在大学内部机构里。相应地,"科学家和工程师是后现代经济的一部分,是灵活劳动力的成员,受雇于知识生产队伍,并根据项目要求和市场变化决定随时去任何地方"③。在新型知识生产方式中,传统知识生产方式中的科学和科学家被泛化为知识(knowledge)和从业者(practitioners)④。模式Ⅱ始于应用的情景,强调知识生产的适应性和情境化,强调基于社会需求的知识生产质量控制,因此属于存在更多社会问责和更具反思性的知识生产模式。主要兴起于一些欧洲国家的"生活实验室"(living labs)反映了这一动向,它作为一个新兴的公共私人伙伴关系(Public-Private-Partnership,PPP)概念,提供了一个虚拟的合作网络,融合研究工作和创新流程两个方面,公共机构、私营企业、公民个人等在真实的场景里,共同创造、设计、开发、检验某个概念和技术,以便创造出以用户为中心的新产品和新服务⑤。

其五,对资源、知识和技能不断地进行重新配置是新型知识生产方式

① 亨利·切萨布鲁夫,维姆·范哈弗贝克,乔·韦斯特.开放式创新:创新方法论之新语境[M].扈喜林,译.上海:复旦大学出版社,2016:19-20.

② 迈克尔·吉本斯,卡米耶·利摩日,黑尔佳·诺沃提尼,等.知识生产的新模式——当代社会科学与研究的动力学[M].陈洪捷,沈文钦,等,译.北京:北京大学出版社,2011:6-7.

③ 希拉·斯劳特,拉里·莱斯利.学术资本主义——政治、政策和创业型大学[M].梁骁,黎丽,译.北京:北京大学出版社,2008:194.

④ 迈克尔·吉本斯,卡米耶·利摩日,黑尔佳·诺沃提尼,等.知识生产的新模式——当代社会科学与研究的动力学[M].陈洪捷,沈文钦,等,译.北京:北京大学出版社,2011:2-3.

⑤ V. P. Niitamo, S. Kulkki, M. Eriksson, et al. State-of-the-Art and Good Practice in the Field [C]//IEEE. Technology Management Conference,2016.

的典型特征。每种新的配置都可能成为知识生产的潜在来源,并随之转换成进一步配置的空间和基础。在一个动态的、带有反馈回路的、扩展到全社会的系统中,市场差不多总会带来新问题,知识生产的空间和网际交流在飞速发展。由于对知识的运用需要置身于其生产过程之中,知识的发现与应用比过去结合得更加紧密。模式Ⅱ知识生产方式的基本特征——混成形式、复杂性、边界跨越、借助差异与融合的知识异质增长——来自比知识应用与使用更宽广的力量范围,从而相应地拥有更宽广的发挥空间。实际上,经济合作与发展组织(Organization for Economic Cooperation and Development,OECD)就认为,知识和信息是丰富的,缺少的只是以有意义的方式利用它们的能力,某些类型的知识易于复制,其他一些类型的知识若不在网络和学习关系方面建立复杂的联系或是不对其予以知识编撰并转变为信息,就无法在不同机构、不同个体之间进行有效的转移[1]。

　　新型知识生产方式的出现与强盛导致学科知识范式的式微、多元知识主体的出现以及知识生产的实践倾向[2]。这些变化对研究生教育造成深刻的影响,集中表现在对人才培养类型的冲击,学术学位研究生培养模式受到挑战,应用型研究生培养受到青睐,更加切合新型知识生产情境;对研究生课程体系与知识技能体系的冲击,传统的以学科知识逻辑为支撑的学术学位研究生培养知识体系受到挑战,更加切合应用情境的知识、能力、素质体系成为新的课程体系与知识技能体系的基础;对科教结合培养研究生的冲击,新型知识生产流程中,各知识生产主体的社会角色可能发生相互转换,研究生培养成为许多知识生产主体的一个重要的新兼备的角色与任务;对研究生教学的冲击,传统知识生产模式中,知识生产是流线性的,相应地,知识教学是按照体系化的内容展开的,而在新型知识生产模式下,其必将面临知识生产的分散化与碎片化的问题,要按照重视知识应用的逻辑思路进行重组;对教学组织的冲击,更多源于实际问题,打破了学科间的界限与壁垒,强调多学科知识资源的整合及相互作用,具有高度开放性[3]。

---

① 经济合作与发展组织(OECD).以知识为基础的经济[M].杨宏进,薛澜,译.北京:机械工业出版社,1997:6.

② 刘红.专业学位研究生课程建设:知识生产新模式的视角[J].中国高教研究,2015(3):36-40.

③ 邓光平.澳大利亚深度合作培养专业博士的探索——以新英格兰大学的P/W/U三维协作培养模式为例[J].高等教育研究,2016,37(8):91-95.

二、协同创新

Peter Gloor 将协同创新(collaborative Innovation)界定为"由自我激励的人员所组成的网络小组形成集体愿景,借助网络交流思路、信息及工作状况,合作实现共同的目标"[①]。Peter Gloor 认为协同创新网络(Collaborative Innovation Networks,COIN)作为一种更加灵活的组织形式,是由具有强烈动机的个体围绕一个共同目标而一起工作的自组织,协同创新网络成员共享相同的目标并深信其拥有共同的事业[②]。协同创新的两个核心是"协同"和"创新",但是协同创新不是"协同"与"创新"间简单的概念组合。协同创新并不只是一个技术问题,还是一个社会理念、心态问题,"如果不能将宏观的科学生态和集体行动的逻辑结合起来,如果不能突破传统的组织边界限制,就难以收到预期的积极效果"[③]。

R. Rothwell 提出的"第五代创新模型"将创新看成多个参与者共同进行的过程,它要求企业内部或企业之间的高度聚集,创新越来越受益于基于 IT 技术的网络支持[④](见表 2-4)。

表 2-4　Rothwell 第五代创新模型及其与前代模型的对比

代际	主　要　特　征
第一代	技术推动:简单的线性顺序过程;重视研发,市场是研发成果的容器
第二代	需求拉动:简单的线性顺序过程;重视营销,市场是指导研发的思想来源。研发具有反应作用
第三代	耦合模型:不同要素的相互作用;不同要素之间的反馈循环;研发和营销更加平衡,强调研发/营销界面的整合
第四代	集成模型:基于集成性开发团队的并行开发;强大的上游供应商联系,与前沿客户紧密结合;强调研发与制造之间的整合(可制造性设计);横向合作(合资企业等)
第五代	系统集成和网络模型:完全集成的并行开发;广泛使用专家系统和仿真建模;与领先客户的紧密联系;与主要供应商的战略整合;横向联系密切;强调企业的灵活性和发展速度;更加注重质量和其他非价格因素

创新既要从技术角度考虑,也要从市场角度出发,市场创新主要包括

①　转引自张力.产学研协同创新的战略意义和政策走向[J].教育研究,2011(7):18-21.

②　Peter A. Gloor, Carey Heckmann, Fillia Makedon. Ethical Issues in Collaborative Innovation Networks[EB/OL]. http://www.ickn.org/documents/COIN4Ethicomp.pdf.

③　周作宇.协同创新政策的理论分析[J].高教发展与评估,2013,01:1-17,104.

④　R. Rothwell. Successful industrial innovation:critical factors for the 1990s[J]. R & D Management,1992,22(3):221-240.

市场趋势和机遇的识别、新的产品和服务的转换以及这些产品和服务的宣传促销等。技术和市场共同影响商业化进程,不同的市场问题和技术问题,要求使用不同的技术来进行开发和商业化。为了制造或应用新的产品与服务,原有的技术或者被采用,或者被组合起来运用,而当技术和市场都是新颖之时,就需要从技术和市场两个维度共同推进创新,在这种背景下,新的技术就没有明确的定义,要随着市场的演变与不断成熟而逐渐明晰技术创新的方向与重点①。比如,开发一种新产品是需要许多背景不同的员工互动的,但这些员工的系统思考和心智模式各不相同,互动过程中势必存在明显的偏好,比如来自研发部门的成员可能侧重于技术上的潜力,来自制造部门的员工可能偏重于生产工艺,来自营销部门的成员可能偏重于产品市场认同的问题,各个成员的经历、心智模式、动机和意图不尽相同,这是客观现实,问题是其中只有一部分信息和知识能够以形式知识的方式表述出来,而更多的信息只可意会不可言传,因此需要一个有效的机制促进成员之间的深度会谈,以真正达成共识。

协同创新作为一种开放式的创新模式和网络化的创新机制,作为一种独特的、混合型的跨组织关系,能够充分有效地激发高等学校、企业组织、科研机构等创新主体的积极性和创造性,能够加快创新链各环节和各要素之间的技术融合与扩散,业已成为国家创新体系中最为重要的创新组织模式。研究生教育是科技第一生产力和人才第一资源的重要结合点,成为推动协同创新的重要力量、开展协同创新的主要阵地、实现协同创新的关键因素。相应地,研究生教育应当与协同创新相互促进,尤其是当前正在推进的研究生培养机制改革必须从这一发展趋势出发,主动融入协同创新,突出科教结合以及与行业紧密结合,以此主动适应国家需求、提高创新实践能力、保证教育质量。立足社会发展需求,结合国家研究生教育改革发展、实施协同创新战略的新趋势,紧紧抓住研究生教育和协同创新的交集点,完善研究生教育融入协同创新的模式、途径与机制,进而推动研究生教育与协同创新的相互促进,具有重要的现实意义。

其一,研究生教育的融入是协同创新有效开展的重要力量。一方面,研究生教育面临着主动融入协同创新,有效地发挥在协同创新中的聚集功能、创新功能、建构功能的严峻挑战;另一方面,协同创新面临着如何尽快形成新的创新驱动格局和建立有效的机制体制的紧迫要求。两者深度融

---

① 竹内弘高,野中郁次郎.知识创造的螺旋:知识管理理论与案例研究[M].李萌,译.北京:知识产权出版社,2006:64-66.

合的机制、模式、途径是制约两者相互促进的关键要素,因此,相关理论问题与实践问题的解决成为协同创新有效开展的基本前提。

其二,研究生教育融入协同创新是研究生培养机制改革的必然选择。传统的研究生培养机制已经难以适应经济社会发展的需要,因此,有必要深入研究如何在协同创新的框架下推进研究生培养机制的改革,完善以科学研究和实践创新为主导,高等学校、科研院所、企业相结合的导师组制度,以切实发挥高水平科学研究、各种创新力量对研究生培养的支撑作用。这些问题的解决,既是协同创新战略实施所必需的,更是研究生培养机制改革所必需的。

其三,研究生教育融入协同创新是全面提升研究生教育质量的现实要求。创新实践能力是衡量研究生教育质量的关键指标,学术型研究生要通过科教结合、专业学位研究生要通过与行业紧密结合、应用型研究生要通过参与真实问题解决训练来着力提高创新实践能力。为此,必须拓展研究生教育质量保障的视野,通过深度融入协同创新来提升研究生的创新实践能力,进而保证研究生教育的质量和社会服务支撑能力。

推动研究生教育融入协同创新,实现研究生教育与协同创新的共同发展,要从以下四个方面进行改革。

一是要系统把握研究生教育融入协同创新的功能。研究生教育与其他各种创新资源、创新力量相结合在我国研究生教育的理论界和实践界一直都是热门话题,相关研究取得了显著进展,实践中也取得了许多成功的经验。但过去的研究局限于研究生教育与其他创新资源、创新力量之间的简单合作,其中主要是研究生教育寻求其他创新资源与力量的支持,而较少从协同、集成的高度来考虑问题。在国家积极推动协同创新、构建协同创新平台与模式、建立协同创新机制与体制的大背景下,研究生教育在协同创新中的功能作用以及如何有效地发挥功能成为一个新的课题。顶层设计时要从创新功能、聚集功能、激活功能、建构功能四个方面来界定研究生教育推进协同创新的功能作用。

二是要优化研究生教育融入协同创新的模式。协同创新有着不同的形态,协同创新主体之间的构成关系复杂多样,研究生教育融入协同创新,要针对不同类别的协同创新平台与模式,结合不同层次、不同类型的研究生教育的特征与要求,选择合适的、可行的融入模式。研究生协同创新培养并不是对高校原有培养资源、平台、实践活动的简单组合和重新包装,而是从内涵与外延上改变对研究生教育的常规认识,使不同的研究生培养主体能站在更高的平台上进行专业合作,让研究生教育呈现开放多元的特征,包括建立多元化的导师协同培养体系,构建培养主体内部不同学科、不同专业间研究生协同创新的培养机制,整合跨领域、跨行业、跨地域的创新力量和资源,实现政、产、学、研、用及国际不同培养主体间的协同创新①。

三是要优化研究生教育融入协同创新的途径。协同创新是一个复杂的系统工程,协同创新网络涉及不同利益主体,选择合适的切入点是研究生教育融入和推进协同创新的起点。一方面,研究生教育要融入协同创新网络之中;另一方面,研究生教育系统本身应当按照协同创新理念构成一个协同的培养体系。要在协同创新框架下,通过搭建多元化创新平台、构建综合性训练网络等途径,推动研究生教育与协同创新的深度融合。要以开放的心态尊重不同培养主体的利益诉求,唤醒主体意识,实现创新引领、需求对接、深度融合、共同发展的研究生协同创新培养新范式②。

四是要优化研究生教育融入协同创新的机制。要推进政府宏观调控机制改革、沟通协调机制改革、资源共享机制改革和评价机制改革,以实现循环式、内生式、可持续运作,在宏观层面的战略协同、中观层面的组织协同和微观层面的知识协同上达到和谐统一、融合共生③。研究生教育要以区域创新能力提升为核心融入协同创新,提高研究生教育的支撑服务能力;要以优质资源共享为纽带融入协同创新,拓展研究生教育发展的空间和培育新的增长点;要以平台建设为抓手融入协同创新,构建研究生综合化、优质化的训练网络;要以实践创新能力培养为关键融入协同创新,保证研究生教育的质量。

"现今衡量大学科研产出的指标已不仅仅局限于研究生学位的授予数量和科学论文的发表数量,专利数量和孵化公司的数量正日益成为评价大学科研成效的重要方面。大学正不可遏制地发生从象牙塔向创业范式的演变。"④过去一直认为大学和产业、企业之间的知识存量存在"势差",知识总是沿着从大学到产业、企业的方向单向流动,但是,这种单向"势差"流动的观念遭到了挑战,大学与产业、企业之间的知识不仅仅存在存量"势差",而且存在知识本身的"异质性"和"互补性"。大学在此背景下,要寻

---

① 黄正夫,易连云.协同创新视野下研究生培养模式的转换[J].学位与研究生教育,2014(4):7-10.

② 黄正夫,易连云.从师徒规训到协同创新:研究生培养范式的转换[J].研究生教育研究,2014(2):38-42.

③ 张淑林,李金龙,裴旭.协同创新环境下的研究生联合培养机制改革研究[M].北京:高等教育出版社,2016.

④ 陈劲.新形势下产学研战略联盟创新与发展研究[M].北京:中国人民大学出版社,2009:23.

求新的发展势必要重新界定大学与企业界的关系。传统观点认为,学术界和产业领域应各自专注于自己的传统职责,并极力维护跨边界的互动。而最近的案例显示,随着以学术知识为基础以及寻求外部创新的公司的逐渐增多,学术—产业关系的传统形式变得越来越不重要,非正式关系和知识流动逐渐被企业和研究中心形成的更加紧密、正式的制度关系所覆盖。随着企业将研发外部化,它们希望从像大学这样的外部资源中获得更多的实际投资。在上述的活动中有两种工作状态:一种是大学研究与发展的延伸,另一种是嵌入大学的产业研究目标、工作实践以及发展模式,这些活动最初可能作为单独的措施出现,之后可能以螺旋(helix)的形式彼此折叠和融合①。知识和知识生产的变化必然引起研究型职业生涯的改变②。象牙塔模式遭到了挑战,由于政治、经济和社会的交叉影响,研究者所处的职业环境变得更加复杂,扩展到象牙塔外的产业、政府、独立研究机构③。这种系统重构要考虑的维度很多,必须是系统的而不是片面的,除了传统上一直受到重视的科研合作,人才培养这个维度的重要性也日益凸显。知识互动特别是异质性知识的互动首先就要有来自不同组织、不同知识群体的个体之间的互动,研究生在此过程中可以扮演重要角色和发挥重要作用④。

第三节　研究生教育系统的变化

研究生教育可以溯源到欧洲中世纪的大学,然而"近代早期的理性化和改革进程已经对整个欧洲的学位体制提出了质疑。从文艺复兴时期的人文主义者开始,改革者和启蒙者都认为学位是陈旧的、中世纪的、蛮族的,总之,是哥特式的。随着 1789 年法国大革命打碎了政治上的旧制度,许多人都预期以各种学位和头衔为代表的学术旧制度也会同样分崩离析",事实与之相反,"传统的学位制度存活了下来,并且繁荣昌盛。而且,

---

① 亨利·埃茨科维兹.三螺旋创新模式:亨利·埃茨科维兹文选[M].陈劲,译.北京:清华大学出版社,2016:178-180.

② S. Hancock, E. Walsh. Beyond Knowledge and Skills: Rethinking the Development of Professional Identity During the STEM Doctorate[J]. Studies in Higher Education,2016,41(1):37-50

③ M. Roach, H. Sauermann. A taste for science? PhD Scientists' Academic Orientation and Self-selection Into Research Careers in Industry[J]. Social Science Electronic Publishing, 2010, 39(3):422-434.

④ 廖湘阳,王战军.知识经济与研究生教育的互动[J],中国科技论坛,2002(6):58-65.

一个新的学位——哲学博士,在 1789 年之后开始在德国各邦传播开来"①。德国柏林大学等新型大学将博士生教育从传统的学位范畴推向现代的教育范畴,使之成为现代意义上的博士生教育,并广泛地影响着世界其他国家,美国研究生院制度即是借鉴德国模式并加以美国式变革的一种研究生教育制度。研究生教育此后正式成为高等教育的最高层次,成为衡量一个国家教育水平和质量的重要标志。研究生教育仍在不断发展变化之中,这种变化覆盖整个研究生教育,从研究生教育的动机到研究生教育的结构再到研究生教育与社会其他系统的关系,研究生教育随着环境改变而不断改变。

一、研究生教育的发展变化

1. 专业博士学位、实践博士学位的兴起与蓬勃发展

研究生教育多样化加剧的表现之一是专业博士的出现。专业博士在其发展历程中表现出不同的形态,有学者将其划分为三代:第一代,比如M. D. (Doctor of Medicine);第二代,比如 J. D. (Doctor of Jurisprudence);第三代,比如 D. P. T. (Doctor of Physical Therapy)②。Russell T. Osguthorpe和 Mei J. Wong 曾提出:"教育领域未来的博士生培养无非有三个方向,第一个是保持现在两种博士学位共存的学位制度不变,并且不改变各自现有的培养模式;第二个是继续授予学术型和专业型两种博士学位,但需要对二者之间进行更加明确的区分和定位;第三个是在教育学领域只授予一种博士学位,但对研究生的培养可以更加多样化。"③与传统的研究型博士学位相比,专业博士学位、职业实践型博士以其独特优势成为快速增长的一个领域。

(1) 专业博士学位、实践博士学位的内涵

2007 年美国研究生院协会发布的《专业博士特别工作组报告》(*Task force report on the professional doctorate*)将专业博士学位的核心归纳为:反映和应对来自专业实践领域的需求;强调应用的研究或高层次的实践;申请者攻读专业博士学位可能促进其专业实践能力发展④。哲学博士从事

---

① 威廉·克拉克.象牙塔的变迁——学术卡里斯玛与研究性大学的起源[M].徐震宇,译.北京:商务印书馆,2013:215.

② Council of Graduate Schools. Task Force Report on the Professional Doctorate[R/OL]. CGS:Washington D. C. ,2007. https://cgsnet. org/task-force-report-professional-doctorate.

③ 转引自苗耘,刘莉.美国范德比尔特大学教育博士培养"顶峰体验"改革研究[J].学位与研究生教育,2012(8):71-75.

④ Council of Graduate Schools. Task force report on the professional doctorate[R/OL]. CGS:Washington D. C. ,2007. https://cgsnet. org/task-force-report-professional-doctorate.

的研究工作越来越复杂和精密,而专业博士的论文则更具应用性,聚焦于具体问题。一个商业学位的申请者可能想要考察经济学原理在某个特定商业情景中的应用,这在某种意义上来讲可以看作一个案例研究,John Ashton 的这一评论揭示了哲学博士和专业博士的最大不同①。

Linda Candy 将与实践有关的研究分为两类,即"以实践为基础"(practice-based)和"以实践为导向"(practice-led),如果对人类知识的贡献是基于其有创意的人工作品(a creative artefact),该研究就是"以实践为基础"的;如果研究主要引导对实践新的理解,该研究就是"以实践为导向"的。其一,以实践为基础的研究,是指依靠实践和实践的结果,以获得新知识为目的而进行的一项原始调查。基于这类研究的博士学位论文可以通过设计、音乐、数字媒体、表演和展览等形式体现的创造性成果来证明研究的原创性和对知识的贡献。其二,以实践为导向的研究,关注实践的本质,引出对该实践具有操作性意义的新知识。基于这类研究的博士学位论文,其以实践为导向的研究结果可以用文本形式予以充分描述,研究的重点是发展关于实践的知识,或在实践中发展知识②。相对于哲学博士(Doctor of Philosophy,Ph. D)和专业博士(professional doctorate),实践博士(practice-based doctorate)在专业设置、研究模式、实践类型、教学培养和学位授予等方面,均具有鲜明的特征。就专业而言,实践博士主要是在设计、创作和表演领域内设置;就研究而言,实践博士的理论性更弱,更加强调实际成果的产出,思想主要融于产品之中;就实践而言,不同于专业博士"以实践为导向",实践博士的实践性是"以实践为基础"的;就培养而言,实践博士是依靠实践(by means of practice)而非关于实践(about practice)或在实践内(within practice)推进知识③。

(2)专业博士与实践博士发展的动因

John Taylor 从大学的角度分析了专业博士蓬勃发展的原因与动力:扩展专业博士可以发掘新的市场,扩大研究生教育规模,尤其是在那些没有研究传统的学科领域或者新的刚刚出现的学科领域中;可以加强主要利益相关者之间的联系,这样大学就可以形成更加宽泛的价值体系和发展空间;在一些职业领域,专业博士已经成为一种可接受的、有时是唯一的入

---

① 莱斯特·古德柴尔德.在美国作为一个研究领域的高等教育:历史、学位项目与知识基础[J].北京大学教育评论,2011,9(4):10-40,182-183.

② Linda Candy. Practice based Research: A Guide[R/OL]. CCS Report, 2006. https://www.rosearchgate. net/profile/Linda-Candy/Publication.

③ 胡钦晓.英国实践博士:形成、特征及启示[J].教育研究,2016,37(4):125-133.

职途径;专业博士在某些领域是权威的标志,这种学位意味着更多的职业经验,可以看作为优秀学生设立的精英计划;大学通过提供专业博士教育有可能获得外部的资金支持①。

专业博士兴起的外在压力主要是,企业等非传统的博士就业部门已经成为新毕业博士的主要接纳机构,但博士培养目标与培养模式都没有发生相应的改变②,企业界和公共部门集体抱怨几乎所有领域的博士其学术知识以外的生产性知识都极其贫乏,"没有很好地适应学术界或工业研究实验室的研究之外的职业的需要"③。专业博士学位作为博士学位类型的新形式成为学术系统内部改造的有效途径。实际上,专业学位项目"首先要满足企业技术进步的质量要求,而不是规模需求"④。

(3)专业博士学位与实践博士学位带来的影响与冲击

一是对博士学位内涵的冲击。专业博士、实践博士与哲学博士既有形式上的区别,比如专业博士通常以特殊科目来命名,比如"××博士"(即专业博士),以示与统称的"哲学博士"的区别;又有内涵上的区别,比如哲学博士的核心特征是学术性,专业博士的核心特征则是专业性⑤。各个国家对专业博士的界定各有不同。英国研究生教育协会认为"专业博士学位是一种高级学习和研究计划,它符合大学授予博士学位的标准,同时,它被设计成要符合大学外专业团体的特殊需要并发展在专业背景中工作的个人能力"⑥。澳大利亚用"专业博士"这个术语表示一种促使学生在他们的专业背景基础上就知识和实践作出显著贡献的研究项目,这类项目给专业发展和专业实践的应用研究训练提供了机会,其对象一般是在职的成年人,他们把专业博士作为一种职业发展的形式⑦。专业博士学位、实践博士学位与培养学术精英的研究型哲学博士学位有着明显的不同,在要求达到较高的学术标准的同时,更加强调实践应用能力。专业博士、实践博士重视

① 约翰·泰勒.质量和标准:专业博士学位面临的挑战[J].庄丽君,喻灈珂,徐秀秀,编译.学位与研究生教育,2010(2):56-65.

② 刘少雪,杨亮.从比较的角度看制约博士研究生教育规模的因素[J].学位与研究生教育,2005(11):18-21.

③ Office of Science and Technology (OST). Realsing our Potential-Strategy for Science, Engineering and Technology[R]. London:HMSO.1993.

④ 仇国芳,张文修.工程博士专业学位设置初探[J].学位与研究生教育,2004(5):36-39.

⑤ 黎平安.英国哲学博士学位与专业博士学位比较[J].学位与研究生教育,2005(6):53-58.

⑥ UK Council for Graduate Education (UKCGE). Professional Doctorates[M]. Dudley:UKCGE,2002:62.

⑦ 周富强.美、澳、英专业博士教育模式浅论[J].学位与研究生教育,2006(6):68-73.

职业训练以及与职业实践相关的应用型研究,但是,它们并不是超过硕士水平的学科精通与在实践中运用这种知识的实践训练的简单拼凑①。

二是对博士学位定位的冲击。以教育博士(Doctor of Education, Ed. D.)为例,就存在着是否要将教育博士与哲学博士(Ph. D.)区分开来的争论。Dill 和 Morrison 建议严格区分两种博士学位,Ph. D. 应当定位于"纯学术"研究,Ed. D. 则应该定位于"应用研究"②。另一些人则反对理论研究与实践研究泾渭分明,认为 Ed. D. 与 Ph. D. 之间的界限适当模糊反而有利于教育博士的整体发展。但总体来看,占据上风的观点是准确界定教育博士的培养目标,强调教育博士要面向实践,以区别于以理论研究见长的哲学博士。在研究类型方面,哲学博士的研究是一种"为获取新知识和理解但不一定指向实际目的或应用的独创性研究",而大多数专业博士学位所要求的研究则是"为获取新知识并具有实际目的和目标的独创性研究"③。哲学博士学位常以理论为取向,专业博士学位倡导以实践为取向。专业博士通过反射性方式聚焦于专业实践,学习内容在本质上更加侧重于应用,并且与未来工作、职业生涯发展直接相关,因而,对于学生和企事业用人单位更有吸引力。从这个意义上讲,专业博士可以看作"知识生产模式Ⅱ"的一部分,更加符合使用者要求,与外在合作者的互动也比较多。

(4)专业博士学位、实践博士学位的发展前景

博士学位由哲学博士分化发展到专业博士再到实践博士,这表明传统线性的研究型职业生涯路径(traditional linear research career path)已经让步于更加多样化的职业经历(more diverse range of career experiences)④。美国研究生院协会发布的《专业博士特别工作组报告》对专业博士的内涵及其发展提出了一系列建议⑤:就专业博士学位的广泛类别中的不同的子集逐渐达成共识;专业博士学位需要作为一个类别进行定义,包括核心特征的进一步讨论和差异的合理范围;专业博士学位的认证和审查需要确定明晰的标准等。2009 年召开的专业博士教育国际研讨会(International

---

① Allen B. Rawitch. Dean Dialogue: How Can Graduate Deans and CGS Provide Leadership for Professional Doctorates? [EB/OL]. http://www.cgsnet.org.

② D. Carpenter. On-Going dialogue: degrees of difference: the Ph. D. and the Ed. D. [J]. Review of Higher Education, 1987, 10(3): 281-286.

③ Bourner Tetal. Professional Doctorates in England [J]. Studies in Higher Education, 2001, 26(1): 71.

④ 张佳乐, 罗英姿. 知识生产模式转型下的博士职业发展——基于国内外相关调查数据的分析 [J]. 教育发展研究, 2017, 37(19): 25-32.

⑤ Council of Graduate Schools. Task Force Report on the Professional Doctorate [R/OL]. CGS: Washington D. C., 2007. http://cgsnet.org/task-force-report-professional-doctorate.

Conference on Professional Doctorates)就专业博士教育的内涵及其发展进行了专门研讨，认为：专业博士教育将进一步扩展，这从国家和地区、规模、专业领域多个层面体现出来；专业博士教育将形成新的培养模式，发生"代变"(generational change)，进入到"第二代"；专业博士教育与职业的联系更加紧密；政府加强对专业博士教育的指导力度；导师队伍发生变化，越来越多的职业型导师参与专业博士指导[①]。澳大利亚新英格兰大学将教育博士项目分成四个新的单元，即专业工作场所的文化和学习、专业实践、应用研究方法、专业"论文包"(portfolio)方案，总的思路是强化学生把专业工作场所作为研究场域的意识，培养学生能够根据具体问题运用恰当方法予以解决的实践能力[②]。

2. 硕士学位的变化

（1）硕士学位的分化和多样化

正如 Donald Spencer 所预测的，"硕士层次多样化的教育体系将极大地依赖于技术的成本效益和学生的满意度"[③]。随着现代科学技术尤其是信息技术的快速发展，各种教育层次不断开发出新的形式，多样化教育的可获取性相应增加，这又反过来推动教育形式的变革与创新。与硕士学位类型多样和性质变迁相呼应的是硕士研究生培养途径的多元化。以加拿大的教育硕士培养而言，为了满足学生多样的要求，其培养路径就有五种，以供学生根据自己的需要进行选择[④]。

Max King 对澳大利亚硕士学位的变化进行了分析，将澳大利亚硕士学位的特征归纳为 11 个方面：学习时间从一年全日制到两年全日制；学习方式从 100%的课程到 100%的研究论文；对攻读硕士学位者的要求可以是拥有学士荣誉学位，或者学士学位，或者研究生毕业文凭；获得硕士学位存在许多不同的途径；学习方式选择的多样性，比如在职、夏季学期、速成模式或者在线学习等；不断增长的有助于研究生应对职业生涯的方式；工商管理硕士很少是两年全日制，大部分可以在一年内完成学业；由于减

---

①　转引自高进军,陈瑶,邵福球,等.从 ICPD 看专业博士教育的国际发展趋势[J].学位与研究生教育,2012(4)：68-71.

②　马爱民.澳大利亚教育博士改革动向——以新英格兰大学为例[J].高等教育研究,2012, 33(2)：104-109.

③　转引自菲利普·G.阿特巴赫,帕特丽夏·J.冈普奥特,D.布鲁斯·约翰斯通.为美国高等教育辩护[M].别敦荣,陈艺波,译.青岛：中国海洋大学出版社,2007：220.

④　五种路径分别为：论文路径,必修课+选修课+论文；研究报告或计划路径,必修课+选修课+研究报告或计划；硕士档案袋路径,必修课+选修课+硕士档案袋；课程+考试路径,必修课+选修课+综合性考试/要求；课程路径,必修课+选修课。

少了一些学习步骤,学位获得的时间缩短;每当一所大学缩短硕士学位获得时间,它的竞争者通常也会这样做;一些人质疑硕士学位是否是真正的硕士学位,并不是所有的硕士学位都能成为博士学位的准入学位;学生们为获得学位所需的课程支付费用,同时学生有可获得的学生贷款等。总之,硕士学位的学习时间、学习方式等各个方面都正在发生变化,呈现出更加多样化、灵活性的特征①。

英国威尔士政府曾计划推动高等教育的根本性变革,包括压缩学士学位的教育年限至两年。英国政府部门认为大学当前需要为更加不可预测的未来做好规划,而且大学应当进行根本性的变革,其中之一就是选择"支持研究生学习的新道路"②,即在两年制学士学位学习之后加上一年期限的硕士课程。反对意见则声称一年制硕士并没有给学生提供真正称得上是硕士学位所必需的技能,两年制学士学位课程遭遇肯定相同,因此应当停止所谓的根本性变革,而是推动名副其实的变革。

(2) 硕士学位的"资格证书"化

研究生教育的一个传统特征是与学术研究相结合,但是,随着整个教育系统"用户体系"特性的日益增强,在学科知识需求所产生的驱动力之外,职业实践需求和个体教育需求成为驱动研究生教育发展和变革的重要力量,进而使得教育和职业之间的自然关联又带着明显的目的性,硕士研究生教育及其学位体现出"证书教育"的新特征,从而更加密切地与就业、升职联系在一起。在这种背景下,研究生培养机构及其利益相关者纷纷调整培养方案,加大与职业实践相关的课程内容的比例,以增强研究生的实践能力和就业能力。

曾任美国研究生院协会主席的 Jules LaPidus 就曾预测后本科学位的未来可能会包括从学位项目到证书发放的一系列变化③。一至两年的传统模式的博士前教育正在被一种专业化的终端型证书(a professionalized terminal credential)所取代,这种证书意在为培养求职者成为一名竞争力强的技能型劳动力做准备。这种趋势不仅出现在硕士学位的传统优势领域,例如,商业、教育和社会工作,还出现在人文艺术和科学领域。总之,硕士

---

① Max King. The Masters Degree—An Australian Perspective[EB/OL]. http://www.cgsnet.org/portals/0/pdf/mtg_am07King.pdf.

② David Matthews. Two-year degrees floated by Welsh government [EB/OL]. (2013-06-12). http://www.timeshighereducation.co.uk/news/two-year-degrees-floated-by-welsh-government/2004813.article.

③ K. J. Kohl, J. LaPidus. Postbaccalaureate futures: New markets, resources, credentials[M]. Washington D.C.: American Council on Education and Oryx Press,2000.

学位正在演变成创业的证书,试图改变人文艺术和科学领域研究生教育发展的方向①。对于大部分研究生来说,把职业锁定在商业、政府、非营利部门是最保险的选择,这一点在学术职位规模渐趋稳定甚至减少的领域尤其明显。

(3) 硕士学位的"筛查机制"

硕士学位日益发挥着一种"筛查机制"(screening mechanism)的作用。这一机制的焦点指向硕士学位的职业化,主要表现为:职业化硕士学位可能是目前硕士教育的主要增长领域;硕士学位的职业化横跨各领域;新增就业机会绝大部分来自学术领域之外但又源于"知识经济"的刺激;理学专业硕士(Professional Science Master,PSM)的增加②。许多硕士学位正逐渐演变成为在商业、政府和非营利性组织领域从业做准备的专业课程。这一转变的主要驱动因素是硕士研究生教育项目的快速增长以及雇主对硕士学位获得者进入非传统职业领域的需求③。硕士学位这种"筛查机制"作用的发挥以及硕士学位的职业化,使得硕士学位的模式相应变化。

硕士学位模式分化为:①独立的模式,即硕士学位本身作为独立的终结性学位;②通往博士之路或者中途学位(Stop-out degree)的模式,即硕士学位是获得博士学位的必要准备或者需要经过的阶段;③双学位的模式,即硕士学位获得者会倾向于争取获得两个不同领域的学位;④速成学位的模式,即通过硕士课程等方式建立学制很短的硕士学位项目;⑤理学专业硕士的模式,即在传统的自然科学领域改变学术型硕士学位传统培养模式,借鉴工商管理硕士(MBA)等专业学位的经验,设立既培养自然科学研究的能力又培养管理、法律等技能的新型专业学位。

社会分工的专业化有一定的过程,是社会发展的必然趋势,随着社会发展水平的不断提升,必将有越来越多的职业进入专业化的行列。因此,研究生教育尤其是硕士研究生培养"不仅要充分考虑特定职业领域当前的专业化情况,还要合理考虑其未来的专业化需求"④。不应该按一个模子

①　Judith Glazer-Raymo. Trajectories for Professional Master's Education[EB/OL]. http://www. cgsnet. org.

②　Carol B. Lynch. Master's Education in a Global Context:the U. S. [EB/OL]. http://www. cgsnet. org/portals/0/pdf/mtg_am07LynchPS. pdf.

③　Commission on the Future of Graduate Education in the United States. The Path Forward:The Future of Graduate Education in the United States[R/OL]. http://www. fgereport. org/rsc/pdf/CFGE_report. pdf.

④　申姗姗.从"专业性"看专业学位教育的发展[J].学位与研究生教育,2009(7):61-65.

去套所有东西,不能简单地去讨论新的研究生教育项目为什么不像传统的教育项目,而是要思考这个项目服务于什么样的需要,它是否推动了社会的进步(而不只是造福于学位获得者),它能否带来实践的变化,它能否推动研究生教育使其表现出新的独特品质。

3. 新的学位类型的不断涌现

在规模扩张的同时,研究生教育的学位类型也在发生变化,不断出现一些新的学位类型。Scott 等人早在 2004 年就指出,英国当时至少有五种形式的博士学位,即哲学博士、实践型的创新和表演艺术的博士学位、专业博士学位、新路径的哲学博士学位、通过出版物申请的哲学博士学位①。当前开始兴起的新的学位类型有以下三种。

(1) 搭配学位(coordinated degree)

研究生教育中一些项目授予两种学位作为双学位或搭配学位,搭配学位项目始于临床博士学位和小型的研究活动。因为在很多情况下,博士生为了更好地就业可能会倾向于选择攻读与从业资格更为密切的专业博士学位,一些学科比如临床医学就担心会失去很多经过训练具备研究能力的学生,导致学科发展受到阻碍。搭配学位应运而生,这一新型的学位项目联系了两个或多个研究领域,通常是为医药、法律、教育、商业和医疗等职业领域的专业人员提供硕士的专业认证②。

(2) 联合学位(joint degree)与双联学位(dual/double degree)

Annamaria Silvana de Rosa 认为当前授予不同学位主要有四种基本模式,依次是单一博士学位模式(single institution doctoral model)、双博士学位模式(cumulative bilateral doctoral model)、综合博士学位模式(integrated bilateral or multilateral doctoral model)、联合培养博士学位模式(jointly established multilateral doctoral model)③。按照美国研究生院协会的定义,联合学位是双方共同颁发一个由两校署名盖章的学位证书,或者主校颁发一个学位证书,另发一个证明注明学生参与了合作培养项目。双联学位是双方各自颁发一个学位证书,成绩单上标注合作培养,或者双方各自颁发一个学位证书,证书上标注两校合作培养。联合学位已经成为研究生培养

①　转引自 Nancy-Jane Lee. Professional doctorate supervision: Exploring student and supervisor experiences[J]. Nurse Education Today,2009,29(6): 641-648.

②　Judith Glazer-Raymo. Trajectories for Professional Master's Education[EB/OL]. http://www. cgsnet. org.

③　Annamaria Silvana de Rosa. 博士生教育国际化的新形式:欧洲博士学位[J]. 王福胜,庄丽君,译. 学位与研究生教育,2011(1): 71-77.

尤其是国际合作联合培养研究生的新方向。2002 年 5 月召开的"斯德哥尔摩欧洲联合学位发展研讨会"(Stockholm Seminar on the development of European joint degrees),从九个方面规定了联合博士学位应具备的基本指标①。国际教育研究所(Institute of International Education)2011 年 9 月完成的《国际化背景下的联合与双学位项目:国际调查报告》(Joint and Double Degree Programs in the Global Context:Report on an International Survey)表明,美、英、德、法、意、澳六国接受调查并予以回复的机构中,有51%计划同时开发联合学位和双学位项目,40%计划只开发更多的双学位项目,5%计划只开发联合学位项目,只有 5% 的机构声称并不计划开发联合或双学位项目。虽然不同国家及其高等教育机构对于在哪个教育层次来重点推进联合学位或者双学位项目各有侧重,但选择硕士层次的比例是最高的。从六个国家整体情况来看,计划推进联合学位或双学位项目的教育层次,选择本科层次的有 44.5%,选择硕士层次的有 76.7%,选择博士层次的有 39.2%,选择其他层次的有 4.5%②。

(3) 微硕士项目(micro masters program)

截至 2019 年 4 月,edX 平台共提供来自麻省理工学院等知名高校的53 个微硕士项目③。微硕士项目是互联网背景下推出的面向硕士研究生的一款新型教育产品,旨在推动更多的人通过网络课程学习并参与研究生教育项目,获得相应的学业证书④。微硕士项目将引领数字化时代研究生教育的变革,加速硕士研究生教育的供给方式和培养过程的多样化、个性化和网络化。

可以预见,相关因素的剧烈变化促使研究生教育复杂化,未来十年研究生教育将处于复杂的环境变迁与自身变迁之中。Lovitts 呼吁研究生培

① 　第一,至少有 2 个国家的 2 所以上的大学参与联合培养;第二,应确保学生在国外高校学习时间的充足性和持续性;第三,联合学位要求合作机构开展一项联合研究项目,并事先写入合作大学之间签订的书面协议中;第四,联合学位应以已设计好和批准的联合项目双边和多边协议为基础,不限制学习的内容或科目;第五,为确保学位的可比性,应遵守文凭补充条例(diploma supplement)和欧洲学分转换体系的相关规定;第六,根据国家法律规定,联合学位应由参与联合培养的高等教育机构共同颁发一个学位证书;第七,联合学位和研究项目应允许学生、教师和研究人员流动;第八,确保语言的多样性;第九,联合培养过程应具有欧洲维度,不管是空间流动还是课程中的跨文化能力。

② 　Institute of International Education. Joint and Double Degree Programs in the Global Context:Report on an International Survey[EB/OL]. http://www. iie. org/en/Research-and-Publications/Publications-and-Reports/IIE-Bookstore/Joint-Degree-Survey-Report-2011.

③ 　EdX. Choose Your MicroMasters Program[EB/OL]. https://www. edx. org/micromasters.

④ 　张苏,张忠华."微硕士"项目:学历教育的拆解与重塑[J]. 研究生教育研究,2018(6):90-95.

养制度要有"宏观上"和"微观上"的改革,宏观上改变整个教育制度过于强调分析能力、过于强调学生"服从"的理念等,微观上改变关注点,从只看课堂、考试成绩等拓展到考察学生的创造力、创业能力等其他潜能①。

二、研究生教育个体需求

1. 总体需求

研究生文凭对于就业有着不断增长的"机会影响"(opportunity impact),既影响工作岗位的获得,即那些被预测可能增加就业机会的行业更加青睐高级学位;又影响工作职位的提升,即更高层次的职业和岗位常常属于那些接受过本科以上教育的人。因此,越来越多的大学新生打算取得高级学位②。在竞争比较激烈且流动性大的劳动力市场,硕士学位拥有者更加适应,能够更加自由地完成职业转换或是继续深造。

美国教育部的信息显示,在过去的 20 年里,全美想要获得研究生学位或专业学位的高中生数量增加了一倍。在 1980 年,只有 19.2% 的非裔美国高中生想要获得研究生或专业学位;到了 2002 年,36.1% 的非裔美国高中生有同样的期望;这种增长同样也出现在白人、美洲印第安人、美籍西班牙人和美国亚裔高中生中③。这一趋势保持着持续增长。2008 年,加利福尼亚州公共政策组织进行了一项民意调查,询问那些 18 岁及以下孩子的父母,期望自己孩子能取得的最高学历是什么,结果将近一半(46%)的人说是研究生学位④。

在我国,社会公众表现出了对研究生教育的强烈需求,如图 2-2 所示。研究生个体需求的持续增长,与当前社会发展态势密切相关。在过去的20 年,经济结构已转向以知识为本的经济体系,这种转变的一个表现是薪资收入附加值与教育程度和学术技能相关,这种形势既为研究生教育的未来提供了重要机遇,也要求研究生教育机构作出更多努力来把握这些机遇。研究生教育与本科教育在人才培养目标定位上有着本质区别:大学

---

① 转引自张静宁.美国大学"学术资本主义"环境下的研究生教育所面临的挑战和机遇[J].学位与研究生教育,2014(5):67-71.

② Council of Graduate Schools. Graduate School and You: A Guide for Prospective Graduate Students[R/OL]. https://www.cgsnet.org.

③ Graduate Education 2020: CGS Launches Annual Research Symposium on the Future of Graduate Education[J]. Communicator, Council of Graduate Schools, Washington D. C. ,2006,34(1).

④ Commission on the Future of Graduate Education in the United States. The Path Forward: The Future of Graduate Education in the United States[R/OL]. http://www. fgereport. org/rsc/pdf/CFGE_report. pdf.

本科教育对创造稳定的经济很重要,它提供给学生一些基础性的知识、工作技能;研究生教育不仅提供先进的知识及技术,而且进一步开发学生的批判性思考方式并使其成为创造性生产者。高级学位能够提高个体的收入能力、所承担责任的广度,也扩展了个体作出有关自己的决策的自由,增强了工作满足感。

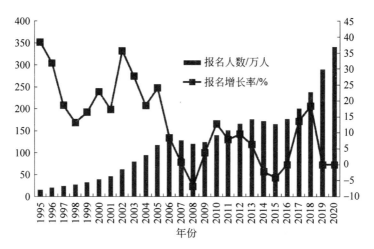

图 2-2 中国硕士研究生招生考试报名人数变化情况(1995—2020 年)

数据来源:http://www.chinakaoyan.com/info/article/id/77817.shtml.

2. 群体特征

其一,年龄等身份背景差异增大。研究生群体正在发生新的变化。由于申请研究生教育的"传统型"学生("traditional"students)人数的减少,其他的"非传统类型"学生("nontraditional"students)大量涌入。与本科毕业后直接攻读研究生学位或者仅仅离开学校几年、30 岁以下、未婚的"传统型"学生不同,"非传统型"学生年龄稍长,忙碌于工作、家庭、学校之间,把研究生教育视为改变或提高他们工作能力的一种途径。多样性的另一个成因是学生的学习志向和学业投入。当学生的学业投入和学习能力各不相同时,要维持标准就意味着对教学提出了有趣的挑战。市场力量可以迫使大学持续提供更优质和更多样的专业,而不是反其道而行之。

其二,具有工作经历的人员所占比例增加。研究生教育面临的一个新趋势是大量工作了一段时间的人申请攻读研究生,不断增长的大量"跳槽者"或下岗者向往接受研究生教育,以期通过获得一个高级学位来保证能够继续就业或者使职业生涯得到更好的发展。当然,就业机会和收入水平的提高固然是这类人群决定重返研究生院学习的重要因素,但是绝大多数入学者考虑的重点还是专业技能的提高①。部分研究生攻读硕士学位之前已经有一些相应的经验,这可能出现两种结局:一是这些经验提高了教学过程的效率,二是这些经验反而抑制了教学效率。一旦学生的职业经验介入其中,可能使研究生与导师之间的对话愈加困难而影响有效学习的达成,导师习惯于以一种正规的体系化的乃至僵化机械的话语体系进行对话,而这些对话通常不涉及具体情况,自然也就无助于具体技能的培养。这被称为"学者/实践者悖论"(the Scholar-Practitioner Paradox)②,即导师是学术大师,但对职业的理解很难熟练到了如指掌的程度。

其三,个性特征更加明显。未来的研究生群体是有自信、有远见的学习者;是高要求的消费者,希望得到的服务是量身定做的、方便的、快速的;是经验主义的学习者,倾向于进行合作;是更具组织性和更加自律的一群人,但又崇尚有弹性的生活。总之,作为一个整体来看时,他们比以前的学生更多元化,且有更多的全球性经验和期待。教师需要看到和体验到学习可以带给他们很多不同的改变,他们的技能体系需要扩展到移动学习、基于云的服务、游戏化课堂等③。现在年轻人都有自己的学习打算,和他们的未来雇主一样,对教育有着更高的要求,不满足接受传统知识的灌输,更迫切地希望取得新的学习体验④。

呈现在我们面前的是,研究生教育的传统理念与价值观正被那些有着不同于以往的研究生群体、有着复杂多样的文化背景的新群体以不同的方式重新诠释。实际上,"现代劳动力市场对拥有非常新的技术和高水平的知识、技能结构和能力的人的需求急剧增长,这就需要教育和培训系统的形式转变和重构。重新创造出一小群受过高等教育的、拥有高素质的精英是一回事,而满足一个无可避免必然要从那些先前受冷落的、贫穷的人群中产生的大众环境的要求是另一回事"⑤。随着研究生群体特征的变化,研究生教育面临的一个严峻而又现实的挑战就是如何对待学生参与。学

---

① Commission on the Future of Graduate Education in the United States. The Path Forward: The Future of Graduate Education in the United States[R/OL]. http://www.fgereport.org/rsc/pdf/CFGE_report.pdf.

② A. Roadon, D. Larimore. The Scholar-Practitioner Paradox : Revisited in higher education[M]. In Journal of Research and Development in Education. 1959,6: 50-65.

③ 瓦莱丽·汉农,萨拉·吉林森,莉奥妮·香克斯. 学以致用:世界教育趋势及令人振奋的实践[M]. 刘海粟,译. 北京:中国人民大学出版社,2016: 35.

④ 圣地亚哥·伊尼格斯·德翁左诺. 商学院——引领高等教育变革[M]. 徐帆,译. 北京:中国人民大学出版社,2014: 导论.

⑤ 西蒙·马金森. 澳大利亚教育与公共政策[M]. 严慧仙,洪森,译. 杭州:浙江大学出版社,2007: 107.

生参与旨在使学生获得学术成就和高质量的学生服务。它涉及学生的整个大学生涯,从选择和准备接受高等教育开始,到学生生活服务、辅导、保持学业乃至毕业和保持校友关系。研究生教育还须考虑整个培养体系如何切合研究生教育的群体特征,如何在保证基本框架下通过多样化和灵活性满足不同群体的特殊要求,包括更为便捷的学习方式、更为方便的学习时间和地点、更为密切的学习与职业发展的关联等方面。

3. 需求特征

虽然研究生教育的个体需求一直保持旺盛态势,但是不同类型的研究生教育受欢迎的程度是不一样的。研究生教育中的个体需求可以从层次需求、水平需求、类型需求三个方面来进行界定,从不同方面表征了需求的定位与质量,构成研究生教育需求的关键特征。

具体到研究生教育的需求而言,可以将某种类型的研究生教育供给不足导致的对其他类型研究生教育的需求称为超额需求或者替代需求,将由于个人偏好导致的对某种特定类型研究生教育的需求称为差异化需求。当研究生教育规模达到一定水平后,差异化需求替代超额需求成为研究生教育总体需求的主导力量,社会个体在选择是否攻读研究生、攻读何种类型研究生时,越来越多地是从差异化的需求来考虑问题,比如:攻读研究生是否与个人职业生涯规划相匹配?特定类型的研究生培养模式是否与自己的个性特征和能力专长相吻合?研究生教育项目的价值和特色对自己是否有足够的吸引力?研究生需求的差异化,一方面刺激了研究生教育的需求市场,维系了研究生教育需求的中坚力量;另一方面则要求研究生教育进行相应的结构调整,通过类型的多样化来增强研究生教育的吸引力。

美国研究生院协会 2013 年发布的一项调查研究成果《STEM 硕士项目的完成与损耗:试点研究发现》(*Completion and Attrition in STEM Masters Programs: Pilot Study Findings*)显示:科学、技术、工程与数学(STEM)领域的硕士学位项目完成率有所上升,但仍远远落后于 MBA 项目,MBA 首次注册两年、三年、四年后完成硕士学位项目的研究生比例依次为 67%、81%、86%,STEM 依次为 41%、60%、66%;完成硕士学位项目的用时(time-to-degree)中位数,MBA 为 21 个月,STEM 为 23 个月;在 STEM 领域的硕士研究生中,首次注册 6 个月后离开学业的有 10%,1 年后离开学业的有 17%,2 年后离开学业的有 23%;92% 的研究生认为影响硕士学位项目成功完成的最重要因素是动机和决心,40% 的受访者认为最有可能导致学生不能成功获得硕士学位的因素是来自职业的干扰,放弃学业的研究生中有超过一半的人打算继续在现有岗位工作,研究生需要在学校、工作和生活之间保持平衡①。

远程教学被引入研究生教育,正以令人震惊的速度快速增长。美国研究生院协会 2013 年发布的《在线研究生教育》(*Online Graduate Education*)报告声称,发展高质量的远程研究生教育项目符合研究生教育机构的使命和战略方向,为此要综合考虑从教师专业发展到评估、认证、财政结构的一系列问题②。

有研究估计,多达 40% 的工作者反映他们的技能没有得到充分使用,他们所学到的并不一定能帮助他们为进入这个世界做好准备。教育领域的"泡沫"更加严重之处在于:一是学生掌握知识能力真实性的"泡沫",即是否掌握了与其学位证书实质等效的知识技能;二是学生所掌握的知识能力对于社会需求而言的"泡沫",这涉及学校的专业、课程、教学内容和教学过程是否指向增强学生进入社会和适应社会的能力和素质准备。研究生越来越关注学习内容、学习过程与其将要或可能从事的职业之间的关系。知识消费与生产之间的界限模糊了很多,学习者要主动参与到知识的生产中来,完成从知识接受者、消费者到知识传播者、诠释者、生产者的转变,进而成为知识的创造性应用者。研究生教育要思考如何满足新生代的知识需求和期望,一个有效的策略就是让现有的和将来准备开设的研究生教育项目接受新一代研究生的审视和评价,以增强项目的可解释性和吸引力。

---

① Council of Graduate Schools. Study Finds Vompletion Rates in STEM Master's Programs are Rising, But Trail Those of MBA Programs [EB/OL]. http://www.cgsnet.org/study-finds-completion-rates-stem-master%E2%80%99s-programs-are-rising-trail-those-mba-programs.

② Council of Graduate Schools. Online Graduate Education [EB/OL]. http://www.cgsnet.org/online-graduate-education.

第三章　应用型硕士研究生培养发展路径

　　研究生教育面临着进行调整以适应社会变革的使命,其传统影响不仅被保持,而且被进一步扩展①。随着研究生教育规模的扩大、劳动力市场需求的变化,以学术型硕士为主的研究生培养体系显露出明显的缺陷,应对策略之一就是推行研究生教育的分化发展,加大应用型硕士研究生培养的力度。

第一节　发 展 回 顾

　　自 1981 年正式实施《中华人民共和国学位条例》以来,我国学位与研究生教育经过 40 年的发展,取得了显著成绩,与此同时又面临诸多问题。以史为鉴,要设计和选择应用型硕士研究生培养发展路径,有必要先对我国应用型硕士研究生(包括专业学位研究生)培养改革实践进行总结和反思。

一、发展模式的演变②

　　我国专业学位研究生教育以研究生教育制度化发展初期应用型高层次专门人才培养试点工作为肇始,到 1990 年试办第一个专业学位"工商管理硕士",再到初步形成博士、硕士、学士三个学位层次并举且以硕士学位为主的专业学位教育体系。我国专业学位硕士研究生教育发展经历了三个阶段,依次是应用型高层次专门人才培养试点阶段(1984—1989 年)、专业学位正式发展与推广阶段(1990—2008 年)、专业学位加快发展阶段(2009 年至今)。专业学位硕士研究生教育发展历程伴随着一系列的政策调整和制度变迁。

　　①　Michael J. Pelczar Jr. , Lewis C. Solmon. Keeping Graduate Programs Responsive to National Needs[M]. San Francisco: Jossry-Bass Inc. ,1984.
　　②　本部分主要内容来自廖湘阳,周文辉.中国专业学位硕士研究生教育发展反思[J].清华大学教育研究,2017,38(2):102-110.

1. 从开放性探索到重点化发展

中国研究生教育制度化发展之初就开始探索如何满足经济社会发展对高层次应用型专门人才的大量需求,早期以应用型研究生培养为重点进行了大量的开放性探索,后来逐步转向重点发展专业学位硕士研究生教育。

培养应用型专门人才一直是我国研究生教育政策关注的重点。1984年原国家教育委员会转发《关于培养工程类型硕士生的建议》,同意清华大学等11所高等工科院校开展培养工程类型硕士生的试点工作,以尽快培养出大批能够独立担负专门技术工作的高级工程科技人才。1986年,国家教委发出《关于改进和加强研究生工作的通知》,指出"要根据国家对不同岗位高层次人才的不同需要,培养不同规格的研究生"。1992年,国家教委、国务院学位委员会印发《研究生教育和学位工作"八五"计划和十年规划要点》,提出"积极培养多种类型的应用型高层次专门人才"。1993年,国家教委、国务院学位委员会印发《关于学位与研究生教育改革和发展的若干意见》,提出硕士生教育要"发展多种规格和多种类型尤其是应用人才的培养"。1995年,国家教委印发《关于进一步改进和加强研究生工作的若干意见》,提出"硕士生培养的重心应加快调整到为经济建设和社会发展服务的方向上来"。2000年,教育部印发《关于加强和改进研究生培养工作的几点意见》,提出"根据实际需要和不同面向确定培养目标、培养类型和培养模式"。《中国学位与研究生教育发展战略报告(2002—2010)(征求意见稿)》提出要"逐步调整到多种类型并举,应用型、复合型学位为多数的新格局"。以上可见,培养应用型研究生是我国研究生教育制度化发展以来相当长时期内政策关注的焦点,是研究生教育发展的增长点。研究生培养单位在这方面进行了大量有益的探索,取得了许多成功的经验①。

有研究者在总结应用型硕士研究生培养的早期探索时,认为存在"名不正,言不顺"的问题,进而提出"解决这些问题的出路就是设置专业学位"②。这涉及追求"名"即类型名称还是追求"实"即培养质量的选择问题。与增加学位类型相比,培养模式的多样化方为根本。

随着专业学位试点工作的稳步推进,专业学位研究生教育逐渐成为发

　①　林功实.高层次人才培养的研究[M].北京:清华大学出版社,1995:163-213.
　②　谢桂华.20世纪的中国高等教育:学位与研究生教育卷[M].北京:高等教育出版社,2003:192-197.

展的重点,应用型硕士研究生培养的多元化改革探索则渐渐淡出。积极发展专业学位对于推动我国研究生教育结构调整、满足经济社会发展多元化的需求起到了积极作用。但是,专业学位硕士研究生教育的重点发展有其局限性[①]。

其一,专业学位硕士研究生教育的重点化发展遮盖了硕士研究生培养的深层次问题。增加专业学位类型和扩大教育规模,并不必然达成研究生教育的结构调整和模式优化。当前的专业学位硕士研究生教育的重点化发展乃是一种增量发展模式,这固然有助于缓解规模扩张带来的压力,但是对整个硕士研究生培养目标和培养模式变革的促进作用并不显著,总体上也就难以满足经济社会发展对应用型研究生的需求。因此,在推进专业学位发展的同时,要重新定位硕士研究生教育的培养目标、重构其培养过程,促使硕士研究生教育整体上更加切合社会需求。

其二,专业学位硕士研究生培养受制于特定的教育资源。与学术型学位相比,专业学位硕士研究生培养对实践教学资源等特定资源的依赖性更强,而这类资源非高等学校自身能独立解决的,许多初见成效的专业学位硕士研究生培养改革就因其对优质资源的过度依赖而难以惠及全体研究生。专业学位硕士研究生教育与学术型学位硕士研究生教育相比,不仅是名称的变化,更应有内在的区分,需要审视其与传统的研究生培养项目有何不同,它会促进研究生教育的哪些变化,以及对保证教育质量提出了哪些特殊要求等问题。

其三,专业学位硕士研究生教育发展路径表现出排他性。专业学位是应用型研究生培养改革探索中选择的发展道路,有其必然性,但是,这仅表明专业学位是有价值的发展方向之一。受过去长期存在的计划体制以及政府主导型制度变迁模式的影响,我国研究生教育任何探索性改革一旦制度化反而可能造成政策制度的异化,引发对其他可能的、多样化的发展路径的排斥。应用型研究生培养改革还存在着其他发展路径,不能因重点发展专业学位硕士研究生教育而放弃多元化的改革探索。如果能够有意识地引导培养单位抓住应用型研究生培养的内在特质,自主开展应用型研究生培养实践,就有可能出现更多的应用型研究生培养的改革探索实践和经验成果。

2. 从渐进式发展到激进式发展

在专业学位硕士研究生教育发展的初期,授权单位、学位类别、教育规

①　廖湘阳.非学术型硕士研究生教育发展的路径与重点[J].学位与研究生教育,2010(2):21-25.

模的增长都相当缓慢,1997 年以后发展速度加快,从渐进式发展转向激进式发展,2009 年进入全面加速发展阶段。

自 2009 年以来,我国专业学位硕士研究生教育进入一个新的历史阶段①,集中表现为类型的增加和规模的扩张。一是集中新增一批专业学位类别。现有硕士专业学位类别 47 种,其中 1997 年以前设置 5 种,1998—2008 年新增 14 种,2009 年以后新增 28 种②。随着学术学位授权体系的基本健全,专业学位类别成为研究生培养单位新的学位授权增长点。二是扩大招收以应届本科毕业生为主的全日制硕士专业学位范围,推动全日制专业学位硕士研究生培养。三是探索实施"服务国家特殊需求人才培养项目",52 所高校(其中民办高校 5 所)获准首批开展学士学位授予单位培养硕士专业学位研究生试点,拓展了专业学位研究生培养单位的范畴,推动了学位授权制度改革。四是开展新增硕士专业学位授权点审核工作,比如 2010 年 350 个学位授予单位新增硕士专业学位授权点(领域)1431 个。五是调整招生类别结构,专业学位研究生招生计划与学术型研究生招生计划分别下达,新增硕士研究生招生计划主要用于全日制专业学位硕士研究生招生,具有专业学位授权的招生单位逐年以不低于 5%的比例减少学术型硕士招生人数以相应增加专业学位招生规模。专业学位硕士研究生培养规模迅速扩张,招生规模从 2010 年的 110 010 人快速增长到 2015 年的 252 272 人,占硕士研究生招生规模的比例从 23.31%快速增长到 43.93%。

专业学位硕士研究生教育制度政策调整进入活跃期。其一,2009 年以后新出台了一系列政策制度,完善硕士、博士专业学位设置与授权审核办法,规划了硕士、博士专业学位研究生教育发展总体方案,夯实了专业学位硕士研究生教育加快发展的制度基础。其二,开展专业学位研究生教育综合改革试点和培养模式改革,探索适应经济社会发展的专业学位研究生培养模式,形成具有中国特色的专业学位研究生教育管理制度、培养模式和质量保障体系。开展医教协同临床医学人才培养改革,创新临床医学硕士专业学位研究生培养模式,自 2015 年起所有新招收的临床医学硕士专业学位研究生须按照国家统一制定的住院医师规范化培训要求接受临床培养。其三,同等对待专业学位与学术型学位研究生教育,建立专业学位硕士研究生资助体系和就业体系,提高了社会认同度和吸引力。

----

① 黄宝印.我国专业学位研究生教育发展的新时代[J].学位与研究生教育,2010(10):1-7.

② 2018 年《国务院学位委员会、教育部关于对工程专业学位类别进行调整的通知》将工程专业学位类别调整为电子信息、机械、材料与化工、资源与环境、能源动力、土木水利、生物与医药、交通运输等 8 个专业学位类别,工程博士从 4 个领域调整为与之对应的 8 种专业学位类别。

专业学位硕士研究生教育发展体现出从渐进式发展到激进式发展的跳跃，我们想要探究的问题是：导致发展模式转换的动力和背景是什么？渐进式发展阶段的约束条件和激进式发展阶段的激励条件各是什么？在渐进式发展阶段，其约束条件可以从多个方面来分析，最关键的是政府对研究生培养单位的不信任即"一放就乱"的认知。而 2009 年以后激进式发展的最主要动力是拓展研究生教育发展空间，这种动力既来自研究生培养单位规模扩张的要求，也来自经济社会发展的需要。而无论是渐进式发展还是激进式发展，始终是政府发挥主导作用。

专业学位硕士研究生教育从渐进式发展转向激进式发展之际，专业学位的社会认同度并不高，甚至遭受怀疑与贬损[①]。与此同时，硕士专业学位的教育对象由以在职人员为主转变为以应届本科毕业生为主，学习方式由以部分时间制为主转变为全日制学习，对培养模式、培养方案、培养过程、教育资源提出了特殊的要求，而转变并非一蹴而就，实际上有些研究生培养单位已经难以招架其规模的快速发展。有学者专门研究了我国研究生教育"乱象"约束下的渐进式政策调整[②]，而专业学位硕士研究生教育自 2009 年以来的快速扩张则是一个特例，应当是"乱象"约束下的激进式政策调整。

3. 从有序发展到快速增长

专业学位硕士研究生教育发展理念和发展目标在不同发展阶段有所调整，呈现出从"规范、有序"到"拓展、增长"的转变。

1990 年，国务院学位委员会第九次会议通过的《关于设置和试办工商管理硕士学位的几点意见》提出，"试点工作应本着态度积极、步骤稳妥、保证质量、积累经验的原则稳步推进，防止大起大落。目前，只能在少数单位进行试点"。1991 年，国家教委研究生工作办公室发出《关于进行工商管理硕士学位试点工作和进一步开展研讨工作的通知》明确首批九所试点高等学校要将制订的培养方案报国务院学位委员会办公室批准后方可实行；要防止一哄而上的做法，应边实践边研讨。直到 1993 年适当壮大试点单位、1996 年再次扩大试点单位，工商管理硕士研究生培养单位和培养规模才逐步壮大起来。其他专业硕士学位的初始发展同样如此，法律专业硕士学位、教育硕士专业学位、临床医学专业学位试点工作都重复强调"正

①　研究生教育质量报告编组.中国研究生教育质量年度报告（2012）[M].北京：中国科学技术出版社,2013：28-36.

②　茶世俊.研究生教育制度渐进变迁[M].北京：北京大学出版社,2010：1.

确处理质量与数量、速度的关系","既应本着改革的精神积极探索、稳步前进,形成一定的规模效益,又应实事求是、精心组织,保证健康发展"。辅之以各专业学位参考性培养方案、试点工作纪要以及教育指导委员会等,专业学位硕士研究生教育走在规范、有序的发展轨道上。

社会需求促进专业学位硕士研究生教育的快速增长。2010 年,国务院学位委员会提出,专业学位人才培养与学术型学位人才培养具有同等重要的地位和作用,第 27 次会议审议通过的《硕士、博士专业学位研究生教育发展总体方案》提出,要"适应经济社会发展需要,宏观设计,总体规划,积极发展专业学位教育"。2009 年 3 月教育部下发《关于做好 2009 年全日制专业学位硕士研究生招生计划安排工作的通知》(教发〔2009〕6 号)决定在 2009 年已下达的研究生招生计划基础上增加全日制专业学位硕士研究生招生 50 000 人,主要用于招收应届本科毕业生。2009 年 9 月,教育部下发《关于做好 2010 年招收攻读硕士学位研究生工作的通知》(教学〔2009〕12 号)要求扩大全日制专业学位研究生招生范围,"分别确定招生单位招收学术型和专业学位研究生的规模;新增招生计划主要用于全日制专业学位研究生招生;各具有专业学位授权的招生单位应以 2009 年为基数按 5%～10% 减少学术型招生人数,调减出的部分全部用于增加专业学位研究生招生"。2010 年 2 月,教育部、国家发展改革委下发的《关于下达 2010 年全国研究生招生计划的通知》(教发〔2010〕1 号)提出继续适度发展研究生教育,着力扩大高层次应用型人才特别是全日制专业学位研究生培养规模,确定"硕士研究生招生计划安排学术型研究生 361 990 人,专业学位研究生 110 010 人",这是首次将专业学位研究生招生计划单列下达。2013 年教育部等发布《关于深化研究生教育改革的意见》,明确提出"积极发展硕士专业学位研究生教育,稳步发展博士专业学位研究生教育"。

在积极发展政策的导向下,专业学位硕士研究生教育迎来了快速发展。一是授权单位和授权点已颇具规模,2011 年专业学位授权单位达到509 个、专业学位授权点达到 2 887 个①,2015 年具有专业学位授权的研究生培养单位达到 650 多所、专业学位授权点达到 7 200 多个。二是培养规模和学位授予规模快速增长,2015 年招生计划数达到 252 272 人,占硕士招生总规模的 43.93%(见图 3-1);硕士专业学位授予数从 1996 年的 255

---

① 中国学位与研究生教育发展年度报告课题组. 中国学位与研究生教育发展年度报告(2012)[M]. 北京:中国人民大学出版社,2013:25.

人增加到 2013 年的 234 754 人,占硕士学位授予数的比例相应从 0.71% 增长到 40.22%。2019 年专业学位硕士研究生招生计划数为 489 437 人(含非全日制),占硕士研究生招生总数的比重达到 59.06%。

图 3-1　2010—2019 年我国专业学位硕士研究生招生计划数增长情况

资料来源:2010—2019 年全国研究生招生计划,教育部网站;2017—2019 年的数据只含全日制.

经过 1999 年以来研究生教育规模的持续快速扩张,我国成为世界研究生教育大国,研究生培养潜力得到了极大的挖掘,与此同时高等学校和科研院所的教学科研等传统学术岗位对硕士学位获得者的需求并未增加,这意味着继续增加传统学术型硕士研究生教育规模的空间已经很小,必须拓展新的发展方向和发展领域。新知识、新理论、新技术的更新导致社会生产方式、管理方式和服务方式的根本性变化,对应用型高技能人才在数量、规格、层次上都提出了更高的要求[①],我国以积极发展专业学位硕士研究生教育对此作出了及时的回应。这反映了研究生教育对经济社会发展的适应,但是这种适应既存在着被动性,即很少站在引领经济社会发展的高度前瞻性地布局研究生教育政策调整,又存在着盲从性,即研究生教育宏观政策更多的是跟随经济政策调整和制度变迁,缺乏系统连贯的研究生教育发展战略和政策建议研究。

二、发展的问题和困境

随着专业学位研究生教育类型的增多和规模的扩大,其发展之初就隐

---

① 单晓峰,宫照军,徐隽.论全日制专业学位研究生教育发展的历史必然性[J].中国高教研究,2010(11):34-37.

含的一些制度性问题逐渐显露出来,以至其遭遇合法性危机,突出表现为"专业性的概念危机""专业性的基础危机"与"专业性的制度危机"①,专业学位研究生教育应有的地位未能得到有效保证②。

1. 专业学位与职业资格的衔接有待加强

一是在制度设计上,专业学位与职业资格之间缺乏直接的衔接。我国任职资格制度不配套,专业学位与职业任职或从业资格分离,获得某一领域的专业学位并不意味着职业资格的获取,在相应职业领域从事专门职业工作通常还必须通过相应的资格考试,这就使得花了大量精力和费用才获得专业学位的学员在任职资格方面并无多大优势,这自然降低了专业学位研究生教育的吸引力③。

二是在具体实践中,专业学位教育与职业资格要求之间缺乏积极的响应。专业学位教育面向职业需要的定位并未得到真正落实,对职业资格所需要的技能素质的响应并不积也并不到位,专业学位培养过程中与有关部门、行业的联系与合作并不密切,直接影响培养目标的达成。硕士专业学位研究生培养的课程设置要回应职业资格对职业人员专门技能的要求,其基本思路可以是先提炼社会职业对专门知识技能和职业素养的主要要求与标准(核心工作技能),再确立与之匹配的知识、技能模块,继之按照教育教学规律和知识技能逻辑对这些知识、技能进行重组,形成课程体系和课程内容。

2. 专业学位类型的设置机制有待完善

一是专业学位的设置更多地着眼于高等教育系统自身的需要与可能。专业学位类型的设置按照《专业学位设置审批暂行办法》的要求必须进行可行性、必要性分析,但是,实际的论证过程主要是在高等教育系统内部进行的,用人单位参与不够,对社会对该类专业人才是否有大量需求、需求是否保持相当长的时期、该类人才是否需要具有特殊的职业素质、该类人才的培养是否具有其他更为有效的替代途径等问题的分析并不很到位。

二是专业学位的设置本身存在制度性缺陷。其一,专业学位类型的设置与培养的决定权和主动权不在研究生培养单位手中,而是在教育主管部门手中,因而专业学位的发展存在制度上的滞后性;其二,当前我国的社

①　石中英.论专业学位教育的专业性[J].学位与研究生教育,2007(1):7-11.
②　邓光平.我国专业学位设置政策的主要问题与对策建议[J].学位与研究生教育,2007(10):4-7.
③　邓光平.我国专业学位设置政策的主要问题与对策建议[J].学位与研究生教育,2007(10):4-7.

会职业及其划分并不成熟,因此,难以保证专业学位与职业领域的对应;其三,设置专业学位的专业领域应当不是"普通意义上的职业"而是"有学问的职业",是已经完成专业化过程的职业领域①,而实际上,当前急需应用型高级专门人才的职业领域有相当一部分尚称不上专业化职业领域,因而并不适合设置专业学位。

三是专业学位的层次结构存在缺陷。我国学位体系中专业学位既包括硕士层次又包括博士层次,在制度设计上没有问题。但在实际操作中,与硕士层次相比,博士层次设置专业学位的很少,而且招生规模受到了严格控制。这在社会上容易造成专业学位的地位低于学术学位、应用型专业人才低于学术人才的偏见。与此同时,目前的学位体系尤其是专业学位教育体系存在着制度缺陷,硕士专业学位与博士专业学位、学术型博士学位之间的贯通性存在着制度性障碍。

3. 专业学位教育质量保障有待改进

一是对待专业学位教育的态度存在偏差。目前,对待专业学位教育的态度存在三种错误倾向,即:边缘化倾向,不把专业学位作为研究生教育的主体之一,缺乏应有的质量保证措施;培训化倾向,纯粹搞成培训班的形式,疏于管理,教学松散;营利化倾向,把专业学位作为创收手段,只注重规模、数量,而对质量漠不关心②。

二是对专业学位教育的特殊性和规律认识不到位③。在"服务国家特殊需求人才培养项目"实施之前,专业学位教育均是由具有相应学术型学位授予权的单位开展的。这一做法一方面有助于保证专业学位培养的理论基础,利用学术型学位研究生培养的经验;另一方面源于培养单位、指导教师并不乐意真正了解"特定职业或岗位的实际工作需要"以及专业学位与学术型学位的区别,从而忽略了专业学位人才培养模式和课程设置独立性、特殊性的彰显与建构。

三是缺乏独立的有效的质量保证体系,质量评价标准和评价体系尚不健全,缺乏社会行业组织和评价机构的有效参与。质量评价倾向于以学术为导向,重论文、科研、课题,对教学环节关注不够,尤其是对实践环节缺乏足够的重视和科学的设计。

---

① 石中英.论专业学位教育的专业性[J].学位与研究生教育,2007(1):7-11.

② 吴启迪.抓住机遇 深化改革 提高质量 积极促进专业学位教育较快发展[J].学位与研究生教育,2006(5):1-4.

③ 胡玲琳.学术性学位与专业学位研究生培养模式的特性比较[J].学位与研究生教育,2006(4):22-26.

4. 专业学位硕士研究生教育社会声誉有待提高

自 2009 年教育部部署增加全日制专业学位研究生招生计划以调整研究生教育结构以来,专业学位硕士研究生教育一直受到社会的关注,新闻媒体和互联网用户对专业学位研究生教育发展纷纷发表意见建议,有评论认为:专业硕士的确是一支潜力股,要以公平公正的心态来看待专业硕士;专业硕士成长空间巨大,倾向于毕业后马上就业的考生逐渐开始青睐专业型硕士;大力发展专业学位研究生教育并非权宜之计,决心不可动摇。但更多的则是持批评意见和担忧心态,诸如"换汤不换药""上不着天、下不着地"之类的评价见诸相关报道。社会舆论认为:专业学位硕士研究生培养确实需要做到"专业化",简单扩大专业硕士的规模和比例,而对其课程、师资等不作任何调整,培养的学生显然不可能自然转型,其受欢迎程度当然大成问题;专业硕士学位社会认同度不够,制度上的设计和人们的传统观念使得专业学位的学生产生了很深的"身份认同尴尬";专业学位硕士学制不同,培养方向不同,必须差别对待,但现实是很难做到差别培养;应届本科毕业生全日制攻读硕士专业学位,由于缺乏相应的职业经验,再加上培养规模的快速扩张,其结果很可能是两不靠——在学术上与学术学位获得者有差距,在职业素养和专业能力上与有一定职业背景的往届生也不能相提并论。自 2012 年以来,专业学位研究生教育发展形势发生了一些变化,越来越多的考生将报考方向瞄准专业硕士学位,这反映出专业学位特别是全日制硕士专业学位开始赢得较高的社会认同度。

三、发展道路的反思

研究生教育必须加快结构调整的步伐,加大应用型人才培养的力度,促进人才培养与经济社会发展实际需求的紧密联系。对此,相关研究提出了许多建设性意见,一个主要思路就是大力发展专业学位研究生教育,根据社会职业发展不断增加专业学位类型,以此推进研究生人才培养规格多样化和应用型专门人才的培养。有学者认为,全日制专业学位研究生教育的发展既是社会经济发展的要求,也是教育民主化的必然要求,是高等教育以及研究生教育自身发展的必然结果,是我国高等职业教育发展过程中体系化贯通的历史必然①。

---

① 单晓峰,宫照军,徐隽.论全日制专业学位研究生教育发展的历史必然性[J].中国高教研究,2010,11：34-37.

专业学位研究生教育受学术型学位长期占据主导地位和优势地位的影响，在一些高校存在着较明显的边缘化、学术化、培训化的现象①。自2009 年以来研究生教育结构调整的方式是做"加减法"，即基本保持各培养单位硕士研究生招生规模不变的同时，按照一定的比例缩减学术型硕士研究生招生计划，将其增加到全日制硕士专业学位研究生招生计划上，这种"加减法"的调整模式显然无益于打破原有的学科和区域布局②。

专业学位研究生教育的改革与发展，企事业单位有参与的态度也有参与的行为，但态度不够积极和主动，参与不够深入和具体。这种政府主导的单向强制性造成了我国专业学位研究生培养体制的结构缺陷，作为承纳教育产出即毕业生的产业界和其他社会组织处于角色缺位、话语缺失的境地。这种权力失衡的体制结构下，快速推动应用色彩浓厚的专业人才培养改革和发展，必然会出现系统性问题③。通过做"加减法"，学术型学位与专业学位结构得到了一定程度的优化，与此同时，更深层次的问题涉及不同学科的学术型硕士研究生与专业学位硕士研究生规模的适当比例、专业博士与专业硕士培养规模的适当比例等。

应用型硕士研究生教育既要建立起相对独立的资源体系、质量监督体系，又要形成与学术型硕士研究生教育的密切联系，实现资源的共享。除了在新的专门从事专业学位研究生教育的培养单位，希望建立起完全独立于现有的学术型硕士研究生教育体系的非学术型硕士研究生教育体系只能是一个幻想，除了资源共享这个无奈的选择（必须依托现有的培养资源、培养体系和管理体系）和理想的目标（通过资源共享提高研究生教育资源的效益），从人才培养和研究生教育系统本身来说，在两者保持相对独立的前提下，更为重要的是密切的联系与合作。事实上，只有树立起这个观点，专业学位等非学术型研究生教育才能真正获得同等重要的发展地位。无视这一现实，去讨论应用型硕士研究生教育的特殊性、独立性只是一种奢望。

积极发展专业学位对于推动我国研究生教育结构调整、增强研究生教育满足经济社会发展多元化需求的能力起到了积极作用。但是，这种发展

---

① 林蕙青.积极探索 开拓创新 深入开展专业学位研究生教育综合改革试点[J].中国高等教育,2011(6)：9-12.

② 张培训,王现龙,赵世奎.美国专业科学硕士教育的新进展：规模、模式和就业[J].教育学术月刊,2014(1)：63-67.

③ 乔雪峰,宗晓华.权力失衡中的专业学位教育：质量危机与模式重构[J].理工高教研究,2010(6)：48-51,60.

思路有其局限性①。

其一,目前存在着一种将研究生教育结构调整和模式改革简化为不断增加专业学位类型和扩大专业学位教育规模的倾向。

其二,专业学位研究生教育体系的发展路径表现出明显的封闭性、排他性,因而难以按照现有模式通过发展专业学位研究生教育来满足社会发展对高层次技术型、应用型人才的需求。当前以专业学位为突破口来促进应用型、技能型研究生的培养,属于一种增量发展模式。这种发展模式可以在一定程度上缓解增量发展带来的压力问题,但是几乎无助于存量部分的结构调整和模式变革。

其三,专业学位研究生教育在许多学校被置于边缘化的地位,只是相关学术型研究生培养方案的一种简化,尚缺乏独立性和体系化。因此,仅仅通过发展专业学位研究生教育来满足经济社会发展中各种非传统型学术岗位对高层次人才的需求是不够的,需要另辟蹊径。随着研究生教育规模的扩大,有必要对学位的职能进行重新定位,特别是应对硕士层次研究生的培养目标进行必要的、合理的重新定位和分类指导,架构一个更加具有开放性和包容性的教育体系。

对我国专业学位研究生教育发展道路的反思,不能置专业学位发展及其对于经济社会发展的贡献于不顾,同理,也不能因为专业学位研究生教育最近的蓬勃发展而忽略其发展道路面临的诸多诘问,更不能无视经济社会发展新态势对于研究生教育改革与发展所施加的影响。结合我国专业学位研究生教育发展尤其是最近几年的发展实际情况来看,与其说要考虑发展什么,还不如说要深刻反思和科学选择如何发展,以一个什么样的理念来引导未来的发展,以一个什么样的道路来推动未来的变革。

第二节　发展定位

研究生教育的发展定位可以有多种分析框架,从多个框架出发有助于更准确且全面地厘清研究生教育的发展定位。下面提出了三种分析框架,即基于类型(学术—应用)与层次(博士—硕士)二维、基于目标(高端—大众)与模式(异质—同质)二维、基于状态(开放—封闭)与态度(改革—保

---

① 廖湘阳.非学术型硕士研究生教育发展的路径与重点[J].学位与研究生教育,2010(2):21-25.

守)二维,并基于各种分析框架具体探讨了新背景下研究生教育发展如何定位。

一、类型与层次

研究生教育的发展定位可以从横向类型(学术—应用)和纵向层次(博士—硕士)两个维度来加以勾画,如图 3-2 所示。纵向层次维度反映的是研究生教育的分层,横向类型维度反映的是研究生教育的分类。从大的方面来讲,纵向层次已经大致稳定,虽然各国之间略有差异,但一般分为博士、硕士两个层次。当然,具体到不同国家或者不同类型的研究生教育,应当将发展重点放在博士层次还是硕士层次仍然存在不同的主张。横向类型则构成研究生教育改革与发展的主轴,研究生教育定位及其发展重点的变化是对社会人才需求的直接反应,因此,当前研究生教育改革与发展面临的主要问题就是不同层次、不同类型的研究生教育如何定位。在横坐标轴上,发展方向之一是追求知识的自身价值或知识的内在逻辑,发展方向之二是以解决工作和生活中出现的各种问题为目的,分别适应两类截然不同的知识需求①,导致"学术性价值观"与"职业性价值观"的冲突②。

图 3-2 研究生教育的类型(学术—应用)与层次(博士—硕士)发展定位

按照图 3-2 所示,可以把研究生教育发展定位划分为四类,依次是:(Ⅰ)博士—应用类型;(Ⅱ)博士—学术类型;(Ⅲ)硕士—学术类型;(Ⅳ)硕士—应用类型。

研究生教育的发展定位包括两个方面的指向:一是整个研究生教育定位,即重点放在发展哪种类型的研究生教育;二是每个类型本身的定位,即发展重点和培养目标。

就第一个方面而言,目前研究生教育发展定位的变化沿着两个方向:

① 金子元久.高等教育的社会经济学[M].刘文君,译.北京:北京大学出版社,2007:63.
② 邓涛.国外教育专业博士教育的成效与问题——兼谈对我国开展教育博士专业学位教育的思考[J].学位与研究生教育,2009(8):72-77.

一是纵向层次的提升,这表现在研究生教育欠发达的国家和地区快速扩张博士研究生教育规模,以及研究生教育整体发展水平较高的国家正在积极发展专业型博士学位;二是横向类型的位移,应用型研究生培养成为发展的重点,这在博士层次和硕士层次都有明显的表现,但两个层次的具体表现形态存在差异,博士层次更多的是新的专业型、应用型博士学位项目的开设,硕士层次更多的则是研究生培养类型、培养模式、内部结构向应用型的调整和偏重。

就第二个方面而言,博士—学术类型、博士—应用类型的相对定位划分明确,其层次都是博士层次,人才培养目标等方面的定位不再存在层次方面的问题。博士—应用类型、硕士—应用类型的定位相对明确的一个共同点是两者在类型上都指向应用,与职业定位有着较为清晰的联系从而体现出较为明确的定位。硕士—学术类型的定位之所以表现出明显的模糊性,一是因为在纵向层次上,硕士学位本身可能是一种过渡性学位,自然难以形成明晰的定位;二是因为在横向类别上,学术型硕士学位相对应用型硕士学位而言,没有形成明确的培养目标。这两个方面的交叉影响且强化了其定位的模糊性。因此,有种观点认为硕士学位在未来越来越体现出"筛查机制"的作用[①],而这一点在传统的学术型硕士这一类型上表现得尤为明显。

硕士—学术类型扮演着"筛查机制"的角色,换言之,即其还要结合不同情况进行再一次的分化或者分流。从国际上的一些做法来看,其分化发展有四种选择:一是按照早期的传统模式,硕士毕业后直接就业,因为即便发展到当今,在某些领域或者一些职业岗位中,硕士学位仍然是用人单位首选的高级学位。这类毕业生仍然在传统的学术性岗位上工作,只不过其工作环境或者工作地点相对较差,概言之,虽然是在传统学术性岗位工作,但其所属部门或者所负责的工作处于学术界的边缘。尤其是在我国明确地将硕士学位作为独立的学位,而博士研究生教育规模又有限的情况下,相当一部分硕士研究生还是选择这条路。二是那些本意攻读博士学位的研究生因为没能进入博士学习阶段或者未能完成博士学习任务,在学习一段时间后作为弥补授予一个学术型硕士学位。三是作为进入博士学习阶段的基础和积累,将获得硕士学位视作通往博士之路的必要准备。四是探索新的模式,比如美国正在积极推动的理学专业硕士项目,就是在一些

① Carol B. Lynch. Master's Education in a Global Context: the U. S. [EB/OL]. http://www. cgsnet. org/portals/0/pdf/mtg_am07LynchPS. pdf.

传统自然科学领域和人文科学领域,借鉴 MBA 等专业学位的培养模式,培养高级应用型人才①。

硕士研究生教育的定位在不同类型的研究生教育体系中,尤其是将硕士学位作为完全独立学位的体系与硕士学位的独立性并不清晰的体系之间,是存在着显著差异的;在不同发展水平的研究生教育体系中,发展水平高即其研究生教育发展重点是博士层次的体系与发展水平相对较低即其研究生教育发展重点是硕士层次的体系之间,是存在着显著差异的;在不同层次的研究生教育机构中,以博士学位授予为主的机构与以硕士学位授予为主的机构之间,是存在着显著差异的②。一般而言,博士学位授予量具有相当规模的研究生教育机构倾向于将硕士学位视为通往博士之路,这在其硕士研究生、博士研究生培养方案的连贯性方面有着明显的体现,导师特别是同时指导博士研究生、硕士研究生的指导教师的指导风格、指导思路也体现了这一点;而以硕士学位授予为主,尤其是只有硕士学位授予权的研究生培养机构,则倾向于将硕士学位定位为独立学位,在其对研究生的态度、实施的培养方案、采用的培养模式以及管理方式等方面都有所体现,更加强调硕士研究生培养过程的系统性、完整性。

二、目标与模式

研究生教育的发展定位可以从纵向目标(精英—大众)和横向模式(异质—同质)两个维度来加以勾画。纵向目标维度反映的是研究生教育的服务对象、毕业生就业市场,横向模式维度反映的是研究生教育的发展路径。从纵向目标即研究生教育的服务对象、研究生就业市场来说,可以分为两种指向:一种是指向人才层级的顶端、教育内容的尖端、职业岗位的高端,由此产生的市场需求的规模并不大,因而这类研究生教育从招生入学、培养过程到毕业、就业都是高竞争性的;另一种是指向大众化的市场需求,需求的规模比较大,显然这一类型研究生教育的竞争性主要表现在如何切合市场的需求,即在多样化的需求中找到准确的定位,形成差异化优势。从横向模式即研究生教育的发展路径来说,可以分为两种模式:一种是同质化的发展路径,即沿袭现有的研究生教育理念、培养模式,发生变化的只是研究生教育的规模,表现出结构性复演的特征;另一种是异质

①　Leanor L. Babco. The Role and Status of the Master's Degree in STEM[EB/OL]. http://www. cgsnet. org/portals/0/pdf/CGSNSF2010_Babco. pdf.

②　William Wiener. The Graduate School Perspective on Master's Degree in STEM[EB/OL]. http://www. cgsnet. org/portals/0/pdf/CGSNSF2010_Wiener. pdf.

化的发展路径,即研究生教育理念、培养模式、发展模式等方面都发生根本性变化,按照不同的发展思路、发展模式来扩大研究生教育的规模,整个研究生教育系统内部体现出越来越大的差异和分化。纵向目标(精英—大众)和横向模式(异质—同质)两个维度界定的发展框架的核心是市场,精英抑或大众、异质抑或同质在实质上都是市场的需求特征以及回应市场需求的方式,因此,这种发展框架以市场为纽带来展开,市场竞争机制在其中发挥基础作用。

按照图3-3所示,可以把研究生教育发展定位划分为四类,依次是:(Ⅰ)精英—同质模式;(Ⅱ)精英—异质模式;(Ⅲ)大众—异质模式;(Ⅳ)大众—同质模式。

图3-3　研究生教育的目标(精英—大众)与模式(异质—同质)发展定位

从大的方面来讲,纵向层次上,过去一直是以"精英"或者"高端"为导向,反而对需求量越来越大的"大众"需求重视不够,这导致一些研究生尤其是硕士研究生处于"上不着天、下不着地"的尴尬境地。随着高等教育大众化进程的加快,尤其是整个人口中受过高等教育和研究生教育的人口的比例的增加,研究生教育高端、精英的色彩将有所淡化,而"大众"的色彩将越来越浓厚,研究生教育的培养对象、培养目标、就业市场存在着去"精英"而走向"大众化"的趋势,研究生教育的"大众化"定位越来越被接受和认可。因此,未来研究生教育结构和发展定位调整理应围绕"大众化"来展开。从横向模式上来,同质是强调以不变应万变,追求的是内在质量、高标准,维系的是传统理念和模式。异质则包括两种指向:一种是指向内在的改变,即教育理念、教育模式等方面发生本质的变化,形成新的教育理念、教育模式;另一种是指向外在面貌的变换,比如通过学科、研究方向名称的改变来改头换面,以吸引生源。显然,后者是一种虚假的异质,前者才是真正体现发展和创新的异质。

在这一分析框架下,研究生教育发展路径主要有四种选择。

一是精英—同质发展路径,是以内在质量取胜,其典型方式是研究生教育坚持精英模式和高端定位,发展理念和发展模式保持原有的传统,以提高教育质量为目标和取胜的法则。其发展特征是小而精,集中优质资源培养一批尖端精英人才。

二是精英—异质发展路径,是以开放的方式提供高端服务,这显然是未来发展的重点和趋势,无论是高端市场还是大众市场,一种多元化的供给与服务都是必要的,是解决诸多问题的有效途径。其发展特征是在保持原有学术优势和人才培养优势的前提下,将其优势迁移到其他新兴领域,借此扩大规模,提高整体实力和综合竞争力。

三是大众—异质发展路径,强调多样化地满足社会经济发展对"应用性"知识、"应对性"知识的需求,其教育带有浓厚的实用性价值取向,发展路径体现出细分市场、多样化、灵活性等特征。我国迅速增加的类型众多的专业学位研究生教育的发展就明显体现出这种发展路径的特征。我国研究生教育包括硕士研究生教育长期坚持学术精英价值取向,这种传统的价值取向与如今多样化的社会需求、个体需求和学术本身的多样分化相矛盾,因此,应当由这种单一的学术精英价值转向社会价值、个人价值和学术价值的多元价值统合①。应对性知识的需求体现出快速兴起与快速减少的典型特征,而且其特定的细分就业市场的规模相对有限,因此,需要时刻关注应对性知识的涌现及其需求的变化,这就涉及相关项目与课程如何保持灵活性、针对性与稳定性、标准化之间平衡的问题。大众—异质发展路径的典型特征就是大(指规模)、多(指类型),这种发展路径指导下的研究生教育机构要时刻审视研究生教育的发展定位和发展空间,高度重视对各种研究生类型的评估与重构,否则就有可能陷入混乱。

四是大众—同质发展路径,即在培养目标维度上处于"大众"这一端,在发展模式上处于"同质"这一端,这两个取向之间存在着内在矛盾。从理性上来讲,这一象限所代表的发展定位与发展路径是不存在的。也许没有哪个研究生教育机构会宣称其发展定位属于这一类型,但是,这种发展模式在现实中却并不少见,所谓万人一面、千校一面在一定程度上就折射了这一发展模式的潜在影响。研究生教育结构、模式、机制改革的目的就是通过改革、创新实现差异化、多样化的发展,以此激发沉积在"大众—同质"这一境地的研究生教育机构的活力和资源的价值。

"同质"更加强调的是绝对水平,这种同质化的绝对水平又似乎约定俗成地拘泥于学术领域;"异质"与之不同,强调质量和水平,但又不受一

---

① 李素芹,张晓明.我国硕士生培养目标多样化的认知语境阐释[J].学位与研究生教育,2009(6):54-58.

种约定俗成的框架的局限,在符合基本质量标准的基础上更为重视自身满足社会需求和个体需求的能力。前者发展更多的是遵循计划模式,强调的是以一种高水平来应对社会需求,是以不变应万变;后者发展更多的是遵循市场模式,走市场细分化道路,瞄准社会需求的各种差异来确定发展道路。当前研究生教育改革与发展,一方面是指向"同质",即按照一定步骤逐步缩小教育规模,表现最为明显的就是传统学术型硕士研究生教育规模的逐步缩小;另一方面是指向"异质",即按照社会需求和现有基础逐步扩大规模,这种规模扩大自然应当遵循"异质"化道路,是注重异质化需求、个性差异并与社会需求切合的扩张。中国研究生教育尤其是硕士层次的研究生教育应当走异质化扩张的发展道路。首先,应对性知识及其需求构成当前社会知识需求的主要方面,过于偏重原理性、普适性知识的知识框架和培养体系已经难以适应和满足社会发展的需求。其次,与原理性、普适性知识的周期比较长相比,当前最迫切需要的各种应对性知识的变化幅度明显加快,其需求轨迹有着快速兴起、快速减少的态势,因此,研究生培养要有前瞻性和提前量。最后,当前研究生就业市场的变化呈现出一个新的特征,即针对某一类型研究生人才的需求很紧迫,但通常其市场需求量又十分有限,这就对研究生教育提出了推行市场细分发展策略和增强及时转换供给的调节能力的新要求。

　　"随着高等教育大众化的推进及向普及化的过渡,研究生教育(硕士乃至博士)是否还属于传统意义上的精英教育的阶段呢?"[1]无论是持精英主义观点,还是持保守主义观点,都要进行反思,持精英主义观点者要反思高等教育大众化、普及化阶段的研究生教育的"精英"特质到底是什么[2],持保守主义观点者则要反思如何应对社会对于研究生特别是应用型硕士研究生的巨大需求。有观点认为"坚持传统的学术型发展模式是一种精英路线也是一种保守主义策略"[3]。应用型硕士研究生培养旨在人才培养,而非科学研究;旨在大众化的"精英",而非特殊行业的专门人才。与此同时,研究生教育过去所具有的将博士和硕士学位获得者的社会地位合法化的"区隔"(distinction)功能逐渐淡化,愈益发挥出个体社会化的功能,是以

　　① 王战军,廖湘阳.关于我国研究生教育"积极发展"战略的思考[J].学位与研究生教育,2001(4):3-7.

　　② 许克毅,赵军.研究生教育思想论纲[M].兰州:兰州大学出版社,2005:16-25.

　　③ 圣地亚哥·伊尼格斯·德翁左诺.商学院——引领高等教育变革[M].徐帆,译.北京:中国人民大学出版社,2014:导论.

研究生教育具有体验性、过程性、不可还原性等"传记性"为特点[①]，并推动研究生教育世界、科研世界与生活世界的融合，增强理智德性和道德德性，成为全面发展且能担当民族复兴大任的高层次人才。

三、状态与策略

研究生教育的发展定位可以从纵向状态（开放—封闭）和横向策略（改革—保守）两个维度来加以勾画。纵向状态维度反映的是研究生教育系统与外部环境之间的关系，横向策略维度反映的是研究生教育系统应对外部环境变化的策略与态度。从纵向状态即研究生教育系统与外部环境之间的关系来说，可以分为两类：一类是研究生教育系统处于开放状态，即研究生教育系统与外部环境之间保持良性的互动，外部环境的变化是研究生教育系统发展走向的一个重要参数；另一类是研究生教育系统处于封闭状态，即研究生教育系统与外部环境之间缺乏交流和互动，研究生教育系统作为一个封闭系统来存在和运行。从横向策略即研究生教育系统应对外部环境变化的策略与态度来说，也可以分为两类：一类是沿着保守的框架来处理研究生教育系统外部环境的发展变化，即坚持和捍卫研究生教育的传统理念和基本格局，反对对研究生教育本身的定位和功能进行任何调整和变革，但并不反对对研究生教育的外在形式、形态进行调整和变革；另一类是沿着变革的思路来处理研究生教育系统外部环境的发展变化，认为研究生教育系统面临的诸多问题源于研究生教育的传统形式和功能，因而主张从研究生教育定位、人才培养目标到培养模式的彻底变革。这种变革有两个指向，或是主张坚持研究生教育系统的传统边界，在原来的框架内对研究生教育进行变革，或是主张突破研究生教育系统的传统边界，在一个更为宽广的框架内对研究生教育进行变革。纵向状态（开放—封闭）和横向策略（改革—保守）两个维度实质上反映的是研究生教育系统本身的变化，从内外部关系的变化来说是开放还是封闭，从内部运行的变化来说是改革还是保守，因此，这一分析框架是在动态的视域中来分析研究生教育的发展定位。

按照图 3-4 所示，可以把研究生教育发展模式划分为四类，依次是：（Ⅰ）保守—开放模式；（Ⅱ）改革—开放模式；（Ⅲ）改革—封闭模式；（Ⅳ）保守—封闭模式。

其一，保守—开放模式的基本立场是，研究生教育规模可以迅速扩大，

---

① 刘贵华,孟照海.论研究生教育的发展逻辑[J].教育研究,2015,36(1):66-74.

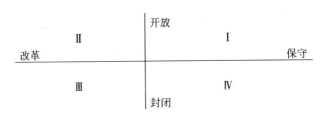

图 3-4　研究生教育的状态(开放—封闭)与策略(改革—保守)发展定位

甚至研究生教育系统与外部环境之间的关系也可以发生变化,研究生教育系统成为一个开放性系统,但所有这些变化都在不从根本上改变研究生教育的传统理念和发展思路、不增加新的研究生教育类型的框架内发生。这种发展模式一方面正视研究生教育系统面临的外部环境带来的巨大压力,尤其是经济社会发展对研究生教育规模扩大的急迫需求;另一方面看好教育规模扩张对研究生教育本身以及与之密切相关的科学研究、学科建设带来的好处,因而主张建立研究生教育系统与外部环境之间的互动关系,但同时主张所有这些都应当在承载研究生教育传统理念的框架下进行。

其二,改革—开放模式的基本立场是,研究生教育系统应当从同时变革其与外部环境的关系及其内部运行模式出发来整体架构发展框架,从而以一个新的姿态来更好地满足各种新的多元化需求。这种发展模式是最为激进的,典型地表现为一种拓展性扩张。由于同时从外部关系和内部运行两个方面推进研究生教育系统变革,对于现有研究生教育系统的冲击是最大的,因此,这种发展模式在实际推行之前须先进行顶层设计。若因受到一些因素尤其是一些临时性事件的刺激而临时转向这一发展模式,缺乏一个科学的顶层设计,很有可能导致发展局面的混乱。实际上,这种发展模式最容易受到各种新生力量的欢迎,青年教师、广大年轻学生、新兴职业(岗位)、新的研究生培养机构等新生力量往往热衷于这种模式,因为这种模式潜在地迎合了民主、社会适应性、变革等利益诉求。这种发展模式面临着如何在创新与传承之间保持恰当平衡的拷问。

其三,改革—封闭模式的基本思路是,研究生教育系统要进行改革,但所有改革都应当在一个封闭的研究生教育系统内部进行。换言之,一方面,研究生教育系统可以也应当为了应对外部环境的变化而对研究生教育进行变革和创新,比如转变教育理念、创新培养模式等;另一方面,所有这些变化都不涉及研究生教育系统与外部环境之间的关系,研究生教育保持一种封闭的特性。

其四,保守—封闭模式无视研究生教育系统本身以及外部环境的变化,是以一种传统的、稳定的姿态来应对变化。这种发展定位既不适应社会发展需求,又违背公平精神,其发展格局拘泥于现有的框架,捍卫传统的、长期推行的、习以为常的那些东西,无论外部怎样变化,它始终蜷缩在自己的传统价值观的保护壳内。这种发展模式就经济社会发展的需求或者研究生教育系统内部分化和变迁的压力而言,是不合适宜的,必将遭遇发展和变革浪潮的冲击。这种发展模式虽然不应该成为基本的发展框架,但它出于维护研究生教育系统基本特质的诉求而始终潜在地提醒研究生教育相关利益主体不能走得太远、太快,而应当从研究生教育系统的基本特质出发有序地变革,以实现可持续发展。

四、发展定位的综合选择

研究生教育发展定位可以从各个不同的维度来进行分析,综合上述分析框架,试以雷达图的形式来表达研究生教育发展定位及其选择,如图3-5所示。

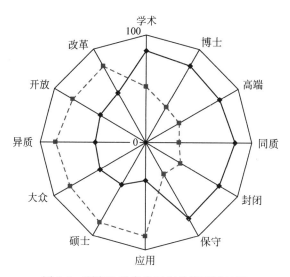

图 3-5 研究生教育发展定位类型雷达图

上述雷达图中,曲线向外凸出的部分即表明研究生教育发展定位所强调的方面,凹下的部分即表明相对忽略的方面,由此反映出研究生教育发展定位的特征与类型。图3-5给出了两条雷达图曲线,偏向左侧的曲线代表的研究生教育发展定位的特征是类型上重视应用、层次上重视硕士、目标上重视大众、模式上倾向异质、状态上倾向开放、态度上倾向改革;偏向右侧的曲线代表的研究生教育发展定位的特征是类型上重视学术、层次上重视博士、目标上重视高端、模式上倾向同质、状态上倾向封闭、态度上倾向保守。

研究生教育发展定位之特征与类型的构成与选择受到诸多因素的影响,主要是研究生教育系统的传统特质、研究生教育改革的内在动力、社会需求的外部压力、国际研究生教育改革发展新趋势和新做法的示范效应。任何研究生教育发展模式都有其特定的社会基础,"研究生教育发展模式之间是不可能进行绝对对比的,其是否有利于发展取决于模式本身与时代特征、文化传统之间的切合"①。

研究生教育发展模式与发展定位的演变是一个传统与创新互动的过程,从当前来看,研究生教育发展定位的普遍性趋势可以概括为三个方面:其一,"应用"是一个基本的发展方向;其二,"异质"是一个主要的发展模式;其三,"开放"是一个普遍的发展态势。多样化和分层化是研究生教育发展的共同趋势,研究生教育从宏观结构到微观运行机制都体现出多样化和差异化发展的特征。美国研究生院协会 2010 年发布的研究报告《前进之路:美国研究生教育的未来》提出,研究生教育途径应当是一条阳光大道(pathway),而不是一条错综复杂的羊肠小道(pipeline)。Pipeline 指的是这样一种系统:研究生走进一条路并一直沿着走下去,并在另一个出口走出去。它只有一个入口,一旦学生走进这条路就没有机会返回了。Pathway 指的是一条有些岔路的干道,允许学生漫步其中,而且研究生即便步入分岔路也有机会再次回到主干道上来②。显然,后者体现出更加明显的多元化培养模式,更能适应研究生个人和社会用人单位的多样化需求。保有及时调整和多元选择的自由是非常必要的,对于研究生个人的选择和发展来说是如此,对于研究生教育系统来说更是如此。

第三节　发 展 方 向

制度变迁为研究生教育结构调整营造了新的制度环境,制度环境与技术环境的契合支持各级管理组织合力完成结构调整的任务,促使研究生教育系统更好地、动态地适应社会需求③。应用型硕士研究生培养要以相应

---

① 廖湘阳.研究生教育发展战略研究[M].北京:清华大学出版社,2006:162.

② Commission on the Future of Graduate Education in the United States. The Path Forward: The Future of Graduate Education in the United States[R/OL]. http://www.fgereport.org/rsc/pdf/CFGE_report.pdf.

③ 赵琳.制度创新与研究生教育结构调整[M].北京:清华大学出版社,2018:60.

的制度环境、技术环境为支撑，要以系统的变革为先导，要以培养单位适应社会多元化需求的主动性和自主性为前提。

一、完善专业学位硕士研究生培养体系

专业学位硕士研究生教育是研究生教育发展的重点领域，且已成为一个世界性趋势。硕士学位呈现新的发展趋势，其中最明显的全球性转变就是专业硕士学位的快速增长[①]，将有更多的研究生培养机构、学生、雇主支持发展更为全面的专业硕士学位。整个社会的专业化发展对高层次专业人才培养提出了更高的专门性要求，以应用型人才培养为导向的专业学位构成研究生教育整体发展的重要组成部分[②]。专业硕士学位发展的强盛优势不仅昭示着研究生教育新的使命，而且指明了知识生产的新方向，有助于高等学校与产业界、商业界的合作共赢。

因此，保持专业学位硕士研究生教育的积极发展态势，仍是我国研究生教育政策的基调。一方面，要系统总结相关改革经验，另一方面要切实转变理念、调整结构、创新模式，积极开展应用型人才需求预测、创新质量评价机制[③]。与此同时，需要进一步思考以下四个问题。

一是培养体系架构问题，即横向类别上专业学位培养体系与学术型学位培养体系之间的逻辑关系与流动桥梁，纵向层次上专业学位硕士研究生教育与本专科高等职业教育、专业博士研究生教育之间的逻辑关系与贯通渠道。当前从横向类别上探讨专业学位研究生培养体系之独特性的比较多，而较少涉及以职业技能为核心的应用型人才培养体系纵向贯通问题。如果专业学位硕士研究生教育能够真正达到其预期目标，将进一步强化本科、专科层次职业技术教育的内在本质，并为专业博士教育提供坚实的基础。从理想状态和现实要求来看，专业学位研究生培养体系与学术型研究生培养体系应当建立流动渠道，建立起纵向上予以贯通、横向上允许流动的高层次应用型人才培养体系，以便学生依其能力和兴趣自主灵活地选择学习方式。

二是指导教师问题。导师负责制是我国研究生教育质量保证的一个关键要素，对于专业学位硕士研究生培养而言，指导教师制度必须进行相

---

① Douglas M Peers. The Future of the Master's Degree：Research, Professional and Other[EB/OL]. http://www.cgsnet.org/portals/0/pdf/mtg_sm09Peers.pdf, 2014-04-08.

② 汪辉. 日本专业学位改革的特点与问题[J]. 学位与研究生教育, 2009(1)：72-77.

③ 杜占元. 探索创新 深化改革 推动专业学位研究生教育再上新水平[J]. 学位与研究生教育, 2016(1)：1-6.

应的变革。如果学术型研究生的单导师制度不适应专业学位研究生培养，尤其是不利于其职业实践能力的培养，那么我们不禁要问："校内学术导师+校外实践导师"的双导师制是否就能够胜任，这种双导师制能否取得叠加效应而不至于出现指导的空白？全日制硕士专业学位的学制是两年，是否可以采取统一指导和个别指导相结合的方式，能否根据专业学位研究生培养的特性推行导师组制度，抑或采取班级集体培养的制度？

三是实践实习问题。现行的关于实践实习时间及其相关要求的可行性一直受到质疑。单纯依赖高等学校承担专业学位研究生培养的主体责任，缺乏企业等其他社会机构的积极参与，实践实习就难以真正落实和取得实效。是否可以转变专业学位研究生教育的发展思路，同时面向高等学校和企业等社会机构设置专业学位研究生培养基地，比如鼓励高新技术企业等拥有雄厚技术力量和大量专业人才的社会机构设置专业学位研究生培养工作站，并规定专业学位研究生培养必须有高等学校和设有专业学位研究生培养工作站的企业等社会机构共同参与才能开展，从而增强企业参与其中的荣誉感和积极性，促使企业等社会机构建立起支持专业学位研究生培养的长效机制。

四是吸引社会参与问题。政府和社会中介组织的及时认可和积极支持是新的研究生教育项目获得社会认同的基础和动力。任何新的研究生教育项目都需要研究生培养单位、政府、企业、社会组织深度参与其中，良好的沟通协商机制和协同合作机制是其取得成功的重要保障。研究生培养单位要发挥牵头作用，与企业等各种社会机构建立起紧密伙伴关系，定期组织召开有政府部门代表、企业代表、社会组织代表、新闻媒体代表参加的协商研讨会；要主动顺应劳动力市场需求的变化，定期开展研究生教育项目，尤其是新开设和开办已久的项目的质量评估和社会评价调查，持续开展研究生满意度调查；要加强信息公开，以此吸引社会各界参与研究生培养单位的改革实践，赢得社会的广泛关注和认同。

二、坚持多样化培养应用型硕士研究生

专业学位是我国培养应用型研究生的重要渠道，但并不是唯一渠道。社会需求量最大的并不是学术型人才，也并不是应对着严格的职业资格的专业学位人才，而是与这两种有着明晰的就业取向有所不同的各种应用型人才，即能够适应各种技术岗位和管理岗位的应用型高级人才。固然存在专业学位与职业资格完全对应且是其入职基本条件的情形，但总体来看，专业学位研究生就业缺乏细分市场，实际上除了较少的专业学位获得者的

职业领域和就业方向比较明晰,更大一部分是不清晰的。就社会就业岗位而言,除了一部分学术型学位对应的传统学术性岗位、一部分专业学位(与职业资格联系密切)对应的专业性职业岗位,在这两者之间存在的是大量不易也不宜定向的就业领域。未来人才的需求更多地强调适宜被雇佣能力(employability)[①]和可迁移能力(transferable skills),而不是专业学位这种类型定向的预先固定。研究生人才需求更多地来自当前尚未发展成熟为专门职业的技术型岗位,因而主要面向成熟职业的专业学位硕士研究生教育先天性地存在着发展格局的局限性。当前按照学术型与专业学位划分研究生培养类型,既限制了研究生潜在的就业机会,又混乱了专业学位细分化的就业市场。因此,需要转变思考问题的视角,进一步分析两者各自的边界以及两者之间的其他可能性和发展空间。

重申应用型硕士研究生培养,并非对专业学位硕士研究生教育发展的否定,而是要继续挖掘专业学位硕士研究生培养的潜力,但发展模式应当转向精致化发展和稳健发展,在职业资格与准入制度尚不成熟的情况下,不宜大规模增设新的专业学位类别。与此同时,必须以学术分化为基础构建应用型硕士研究生培养制度[②]。回归应用型硕士研究生培养,重点是形成培养应用型硕士研究生人才的观念意识,建立培养应用型硕士研究生人才的机制与模式。应用型硕士研究生教育改革发展要慎重考虑其边界:一是新设立的应用型研究生教育项目是否拥有良好的发展空间,即是否有足量且稳定的个体需求和就业市场;二是业已存在的其他类型的培养方式所拥有的核心功能和角色是否得以保持;三是是否有助于研究生教育的多样化发展。

三、推动研究生教育多元分化发展

过去许多职业的就业方式是极为相似的,但现在不同职业之间、同一职业在不同机构之间、不同职业背景和爱好的就业人员之间,就业方式和工作方式千差万别[③]。未来主要的就业领域出现在那些新近涌现、规模较小、技术要求很高的企业。雇佣大量人员的职业领域变化幅度最小,但这

① Paul Hager,Susan Holland. Graduate Attributes,Learning and Employability[M]. Netherlands:Springer,2006:259.

② 邹海燕.向应用转型是中国研究生教育改革发展的当务之急[J].复旦教育论坛,2011(2):48-50.

③ 桑德林·卡则斯,伊莲娜·纳斯波洛娃.转型中的劳动力市场:平衡灵活性与安全性——中东欧的经验[M].劳动和社会保障部劳动科学研究所,译.北京:中国劳动社会保障出版社,2005:40-48.

类职业领域目前对人才的需求总量则是相对稳定乃至逐渐减少的；职业领域变化幅度大的通常是那些新兴职业，这些职业对就业人员素质的要求普遍高于其他职业领域，但某一特定职业所提供的工作岗位却并不多，这就对研究生教育提出了多样化、针对性、切合性的要求，要求研究生教育能够作出及时的回应。

多样化是高等教育发展的必然趋势，多样化也常常被视为解决高等教育发展问题的有效途径。高等教育多元分化发展可以从多个层面或维度切入①，既可以通过高等教育系统内部机构设立进行分化发展，也可以通过人才培养类型与模式差异进行分化发展，还可以通过课程设置及其内容创新进行分化发展，而且同一层面或维度分化发展的途径和方式本身也是多元的。因此，在讨论硕士研究生教育的分化发展时，要进一步分析其分化发展的内涵所指。我国研究生教育多样化发展的切入点不宜以机构比如设立专门的应用型研究生培养机构切入，也不宜以体系比如发展完全独立的专业学位研究生教育体系切入，而是应当从培养模式、培养活动等微观机制和微观活动来切入，从而真正形成实质的、内在的研究生教育的多样化。具体而言，一是要兼顾研究生教育的一致性与差异性、整合性与多样性，在遵循研究生教育内在特性与基本规律的同时，积极推动研究生教育系统各组成部分的分化发展；二是要将重点放在人才培养特色的彰显上，着力引导研究生培养单位在坚持学位标准和基本要求的基础上，结合行业需求、学校基础和学科特色，灵活开展人才培养模式的改革，开发适合人才培养目标定位的特色课程；三是要将多元分化发展落脚在满足和引领社会发展需求和学生未来发展上，要从过去以学校发展和教师科研为导向的增量式分化发展转向以社会发展和学生发展为导向的内在式分化发展；四是要及时评估研究生教育多元分化发展的效果，适时对已经不再适应社会需求的研究生教育类型和模式进行调整，避免研究生教育多元分化发展的过度化，保持整个研究生教育系统的整合性。

四、鼓励研究生培养单位自主探索

专业学位硕士研究生教育发展模式的调整更多反映的是政府的主导作用，无论是渐进式发展还是激进式发展其本质上都是政府主导的政策调整，只是对研究生培养单位的态度从不信任和约束转向激励和推动，管理重点从事前审批转向质量监督。从未来发展来说，我国研究生教育改革与

---

①　詹盛如.机构的多元分化：论台湾高等教育的未来发展[J].高等教育,2008(2)：1-32.

发展的重点要从研究生教育宏观制度设计转向培养单位自主创新探索微观机制的优化。

其一，转变研究生教育制度政策范式。制定政策的目的是通过创造良好的政策环境和体制环境，激发研究生培养单位的主观能动性，从而推动研究生教育改革创新和本质进步。但制度变迁过程中存在公共选择的过度强化与个体选择的缺失等问题，导致研究生教育制度政策可能缺乏必要的灵活性和广泛的社会认同，因而并不利于研究生教育的持续发展，甚至沦为背离研究生教育本质发展的异化力量。在这样一个变革的时代，政策范式的科学性比政策内容的科学性更加重要，政策范式的变革比政策内容的调整更加紧迫。"谨权量、审法度"，一方面要切实保证研究生教育制度政策的约束力，促进研究生教育改革发展的有序推进；另一方面要真正落实研究生培养单位的办学自主权，研究生教育制度政策应当保证培养单位能够结合学校具体情况制订出切实可行的实施方案，拥有一定的自由裁量权，采取适合的策略行为。

其二，在法治框架下形成研究生教育治理体系和治理能力的新常态。研究生教育治理体系和治理能力的新常态，首先体现为新，即要有新的理念、新的机制、新的模式；其次体现为已经成为常态，即这不是偶然现象，而是已经成为基本的特征和态势，已经成为基本的规律；最后是达成理想的新常态，即要能够产生新的东西，产生过去的常态所不能产生的东西。如何成为新常态？"抱法处势则治，背法去势则乱"，关键的问题就是法治精神、法治理念与研究生教育、大学特性的有机结合，在法治化框架下来处理研究生教育治理体系各个要素之间的相互关系和运行机制。政府要转变管理理念，把更多的精力放在对研究生培养单位办学活动合法性的监督上，放在研究生培养单位内部管理法治化的提高上，放在研究生教育质量标准化的监测上，放在研究生教育公共性的监控上。政府应当加强的是研究生教育发展战略、规划、政策、标准的制定和实施，职能重点由各种专项、工程的审批转向公共服务的供给；应当最大限度减少对研究生培养内部微观事务及其活动的干预，管理重点由政府外部施加的过程管理转向绩效管理和公共问责。

第四节　发 展 举 措

应用型硕士研究生的需求主要来自各种成熟职业以及当前尚未发展成熟为职业的各种技术型岗位，因此，其发展方向体现出明显的开放型，其发展方式也呈多样化。结合中国国情,当前主要是规范专业学位研究生教育的形式,开拓新的应用型硕士教育项目,培育新的应用型硕士培养单位,以形成富有活力的应用型硕士研究生培养体系。

一、推进研究生分类培养改革

推行研究生教育的分化和差异化发展,通过政策支持和制度安排,引导传统学术型硕士研究生教育分化出部分学术力量转向应用型硕士研究生的培养[①]。要针对不同类型研究生的培养目标和人才类型,科学区分培养过程、培养模式、生源选择、就业面向、质量要求等各个方面与环节,系统推进学科方向的调整、人才培养平台的搭建、指导教师队伍的优化。

1. 树立分类培养理念

对于各种改革硕士学位的呼吁,Theodore Blegen 在 1959 年声称“认为形式和目标如此多样化的硕士学位可以或应该被那些新型的、复兴的硕士学位所替代的想法是荒谬的”。Stephen Spurr 于 1970 年提出“肯定性的”硕士学位比“否定性的”准博士(A. B. D. , All But Dissertation) 更可取[②]。应用型硕士研究生应当成为硕士研究生培养的主体和主流,以应用型硕士研究生培养为主导模式,以学术型硕士和专业学位硕士研究生培养为两翼,其中:学术型硕士研究生培养强调纵向提升,即作为博士研究生选拔的一个有效过程;专业学位硕士研究生培养强调职业领域,即直接面向专业化水平高和职业资格制度健全的职业领域培养职业人才。“肯定性的”“主动定向的”应用型硕士研究生比剩余的“否定式的”学术型硕士研究生培养更可取,应用型硕士研究生掌握具体的而非一般性的知识体系和技巧,并表现出强的可迁移性与可雇佣性。

培养目标是培养模式诸要素中带有导向性的要素,对课程体系、教学内容、导师指导等其他要素有着规范性和规定性。培养目标很大程度上决定了学术型、职业型和应用型硕士研究生的类型和规格,决定了不同类型硕士生及其培养的基本方向,这是基础性的设定,但这种设定仍然只是一种预期,不同类型硕士生及其培养的实质性内涵的达成还是要依赖具体的课程体系、教学方法、导师指导模式等,这些才是落实培养目标这一导向性因素影响力的关键。

---

① 廖湘阳.非学术型硕士研究生教育发展的路径与重点[J].学位与研究生教育,2010(2):21-25.

② 转引自克利夫顿·康拉德,珍妮弗·格兰特·霍沃思,苏珊·博雅德·米勒.美国如何培养硕士研究生[M].袁本涛,刘帆,等,译.北京:北京大学出版社,2016:15.

　　多样化培养和分类培养是研究生教育发展的内在趋势和必然要求。分类培养要综合考虑,是强调源头分类,还是强调过程分类,抑或强调结果分类。专业学位硕士研究生培养源头分类和结果分类是比较明晰和到位的,但过程分类则相对较弱;而应用型硕士研究生培养能否取得预期效果则几乎完全依赖于过程分类,因为就源头分类而言难以从招生环节就区分出应用型硕士研究生,也难以从学位证书区分出应用型硕士研究生,过程分类既是应用型硕士研究生培养的抓手,又是应用型硕士研究生培养的特色,这个过程既体现出"柔性制造"的特征又体现出"精确制造"的特征,正是在这个维度上应用型硕士研究生及其培养体现出"定性而非定型"的属性。

　　2. 推进研究生培养分化与资源共享

　　应用型硕士研究生的培养与学术型硕士研究生的一个区别就在于各自的方法论体系和知识体系的基础与逻辑的差异,学术型侧重基础学科和成熟学科,应用型则侧重跨学科、新兴学科和交叉学科。进一步讲,学术型硕士研究生教育项目指向学科深度,与之不同,应用型硕士研究生培养项目则更多地是指向新项目,因此,联合、结合、跨界成为应用型硕士研究生培养的一个新的显著特征,这种跨界的联合和结合从学科之间、培养单位之间、培养单位与用人部门之间等不同维度体现出来。

　　研究生培养的分化发展并非要在学术型、专业学位、应用型硕士研究生教育之间制造一条不可逾越的鸿沟,理想的分化发展应当有利于不同培养体系在不同发展阶段的相互交叉和相互转换,进而达成相互之间的资源共享。研究生分类培养的切入点很多,从我国研究生教育当前的实际来看,主要是从两个维度,一个是层次维度,另一个是学科维度。层次维度是指博士层次和硕士层次,即进一步加强博士层次和硕士层次人才培养在类型、方向上的差异。学科维度是指培养研究生的学科的性质,即按照学科性质和社会需求确定培养目标,比如在应用性学科主要培养应用型人才,而在基础学科主要培养学术性人才。当然,在具体的改革中,层次维度和学科维度是交织在一起的。

　　3. 利用学科目录来推进分类培养

　　学术型研究生教育与应用型研究生教育两者对于人才培养类型与目标定位、培养过程架构、学科专业支撑有着不同的要求,甚至是相互矛盾的。比如,学术型研究生教育对于学科专业支撑更多地强调"共同理论基础或研究领域相对一致",强调学科属性;而应用型研究生教育则更多地强调对社会需求的适应性,强调职业属性。学位授予和人才培养学科目录要有利于应用型研究生的培养,统筹兼顾学术型研究生培养与应用型研究生培养。学科目录要协调处理好学术型与应用型研究生教育之间的一致性与冲突,达成其内部的系统性与整合性。为了促进应用型研究生的培养,可以分别设置面向学术型学位的学科专业和面向应用型学位的学科专业,并在一级学科层次上对两种定位进行区分,重点选择社会急需但又尚未形成研究传统的学科领域培养应用型研究生。其一,通过分别设置学科专业,在特定层次明确各学科专业的人才培养定位,更加有利于应用型研究生的培养。调整学科目录,其中:应用性强的学科侧重转向应用型人才培养,培养层次以硕士为重点;理论性强的学科要进行分流,一部分转向应用型人才培养,即借鉴 MBA、MPA 等专业学位培养模式,在某些自然科学、人文科学领域培养应用型研究生人才,另一部分或者通过硕博连贯制等方式进入博士研究生阶段,或者作为终结学位直接进入职业岗位就业。其二,分别设置学科专业本身就有多种格局,可以是绝对分开,也可以是相对划分。绝对分开是指面向学术型研究生教育为主的学科专业就只培养学术型研究生,面向应用型研究生教育为主的学科专业就只培养应用型研究生,这就有点类似于我国当前的专业学位设置方法,只有在该学科专业领域明确设置专业学位后才能开展相应的专业学位教育。一方面要分别设置面向学术型研究生培养的学科专业与面向应用型研究生培养的学科专业,不同学科各有侧重;另一方面又不排斥重点面向某一类型人才培养的学科专业培养其他类型人才。这种做法有利于学科专业之间的关系划分、内部的层次划分与功能定位划分三者的协调统一。其三,面向应用型研究生培养的学科专业领域应当体现出更大的开放性与发展性,即重点发展那些当前尚未形成研究传统,但又属于社会发展急需的、处于萌芽状态的学科领域。在一些新的刚刚出现的学科领域尤其是交叉学科、边缘学科、新兴学科中,发展应用型研究生培养可以推动相关学科的建设与发展。对于新出现的各种新职业新需求,比如"家政服务""人工智能""网络安全"等,不要急着去"判断它符不符合设置专门研究生学科专业的标准,而是要研究如何为之重组知识体系"①,前瞻性地通过整合、分离现有知识体系和创建新的技能体系来夯实相应人才培养的知识基础。应用型硕士研究生之"定性而非定型"不仅体现在个体当下发展的状态,而且还体现在其融入新职业新岗位涌现潮流之中并成为弄潮儿。应用型硕士研究生培养要利用这一优势,在现行的传统、成熟学科专业之外探索培养时下最急

---

① 廖湘阳,孙瑜.2018 年中国学位与研究生教育发展热点述评[J].学位与研究生教育,2019(5):1-9.

需的一些新职业人才,比如数据分析硕士、人工智能应用推广硕士等。

二、规范专业学位研究生教育

全日制硕士专业学位、非全日制硕士专业学位以及在职人员以同等学力申请硕士学位是我国传统应用型硕士研究生教育的主要形式,也是新的应用型硕士研究生教育体系的组成部分,但它们并不能完全代表应用型硕士研究生教育。因此,必须加以规范和改组,将其纳入新的相对独立的应用型硕士研究生教育体系之中[①]。

1. 专业学位研究生教育的分类发展

专业学位研究生教育健康发展首先要解决的就是专业学位与职业资格之间的对应关系问题。这涉及两个问题,第一个问题是专业学位与职业资格之间应不应当形成明确的对应关系。从总体上来看,专业学位研究生教育体系与职业资格体系之间应当形成较为清晰的对应关系,但是,这种对应关系是一个连续谱系,也就是对于不同的专业学位或者不同的职业资格之间的对应关系有强弱之分,既应当存在专业学位与职业资格之间的强关联,也可以存在专业学位与职业资格之间的弱关联。对于有些专业学位或者职业资格来说,专业学位是获得某种职业资格或者进入某种职业的前提,比如建筑师、临床医生;对于有些专业学位或者职业资格来说,专业学位与能否获得职业资格没有直接的关联。第二个问题是专业学位与职业资格之间应当形成什么样的对应关系,更具体地说,就是要明确专业学位与职业资格在哪些方面、以何种形式建立关联。专业学位可以是整体作为职业资格的必备要素,可以是作为获得职业资格的优先条件,也可以是替代职业资格的部分条件,还可以是与职业资格获取过程相辅相成。

应对建立与学术型学位研究生教育并重的专业学位研究生教育体系这一发展态势,专业学位研究生教育发展本身也要走多元、分化发展之路。首先,要明确区分与职业资格(岗位)高度对应的专业学位研究生教育、与职业资格(岗位)并非高度对应的专业学位研究生教育,两种专业学位研究生教育应当有各自更为适宜的培养模式,不能完全雷同。其次,要根据经济社会发展,特别是我国职业岗位变化和职业资格体系现状,确定优先发展的专业学位研究生教育类型。从目前我国职业划分的实际情况来看,专业学位与职业资格之间高度对应的并不多,绝大多数专业学位实际上没

---

① 廖湘阳.非学术型硕士研究生教育发展的路径与重点[J].学位与研究生教育,2010(2):21-25.

有对应非常明确的职业岗位或者职业领域。因此,就专业学位研究生教育的未来发展来看,一是要加快完善职业资格体系,明确技术含金量高的职业岗位对职业资格的基本要求,并建立学位证书与职业资格证书之间相互转换机制;二是要宏观调控好两种类型的专业学位研究生教育规模,与职业资格高度对应的专业学位研究生教育要适度控制规模。

2. 整合专业学位设置

我国的专业学位教育应当加强对已设置的各种专业学位的整合。一是增加种类,要适时根据社会需求,依据学科基础,面向已经发展成熟并需要大量从业人员的专业性职业领域,以及尚未发展成熟但已开始提出对高层次专门性从业人员大量需求的职业领域,增设专业学位种类。二是提升层次,要适时根据社会需求,依据已有的人才培养基础和培养经验,有针对性地提升专业学位层次,在某些领域增设博士层次专业学位。三是规范,要调整部分专业学位的名称与定位,增强其针对性,提升社会认同度。专业学位类别、人才培养目标、对应的职业类型之间要建立紧密的关联。四是整合,要系统考虑专业学位与学术型学位的类别差异,也要系统考虑博士专业学位与硕士专业学位之间的层次差异,还要系统考虑各专业学位之间的种类差异。应用型硕士研究生培养应与学术型学位研究生培养实行互相对应的双轨制,除了部分基础学科,其他应用性学科(含部分基础性学科)的应用型硕士研究生培养应与学术型学位研究生培养相对应。

3. 强化职业性和专业性特性

虽然我国专业学位的发展存在一些弊端,但不可否认专业学位研究生教育已成为我国应用型专门人才培养的主要途径。未来面临的问题不是发不发展专业学位,而是如何发展专业学位,选择什么样的发展方向与重点,以及坚持什么样的发展模式。我国开展专业学位研究生教育的主体仍是具有相应学术型学位授予权的高等学校,这种格局一方面可以利用培养单位已有的培养资源和经验,另一方面又在一定程度上遮蔽了专业学位研究生教育的特性,从而引发一系列问题,比如习惯于培养攻读学术型学位研究生的单位是否自然而然地就具备有培养专业学位研究生的基本条件、是否有足够的兴趣和时间去了解“特定职业或岗位的实际工作需要”、是否有能力和资格去鉴定攻读专业硕士学位的研究生的职业能力包括职业发展能力[①]。发展的关键是强化专业学位研究生教育的职业性和专业性,加强专业学位与职业资格认定与职业资格准入之间的衔接。

---

① 石中英.论专业学位教育的专业性[J].学位与研究生教育,2007(1):7-11.

专业学位研究生培养必然具有一种职业的特性,这是它区别于学术型研究生培养最主要的特征。专业学位的职业背景只能是"特定职业",可见,"专业性"与"职业性"存在交集,但二者并不等同。

其一,"专业性"涉及的是专业学位所对应的职业领域的专业化程度。当这一领域有其独特的知识领域和严格的入门标准,体现出与之对应的专业学位人才培养的特殊性和必要性,只有通过特定的培训才能胜任其工作时,这样的职业领域才成为专业化的职业领域。因此,将"专业性"简单解释为"职业性"是不尽科学的,"专业性"源自"职业性",又高于"职业性","专业性"要求专业学位对应的职业领域在专门技能上达到专业化水平[①]。

其二,相对于专业性而言的职业性,突出表现为一种实用性。高等教育视域中的"专业"主要是基于所对应的学科进行设置的,更多体现的是学科发展的学术水平,倾向于专门的学业、学科内容。专业学位的"专业"则更多地表现为一种专门的职业,专业学位所体现的职业取向与职业岗位的联系更为直接,因此,专业学位未来的发展方向是真正建立起专业学位与对应的职业任职资格之间的密切联系,既增强专业学位的"特定的职业指向性",又彰显专业学位对于"特定的职业"高级专门人才培养的独特性。

三、培育新的应用型硕士项目

要真正形成规模化的应用型硕士研究生培养体系,除了规范发展各种传统应用型硕士研究生教育,还必须培育新的项目和新的类型[②]。

一是要结合新的教育项目的设立,推进硕士研究生教育整体结构调整与模式创新。一至两年的传统模式的博士前教育正在被一种专业化的终端型证书(a professionalized terminal credential)所取代,这种证书为培养求职者成为一名竞争力强的技能型劳动力做好准备。这类跨学科、混合型学位项目不仅出现在硕士学位的传统优势领域,例如商业、教育和社会工作,还出现在人文艺术和科学领域[③]。为此,可以将一些资格证书、从业证书的考取与研究生教育相结合,在严格的三级学位制度之外建立起更加灵活多样的研究生层次证书培养体系,实际上曾经风行一时的研究生课程班结

---

①　申姗姗.从"专业性"看专业学位教育的发展[J].学位与研究生教育,2009(7):61-65.

②　廖湘阳.非学术型硕士研究生教育发展的路径与重点[J].学位与研究生教育,2010(2):21-25.

③　Judith Glazer-Raymo. Trajectories for Professional Master's Education[EB/OL]. http://www.cgsnet.org.

业证书即是此类。

二是要设立真正面向区域、社区的硕士项目。美国研究生院协会曾把硕士研究生教育分成四种类型,即附属型硕士研究生教育、职业发展型硕士生教育、学徒型硕士生教育、社区中心型硕士生教育,其中社区中心型硕士生教育集中在应用性较强的领域,讲究教育的实用性和应用性,注重对本地区的认识和为解决问题寻求办法,目的在于服务社区①。我国启动了"服务国家特殊需求人才培养项目",这类项目的特征之一就是明确其特殊的不可替代的服务方向与领域,以更精准地培养特定行业、特定区域所需要的复合型应用型人才。"研究生教育具有两层功能,一层是以国家需求为重心的上位功能,另一层是以区域和大学的需求为重心的下位功能,研究生教育治理需要兼顾上位功能和下位功能。"②为此,要把满足区域需求与优先新增国家区域发展重点领域、空白领域和亟须领域的学位授权紧密结合起来,要真正聚焦于最为紧迫的、最为重要的社会需求和区域需求;要细化和分类区域需求,分类发展,创设一些应对区域、社区需求的以培养应用型人才为主的新型硕士研究生培养项目;要通过广泛的调查和大数据分析,建立基于社会需求变化的调整机制。

三是要加快我国自然科学领域研究生人才培养的改革,开拓高等理科教育面向国家经济建设的新途径③。研究生培养单位要综合理学领域学术型研究生培养、工科领域工程硕士专业学位研究生培养、社会科学领域工商管理硕士和公共管理硕士培养的优势和经验,整合三个方面的课程体系,建立起面向新型就业岗位的应用型硕士研究生培养体系,实现对自然科学领域硕士研究生培养的改造与分流。

非学术职业岗位对高级专门人才的知识、能力和素质的要求,已经超出了学术共同体的知识范畴和能力框架。应用型硕士研究生培养项目的设计需要突破传统的学术共同体内部框架,协调和发挥包括社会用人单位、各种行业协会在内的相关利益者的作用与合作。首要的就是关注需求,包括研究需求、发布需求、引导需求,建立根据需求自主调整规模的机制④。其次运用相关的科学理论和分析工具,甄别毕业研究生可能匹配的

① 李敏.美国硕士研究生教育的类型分析[J].学位与研究生教育,2003(12):38-41.

② 陈洪捷,沈文钦,高耀,等.学位授权审核机制改革与我国研究生教育治理路径的调整[J].教育研究,2016,37(1):17-25.

③ 张竞,孔寒冰,王沛民.美国专业科学硕士的创立及启示[J].高等工程教育研究,2007(3):18-21,47.

④ 杜占元.探索创新 深化改革 推动专业学位研究生教育再上新水平[J].学位与研究生教育,2016(1):1-6.

职业岗位,通过职位分析确认胜任这些岗位应具备的知识、能力和素质。最后要将特定职业岗位的胜任力科学、合理地映射为培养方案,制订培养计划。新项目的设置始终应当遵循生成性而非完全的预设的原则,项目本身是开放的、渐进的而非僵化的、封闭的,从培养目标的设定到培养计划的制订都强调生成性和适时调整优化,尤其重视根据工作场所的信息进行调整优化。

四、创建新型研究生培养单位

要真正建立起比较系统化的应用型硕士研究生教育体系,除了充分挖掘原有的学术型硕士研究生教育体系的潜力,还应搭建新的更加切合的平台[①]。

1. 构筑新的研究生培养基层单位

研究生培养单位传统上是一种自封闭的组织,本身形成一个小社会,其内部典型的基层结构是以学科为重心的系或者学院,这些基层教学和科研组织相互之间,以及这些基层组织与外部环境比如企业等组织之间,是一种隔离的状态。当前,研究生培养单位组织结构的构成及其逻辑发生了较大的变化,开放式创新、持续创业精神等成为其组织架构的核心要素。研究生培养单位在其传统的组织结构基础上开始形成、衍生一批拓展性外围组织,研究生培养单位与其他社会组织之间的资源交换等相互关系和相互活动逐渐由这种体现出相互嵌入特征的新型组织来承担。其中,比较典型的就是各种新型的研究生培养平台,比如许多研究生培养单位在企业设立的研究生教育创新基地。

立足学术工作的组合与融通,基于产学研战略联盟,在传统研究生教育基层单位与外部系统之间搭建桥梁,构筑新的研究生教育基层单位。比如,日本高度重视研究生院的弹性化,积极推进研究生教育组织的改革,其中一个举措就是推进产学研合作,建立协作研究生院,加强大学与产业、研究机构在高层次人才培养上的合作,实现不同类型组织间优质资源与异质性资源的共享,以此提高人才培养质量、满足社会的多元化需求。以日本软件人才培养为例,所推进的"先导性 IT 专家培养推进项目"就是以一所大学的研究生院为核心,通过多所大学的研究生院的联合、大学与企业的

---

① 廖湘阳.非学术型硕士研究生教育发展的路径与重点[J].学位与研究生教育.2010(2):21-25.

合作,实现人力、物力的资源整合,建设一批高级软件人才培养的高水平基地①。

研究生教育组织变革与培养模式相互促进,讲座制、学系制、研究生院制适应了不同类型的研究生培养。新的培养模式的建立要以研究生教育组织的变革为基石和支撑,"项目制"成为当前专业学位研究生教育组织变革探讨的一个热点。武汉大学以项目制为依托,以点带面开展了深化专业学位研究生教育综合改革的工作,实行多元化实践基地管理模式,建立学校、企业、事业、科研机构多方互赢的实践基地,管理模式由单一模式逐步探索出"高校—企业—项目""高校—事业单位—服务""高校—科研机构—课题"多种模式②。北京师范大学试点项目组制学习模式,在研究生入学起便组建课题组制学习小组,由校企共同设计团队合作学习实践项目,全方位提升研究生的实践创新能力及团队协作能力,打造职业素养和实践能力协同培养的专业学位研究生培养机制③。华东师范大学探索形成了专业学位大类别群建设—中心制管理—项目制运行的管理体制,突破传统"学院制"管理模式,整合多学科资源,充分利用交叉学科优势,探索大类别人才需求和人才培养的共性特点,整体推进、整体发展,并在专业学位教育中心基础上,探索建立专业学位研究生院模式④。"项目制"针对传统的院系制培养模式难以适应专业学位人才培养发展需求的问题,进行基于需求设计的跨院系资源整合,设置高质量课程,汇聚师资团队,更符合专业学位人才培养特征。

研究生培养基层单位传统上是高等学校内设机构,但是,随着研究生培养活动越来越受外部变化的制约,越来越依赖于外部资源的支持,研究生培养单位开始向外拓展,由过去那种完全以学科为核心、以学科组织为基础的高等学校内设机构,在高等学校、企事业的结合部,衍生出一种以问题为中心、以实践场所为基础的新型培养单位,即类似于企业博士后科研流动站的应用型研究生培养企业联合基地,比如江苏省大力推动建设的研究生企业工作站。

———————————

① 杨东勇,陈明阳,张健.日本加强硕士层次软件人才培养的改革探索与实践[J].学位与研究生教育,2009(7):65-69.

② 武汉大学.武汉大学深化专业学位研究生教育综合改革经验做法[EB/OL].http://www.moe.gov.cn/s78/A22/moe_847/201803/t20180302_328441.html.

③ 北京师范大学.特色发展 树立品牌 构建一流拔尖创新应用型人才分类培养体系[EB/OL].http://www.moe.gov.cn/s78/A22/moe_847/201802/t20180226_327758.html.

④ 华东师范大学.华东师范大学专业学位研究生职业化人才培养的改革与实践[EB/OL].http://www.moe.gov.cn/s78/A22/moe_847/201803/t20180302_328439.html.

2. 设置主要从事应用型硕士研究生培养的专门机构

日本建立了传统大学研究生院、独立研究科或专攻研究生院、研究生院大学、合作研究生院、协作研究生院、研究生院重点化、专业学位研究生院（日文称"专门职大学院"）等研究生教育组织形式,每种组织形式都特别针对某类研究生的培养。专业学位研究生院是将过去由研究生院承担的培养职业化高级专门人才的职能单列出来而成立的职业类研究生人才培养的专门机构,旨在培养国际通用的高级专门职业化人才,同时具有扎实的理论功底和出色的职业专业能力[①]。韩国形成了普通研究生院、专门研究生院与特殊研究生院并存,学术性、职业性、技术性兼备的"三元制"研究生教育体系,极大地满足了韩国产业结构变革和科技进步对多样化人才的需求[②]。

我国应当借鉴相关国家的先进经验,审视研究生培养基层组织的架构特征,反思大学内部各专门学院比如法学院、管理学院、商学院的办学定位,建立研究生层次的专业学院,逐步形成应用型硕士研究生教育的专门机构。专门性研究生院本身就是针对某一专门职业领域而设置的,并非综合性的专业学位研究生院。当前的一个改革方向就是将高水平大学内部设置的商学院、法学院、管理学院等二级学院逐步发展成为以培养应用型硕士研究生为主的专门学院。美国高校内部的专门学院提供了值得借鉴的经验。美国正在推动新建本科院校转型发展,发展水平比较高的大学也可以选择几个学院在研究生层次转向重点培养应用型研究生。与其他学院相比,这些学院以应用型人才培养为主,与高职本科联系较为密切,与企业、产业等非传统学术型岗位联系密切。

3. 发展一批以培养应用型硕士研究生为主的研究生培养单位

鼓励研究生培养机构转向以培养应用型硕士研究生为主,新增一批拥有扎实的应用型人才培养经验和条件、只有学士学位授予权的院校开展专业学位研究生培养。要创造条件发展一批能够培养应用型研究生人才的民办高校。民办高校已经成为世界高等教育的组成部分,其发展的触角已经从专科层次发展到本科层次,并开始延伸到研究生教育层次。美国营利性高等教育机构研究生培养以知识应用为导向,其培养研究生的专业设置主要是适应社会的职业需要,教学方式灵活多样。民办高校是我国高等教

---

① 吴宏元,郑晓齐.日本研究生教育组织形式及其特征分析[J].学位与研究生教育,2006（10）：73-77.

② 徐岚,吕朝晖.韩国研究生教育结构改革的趋向、问题与对策[J].学位与研究生教育,2004（5）：55-60.

育的重要组成部分,其办学层次应当随着办学水平和教育质量的提高而相应提升。2011 年,我国有五所民办高校获得研究生招生资格,其实质是民办高校参与"服务国家特殊需求人才培养项目"——学士学位授予单位开展培养专业学位硕士研究生试点工作,这个方面我国迈出了学位授权制度改革的一大步,有其必要性和现实意义。"服务国家特殊需求人才培养项目"是我国学位与研究生教育制度的重要创新:一是对学位授权制度的创新,突破了过去一直强调的只有成为学位授权单位才能开展研究生教育的制度框架,没有成为硕士、博士学位授权单位也可以开展研究生教育;二是对学位与研究生教育项目管理的创新,打破了过去一直实际存在的学位授权单位和授权学科终身制的做法,实行动态管理;三是对授权学科体系的创新,着眼于国家行业发展的特殊需求,探索学位授权与国家急需高层次应用型人才培养紧密结合的新机制;四是对学位授权审核的创新,引入行业主管部门参与学位授权的审核,发挥社会力量在研究生培养工作中的积极作用。2020 年 9 月,国务院学位委员会印发的《关于开展 2020 年博士硕士学位授权审核工作的通知》(学位〔2020〕22 号)明确规定:"新增硕士学位授予单位原则上只开展专业学位研究生教育,新增博士学位授权点向专业学位倾斜。"这一规定意味着我国研究生培养单位发展路径的多元化,研究生教育将形成新的格局。

五、贯通应用型硕士培养体系

应用型硕士研究生的培养方式应当是多元的,各种不同类型共同构成相对独立的培养体系,因此,要明晰各自在应用型硕士研究生教育体系中扮演的角色,在强调各自特殊定位的同时,增强相互之间的连通性①。贯通应用型硕士培养体系应从以下两个方面着力。

一是增强连通性。在应用型硕士研究生教育体系的框架之下,推动各种应用型硕士研究生教育类型、形式、模式之间的相互补充,增强整个体系和各个类型、类别之间的连通性,给予有意攻读硕士学位者更大的自由选择空间,提升整个应用型硕士研究生教育体系满足社会需求的能力。当前对研究生培养类型的理解局限于学术型和应用型,把多样化简化为二元化,学术型和应用型这种"二元"划分在实践中又落脚为学术型的"一元",而其深层次的原因就是无视培养机构、学科专业、地域、学位类型、学生个

---

① 廖湘阳.非学术型硕士研究生教育发展的路径与重点[J].学位与研究生教育,2010(2):21-25.

体等的差别和联系①,因此应用型硕士研究生培养改革应从多个维度同时考虑,构成一个立体的、网络化的、易于转换的多元化培养体系。

二是明确定位与细分市场。每种应用型硕士研究生教育类型都应当强化各自的特殊定位,形成各占优势的细分市场。比如,专业学位作为一种有着明确的特定职业定向的应用型研究生培养模式,其培养体系的健全完善要与整个社会职业发展、职业资格制度建设相适应,要针对其所对应的特定职业的人才规格与素质要求创新培养模式,聚焦实践资源,兼顾培养职业技能与专业能力。再比如,在职人员以同等学力申请硕士学位是我国在学位制度实施初始就开展的一项应用型硕士研究生培养改革,这一途径为各行各业的专业技术人员在职进修提供了渠道,为生产实践部门培养了大批高层次应用型人才,未来要进一步整合,以在职人员非全日制学习和攻读硕士学位为抓手,提升社会认同度和吸引力。

未来研究生教育发展必然走分化发展之路,分化发展一方面是指不同类型、不同层次的研究生教育采取不同的发展策略和发展道路,另一方面是指不同层次、不同类型的研究生培养单位结合学校特点和研究生教育传统,采取不同的发展策略、培养模式、发展定位。这两方面的同时进行才有可能真正实现研究生教育的分化发展,挖掘研究生教育发展的空间,保持研究生教育发展的活力。

第五节　发展重点

应用型硕士研究生培养体系的建立是一个复杂的过程,涉及方方面面;也是一个长期的工程,需要抓住学科领域重点和人才类型重点,即重点发展哪些领域,重点培养哪类人才。纲举目张,从学科领域、人才类型、模式创新着手来集中力量予以积极推进,是其高质量发展的必然途径。

一、学科领域

不同学科领域对于学位层次、学位类型的倾向性是存在差异的,某些领域比另一些领域更倾向于将硕士学位作为终端学位,而另一些领域则几乎只关注博士学位,硕士学位只是一个可有可无的附属品。当然,造成这一现状的原因,除了学科本身的特性,主要是源于硕士学位在不同领域中

①　李素芹,张晓明.我国硕士生培养目标多样化的认知语境阐释[J].学位与研究生教育,2009(6):54-58.

获得的就业机会存在差异。新的学科或专业领域不断出现,而对新的应用性较强的专业领域,传统的学术型研究生培养模式并不合适,这些领域构成应用型研究生教育重点发展和优先发展的学科领域。

1. 各种应用性学科领域

应用性强的学科与学术性强的学科应当分别采用不同的培养模式。应用型硕士人才培养应当集中在应用性学科,在科学与技术的相互渗透、转化和协同中找到发展的切入点。应用型学科的一个突出特征是强调学科知识体系应用于实践,实践性是应用型学科的内在本质。应用型学科研究生培养的这种差异从各个培养活动和环节中表现出来,从研究生培养的基础即高深知识的属性来看,应用型学科研究生获取的知识和培养进程中的素材主要指向应用性知识或者知识的应用性;从研究生培养的学科知识流编码来看,应用型学科研究生培养中的知识流与其他学科相比,更倾向于是一种难以编码、依赖于个人经验的默会知识,只可意会不可言传是其典型特征;从研究生培养过程中的师生互动来看,应用型学科研究生培养的活动空间更加开放,由狭窄的实验室拓展至各种校外实践场所,由纯粹性的偏重语言和思想的学科交流转向行动和实践中的交流与模仿,由模仿导师科研活动的"学着做"转向通过实践来深化理论学习的"做中学"。

2. 跨学科领域

随着"NBIC 会聚技术"(NBIC converging technologies)试图将迅速发展的纳米科技(Nanotechnology)、生物科技(Biotechnology)、信息科技(Information technology)和认知科学(Cognitive Science)协同和融合起来[1],学科会聚(disciplinary convergence)、产业会聚、区域技术等逐渐成为具有一定操作性的新概念与新思维。这些技术领域过去被认为是与不同学科和不同产业相关的,现在却彼此相互作用,由新的交叉学科综合而成的具有产业意义的学科已经被创造出来,如生物信息学、行为经济学和纳米技术、计算机网络技术、金融债券等。这些新的领域难度虽大,但却并不苛求理论或者知识的体系化,需要这种知识的人,由于工作繁忙,一般只要求获得自己所必需的知识,与追求知识的理论体系与逻辑体系相比,更倾向于掌握各个知识模块(module)[2]。

当前正是一个跨学科领域不断涌现的时代,比如:文化神经科学

---

[1] Mihail C Roco, William Sims Bainbridge. Converging Technologies for Improving Human Performance[M]. Dordrecht: Kluwer Academic Publishers,2002.

[2] 金子元久.高等教育的社会经济学[M].刘文君,译.北京:北京大学出版社,2007:64.

(cultural neuroscience)是一个将文化、心理与大脑整合起来的新兴的跨学科领域；社会信息学，主要研究计算机化的社会方面，在信息技术迅猛发展和日益普遍应用的今天与之相关的社会问题变得日益突出并已引起人们的关注；社会计算、数字人文、数据驱动的"计算社会学"等跨学科领域，旨在通过计算来增强社会对个人和集体行为的理解。这些跨学科领域对研究生人才培养提出了新的要求，既要求加快培养在这些新的跨学科领域从事学术研究的人才，也要求加快培养在这些跨学科领域中产生的新职业和新岗位上就业的跨学科复合型应用型研究生。

Donald Spencer 认为存在一个向跨学科硕士点发展的全国性趋势，"尤其是在人文领域，这种趋势代表了与传统定义上的硕士教育的一种新的分离，传统意义上讲硕士教育是要植根于特定学科的方法论和内容基础之上的"①。实际上，应用型硕士研究生培养改革与创新大多集中在跨学科领域，这使之与传统学术型硕士研究生区分开，削弱和淡化了与应用型硕士研究生不相匹配的基础学科和成熟学科那种严格的"学科规训"的消极影响。应用型硕士将来要面对的技术问题往往被众多学科紧紧地包裹着，需要跨越领域来综合协同地研究与解决。因此，其专业培养计划必须体现出跨学科性，重视进行跨学科的和交叉学科的训练。对于将来从事解决实际问题技术性工作的应用型硕士而言，跨学科思考和学习的训练无疑是一剂良方。

3. 新兴学科领域

这是一个新兴学科涌现的时代，医学信息学就是一门新兴的学科，是医学与信息科学交叉的新兴学科。医学信息学的发展背景是医疗保健工作与信息科学技术息息相关，医疗情报以及信息的获取、存储、检索、利用和评价越来越重要，对于降低误诊率、进行远程会诊等有着重要的意义。这方面的人才需求量比较大，一些高等学校已经作出了及时的回应，比如斯坦福大学开发了系列医学信息课程，主要包括应用于医学信息本身的计算机科学、生物医学、决策科学、社会科学、公共政策等。这些新兴的学科领域都将在硕士研究生教育层次得到推动②。

大数据开启了一次重大的时代转型，带来一场生活、工作、思维的大变革，要求我们能够"以一种前所未有的方式，通过对海量数据进行分析，获

---

① 转引自克利夫顿·康拉德，珍妮弗·格兰特·霍沃思，苏珊·博雅德·米勒.美国如何培养硕士研究生[M].袁本涛，刘帆，等，译.北京：北京大学出版社，2016：19-20.

② Judith Glazer-Raymo. Trajectories for Professional Master's Education[EB/OL]. http://www.cgsnet. org.

得有巨大价值的产品和服务,或深刻洞见"①。这一新型能力的巨大需求刺激着专门人才的快速培养和相应教育项目的发展。美国数据分析硕士项目(Master of Data Analytics Programs)成为管理类研究生项目的一个亮点,一份调研报告显示:与美国管理类研究生申请数下降的整体趋势相反,数据分析硕士申请数总体呈现增长的特征,而且国际申请数增长超过国内申请增长数②。数据分析硕士毕业生的需求量很大,71%的受访雇主计划在 2018 年将新招聘的商学院毕业生放在数据分析职位,数据分析硕士与商业发展(74%)、市场营销(70%)、财务(69%)一起成为雇主招聘比例最高的职位。大约一半的受访公司(52%)计划在 2018 年聘请数据分析硕士毕业生,2017 年该比例为 35%,其中亚太地区数据分析硕士招聘需求最为强劲(该比例达到 62%)③。

　　应用型硕士研究生教育的主攻学科领域应当集中在刚刚出现的学科领域、刚刚发展成熟的专业性职业所对应的领域。因为这些领域尚未成为学术型学位的习惯领域或者优势领域。对此,可以从两个方面来理解:一方面也许是这些学科领域或者专门性职业领域本身刚刚发展起来,尚不完全成熟,还无法纳入学术型学位的学科领域或者它所关注的专业、职业领域;另一方面也许是学术型学位本身已经非常庞大,且已形成自己的传统优势领域,无暇顾及这些方面。无论何种情形,新兴学科领域提供的新机遇以及新型知识生产方式提供的新途径,为应用型硕士研究生培养提供了一个广阔的空间,也构成其特色优势和核心竞争力的基础。

　　4. 具有潜在的大量就业机会的科技发展涌现的领域

　　"随着 20 世纪下半叶的技术发展,以及工业、工程教育和研究机构对工程研究的大量投入,技术知识体得到了巨大的增加。新的技术领域和技术科学学科数量激增,各种工程专业的差异给工程教育带来了巨大的压力。这种压力来自如何既能紧跟技术发展的前沿又能给予学生足够广泛

---

　　① 维克托·迈尔—舍恩伯格,肯尼思·库克耶. 大数据时代——生活、工作与思维的大变革[M]. 盛杨燕,周涛,译. 杭州:浙江人民出版社,2013:4.

　　② GMAC. Strong Regional Growth in Demand for Graduate Management Education[EB/OL]. https://gmac. gcs-web. com/news-releases/news-release-details/strong-regional-growth-demand-graduate-management-education.

　　③ GMAC. MBA Hiring is Strong,with 4 in 5 Companies Planning to Hire Graduates in 2018[EB/OL]. https://gmac. gcs-web. com/news-releases/news-release-details/mba-hiring-strong-4-5-companies-planning-hire-graduates-2018-mba.

的知识"①。2015 年世界经济论坛发布的一份报告列出了 21 个 2025 年以前可能出现的技术引爆点(technology tipping points),如表 3-1 所示,这些技术引爆点将塑造未来高度互联的数字化世界,也必将对就业产生影响。新技术的应用是增长就业机会的推动力,"非生产性知识型人员"成为需求最旺的职业。我国硕士研究生教育长期以来是以学术型见长,各种高新技术企业和岗位所需要的高级应用型和技能型人才的培养力度和规模还很小,因此,要在继续扩大专业硕士学位类型与教育规模的同时,加大其他类型应用型硕士研究生教育的力度。应用型硕士面向的并非技术技能要求低的岗位与职业,而恰恰是高技能岗位,这些岗位通常都是科技发明涌现的领域、科技发明运用的前沿。因此,要紧跟当前科学的发展以及新兴技术的应用等新动向,培育一些更适合于发展应用型硕士研究生教育的学科专业领域和方向②。

表 3-1　预计将在 2025 年前出现的技术引爆点③　　　　单位: %

技术引爆点	概率
10%的人穿戴接入互联网的服饰	91.2
90%的人享受免费的(广告商赞助的)无限储存空间	91.0
1 万亿传感器接入互联网	89.2
美国出现首个机器人药剂师	86.5
10%的阅读眼镜接入互联网	85.5
80%的人在互联网上拥有了数字身份	84.4
首辆 3D 打印汽车投产	84.1
政府首次用大数据源取代人口普查	82.9
首款植入式手机将商业化	81.7
5%的消费品都是 3D 打印而成	81.1
90%的人使用智能手机	80.7
90%的人可经常接入互联网	78.8
无人驾驶汽车占到美国道路行驶车辆的 10%	78.2
首例 3D 打印肝脏实现移植	76.4
30%的企业审计由人工智能执行	75.4
政府首次采用区块链技术收税	73.1
家用电器和设备占到一半以上的互联网流量	69.9

① Edward F. Crawley,Johan Malmqvist,et al. 重新认识工程教育——国际 CDIO 培养模式与方法[M].顾佩华,沈民奋,陆小华,译.北京:高等教育出版社,2009:213.

② 廖湘阳.非学术型硕士研究生教育发展的路径与重点[J].学位与研究生教育,2010(2):21-25.

③ 克劳斯·施瓦布.第四次工业革命[M].李菁,译.北京:中信出版社,2016:27.

技术引爆点	概率
全球拼车出行、出游的数量超过私家车	67.2
出现首座人口超过 5 万但没有红绿灯的城市	63.7
全球 10% 的 GDP 以区块链技术进行存储	57.9
第一个人工智能机器将加入公司董事会	45.2

5. 一些过去一直被视为纯学术的自然科学领域和人文科学领域

科学和技术发展的日趋融合已经淡化了"科学"和"工业"间以及基础研究和应用研究间的区别,许多技术领域未来的发展及其有效利用是以基础研究知识的不断突破与应用为基础的。这必然对其知识结构和人才结构提出新的要求。当前诸多高技能岗位传统上通常都是由理学硕士来担任的,但是随着该类岗位与外部系统联系的加强,技能要求有了新的变化,除了专门的理学学科知识与技能,还要求具有评估、推介产品商业价值等方面的能力。鉴于此,可以对传统的理学硕士学位加以改造,扩大培养目标,为准备从事非传统学术工作的理科研究生提供相应的培养计划与训练①。在我国,首先是博士和硕士研究生教育应当在学科分布上体现出一定的规模差异,占有很大比重的学术型理学硕士研究生教育可以部分转向培养具有理学背景的技术型高层次人才。建立在文理科传统学术底蕴基础上、职业领域培训与文理科培养计划相互贯通的新型培养计划,能为准备在非学术岗位工作的学生提供丰富的培训课程。

二、人才类型

未来所需要的是具有适应能力、前瞻能力和创新能力的人才。应用型硕士研究生培养的人才类型侧重于高级专门技术型人才与应用型人才、本地高新技术企业需求的高层次人才以及各种非传统学术岗位所需知识型人才。

1. 战略性新兴产业和高新技术企业所需要的高级专门人才

应用型硕士研究生教育要瞄准战略性新兴产业和高新技术企业,在自然科学领域培养受过自然科学训练和专门职业技能双重训练的高级专门人才。

"每个国家的人力与资源都有一定的限制,最理想的状况是把资源应用到最有生产力的领域。"②产业结构的演进本身会朝向技术密集型的方

①　大卫·沃德.令人骄傲的传统与充满挑战的未来:威斯康星大学 150 年[M].李曼丽,李越,译.北京:清华大学出版社,2007:90-106.

②　迈克尔·波特.国家竞争优势[M].李明轩,邱如美,译.北京:华夏出版社,2002:31.

向发展,按照一般规律,产业结构从低级化向高级化的转换过程也就是知识密集度高的主导产业替代知识密集度低的主导产业的过程①。技术创新是企业能够获得可持续竞争优势的一个必然途径,而技术创新型劳动力的流动及形成的劳动力聚集状况,更是生产外部性及外部经济的理论基础。大学、科研院所及研究中心基地正是技术创新型劳动力或者称之为技术创新人才的集中地或流动方向,甚至有些高新技术企业正是这些技术创新劳动力所创办的②。

发达国家已经形成了与高新产业相关的专门技能的生成、扩散、运用的机制,而在发展中国家这种机制还极为薄弱,即便有也通常只是在特定的企业内发挥作用,在此背景下形成的技能难以扩散,影响整个社会的生产率和技术水平③。因此,发展中国家的政府要担起公共责任,支持特定行业尤其是国家急需发展的行业的专门技能、技术规范的形成、标准化和传播;加强创新战略布局,前瞻性地布局未来关键技术网络,全面增强创新驱动力,推动经济发展质量变革、效率变革、动力变革;依靠增强创新力铸造实体经济新引擎,坚持基础研究、技术研发、工程应用及产业化整体创新,全面提升关键基础材料、核心基础零部件、基础工艺、基础软件、高端芯片、工作母机等的自主能力,增强产业链、供应链韧性;加强不同形态创新的整合,统筹推进已有技术发明的产业化、基础研究成果的转化应用、产业共性技术和关键技术的当地化,完善科教融合、产教融合人才培养体系,把发展科技第一生产力、培养人才第一资源、增强创新第一动力更好结合起来,壮大体系化的战略科技力量。为了提供战略性新兴产业发展所需要的高级人才,高等学校一方面要加强战略性新兴产业相关专业学科建设,增加与之匹配的专业学位类别,另一方面要改革人才培养模式,建立企校联合培养人才的新机制,促进创新型、应用型、复合型和技能型人才的培养。

2. 高科技服务业人才

现代服务业又称新兴第三产业,是现代经济的重要组成部分,主要是向社会提供高附加价值、高层次、知识型的生产性服务和消费性服务④。面对激烈的全球竞争,高科技服务业发展及知识中介创新服务平台是不可或缺的要素。利用知识中介平台服务及知识中介平台创新策略,可以促进

---

① 姚先国,等.人才战略与区域经济发展[M].杭州:浙江大学出版社,2006:71.

② 刘乃全.产业聚集论[M].上海:上海人民出版社,2009:22.

③ 金子元久.高等教育的社会经济学[M].刘文君,译.北京:北京大学出版社,2007:144-145.

④ 刘乃全.产业聚集论[M].上海:上海人民出版社,2009:209.

高科技制造业及服务业的均衡发展,强化高科技制造业及服务业专业化能力,提升高科技制造业的整体竞争力。科技服务产业发展所需要的教育与训练包括技术水平训练部分与市场能力训练部分,既要系统传授该产业的核心关键技术和基本技能,又要培养市场营销、品牌管理等技能,从而增强既符合客户确切需求又具有竞争优势的服务能力①。但是,目前我国科技服务等行业从业人员中受过研究生教育的所占比例还很低,如表3-2所示。

表 3-2　中国 2018 年部分行业从业人员受教育程度分布　单位: %

受教育程度	交通运输、仓储和邮政业	信息传输、软件和信息技术服务业	金融业	科学研究和技术服务业	教育	卫生和社会工作	文化、体育和娱乐业	公共管理、社会保障和社会组织
小学以下	7.4	1.2	0.9	1.5	1.9	3.5	4.3	2.6
初中	49.6	10.9	10.4	12.6	10.9	12.2	26.2	13.4
高中	18.3	11.5	12.1	10.2	7.6	8.8	16.0	13.2
中职教育	7.0	7.1	6.4	5.4	7.1	12.4	8.5	6.3
高职教育	1.5	2.2	1.7	2.0	2.2	2.6	2.0	1.8
大学专科	10.1	27.1	27.9	22.5	23.3	28.3	19.8	27.2
大学本科	5.9	35.9	36.5	36.2	40.1	28.5	21.1	32.8
研究生	0.2	4.2	4.1	9.6	6.8	3.7	2.1	2.6

数据来源:国家统计局人口和就业统计司,人力资源和社会保障部规划财务司.中国劳动统计年鉴(2019)[M].北京:中国统计出版社,2019.

注:表中数据因四舍五入,存在加总后不为100%的情况。

与传统服务业相比,新兴服务业对就业人员的素质要求要高得多,并非必须是创新型人才,但要求具备相当的知识储备、能够迅速吸收知识并加以利用、能熟练运用信息技术等。生产性服务部门的增长显示了专家知识对于所有制造业部门的重要性,也表明了新的组织形式以及新型技能的重要性,企业需要由它们提供商品化知识来获利。当附加值的源泉从知识创造转向知识配置的时候,就必须由新型的生产者来运作这一过程,那些为这种企业创造价值的团队将成为问题解决者、问题鉴别者和问题经纪人,而使它们最高产的组织形式不是等级化的组织,而是能够处理高度密集的沟通交流的组织②。

3. 非传统学术性职业或者就业岗位所急需的人才

经济合作与发展组织认为,"不从事体力劳动产品生产的人即非生产

---

① 徐作圣,黄启佑,游焕中.科技服务业发展策略及应用[M].台北:(台湾)交通大学出版社,2010:196-197.

② 迈克尔·吉本斯,卡米耶·利摩日,黑尔佳·诺沃特尼,等.知识生产的新模式——当代社会科学与研究的动力学[M].陈洪捷,沈文钦,等,译.北京:北京大学出版社,2011:108.

性知识型人员,如从计算机技术员、理疗师到市场专家,都是需求最旺的职业"①。应用型硕士研究生教育的培养目标定位要紧紧抓住非传统学术岗位,培养更多的研究生从事学术界以外的职业,培养大量非学术职业部门所需的技能型硕士研究生,以满足劳动力市场的需求。

技术在社会中的角色正在发生转变,技术的焦点转移到了产品功能的集成和特色设计上。传统的生产过程并没有消失,但在咨询、设计、市场等行业出现了新工作。这些新的工作要求从业者具备新的个人和职业能力,并要求知识体系创造出新的学科。它一方面导致技术、专业和学科数量的膨胀;另一方面导致曾经具有统一职业特征的工程形象的分化,工程师的形象慢慢偏离"创造者"而朝"技术工作者"的方向移动。与此同时,政策和管理层面也加入了创新的过程中,这也就扩大了创新的范围,并将焦点从寻求技术发展和突破转化到市场需求、战略问题和技术的应用等更为广泛的课题上②。由此必将涌现出与以往明显不同的工作岗位,这些新型工作岗位一方面对就业者提出了更高的学位、学历要求,主要面向硕士学位获得者;另一方面对就业者能力结构提出新的要求,在希望这些硕士学位获得者继续保持研究生传统优势的同时,又不局限于单一学科专业的知识、能力,而是受过更为广泛的训练,能在岗位之间进行职位转换,能参与不同部门之间知识、技术的交流与合作,成为一个高素质的复合型人才。

美国理学专业硕士的支持者认为,如果您或您的公司想要成为下一代科学与数学领域的领头羊,那么建议您做理学专业硕士的导师或是雇佣理学专业硕士毕业生。理学专业硕士毕业生能体现出卓越的多方面才能。①跨学科的专家。理学专业硕士研究生接受的是走在科学技术尖端的、先进的训练。科学与专业技能经验的结合意味着其毕业生胜任对应的工作岗位只需要最少的额外训练,节约了雇主在新入职人员技能培训方面的时间和金钱。②优秀的交流者。理学专业硕士研究生受过商业管理、冲突管理谈判、写作和演讲能力培训,使其毕业生适合担任公司研究团队和商业管理层的纽带,甚至可以胜任这两个团队的工作。③创新的问题解决者。理学专业硕士毕业前要完成一个具有团队精神的多学科的研究项目,这

---

① 经济合作与发展组织(OECD).以知识为基础的经济[M].杨宏进,薛澜,译.北京:机械工业出版社,1997:4.

② Edward F. Crawley,Johan Malmqvist,et al.重新认识工程教育——国际CDIO培养模式与方法[M].顾佩华,沈民奋,陆小华,译.北京:高等教育出版社,2009:216.

个项目的训练有助于其发展处理现实世界中的挑战和机遇的能力与素质。

4. 本地化人才

新经济有很多种模型,这些模型都强调依赖独特的本地优势,每个市场模型同其他的市场模型都有区别,它们协同运作创造一个综合的包罗万象而不是排外的全球经济体系。创新技术的集合,以从未有过的速度被世界各个地区引入并整合,为我们用新的方式创造地区财富提供机会。创新经济很大程度上由技术创新、全球化和放松管制共同驱动。创新经济出现地区化特征,这些地区都具有一套发达的社会文化结构,有固定但不正式的交换技术知识和概念想法的组织①。

中国企业本身缺乏对高层次人才的培训体系和培训机制,企业技术创新和高层次人才的外部依赖性大,要改组中国企业特别是中小型企业,就要有大量职业经理人等管理精英以及大量技术精英。这些管理精英与技术精英要熟悉了解本地文化,仅仅依靠外部的引入是远远不够的,相关人才的培养过程本身就应当是这些中小型企业参与其中的合作过程。应用型硕士研究生培养要坚持立足本地经济社会发展,培养通晓本地产业布局、人文地理的本地化高级专门人才,为本区域经济社会发展源源不断地提供更加切合区域支柱产业发展和新兴产业发展的技术人才,通过本地化高级专门人才的聚集,实现技术当地化和产业区域化②。

应用型硕士研究生培养要面向中小型企业。中小企业的良好发展需要相应的制度政策支持和人才智力支持,在进一步完善金融政策、税收政策的同时,要制定专门政策营造中小企业吸引、培育、发展所急需的技术人才的社会氛围。在全国实施创新驱动发展战略的大背景下,中小企业必须融入这一发展战略之中,要通过创新发展来提升核心竞争力,而这就需要相应的人才支持和技术支持,应用型硕士研究生培养要面向这一日益增长的市场需求。

5. "一带一路"等国际合作急需的各种高层次应用型人才

共同开创"一带一路"(The Belt and Road Initiative)美好未来,人才是关键。"一带一路"须以"人"为决定因素,亟须建立人才培养体系,培养大批熟悉、了解"一带一路"沿线国家与地区的高端复合型人才。大力进行

---

① Jeff Saperstein,Dr. Daniel Rouach.区域财富——世界九大高科技园区的经验[M].金马工作室,译.北京:清华大学出版社,2003:457-458.

② 廖湘阳.非学术型硕士研究生教育发展的路径与重点[J].学位与研究生教育,2010(2):21-25.

各层次人才培养,方能保证新战略行稳致远。为此,要加快培养熟悉业务、外语、国际规则的复合型人才,培养"国际通""路路通""当地通"的人才。国际化人才需要沿线各国教育机构联合培养,要按照国际规则、市场机制和国家支持相结合的原则创新人才培养模式,发挥地缘优势和比较优势,突出特色,瞄准主干人才,夯实大众教育,探索出一套跨国培养和跨境流动的可持续发展人才培养机制①。

　　国际化已成为当代高等教育变革最强有力的力量之一,研究生教育国际化作为高等教育国际化的重要组成部分,正迈向全面化、大范围、深层次和高质量的"新国际化时期"。21世纪国家竞争的基础和前提是融入世界秩序,软实力在国际竞争中的作用越来越重要,而教育交流在软实力的形成与彰显方面则发挥着不可替代的功能。"一带一路"倡议的实施、高铁等新技术的出口、中国对外承包工程的拓展,急需大批熟悉业务、外语、国际规则的复合型人才。因此,要积极回应新的国家战略,在国际化维度下推动硕士研究生培养的多样化与应用型转向。为此,要对"一带一路"沿线国家的研究生教育进行较为系统的国别研究和比较研究,"分析其研究生教育制度、研究生教育层次结构和学科结构、学科专业设置方案、博士和硕士研究生培养规模、出国留学和来国留学研究生规模、研究生教育学科结构与区域支柱产业的关联性和协调性程度等各个方面,在比较中找到我国研究生教育的优势,找到国际合作的接口"②。

三、模式创新

1. 创业教育

　　各个国家高度重视作为增长引擎的企业家精神,将其奉行为促进企业活动的政策,为此特别重视引入和鼓励创业教育③。企业家精神和企业家文化的兴起要求大学积极参与创业领域,提供创业课程④。创业教育旨在将创业精神和创业能力培养嵌入到从初级、中级到高级的整个教育系统之中。本科教育主要是一种就业型教育,研究生教育则是一种创业型教育,要以"双创"型人才作为研究生培养的目标导向,实现研究生教育由就业

---

①　曾天山. 开放教育筑基"一带一路"国家战略[J]. 比较教育研究,2015(6):3-4.

②　廖湘阳,孙瑜. 2018年中国学位与研究生教育发展热点述评[J]. 学位与研究生教育,2019(5):1-9.

③　C. Mason. Entrepreneurship Education And Research:Emerging Trends And Concerns[J]. Journal of Global Entrepreneurship,2011,1(1):13-25.

④　L. Arafeh. An entrepreneurial key competencies' model[J]. Journal of Innovation & Entrepreneurship,2016,5(1):26.

型向创业型的转变。

其一，转变研究生创业教育理念。准确定位研究生创业教育的指向，研究生创业与其他社会群体创业相比，更多强调对新领域、新市场的发现与开拓，更强调技术或理念的领先①。顺应知识资本向创业活动演变的"学术创业"（academic entrepreneurship）新趋势，统筹学术型、创业型和兼顾型三种学术创业类型，根据研究生的实际情况进行分类教育和指导②。强化研究生创业的"创新性"特征，从教育教学、科学研究转向创新创业，创业教育理念从就业驱动转向发展驱动，创业教育过程从体验式转向实践式，创业教育活动从课程资源输入型转向成果产出导向型。

其二，创建研究生创业教育体系。建立由"全面教育—如何创业""合理决策—是否创业"和"积极行动—尝试创业"三个子系统组成的研究生创业教育链条③，结合研究生的个人创业动机与意愿，实施分层、分类、分阶段的创新创业教育④⑤。开发研究生创新创业课程体系和创业教育课程模块，促进专业课程和创业教育课程相互渗透，有效拓展其专业学习的应用领域⑥，增强研究生对创业流程的熟悉与体验⑦。完善创业教育学科教学知识框架，实现学科教学知识、创业教育课程知识、学生对创业教育的理解性知识、创业教育教学策略知识、创业教育评估知识的融会贯通⑧。

其三，营造促进学以致用的环境。推进研究生创业教育模式的多样化，创建以项目和社团为组织形式的"创业教育"实践群体，建立若干个实验中心和创新基地，开展系统化、专业化的创业教育与创业训练⑨。创业

---

① 殷朝晖.提升研究生创业核心竞争力研究——基于 H 大学研究生创业典型案例的分析[J].研究生教育研究,2012(5)：50-54.

② 张克跃,宋丽贞.学术创业对我国工科研究生创业教育的影响及启示[J].中国高教研究,2013(10)：50-54.

③ 赵哲,宋丹,宋芳.研究生创业教育：态势研判、价值意蕴和长效机制[J].研究生教育研究,2016(3)：44-48.

④ 常永胜,罗海鸥.基于创业导向的专业硕士研究生培养目标与路径研究[J].高教探索,2012(6)：100-104.

⑤ 胡春平,刘美平,葛宝山.现阶段我国高校研究生创新创业教育：问题及对策——以吉林大学为例[J].黑龙江高教研究,2016(2)：77-80.

⑥ 陈武林.创业教育中研究生学术资本转化：定位、价值及实现路径[J].研究生教育研究,2017(4)：25-29.

⑦ 谢舒媚,梅伟惠,杨月兰.研究生创业教育课程体系构建研究——基于国内外十所高校的比较分析[J].创新与创业教育,2018,9(2)：6-11.

⑧ 科林·琼斯.研究生创业教育[M].王占仁,译.北京：商务印书馆,2016：6-7.

⑨ 刘红斌,杨志群,陈丽冰.研究生创业教育的现状与对策[J].高教探索,2014(3)：119-122.

教育拓展延伸,强调知识体系与实际生活的关联,强调知识从学科逻辑向实用、解决实际问题逻辑的转换,促使研究生从学习关于创业的知识转向为了创业而学习和(或)经由创业而学习①,进而形成创业思维(entrepreneurial mindset)。应用型硕士研究生培养不是要培养熟练的匠工,而是要培养其旨在解决实际问题的思维方式和心智模式,培养其关注理论知识与实际问题解决之间的差异及差距的关键、本质是什么的习惯,培养其自觉地发展多角度综合思考和解决复杂问题的知识、能力、意识、视野、资源。

其四,达成创业教育的整合。创业教育要兼顾功能性能力(functional competencies)和进取性能力(enterprising competencies)的培养②,聚焦于帮助研究生识别创业机会的能力、通过产生新想法并找到所需资源来寻求机会的能力、创建和运营新公司的能力、以创造性和批判性方式思考的能力③。兼顾创业教育("enterprise" education)和创业家教育("entrepreneurship" education),设计和提供不同类型和层次的体验式学习机会,增强研究生像真正的企业家一样表演和思考的过程体验④。

2. 产业(行业)硕士

面向高新技术产业实施产业硕士培养模式,培养单位与高新技术企业深度合作,共同培养面向特定产业(行业)和企业的硕士研究生⑤。在某些特定产业行业领域,根据特殊需求量身定做培养方案,实现硕士研究生的定制化培养。推行行业大类定位培养模式,根据地方经济社会发展重点行业确定人才需求,围绕行业产业链构成选拔多个专业组建行业块,按照行业从业知识、能力、素养的要求构建培养体系,培养掌握相应学科专业基础、熟悉全产业链、精通专门技术或管理领域、能够适应和引领行业未来发展的应用型硕士研究生⑥。

---

① 科林·琼斯.研究生创业教育[M].王占仁,译.北京:商务印书馆,2016:16.

② M. Botha, J. J. V. Vuuren, T. Kunene. An integrated entrepreneurial performance model focusing on the importance and proficiency of competencies for start-up and established SMEs[J]. South African Journal of Business Management,2015,46(3):55-66.

③ Mánio Raposo, Arminda do Paço. Entrepreneurship education: relationship between education and entrepreneurial activity[J]. Psicothema,2011,23(3):453.

④ M. J. Bliemel. Getting Entrepreneurship Education Out of the Classroom and into Students' Heads [J]. Entrepreneurship Research Journal,2014,4(2):237-260.

⑤ 黄建欢,张亚斌,尹筑嘉.企业中高层人才需求与研究生培养机制创新——基于企业中高层人才需求调查的研究[J].中国高教研究,2009(6):42-45.

⑥ 向诚,黄宗明,张云怀.打破学科专业束缚 按行业大类定位培养复合型专业学位人才[J].学位与研究生教育,2016(2):29-34.

　　产业硕士项目的设立要兼顾学术水平和社会需求,既要考虑项目的学术水平、条件保障,还要考虑产业研发人力需求的迫切性。产业硕士培养按其目标主要分为两类:一类是具有较强研发能力的硕士,能够运用新技术对工作流程进行改造,这类以自然科学领域的硕士生为主;另一类是具有较强管理能力的硕士,熟悉并能较快地胜任本行业(企业)的各种商业、管理、法律、伦理、社会关系管理等职位,这类以管理、经济、法律等领域的硕士生为主。

　　继续拓宽企业高层次创新人才的培养渠道,借鉴企业博士后科研工作流动站模式,鼓励部分技术力量雄厚的企业,特别是高新技术企业设立企业应用型硕士研究生培养工作站,可以挂靠合作的研究生培养单位联合招生和联合培养企业急需的专门技术人才。

　　密切关注国内经济社会发展需求,重点瞄准创新创业和大数据、网络前沿技术、人工智能等新兴产业发展,为不同的行业、产业培养高层次的应用型人才,推进校外人员和研究生共同成长的研究生教育新业态。配套实施产业教授制度,促成产业教授与产业硕士培养围绕人才培养、社会创新、资源优化、校企合作等方面形成高度的耦合[①]。要结合产业需求,专门设计开发行业类实践课程和项目。

　　3. 联合学位

　　研究生就业的非学术化趋势日益加剧,主要岗位集中在非传统学术性岗位、跨界的工作岗位,跨学科研究生培养成为一个国际趋势。跨学科复合型人才培养可以从课程、专业、学位三个层面推进,其中学位层面的主要方式是联合学位(Joint Degrees)、并发学位(Concurrent Degrees)、双学位(Dual Degree)等形态。这里所讨论的"联合学位"的实质是双学位联合培养研究生,其要素可以简单表述为:同一机构、两个学位、不同学科、课程整合。具体是指同一所大学的不同学科的研究生培养项目在学位层面的联合培养模式,其典型特征是依靠课程整合等一系列特殊制度设计,研究生同时攻读两个不同学科的研究生课程,与学生而言是用相对较短的时间同时获得两个不同学科的学位、发展跨学科思维的工作能力、扩大就业领域,于大学而言则是充分利用现有资源扩大培养规模、挖掘培养潜力、实现内涵发展。

　　联合学位的优势是速成地获得具有互补性的两个学位,掌握所在行业

---

　　① 罗晓庆,全力,王蕾.专业学位研究生培养的产业教授模式研究——基于螺旋动态演化的视野[J].研究生教育研究,2018(1):71-75.

晋升高级职位所需要的商业技能,发展领导才能和学习组建一个团队和组织,理解所在领域中各种挑战的全球背景,与大学共同体和所在学院全球资源联系更加密切。联合学位的毕业生通常会获得雇主的青睐,特别是对于那些要求多种特殊技能综合化的职业岗位,因而它是一种被设计为朝向特殊的职业路径的培养模式。与课程、专业层面的跨学科人才培养有所不同:联合学位并非面向所有学生,只有一部分学生能够进入联合学位项目;联合学位属于个体行为,而非属于人才培养基本单位的组织建构;联合学位并非简单的课程内容、培养体系的内部优化,而是两个独立的学位项目及其所在学院之间的联合。

双学位联合研究生模式的特点可以概括为四个关键词,即:同时(simultaneously);独立(independently);速成(accelerated time frame);综合(more integrated learning experience)。"同时"是指申请参加双学位联合培养项目的研究生须同时参与两个学位系列的课程学习(be taken simultaneously),两个学位必须同时授予(conferred simultaneously),且是在完成两个学位项目的学位要求后。"独立"是指整个双学位联合培养项目保留了两个学位项目各自的基本框架(both programs independently),两个学位项目的培养计划和课程学习基本沿袭了原本的模式,因此参与该项目的研究生完成学业并达到基本要求后所获得的是两个独立的学位。"速成"是通过课程重叠(Course Overlaps),利用一些共同的课程,从而相对减少两个学位项目学习的总时间,即获得两个学位所需时间比一个学位接一个学位的连续攻读相对短一些。"综合"是指联合学位项目需要两个学位项目共同开发一些涉及两个学位所在学科的综合性课程,"将相关知识整合在一起的综合化知识",发展学生对交叉领域的最大的理解能力。

中国探索双学位联合培养研究生模式有着较大的制度需求与制度空间,可以结合中国学位制度和研究生招生制度的特殊性,进行统筹推进双学位联合培养与交叉学科设置、综合课程开发协调发展的探索,优化双学位联合培养研究生项目的设置规范、类型结构、申请程序、学业要求,率先在新兴交叉学科门类开展试点,推行弹性化培养管理和过程管理。具体而言,联合学位项目设置要遵循现行的学位授权制度,在培养单位学术委员会或学位评定委员会监督下有序推进。首先,项目参与方和学院之间要签订一系列协议,如录取、咨询、课程和学费等;其次主要针对两个应用型学科专业或应用型人才培养,两个学位中至少有一个是属于应用型学科专业;再次,培养单位要在课程设置方面专门进行设计安排,开发提供一些交叉学科的课程,让学生掌握更广博的知识,以满足学生的兴趣和将来职业发展的需要;最后要明确联合学位是一种横向的扩展,鼓励和允许每个学生选择合适的联合学位项目,提升自己的综合能力。

现代职业的工作情境与传统职业的工作情境有了很大的改变,快速变化的环境和越来越多的技术责任对从业者的职业素质提出了更高的要求,已经不容许传统上那种个体化的、顿悟式的职业技能改进方式占据主导地位,而是代之以贯通职业工作情境与理性的系统化、专门化的训练①。知识经济社会的新增岗位大多是经验与创新并重的岗位,但是,其经验不再是过去长期在某一岗位工作而积累起来的经验,而是就业人员技能培训与岗位要求之间的无缝隙衔接,以及由此而养成的新就业人员较强的适应能力;其创新也并非原始性创新,而是就业人员持续提升岗位产品的技术含量、岗位工作方式的技术含量、岗位技能要求的技术含量的能力。

---

① 弗·兹纳涅茨基.知识人的社会角色[M].郑斌祥,译.北京:译林出版社,2000:31.

第四章 应用型硕士研究生能力结构

应用型硕士研究生培养有其特定的能力要求,合理的能力结构是应用型硕士研究生培养模式、培养过程优化的基本前提。学术性、实践性、职业性共同构成应用型硕士的质量特质,学术性是其基本属性,实践性是其表现形式,职业性则是其价值取向。应用型硕士研究生能力结构可以从专业能力、实践能力和职业技能等方面加以界定,并由此出发建立培养过程和培养体系。

第一节 专 业 能 力

一、基于新型知识生产的学术性

1. 学术性是研究生能力的基本特性

应用型硕士培养过程是在学术性平台上展开的,以学术性智力资源为前提,培养质量的高低很大程度上取决于学术性资源的多少、优劣及其激活状态。学术性是所有研究生素质能力的基本特质,构成受过研究生教育的群体与未受过研究生教育的群体之间的能力差异的逻辑起点。学术性是应用型硕士培养活动形式的基本特征,学术含量是其活动内容质量的评价指标之一[①]。

由于世界各国关于研究生教育有着不同的适用范围和所指,以及研究生教育概念的形成是一个历史的发展过程,目前关于研究生教育的界定存在着较大的差异。可以将研究生教育的特征归纳为五个方面。

第一,研究生教育是高等教育的重要组成部分。随着高等教育由精英型向大众化和普及化的过渡和发展,研究生教育的特殊性和相对独立性日益彰显,但是,其作为高等教育组成部分的特性仍将保持。研究生教育与承担高等教育的机构有着密切的联系,可以将其视为部分高等教育机构的

---

① 廖湘阳.非学术型硕士生教育质量特质与培养过程架构[J].中国高教研究,2010(2):37-41.

重要职责。

第二,研究生教育具有专业性特征。无论是将高等教育的第一阶段视为专业教育还是视为普通教育,处于高等教育最顶端的研究生教育更加具有专业性。研究生教育的专业性既从其培养目标表现出来,又从其培养过程、培养模式表现出来,研究生教育"是以专业为基本单位开展教育教学活动的"①。研究生教育的专业性还表现为明显的社会职业倾向,只是在不同国家、不同发展时期,研究生教育之职业定向的选择和优化有所不同。

第三,研究生教育具有研究性特征,研究是研究生教育的灵魂和机制,无论采取何种培养方式,科研活动和实践始终是研究生教育的中心活动。当然,其所指已经从所谓纯科学向更广泛的领域发展,从基础研究向国家战略性研究领域、应用性研究领域拓展。

第四,研究生教育的"研究性"和"专业性"这两个词常被交替地用到,这二者之间的差异不明确。一方面,研究生教育是高级的、学术性的教育,它是建立在研究生在之前的学习中已掌握基本知识的假设之上的,因此,其侧重点在于深入地探究一门特定的学科领域,而不仅仅是提供更多的教育经历;另一方面,大多数的研究生培养项目倾向于以研究为导向或以实践为导向,以研究为导向的项目的中心问题是学科的基本知识,以实践为导向的项目的中心问题则是专业实践。

第五,研究生教育是培养人的社会活动。培养高素质的创新性人才是研究生教育的根本,因此,教学与科研的统一是研究生教育的基本原则之一,这一原则也将随着社会的发展而不断地获得新的规定性。

研究生教育的"学术性",一是指整个学习活动的特征,二是指取得反映其学术水平的成果,三是指养成学术性地提出问题、解决问题的能力与习惯。这三个方面缺一不可,过去主要是强调前面两个方面,实际上,随着研究生教育规模的扩大和培养目标的调整,第三个方面更为重要和更加实际。研究生教育成效的显示已经从过去显性的外部成果转向隐性的个人内在特征养成这一方面。研究生培养过去更多地是围绕"学术型"这一培养目标而展开的,现在则应当围绕"学术性"这一能力、意识、习惯的养成来展开。事实上,不是每个研究生都能成为学术型人才,也并非每个研究生都应成为学术型人才,但有一点是肯定的,凡是正在接受或者已完成研究生教育的个体都应当表现出"学术性"的特征,而且这与研究生教育类型、培养目标的差异无关,"学术性"是任何类型研究生都必须具备的基本

---

① 薛天祥.研究生教育学[M].桂林:广西师范大学出版社,2001:63.

能力属性。

2. 独创性的多元化

其一,独创性的场景化。Phillips 在 Francis 提出的八种独创性途径 (认可其中六种)的基础上再提出了九种途径,汇成了关于博士学位独创性的定义①。其中有些方面与传统观点上的首创性、原创性相契合,而有些方面则与当前新的知识生产方式更加吻合,其独创性的指向已经从狭隘的学术拓展到更为宽泛的范畴,比如"把一个特殊技术应用到一个新的研究领域"。独创性似乎从过去过于强调首先获得的唯一性,转而推崇非标准化、个性化、场景化,进而在不同场合皆可以表现出独创性,比如学习过程中的"微创造"(mini-creative)、日常生活中的"小创造"(little-creative)、专业领域中的"真创造"(pro-creative)和杰出人才的"大创造"(big-creative)②。

其二,独创性的实践化。长期以来"独创性"围绕或者通过高深学术、学科前沿、同行评议、成果出版来实现与表现,实际上属于一种"学术独创性",这种以学术研究为中心的"学术独创性"一直为传统哲学博士学位(包括学术型硕士)所推崇。但是,"独创性"的这种正统观念遇到了挑战,当研究生培养从撰写理论性学位论文转向以专业实践为中心,"独创性贡献"就可能出现在理论的应用方式或专业的实践性质等方面,称为"专业独创性"更为恰当③。以"专业独创性"为指向的研究的重心已经转移到"专业性"而非纯粹的学术性上,即专业地富有创造性地解决专业性实践问题。"专业独创性"典型地表现为应用方法和工具在解决一项有意义的具体问题的过程中所显露的首创性,特别是原创性地运用专业知识解决实践问题,其独创性与专业实践紧密相关,面向特定专业领域,承载于专业组织和专业实践者。

其三,独创性的问题性。创造力是一个多层次的概念,涉及诸多智力因素和非智力因素,但实践中往往将其与"分析能力"简单等同起来,而人才培养中所谓分析能力强又通常体现为面对结构性问题寻找答案(通常是唯一答案)的能力,而唯有在过程和环境等因素都不明确的情况下进行独

---

① E.M.菲利普斯,D.S.普夫.如何获得博士学位——研究生与导师手册[M].黄静,姚一建,译.北京:中国农业出版社,1996:67-68.

② J.C.Kaufman,R.A.Beghetto.Beyond Big and Little:The Four C Model of Creativity[J].Review of General Psychology,2009(1).

③ UK Council for Graduate Education (UKCGE).Professional Doctorates[M].Dudley:UKCGE,2002:35.

立的创造才是所需要的创造力。研究生的独创性不是服从外在指标,而是始终聚焦于真实问题及其解决方案,要真正培育和发展独创性,研究生就不能只做导师课题中的某个很小的一块,而要对所研究的问题进行多维度的审视、全过程的研判。

为此,形成关于"独创性"的多维框架,要在继续强调一直推崇的"学术独创性"这一维度的同时,重视"专业独创性"这一维度;要结合专业实践,不断明确提出和充实"专业独创性"的内涵和表现形式,逐步建立起符合其本质、内涵的评价指标体系;要针对不同类型的研究生教育合理选择侧重于"学术独创性"还是侧重于"专业独创性";要形成与多元的独创性相匹配的课程体系、质量标准、培养模式等。

3. 学术能力的外显特征

应用型硕士与学术型硕士两者分化发展的根源是学术性存在形态与表现形式的分化与变迁,而非与学术性的亲近程度。应用型硕士研究生教育实际上并未脱离学术性,而是与学术性的一些新属性比如应用研究、技术推广建立更加密切的联系,而且就与新属性的切合度而言,传统学术型硕士研究生教育表现出明显的不适应[①]。

其一,知识生产方式的革新。理论界和实践界业已发展出四种与传统模式不同的新的知识生产方式[②],即大科学(Big Science)、国家创新系统(National Innovation System, NIS)、知识的新生产方式即"模式二"(Mode 2, The New Production of Knowledge)、大学—产业—政府关系的"三重螺旋"(The Trile Helix)。Gibbons 等人根据全球化背景下知识生产方式的变化,识别了两种知识生产的模式,即传统的"模式一"与新的"模式二"[③]。随着Gibbons 归纳的 Ⅱ 型知识生产方式的出现,科学、知识生产方式本身及其隐含的学术探究过程以及表现出来的学术性,体现出跨学科、跨机构、跨国界的特征,打破了所谓基础研究、应用研究之间的区隔,发现与应用之间、实验室与市场之间不再存有不可逾越的界线。这些变化就导致"学术""学术性"内涵或过程的变迁,学术的场所发生了变化,从大学外部进入到大学内部再拓展到大学外部;学术的方式发生了变化,从同类机构同质知识的

① 廖湘阳.非学术型硕士生教育质量特质与培养过程架构[J].中国高教研究,2010(2):37-41.

② 李晓强,张平,邹晓东.学科会聚:知识生产的新趋势[J].科技进步与对策,2007(6):112-115.

③ Michael Gibbons, et al. The New Production of Knowledge: the Dynamics of Science and Research in Contemporary Societies[M]. Beverly Hills: [s. n.], 1994.

深度掘进拓展到同质知识深度掘进与异质知识横向融合相结合；学术的领域发生了变化，从传统狭隘的纯学术扩展到纯学术与具有市场价值的学术相辅相成，学术不再局限在基础研究领域。而这些变化用当前一个流行的术语来讲就是出现了"学术资本主义"，既表现为学术的资本化，又表现为资本的学术化。

其二，学术水平内涵的拓展。美国卡内基教学促进基金会（Carnegie Foundation for the Advancement of Teaching）在《学术水平反思——教授工作的重点领域》（*Scholarship Reconsidered：Priorities of the Professoriate*）报告中认为学术人员的工作方式从教学发展到服务，再发展到研究，反映了学术界内部和外部重心的转移。该报告提出了"对学术水平的内涵能否以使阐述性和综合性的工作得到更多承认的方式加以确定"的问题，认为早期的学术水平指在各种不同的场所进行各种不同的创造性的工作，衡量其完整性的标准是思想、交流和研究的能力。这导致明显的局限性，把学术水平局限在某种功能的等级上，甚至局限在参加科研活动与发表论文著作。学术水平的内涵必须创造性地重新加以考虑，给予"学术水平"这一熟悉的、崇高的提法以更广阔的、内涵更丰富的解释，包括四个不同而又相互重叠的功能，即发现的学术水平（scholarship of discovery）、综合的学术水平（scholarship of integration）、运用的学术水平（scholarship of application）、教学的学术水平（scholarship of teaching）[①]。卡内基教学促进基金会这一观点实际上重申了学术这一概念的多维性。对于本研究而言，"学术"除了其指向的多维性，还包括其范畴的多维性。这一界定拓展了传统的学术范畴，更重要的是将学术置于具体的特定的背景中并强调学术在实践问题中的应用及其与学生的共享。

其三，传统学科边界的跨越。不同的知识生产方式对知识发现与使用的风格是不相同的，相应地分别适应不同类型人才的培养过程。学术型硕士的学术性展现过程倾向于依托传统知识生产方式，应用型硕士的学术性展现过程则明显依托新型知识生产方式。新型知识生产方式是知识生产科学模式、技术模式、工业模式互动的产物；是知识运用过程与知识生产过程的同时展开，与问题的解决直接联系起来；是非等级的、超学科的、异质化的；是开放的、灵活的，不断重新配置各种资源、知识和技能，以此激活、增生更多的知识生产空间。应用型硕士的培养过程更多地与新型知识

---

① 卡内基教学促进基金会.学术水平反思——教授工作的重点领域[M]//当代外国教育改革著名文献(美国卷·第三册).北京：人民教育出版社,2004：6-24.

生产方式相融合,其与学术性的关系不再局限于系统内部的循环,而是重视社会需求并保持开放性。实际上,应用型硕士的培养超越了传统的学术性资源,空间上不再局限于传统的大学校园区域内,而是渗透到相关行业、企业技术活动流程中;范畴上不再局限于研究性与发现性学术资源,而是与虚拟世界、技术联盟等知识新领域关联起来①。因此,应用型硕士质量特质以学术性为基本属性,以学术性为展开的平台,同时又超越狭隘的传统学术性。

二、趋向跨界与生成的知识体系

1. 知识模块的跨界

高新技术企业的内部组织结构呈现出蜘蛛网似的特点,每个网点都是一支拥有独特技能组合的问题解决团队,它与其他网点的联系是通过潜在的大量沟通线路实现的。为了生存,每家企业都必须能够渗透新型知识,而整个部门变得越来越相互关联②。因为这些知识信息通常已经不再集中储存在传统的标志性区域内,而是漫游着并渗透到产业组织内部的各个方位;不再表现出统一的规制性,是缺乏约束和规范的,是去制度化的;不再只是实体性的存在,而是更多地以其他新颖方式出现,因此,要激活这些知识信息,形成知识集群,就必须建立起切实可行的追踪机制和贯通机制。在这方面,有着跨学科训练背景的研究生通常具有优势,换言之,应用型硕士必须在这些方面表现出明显的优势。如果说学术型硕士在产业组织中是创造知识的话,应用型硕士则是促进这些新创造的知识在组织内部尤其是不同部门、不同专业背景人员之间的流动、共享与集成。因此其素质能力并不追求单一、狭窄领域的垂直深度,而是在不同职业(专业)领域、不同部门之间形成有效的对话、沟通的能力,提出、丰富和拓展组织内部生产的知识的能力。

Michael Polanyi 区分了默认知识(隐性知识,tacit knowledge)与明确知识(显性知识,explicit knowledge)③。个人通过实践活动积累经验获取隐性知识,再借助清晰的语言转化为显性知识;通过掌握人类历史积累的知识

---

① 廖湘阳.非学术型硕士生教育质量特质与培养过程架构[J].中国高教研究,2010(2):37-41.

② 迈克尔·吉本斯,卡米耶·利摩日,黑尔佳·诺沃提尼,等.知识生产的新模式——当代社会科学与研究的动力学[M].陈洪捷,沈文钦,等,译.北京:北京大学出版社,2011:67.

③ 石中英.波兰尼的知识理论及其教育意义[J].华东师范小学学报(教育科学版),2001(2):36-45.

文化成果获取显性知识,再借助具体的实践运用转化为隐性知识。显性知识与隐性知识共同构成个人知识,但是人才培养传统上更重视显性知识,而忽略了隐性知识。应用型硕士研究生的职业取向昭示着更加重视实践知识的领悟和升华,一方面要让研究生在各种创新实践中身临其境地获取"隐性知识";另一方面要引导研究生将显性知识内化为隐性知识,提升自己的实践能力和创新能力①。

知识可能是以技术上可行的知识形式或者是以满足相关联的或潜在需求的特殊构造形式的知识形式存在,可能是以比较清晰的形式或者是以含糊的形式出现,而创新就是在不确定的情形下,对不同的知识体系进行综合处理以创造新的可能性②。这就要求知识创新者以及创新管理者不仅拥有能够获取和使用这些知识的能力,而且拥有成功地把这些知识成分有机地结合在一起的能力,还要拥有形成新的知识框架以更好地管理知识和加快创新的能力。

2. 知识结构的生成

知识存在的性质与形式是多种多样的,不同性质与形式的知识具有各不相同的价值,在人的知识结构中发挥着不同的效能。对于应用型硕士研究生而言,其培养过程中既要传授经典性知识,还要传授前沿性知识和实用性知识,更要传授生成性知识。生成性知识的获得不仅会改变个体的知识结构及其存在状态,而且会影响研究生自身的行为方式,进而影响其周围人的行为方式③。一旦应用型硕士研究生所掌握的知识达到上述要求,就可以预期其知识结构具有良好的建构性,在实际工作中、在不同岗位上就有可能表现出较强的可迁移性和适应能力。

结构化的研究经历与结构化的实践经历是提升应用型硕士研究生教育质量的重要因素。当前一些应用型硕士研究生培养之所以存在问题,一方面,在于其培养目标、培养体系尤其是课程体系的混乱,缺乏内在的一致性和逻辑性,研究生难以受到完整的、结构化的、系统性的训练;另一方面,这里的结构化侧重于培养过程的集成性,而非狭隘的学科规训,用人单位越来越强调需要懂得如何运用一个领域内的知识去解决另一个领域的问题,需要懂得如何站在企业家的立场思考问题,需要懂得如何在员工多

---

①　罗文标,彭汉,杜娟,等.基于知识创新的工程硕士研究生培养模式研究[J].学位与研究生教育,2009(6):8-11.

②　笛德,本珊特,帕维特.管理创新:技术变革、市场变革和组织变革的整合[M].王跃红,李伟立,译.北京:清华大学出版社,2008:10-11.

③　苏君阳.研究生培养目标的四维度分析[J].学位与研究生教育,2006(11):22-25.

样化的团队中有效地开展工作。

长期的专业训练会导致个体形成习惯性的知识类型和知识积累,形成一个所谓的知识舒适地带。知识舒适地带有两面性:一方面提供思维定向,有助于较快地把握问题情景,提出解决问题的方案;另一方面阻碍思维转向,当遇到与学科规训有着显著差异的问题情景时,受规训习惯的影响,不能灵活地转换问题和提出解决问题的方法。应用型硕士研究生培养的职业性与实践性质量特质,决定其自然要针对性地训练研究生对于所学专业以及未来要胜任的专业工作的熟练度。但这应当基于工作的丰富性、复杂性、有趣性,而不应针对某一狭窄的、固定的岗位。应用型硕士研究生培养通常要在熟练某一知识地带的基础上,扩展出与之关联但在传统学科逻辑上不同的、新的能够以专家身份出现的专业领域,并能在两个乃至多个专业领域之间游刃有余地转换与流动。

学术型硕士研究生与应用型硕士研究生素质能力的结构化程度与方向有所不同。学术型硕士追求知识结构化,重视知识结构逻辑关系的理顺;应用型硕士研究生的素质能力则是弱结构化的,并不倾向于通过编码来实现自身知识与素质的强结构化,情景转换与知识运用、共享才是其基本特征。这里的共享与学术交流有所不同,强调的是围绕某一复杂问题集思广益过程中自然而然地出现的共享。学术交流通常是基于同一学科背景的学术成果清晰编码后的交流,而共享则是不同学科背景的参与者围绕同一任务情景对其他参与者所发出的知识信息的顿悟、接受。前者是清晰编码指引下的,后者则是任务情景驱动的。当然,这种弱结构化并非不连续的、断裂的、零碎的,仍然表现出计划性、丰富性与凝聚力。总之,应用型硕士研究生的素质能力存在着对特定知识谱系的偏好,同时又是弱结构化的,这种能力结构特性有助于提升其在综合问题解决中的胜任力、参与水平和整体素质[①]。学术型硕士对于知识运用的基本框架是解构性的,而应用型硕士研究生对于知识运用的基本框架则是再建构性的,强调知识本身的生成性,包括知识(作为实体的知识)与任务情景的生成性,以及知识(作为过程的知识)过程各环节的生成性。

三、异质性知识编码与管理能力

1. 知识信息加工能力

不同类型的知识体系、不同训练背景的知识员工、学术型与应用型高

---

① 廖湘阳.非学术型硕士生教育质量特质与培养过程架构[J].中国高教研究,2010(2):37-41.

级人才、专门性研究人员与研究性专业人才共同构成一个具有较高学术、技术含量的组织的核心资源。高素质的应用型研究生的加入有可能激活组织的知识资本,激活不同类型知识体系之间的互动,进而生产出新的知识体系或者挖掘出旧的知识体系的新的经济价值。应用型硕士的工作过程主要是对绝对已知而相对未知的知识信息的交流、沟通与交互作用过程的驱动、引导,但是,这一过程并非通常所认为的一般性知识工作、知识含金量不高。实际上,这是一个具有高度复杂性的过程,既在量上体现出复杂度,又在质上体现出多样性。参考其他文献①依据信息传递者对于信息形式及其内容改变与创新的程度,划分出六种传递方式,如图 4-1 所示,依次为机械传递、形式改变、内容加工、个性再现、信息联合、信息原创。六种传递方式对信息的作用方式与程度由浅入深,对信息形式与内容的改变与创新程度由小到大,其对信息传递者的素质要求相应地由低到高。前三种的信息传递最多的是知识信息载体、表现形式的再加工,后三种则直接涉及信息本身,是对信息实质内容的再加工以至创新。前三者通常是由文书等一般性职业人员来承担,后三者则要由受过专门训练的高级知识生产者来承担。应用型硕士通常同时承担这六种行为,但是以后三种为主。

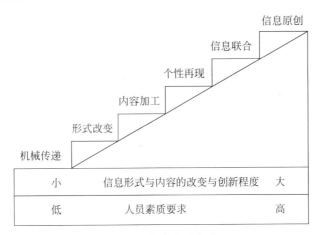

图 4-1 信息传递方式

应用型硕士从事工作的基本素材是主观性新颖知识,但是这一过程具有再创造的潜力与空间,其价值就在于通过对知识信息的再创造来激发这些潜在的知识信息,使各种主观性新颖知识产生社会效用,以及通过交互作用使之提升为社会性新颖知识。因此,其能力主要不是表现在对主观性

① 弗里茨·马克卢普.美国的知识生产与分配[M].孙耀君,译.北京:中国人民大学出版社,2007:26.

新颖知识的积累,也不是主要表现为对社会性新颖性知识的贡献,而是促进主观性新颖知识(当然也包括社会性新颖知识)的传递及其效用化。高素质的应用型硕士能够依托其跨学科训练背景,运用自己的观察力与想象力,具有针对性地将产业组织中流动的各种信息加以个性化编码,并通过这种个性化编码促进信息的可流通性与认可度;能够运用自己的判断力和直觉,科学选择适宜的、必要的知识信息来予以传递,并有效地加以纵向与横向的联合贯通;能够通过自己的创造性想象,对原有信息进行选择与联合。

2. 知识管理能力

有研究认为"灵感知识管理、过程知识管理、环境知识管理是研究生个人知识管理的三大重要领域"①。研究生要养成及时捕捉、记录、整理、验证和发展灵感知识的习惯,通过查阅资料、交流讨论等方式对记录整理的灵感知识进行质疑、补充、证明和完善,结合专业实践特别是实际问题、工作流程、实践场景进行灵感知识的系统化和组织化。研究生要发现和总结与自己的知识建构和能力培养有关的过程知识,要将抽象的知识与企业组织行为、工作流程等结合起来,以过程知识为基础促进专业知识与能力融入实践。研究生要将自己置身于各种先进的知识管理技术和工具的使用实践中以及真实的问题解决场景中,通过亲身体验、沟通与交往,增强对环境的敏感性和驾驭力。应用型硕士研究生要形成技术管理的良好习惯,及时对个人已经获得的知识进行筛选、分类、编码、重构和应用;要形成学习管理的积极态度,要保持一种开放心态,主动学习和借鉴别人的经验以弥补自身的知识缺陷;要形成创新管理的饱满激情,运用自己掌握的知识和经验,实现隐性知识的显性化,激发知识创新。技术管理是习惯,学习管理是态度,创新管理是激情,共同构成应用型硕士职业发展的基石。

第二节　实　践　能　力

一些研究生毕业进入岗位后,表现出缺乏工作中取得成功所必需的某些技能的问题。面对工作岗位和工作任务日益复杂的要求,必须具有更综合的专业能力,必须具有更加娴熟的专业技能,必须能够快速有效地投入工作,必须拥有灵活地从不同视角和多个视角思考问题和解决问题的能力。

---

① 王燕华,陈莉.体验式教学与研究生个人知识管理能力培养[J].研究生教育研究,2012(2):39-43.

一、"为实践反思"的实践性

应用型硕士毕业生主要从事特定职业领域的高层次技术与管理工作,这类职业具有专门性、学术性,带有理性反思的实践性是其显著特征,要求从业者始终保持伴随持续职业发展的"'反思性实践'(reflective practice)、'批判性反思'(critical reflection)和'经验性学习'(experiential learning)"[①]。

1. 实践能力

Schon 认为"实践中的这些不明区域——不确定性、独特性以及价值观念的冲突——都不在技术理性的范畴之内",而"实践中的这些模糊区域恰恰是专业实践的核心","专业实践中最重要的部分处于专业能力的传统边界之外"[②]。应用型硕士研究生的能力从多个方面表现出来,但是,这些能力的串联或者集成的核心是实践过程,其焦点指向实践能力尤其是职业实践能力。应用型硕士研究生的实践能力可以从以下四个方面进行界定。

其一,实践能力的定向。实践能力定向表现在两个维度:一是其能力结构中,实践能力是重要的构成部分;二是其能力倾向中,实践能力发挥着主导作用,其能力的各个方面都能够较好地进行能力转换,从而更好、更有效地开展实践活动。前者是静态的结构构成,后者则是动态的倾向表现。

其二,实践能力的构成。广义的实践能力由实践知识、实践能力、实践策略三部分构成,每部分都带有特定的职业倾向(特征),即实践知识、实践能力、实践策略都体现出围绕某一职业或者岗位的技能要求而展开和组织。

其三,实践能力的新变化。实践能力正在发生着两个方面的变化:一是嵌入(职业定向的进一步强化)与远离(可迁移能力的日益重要);二是集中(工作场所、实际的技术问题或者管理问题)与扩散(沟通能力、协调能力,特别是利用现代信息技术跨时空进行人际交往和技术合作的能力)。"早期的工程实践重视现场操作训练和工作组织的实际问题,而新的工程

① David Scott, Andrew Brown, Ingrid Lunt, et al. Professional Doctorates: Integrating Professional and Academic Knowledge[M]. New York: Open University Press, 2004: 2.

② 唐纳德·A. 舍恩. 培养反映的实践者[M]. 郝彩虹,等,译. 北京:教育科学出版社,2008: 6-7.

形象则凸显出工程任务的复杂性,包括项目的组织和沟通交流、专业咨询的角色、处理创新设计的能力和社会问题的需要"①,这些就对人才培养提出了新的要求,能力培养要加强这些新的维度与要素。

其四,实践能力的形态。实践能力的表现形态或者培养境界可以划分为三种典型,即:模拟环境中,解决模拟环境中实际问题的能力;工作场所中,解决工作场所中单一实际问题的能力;拓展视域中,解决实际问题的能力的可迁移性。实践性也可以按这三种典型状态来进行描述和分析。当前在应用型硕士研究生培养中典型的路径是走"虚线",真正沿着实线从模拟环境,具体到工作场所,再提升到拓展视域的比较少。无论何种教育类型与层次,实践能力的培养必须由"模拟"转换为"沉底",即演化到在工作场所锻炼和展示解决实际问题的能力,但是,对于应用型硕士研究生培养来说,仅仅"沉底"是不够的,还必须超越,居其中而不拘泥其境,不受其限制。要注意的是,"超越"容易走向近度抽象,而实践能力必然要具有"沉底"的特质,不能太抽象。因此,这种超越要以"沉底"为前提,否则所有这些都将建立在"虚幻"上,培养出来的学生则大多坐而论道、夸夸其谈,似乎有屠龙之能却无谋生之技。

2. 反思能力

反思是人类智慧高于其他动物的重要表现,也是人类才智不断发展的重要途径。善于反思的人把每个经验与从前的经验进行对比,从而"创造出一种通过反思而具有持久生命力的,由知识获得者自己负责的知识。这种知识不能被简化为可装在小盒子里的由箭头标识因果关系的一系列密码,而是通过有经验的反思实践来获得,并且依赖于自身和其他知识之间持续不断的协商过程"②。

其一,聚焦于"为实践反思"。应用型硕士研究生培养无疑特别重视实践能力的养成,但是,应用型硕士研究生不同于工匠,其人才培养不同于一般的职业技能训练。应用型硕士是一种以实践为定向的学位,更加重视通过反思性实践过程或者环节的融入来优化整个培养过程,培养研究生对实践反思或实践后反思(reflection-on-practice)的能力与素质、实践中反思(reflection-in-practice)的能力与素质、为实践反思(reflection-for-practice)的能力与素质。应用型硕士研究生教育的实践性在这三个层次上都有所体

---

① Edward F. Crawley,Johan Malmqvist,et al. 重新认识工程教育——国际 CDIO 培养模式与方法[M].顾佩华,沈民奋,陆小华,译.北京:高等教育出版社,2009:213.

② 格西娜·施万.知识不是铲子——大学和民主社会[J].复旦教育论坛,2010(5):37-39,67.

现,集中体现在"为实践反思"这个层次上。"为实践反思"体现出更强烈的理性,是一种对未来的预见能力与分析能力,是一种超越经验性的总结与反思,由此,应用型硕士的"学术性"维度与"实践性"维度就关联起来,体现出学术性与实践性相贯通的质量特质。

其二,反思能力的指向。实践能力发展必定要发展反思行动能力,同样的职业行动能力发展需要使员工具有能从客观的视角批判性反思自身的工作环境和职业发展的能力。因此,反思能力培养包括两个方面:一是结构性反思的反思行动能力,指向对工作环境和工作条件的不断提问和构建;二是自我反思的反思行动能力,指向反思自身的能力(职业的和私人的)并构建个体能力的发展①。应用型硕士研究生反思能力的培养要根据不同的反思形式各有侧重。反思形式包括解决问题的行动反思、行动反思的反思、指向有计划创新实践的行动反思的反思、重塑专业实践的行动反思、自我内在的反思意识和有关行动和情景约束的外在反思意识。反思的焦点集中在学生的工作实践、自我身份和人生历程、与工作相关的政策、工作实践所在组织结构的创新与变革等②。反思的目的是与个体需求、特征更加切合,改造职业技能,创造新的工作机会、工作岗位,改变岗位的工作性质、工作方式、工作技能等。

其三,反思能力的"实践感"。应用型硕士研究生反思能力的培养要结合"实践感"的增强来展开。"实践逻辑的逻辑性只可以提炼到特定的程度,一旦超出这种程度,其逻辑便将失去实践意义"。③ 实践后反思、实践中反思、为实践反思除了增强个体的思考能力,还有助于个体形成一种"实践感"。"实践感"有助于个体"从现有状态中解读出场域所包孕的各种未来可能的状态",可以理解为虚拟的"积淀状态"的惯习。"惯习所产生的行动方式并不像根据某种规范原则或司法准则推演出来的行为那样,具有严格的规律性"④,因而它不宜通过学科课程来教授,而适宜通过实践来逐渐形成,而且即便形成后也具有浓厚的场域特征或者背景制约性和映射性。实践者的行动受制于场域和惯习,实践反思能力既指向对场域的反

---

① 姜大源.当代德国职业教育主流教学思想研究——理论、实践与创新[M].北京:清华大学出版社,2007:103.

② David Scott,Andrew Brown,Ingrid Lunt,et al. Professional Doctorates:Integrating Professional and Academic Knowledge[M].New York:Open University Press,2004:57-69.

③ 皮埃尔·布迪厄,华康德.实践与反思——反思社会学导引[M].李猛,李康,译.北京:中央编译出版社,1998:24.

④ 皮埃尔·布迪厄,华康德.实践与反思——反思社会学导引[M].李猛,李康,译.北京:中央编译出版社,1998:22-24.

思,又指向对惯习的反思。

二、锚定职业实践的知识谱系

高等教育的逻辑起点是高深学问,认识论构成高等教育的哲学基础之一。随着知识类型本身的多样化以及社会对高级专门人才需求规格与需求类型的日益多样化,作为高等教育哲学基础之一的认识论本身也在发生着变化,其认识论哲学基础不再完全局限于科学知识,而是拓展到技术知识。科学知识与技术知识是两种有密切联系而又不尽相同的知识体系,它们各有不同的性质、任务、内容、方法、研究过程和评价标准。高等教育的不同层次、不同类型对基于科学知识的认识论哲学基础与基于技术知识的认识论哲学基础有着各不相同的选择或者组合。就这里讨论的问题而言,学术型硕士研究生教育倾向于基于科学知识的认识论哲学基础,而应用型硕士研究生教育则倾向于基于技术知识的认识论哲学基础,而且还与政治论哲学基础有着密切的关联。应用型硕士研究生知识谱系表现出明显的实践性与职业性特征。拥有作为专长的专业知识是学术型硕士与应用型硕士作为高级专门人才都必须具备的基本要件,但是,两者在具有基本知识谱系的特性的同时,又各有不同①。

一是知识谱系的构成比例与结构不同。"范式化知识体系还可以分为三部分:不容怀疑的知识核心;若干如何应用核心知识于实际问题的典型范例;以及一些确定的需要进一步研究的发展领域。"②学术型研究生更多地以"know why"类知识为其知识结构的基础与核心,其核心竞争力也体现在这类知识的占有上;应用型硕士研究生则更多地以"know how"类知识为其知识结构的构成要素。实践能力训练在传统知识生产模式中是学科化的,是去背景化的,因而通常也是去问题化的,未来的发展趋势应当是去学科化,回归背景与问题,体现出"问题"视域。实践能力训练是再现知识、技能之丰富意义的返魅过程,要更多地考虑有关的背景情况,对更多的信息作出更多的回应,趋向于把事情与有关背景情况作综合考虑(contextualization)③,因此要以问题而非学科来进行知识体系的架构和培养过程的重构。

①　廖湘阳.非学术型硕士生教育质量特质与培养过程架构[J].中国高教研究,2010(2):37-41.

②　赵炬明.学科、课程、学位:美国关于高等教育专业研究生培养的争论及其启示[J].高等教育研究,2002(4):13-22.

③　罗杰·金.全球化时代的大学[M].赵卫平,译.杭州:浙江大学出版社,2008:173-174.

　　二是知识结构的构成途径各有倚重。学术型研究生更多地通过正规教育系统来积累其所选择领域的"know why"类知识,而应用型硕士研究生则主要是通过实践训练特别是反思性实践来熟练和深化"know how"类知识。专业性职业为了拥有相当大的职业自主权,提升从业人员的社会地位,就会采取相应措施来不断提高专业化程度,以强化其"商品"的"独有性"①。应用型硕士研究生培养同样要通过提高其技术知识的专门化程度以及含金量来保证其职业的学识水准和专业性,以寻求更好的职业地位与就业机会。应用型硕士研究生培养中的相当一部分比如各种专业学位在这方面表现得很明显,但是,其他部分有所不同,其中主要面向产业组织中非传统学术性岗位的应用型硕士研究生就排斥那种狭窄的专业化,反而追求跨学科和专业技能训练的广泛性。

　　三是知识效用指向及其方式存在很大差异。学术型研究生的"know why"类知识需要不断接受新的问题、新的情景的验证,但更追求普适性;而应用型硕士研究生的知识运用更多地指向实际问题、实践领域,主导其效用发挥的是情景即现实需要而非普适性即理论推演,倡导以实践为导向的工作过程和创新过程。这种对于功能性价值的追求,反映在人才培养过程的设计上,就是研究方法的训练集中于导向性任务和项目研究上面。因此,不同于学术型研究生培养特别强调研究能力训练,应用型硕士研究生培养强调的是研究性训练。前者重在研究能力的培育,后者重在结合实践问题的综合性训练,其训练模式适宜采用基于问题的学习(problem-based learning)或者基于项目的学习(project-based learning),而问题与项目的选择是研究生培养单位与雇主沟通协商进行的,主要直接来自产业组织的现实问题或者来自对现实问题的加工改造。这种研究性训练的目的是使应用型硕士研究生面对复杂的不可预测的、专业性很强的环境时能够创新性地促进组织内部知识的交流与迁移,推进组织内部成员的触类旁通,促进问题解决思路与方法的形成。相应地,其培养过程中应当提供一种杂交式课程或者杂交式知识集群,以达成联合大学、工厂和职业这三个相互关联要素的联合集成②。

　　四是知识概化程度不同。应用型硕士的能力结构强调的是其在一个专业领域内的知识应用,而不是概化进一个学术领域以应用到其他领域。

　　①　张英丽.博士生教育在学术职业发展中的价值[J].江苏高教,2009(3):51-53.

　　②　David Scott,Andrew Brown,Ingrid Lunt,et al. Professional Doctorates:Integrating Professional and Academic Knowledge[M]. New York:Open University Press,2004.

这并不意味着学术是非专业化的,而是说职业被习惯用于描述实践研究者对具体素材的应用与发展①。这是应用型硕士研究生区别于学术型硕士研究生的本质所在,构成其区别的是知识指向的不同而非专业化水平程度的高低。但是,过于狭窄的专业性常常带有知识工匠的诟病。知识工匠"专注于他们学科范例之内的事物的运作方式,探索其内在的象征空间,并将其原理延伸到新的领域去,再作调整"②。应用型硕士的职业性质要求其首先必须能胜任这种知识工匠的任务,但其素质能力又不能止于此,必须超越知识工匠的视野范围和活动方式。在实际工作情景中,应用型硕士所要面对的是缺乏大家共同接受的范例,存在多个竞争的乃至相互矛盾的范例,因此,其工作流程不是找到一个范例并以此来主导整个问题的解决,而是通过对话、沟通找到各个相互竞争的范例的共同点,这就要求其对问题的关键与本质有着较高的敏感性。在这个过程中,与其说是扮演掌握了工艺知识的行动专家,或者是扮演掌握了技术知识的职业顾问,还不如说是扮演着技术领导③,促进知识在组织内部的流动与转换,引导大家找出解决问题的线索。因此,应用型硕士研究生的质量特质强调职业性,但其并非工匠,其素质能力必须体现出学科专业的广博性和学科规训的宽泛化。

三、知识技能应用性的洞察力

Burt 认为结构洞会对具有不同特征的人或者不同形式的组织产生不同的影响,联结结构漏洞越多的竞争者就拥有越大的关系优势,获得较大利益回报和竞争胜出的机会就越高④。所谓结构洞是指网络组织中无直接联系或关系间断的现象,以至于从网络整体来看好像网络结构中出现了洞穴。这种网络组织的结构洞不仅存在于组织内部,阻碍组织内部的知识流动;而且存在于组织与外部环境系统之间,阻碍组织与外部环境之间的信息能量交换。如果一个管理者能够和存在漏洞的集群双方建立关系,则他就有机会联结该结构洞,并获得该结构洞双方的信息和知识。当然,要想便捷地联结该结构洞,首先必须具有相关知识、素质与能力。

---

① Nancy-Jane Lee. Professional doctorate supervision: Exploring student and supervisor experiences[J]. Nurse Education Today,2009,29(6):641-648.

② 阿尔文·古尔德纳.新阶级与知识分子的未来[M].杜维真,罗永生,黄蕙瑜,译.北京:人民文学出版社,2001.

③ 弗·兹纳涅茨基.知识人的社会角色[M].郑斌祥,译.北京:译林出版社,2000.

④ 罗纳德·S.伯特.结构洞:竞争的社会结构[M].任敏,李璐,林虹,译.上海:格致出版社,2017:2-28.

应用型硕士特有的"职业性"与"产业性"特征使得其在教育系统、科研系统与产业组织界之间的跨系统联动中发挥独特作用,既是产业组织实际问题一般理论化的促动者,又是科研组织理论性、抽象性知识向产业组织具体化、实际化转化的促动者。日本产学官联合制通过设立协调员加强产学官的合作与联动,协调员活跃于技术转让机构领域,既能准确地理解大学(包括企业)的技术成果,又能准确无误地将大学的技术"点子"向中小企业传达、将中小企业的需求反馈给大学机构①。应用型硕士的就业环境大多就是处于上述情景中,因此其素质培养必须与之匹配。应用型硕士研究生要积极推动知识在应用的环境中产生出来、融合起来、汇聚出来,而不是固执于对现有知识的简单应用与开发。这个过程显然是一个复杂的过程,在知识生产参与主体的价值取向、知识平台、知识交流方式、知识生产方式等各个方面均表现出特殊性,其中知识共享与转换至关重要。应用型硕士研究生要想有效融入这一过程之中并发挥穿针引线的作用,必须具有跨学科交流的知识背景与基本技巧。

要胜任这类岗位和职业,首先要具有较高的学术素养,对某一专业领域有较深入的研究以及较宽的学术视野,了解这一领域的最新进展,即便在产业组织中从事非传统学术性工作也保持灵敏的反应与开阔的视野;其次,要能够准确无误地向产业组织输入相关信息,准确地将产业组织的需求反馈给学术系统(主要是大学机构);再次,要了解政府的规章制度、市场的运行规律,以及所在产业组织的具体情况,并能从特定角度以合适方式提出促进知识信息交流以加快产业组织问题解决的建议;最后,要具有描绘学术系统成果与产业组织需求之间连通之后美好蓝图的想象力和感召力。

四、聚焦问题情境的实践能力

Robert J. Sternberg 认为实践能力(practical intelligence)"是能够更好适应环境、能够确定如何达到目标、能够向周围世界展示自己意识的能力"。刘磊和傅维利将个体实践能力划分为四个基本构成要素,即实践动机、一般实践能力因素、专项实践能力因素和情境实践能力因素②。

其一,不同类型硕士研究生的实践能力构成要素之差异。一般实践能力是一种基础能力,这种能力带有明显的共同性,也就意味着不同类型的

---

① 何家蓉,傅文利.探析日本产学官联合制[J].国外社会科学,2009(3):96-99.

② 刘磊,傅维利.实践能力:含义、结构及培养对策[J].教育科学,2005,21(2):1-5.

研究生在这方面的要求以及培养过程并无显著的差异。专项实践能力与情境实践能力作为实践能力的构成要素而言,对于不同类型研究生也是同样的,即各种类型的研究生都应当发展这方面的能力,但其具体要素及其培养过程存在差异。这种差异表现在两个层次,一是不同类型层次即组间差异,二是同一类型内部的差异即组内差异,比如同为学术型硕士研究生,但不同的一级学科对于这方面的能力要求是不同的。这里要重点讨论的是应用型硕士研究生与其他类型硕士研究生之间的类别差异。

其二,应用型硕士研究生专项实践能力的特殊性。专项实践能力指向解决专项问题时实践者所需要或者表现出来的专门实践能力,其特征是专业性和定式化。所谓专业性就是专业性地解决问题,不像一般操作工那样按照个人经验解决问题,而是知其然且知其所以然。所谓定式化就是针对这类问题拥有一套比较成熟、熟练的程序,这一特质尽管存在着将思维固化的危险,但不可否认的是能提高工作效率。以上是共同的,不同之处在于:就专业化而言,学术型硕士研究生更多地体现在学理性和专业术语上,专业学位硕士研究生体现在解决同类问题的熟练程度上,应用型硕士研究生则体现在对问题的认识与界定上;就定式化而言,学术型硕士研究生体现出明显的学科规训,专业学位硕士研究生体现出明显的技能传承性,应用型硕士研究生则体现出定向的思维模式与认知地图。

其三,情境实践能力的共性与差异。一般实践能力、专项实践能力、情境实践能力共同构成实践能力,但三者的发展成熟阶段各有先后,与此同时三者在实践能力构成的重要性上也呈现出实践者能力发展与职业生涯的阶段差异,其总体特征是一般实践能力、专项实践能力、情境实践能力呈先后发展顺序,相应地,三种能力分别对应个体能力与职业发展的陌生人、新手、成熟者三个阶段而占有重要地位,即当个体能力与职业生涯进入成熟期后,情境实践能力最为重要和关键。与此同时,情境实践能力对于不同类型的研究生而言既存在共性也存在差异。共性是情境实践能力的综合贯通属性,也就是实践者对自己的专业知识能力、一般实践能力、专项实践能力与所面临的问题情境进行合理的关联与匹配的能力。要达成这种关联与匹配有两个方面不可或缺:一是对情境问题的识别,没有准确的情境识别就谈不上情境实践能力;二是对已有的专业知识能力、一般实践能力、专项实践能力的调适和重组,没有这种调适和重组就无法激活情境实践能力。就其差异而言,学术型硕士研究生所要识别的问题始终是专业问题或者直接是科学问题,所要重组的是已有的知识结构,换言之,其所面对的是知识体系内部的情境;专业学位硕士研究生所要识别的问题始终是技能问题或者说是程序策略问题,所要重组的是已经形成的技术习惯和职业惯性,即其所面对的是职业场所具体的情境;应用型硕士研究生所要识别的问题本身就是无边界的、非结构化的问题,也就是说其问题的类型与属性极其复杂,可能是知识能力问题也可能是非认知能力问题,比如沟通不好造成的问题,可能是个人问题也可能是群体问题甚至是组织问题,比如个体绩效不好的问题。当前组织行为学研究的一个热点就是跨层次即从个体、群体、组织等多个层面分析自变量与因变量的关系以及不同层面相互影响的机制。应用型硕士研究生情境实践能力也体现出这一点,不再局限于某一个方面或层面。

第三节　职业能力

不同类型研究生的职业能力的构成与指向存在差异,学术型硕士研究生职业能力指向学术性工作,其职业能力的最高境界就是"学术创新";专业学位硕士研究生职业能力指向职业、行业工作,其职业能力的最高境界是"行家";应用型硕士研究生职业能力指向的是去学科化情境工作,其职业能力的最高境界是"百事通"或者是说洞察一切的能力。更进一步,学术型硕士研究生所面对的专业问题始终是有理论边界(theory-bound)和学科边界(discipline-bound)的,正因如此才可能以其边界界定范围内的专业知识来提出问题和解决问题,因此理论边界和学科边界对其意义重大,而应用型硕士研究生所面对的问题恰恰是无边界的,更多的是跨界的综合性问题,但是解决此类问题还是有保障的,即该问题如何解决是任务明确的(task-specific)或者说目标明确的,即其解决问题的方式是围绕目标搜索、编码、处理、优化各种离散的知识、能力和信息,进而形成能够解决问题的一套知识和技能。

一、"关于该专业的知识"的职业性

1. 高深知识

高等教育机构是"控制高深知识和方法的社会机构。它的基本材料在很大程度上构成各民族中比较深奥的那部分文化的高深思想和有关技能"[①]。Brubaker认为"高等教育研究高深的学问。在某种意义上,所谓

---

① 伯顿·克拉克.高等教育系统——学术组织的跨国研究[M].王承绪,徐辉,殷企平,等,译.杭州:杭州大学出版社,1994:11.

'高深'只是程度不同。但在另一种意义上,这种程度在教育体系的上层是如此突出,以致使它成为一种不同的性质"①。高深知识是专业化的知识,如果从专业化的角度来理解,这种专业化知识有两种指向:一种是"为该专业的知识"(knowledge for the profession),是该专业本身的知识、技能以及思维方式、生产方式;另一种是"关于该专业的知识"(knowledge about the profession),包括该专业的专业制度、专业文化、视角、方法论、边界、分析框架②。前者的目的是达到一种心理准备状态,构成一种行为倾向;后者则是属于反思性质的。无论是"为该专业的知识"还是"关于该专业的知识"都有一个发展的过程,都需要在职业生涯、职业实践活动中体验、感悟、反思、提升、概化,打上越来越浓厚的职业特色,以至于形成一种职业反应,即便是在非职业情景中、并非所从事的职业领域中,也习惯性地从所从事的职业角度来看待问题和分析问题。

高深知识对于所有研究生都是必要的,但是对于不同类型的研究生而言,其"高深"的意蕴有着差异,学术型硕士研究生追求其"深奥",是为知识而知识,是为了知识本身发展的"深奥";专业学位硕士研究生追求其职业能力与水平的"含金量",是为了获得职业资格的一种"精进";应用型硕士研究生追求"深入浅出",是为了能够以一种特有的、切合实际情境的专业方式解决实际问题。

吴泉源指出在技术史的发展过程当中,对于技术的认知有三种意识形态:一是纯粹科学的意识形态(pure science ideology),技术发展的过程及局部,取决于科学的突破,技术因此只是科学的应用;二是工程科学的意识形态(engineering science ideology),技术虽然是科学不可分割的一部分,但具有独特的(distinct)身份与认知内容;三是设计意识形态(design ideology),技术的目的不是知识,而是解决真实的问题③。在不同的技术认知框架下,技术的定位即技术在整个人类经验体系中所处的位置与所扮的角色明显不同,技术发挥社会功能的途径与方式也明显不同,进而导致所形成的具体问题的解决也会有所不同。

社会对技术专长(technical expertise)的需求大幅增长,专业知识产业的兴起与发展既是其原因又是其结果。人们对专业服务的需求不断增加,

---

① 约翰·S.布鲁贝克.高等教育哲学[M].王承绪,郑继伟,张维平,等,译.杭州:浙江教育出版社,1998:2.

② 转引自邓光平,郑芳."专业"与专业学位设置[J].江苏高教,2005(5):44-46.

③ 刘晓芬.历史、结构与教育:技职教育变革的探讨[M].台北:冠学文化出版事业,2007:135.

在几乎所有领域的实践中,专业均不断扩张势力。但是,绝大多数的大学体制着眼于一种特定的认识论,忽略了实践能力和专业艺术性(professional artistry)知识。我们需要关注的是,有能力的实践者所拥有的是怎样的一种认识?专业认识(professional knowing)与学术教科书、科学报告和期刊中所呈现的知识有何相似和相异?有能力的实践工作者所知道的通常多于他们所能说的,展示出了一种"实践中的认识"(knowing-in-practice),而他们之中大多数人对于其实践中的认识是隐晦不明的。与学术型硕士研究生培养不同的是,应用型硕士研究生培养所依据的高深知识带有明显的"实践中的认识"的特征,其逻辑框架由知识的学科体系转向知识的社会需求,再转向作为新岗位从业者职业发展的个人需求,这就使得整个高深知识体现出职业性特征。

2. 超越职业知识

职业随着其专业化程度的提高,不仅形成了"为该专业的知识",而且还形成了"关于该专业的知识",而是否具有"关于该专业的知识"则是衡量一个从业者是否合格的标准之一。应用型硕士的培养并不刻意追求"关于该专业的知识",并不强调进行某种严格设计的特定谱系知识体系的训练,而是强调研究生对职业岗位的适应性,是对"关于该专业的知识"的超越。与专业学位强调明确的满足性即是否满足该职业岗位所需要的教育或训练水准要求有所不同,应用型硕士研究生强调的是灵活的适应性,即是否能够满足该职业岗位所需要的综合解决问题的能力。应用型硕士研究生的知识结构是"由两个知识轴构成的螺旋体,一轴是基于学术知识传统,作为抽象知识系统的'学术性'知识、能力群,另一轴是具体职业、工作所必要的具体、应用性的'实用性'知识、能力群"[①]。应用型硕士研究生培养除了本专业的专业知识和专业技能,还应当具备较强的实践应用能力和商务、管理等方面的综合能力,要对社会、管理、商务等非本专业技术知识有深入的了解,具备较强的公共服务素养和管理能力。

"因为未来是开放性的,重要的不再是掌握技能或者信息,而是个人具备对越来越多的信息进行独特分类的能力以及整体把握的宏观能力"[②]。一个优秀的从业者能够自觉地对单纯信息、片断知识进行反思,进而提出新观点,形成新知识,能够与他人分享自己思考、反思得来的新观点、新知

① 金子元久.高等教育的社会经济学[M].刘文君,译.北京:北京大学出版社,2007:155.

② 格西娜·施万.知识不是铲子——大学和民主社会[J].复旦教育论坛,2010(5):37-39,67.

识、新技能,与他人合作将这些新观点、新知识和新技能付诸实践,进而形成社会效益和经济效益。这里涉及一个"知识的储存"的问题。知识的储存,首先是指体现于书籍或其他能持久记录下来的载体中的可知事物的总体;其次是指我们当前社会中的成员们所知道的事物的总和;再次是指个人头脑中显现的所有知识储存的总和;最后是强调在许多人头脑中的"潜在"的知识,它更着重于一般的或基础的知识,而较少着重于特定的信息①。显然,随着现代信息技术的广泛使用,以及各种知识、信息获取渠道的增加,知识的储存对于个人的意义正在从静态的意义转向"潜在"的知识。知识的时代就是这样,我们已经拥有了太多的信息,然而我们仍然在向我们已经溢满的茶杯中倾倒越来越多的知识。我们必须学会反思已有的知识,学会对知识的反思与重构,学会从堆积的、浮躁的信息走向智慧,由此才能从拾人牙慧者成为智慧贡献者,从工匠成为专家,从知识的奴役者成为理智的自由人。

　　应用型学位与职业领域特别是应用性职业领域密切相关,人才培养主要面向非传统的学术性岗位,体现出职业性特征。但其职业性与一般的职业性又有着明显的差异,是基于学术性与专业性的职业性,是科学知识与职业经验、公共显性知识与个体默会知识的交集产物。关于专业知识、专业技能的定向与培养方面,有一个被过度使用的语词"适切性"(relevance)。适切是理想与现实的矛盾、普遍与特殊的冲突。是追逐长远还是眼前?是瞄准单一问题解决能力还是整体实力与厚实的发展潜力?强调适切性很有必要,但如何避免与之相随的一些困扰呢?穆尔写道:"如果每个专业的问题都是独特的,那么解决之道不过是偶然之作,那也就无所谓专家知识了。相反,我们认为问题是具有相当的一致性的,解决它们的方法亦然,正是这些解决问题的方法,使这些问题解决者成为专业工作者……专业工作者将通则、标准化知识应用到具体的问题上……。"②"应用"这一概念将专业知识等级化了,因为最高层次为"通则",而"具体的问题解决方法"(技术)则位居最低的层次。在明确界定的问题上应用专门知识的方式,是无法排除或解决复杂性、不稳定性及不确定性的。如果想要有所改善,对专门知识的有效运用取决于对复杂性、不确定情境提前加以重新建构。"实践中的这些模糊区域恰恰是专业实践的核心","目

---

① 弗里茨·马克卢普.美国的知识生产与分配[M].孙耀君,译.北京:中国人民大学出版社,2007:96-97.

② 转引自唐纳德·A.舍恩.反映的实践者——专业工作者如何在行动中思考[M].夏林清,译.北京:教育科学出版社,2007:21.

前专业实践中最重要的部分处于专业能力的传统边界之外"①,成熟的专家或真正的"专业的""职业性的"就在于其对这类模糊区域即结构不良好的技术问题的现场解决。

可迁移技能是最持续运用和最能够依靠的技能,专业技能的有效运用都是基于较强的可迁移技能。如果"培养出来的科技人员只是服务于某些目的的专业工人,他们并没有受到真正的教育。因为技能的训练、专业知识的提高还不能算是人的陶冶,连科学思维方式的训练也谈不上,更何况理性的培养"②。光是拥有一整套技能工具和能力,却没有在面对复杂挑战时应用这些能力的灵活性是不够的。当前社会上普遍存在的对专家以及专家知识的信任危机的缘由很复杂,其中很关键的一点就是因为专业知识被错置使用,没有认清实践情境的不断变化的特质——复杂性、不确定性、不稳定性、独特性和价值冲突性,实际上这些特质应当成为专业实践界的核心和基本原则。过去人们总是习惯性地认为某种专门知识总是存在于某种特定的机构和情境之中,此后一些专业工作者没有真正遵循学术自由的理念和限制,而将所谓的专业知识肆意推向任何一个角落,从而导致了专业知识的贬值以及专业知识的适用性问题。这些问题进而造成了整个社会对于专业知识的信任危机,但是,不能由此就要求专业知识又回归到象牙塔和书斋,专业知识存在和活跃的机构、情境必须拓展,但不能无限制地拓展,而是要遵循一些基本规则,其中最根本的原则便是用专业知识专业性地解决专业问题。

二、专门职业胜任能力

职业能力从纵向上可以进一步划分为专业能力、方法能力和社会能力。其中"专业能力是在专业知识和技能的基础上,有目的的,符合专业要求的,按照一定方法独立完成任务、解决问题和评价结果的热情和能力",这是和职业直接相关的能力组成部分,具有职业特殊性。方法能力是按照职业规范"解释、思考和评判并开发自己的智力、设计发展道路的能力和愿望",类似于职业生涯规划能力和学习能力。"社会能力是处理社会关系、理解奉献与冲突及与他人负责任地相处和相互理解的能力。"③专业能力或者基本职业能力有着十分明显的职业定向性,不同职业之间存在着较显

---

① 唐纳德·A.舍恩.培养反映的实践者——专业领域中关于教与学的一项全新设计[M].郝彩虹,张玉英,雷日梅,等,译.北京:教育科学出版社,2005:6-7.
② 雅斯贝尔斯.什么是教育[M].邹进,译.北京:生活·读书·新知三联书店,1991:50.
③ 姜大源.当代德国职业教育主流教学思想研究——理论、实践与创新[M].北京:清华大学出版社,2007:95-96.

著的差异,而方法能力、社会能力或者关键能力在不同职业之间差异表现的显性化则要弱得多。专业能力或者一般职业能力可以通过职务分析、工作内容分析而形成一个能力链条,方法能力、社会能力或者关键能力难以分解为各个要素,并且属于一种非定型的判断或策划能力,很难明确化和特定化①。Mayer 等以七个"关键能力组合"的形式定义了关键能力领域,其能力组合更具体地注重于过程,它们与知识的使用相关,但它们自身并不包含知识。关键能力组合具体包括:搜集、分析、组织思想和信息;表达思想和信息;计划和组织活动;与别人一起并在团队中工作;使用数学概念和技术;解决问题;使用技术。英国在 1991 年实施的国家职业资格制度(National Vocational Qualifications,NVQs)的基础上,推行一般职业资格制度(General National Vocational Qualifications,GNVQs),较过去的职业资格制度,一般职业资格制度(GNVQs)更加强调一般的、可以广泛运用的能力②。

应用型硕士研究生培养不是要培养普通的从业人员,而是要培养具有先见能力、构思能力、讨论能力、适应矛盾能力的"专业人士"。随着产业结构、技术革新的变化,有必要对各个专门职业所需的知识、能力及其与职业资格的对应重新界定。当然,这并非将职业能力还原为特定的具体实用性知识、技术或能力,而是从解决问题的能力和判断力等综合能力的层次来系统架构职业能力体系。

应用型硕士研究生面向的并非对技术技能要求低的岗位与职业,而恰恰是高技能岗位,而且该类岗位与外部系统的联系日益加强,除了专业知识与技能,还相当重视其他方面的能力,比如评估、推介产品商业价值的能力。因此,囿于严格的、狭隘的"关于该专业的知识"的培养模式已经不适应,这类人才的培养轨迹不应是纵向提升即从学士到硕士、从硕士到博士,而应是横向强化,即多学科综合培养,而这显然是一个去职业化的规训过程,并集中承载了应用型硕士研究生培养与一般职业教育的区别。应用型硕士研究生专门职业胜任能力的培养要注意以下四点。

其一,方法能力和社会能力虽然具有普遍性,但在特定语境和价值取向下的方法能力和社会能力仍然与学术型硕士研究生培养中对一般的、普遍性的方法能力或社会能力的要求和内涵有较大的区别。应用型硕士研究生培养中的方法能力和社会能力的语境是职业能力、职业发展以及实

---

① 金子元久.高等教育的社会经济学[M].刘文君,译.北京:北京大学出版社,2007:182-183.

② 黄福涛.能力本位教育的历史与比较研究——理念、制度与课程[J].中国高教研究,2012(1):27-32.

践、应用等,而学术型硕士研究生培养中的方法能力和社会能力的语境则是学术能力、学术发展以及创新、发明等。要注意的一点是,当前强调就业能力,而"就业能力"这一概念本身已经发生很大的变化,更加倾向于适应职业需求的实用能力的发展,其语境逐渐从高等教育目标向满足用人单位人才技能需求目标漂移,不再是一种单一维度的技能,而是以应用性为导向的一组技能体系。

其二,实践能力培养的深层次问题是对能力的当下与未来的选择:是注重能力的当下表现,还是注重能力的长远潜力;是注重能力的结构化,还是强调能力的非结构化;是偏爱能力的单学科化,还是推崇能力的多学科化;是指向能力的学术性维度,还是指向能力的实践性维度;是主张能力与企业需求在工作中的结合,还是主张毕业生带着合适的能力直接工作;是主张拥有能力者是企业特定岗位的通用性合适胜任者(不同企业的这类岗位的胜任者),还是主张拥有能力者是某类岗位特定企业的胜任者(同一岗位的不同企业的胜任者)。上述两两选择中前者的完成更多地取决于学校教育过程,后者的完成则更多地取决于企业的参与或者企业与学校教育的协作。职业能力实际上乃是一种外显的专业能力,是理解职业和介入职业的能力,应以职业实践问题为载体;是在对实践的思考和研究过程中建构起来的,既不能仅仅通过专业课程学习而习得,也不能仅仅通过职业训练而发展[①]。

其三,职业能力培养的维度选择。不同的理论观点分别看重职业能力培养的不同构成要素与内涵,或是指向职业胜任力(competency),即与有效的、卓越的工作表现相关的潜在的个人特质,包括沟通技巧、耐心、合理的设置目标和自我发展等品质;或是指向通用的职业能力(competence)或者一般的职业能力,比如 G. Cheetham 和 G. Chivers 所建构的能力框架的五个相互关联的部分,即元认知能力、认知能力、功能性能力、个人能力、伦理能力[②];或是指向核心能力,即从职业能力构成要素中挑选被认为最核心和最重要的予以培养,涉及知识、技能和个人属性等不同维度。与此同时要从胜任力的角度审视职业能力,一个合格的专业人员既要有硬技能,即扎实的专业知识和专业技能,又要有软技能,即合格的职业素养、职业技能表现,还要有人际关系技能,能协调处理好各种关系,保持自己和团队的积

---

① 张乐平,王艺翔,王应密,等. 全日制专业硕士学位论文的理想模式——基于内隐能力、外显效力的分析[J]. 研究生教育研究,2014(3):76-81.

② G. Cheetham, G. Chivers. Towards a holistic model of professional competence[J]. Journal of European Industrial Training, 1996, 20(5):20-30.

极状态。从这个角度来讲,应用型硕士研究生职业能力的培养既要抓住职业能力的核心要素,又要从能力集成和综合素质的角度来提升研究生的职业胜任力。

其四,重视复合型能力的培养与发展。Robert B. Reich 讨论了未来的劳动力所需要的基本技能,其中包括:劳动者必须是有能力的,而且是能够顺应变化的终身学习者;个人必须有能力采取措施,进行抽象思维,处理非例行工作,发现问题并制订补救措施;社交能力是必不可少的,因为工作是以人为本和以顾客为导向的;劳动者必须能够在一个团队工作,并顺利地与同事们交往,而且劳动者必须认识到多技能的方法必须取代对单一技能的依赖①。这些特征需要不同的教育策略来满足②,但是,当前研究生培养的现实与用人单位的需求存在较大的差距,特别是非学术职业的职业准备明显不够,有调查发现 65.1% 的受调查者认为是不够的,认为准备得好的只有 6.0%③。应用型硕士研究生需要面临更加复杂多变的工作场景,需要更加灵活有效的沟通交流,因此,其专门职业胜任能力培养应当是既收敛又开放的,重视复合型能力的培养与发展,以更好地胜任非传统学术型职业岗位。

三、知识集群贯通能力

学术型硕士研究生与应用型硕士研究生的主要就业岗位都属于知识性生产岗位,但两者介入知识生产的途径与方式有着明显的不同。在产业组织中的非传统学术型岗位就业的应用型硕士,一方面是以不同于一般就业者的专业人才身份进入产业组织,但又不是按照职业划分的类型去从事知识生产,并不具有独立的学术职业身份;另一方面是在融入产业组织生产的过程之中,又没有形成独立的最终产品,并未表现出产业性特征。应用型硕士的这种独立的产业性特征与独立的职业性特征的缺失,缘于其产业依赖性,要以产业组织生产率、竞争力的提升来评判其效用;与此同时,应用型硕士要胜任其就业岗位,又必须同时兼具职业性与产业性特征,以专门职业素养融入产业组织中,在产业组织生产过程中实现其职业性。这对其素质能力及养成提出了特殊要求。

---

① Robert B. Reich. The Work of Nations: Preparing Ourselves for 21st Century Capitalism[M]. New York: Knopf Doubleday Publishing Group Knopf, 1992.

② Maria P. Russell. Toward the Ideal Professional Master's Degree Program[J]. Public Relations Review, 1999, 25(1): 101-111.

③ 张凌云. "美国五年后的社会科学博士"述评[J]. 学位与研究生教育, 2009(4): 67-71.

现代社会是以知识为基础的社会,各种社会组织都需要积蓄各种专门知识,但又由于具体的社会组织资源包括人才资源、知识资源的有限性,要想保持组织的竞争优势和核心竞争力,这些社会组织除了自身独立自主地积蓄专门知识特别是与本组织密切相关的关键技术,还必须积极地去发展网络、去扩增研究与发展的伙伴关系和联合组织,因为分散进行的知识创新创造了一个协作工作的世界,为了保持处于研究工作最前沿的地位,必须学会如何利用所有的有利条件,要能够与人分享它们的智力资源①。就产业组织而言,要真正在知识生产中发挥作用,就必须发展与大学、政府研究机构和其他公司的新型关系,超越科学生产技术、技术满足市场需求的传统线性模式②。在这一背景下,对于从业者而言,专业知识已经不再那么稳定,贮藏知识的旧观念——在年轻时学习知识,然后在整个职业生涯中都能运用——已经发生变化,越来越看重那种一次性的、易转换的和实时的知识,而不是追求能使用一辈子的学科性知识③。W. Brian Arthur 关于技术是如何进化的有一个判断,即:技术是由其他的技术构成的,技术产生于其他技术的组合(Combinations);技术有一个递归性的结构,每个技术都是建立在某个现象(phenomenon)以及从该现象挖掘出来的某种或几种效应(effects)之上的④。这就意味着,应用型硕士应当具有将一般的、系统的知识同所在产业组织的特殊的、具体的知识联通起来的素质和能力。为此,其素质能力结构要保持着对产业组织需求的开放性与灵敏度,与产业的对接度要高,而不能过于强调自成体系、学科规训。这就要求应用型硕士研究生培养要与工业、企业保持一致,结合产业组织的需求来设置研究生培养项目、优化人才培养目标;要加强信息收集,建立起专门的系统以从潜在雇主那里收集有关非学术雇佣机会的信息,据此调整课程设置和人才培养项目。

针对工业持续增长的大量需求,要培养出精通科技并掌握高深的应用科学知识,而且理解商业和职业精神的基本原则的学生。这类人才不但了解他们所负责的项目的技术特性,同时也了解商业和法律方面的相关知识和要求。应用型硕士研究生在培养过程中要鼓励与核心学科属性相结合

---

① 罗杰·金.全球化时代的大学[M].赵卫平,译.杭州:浙江大学出版社,2008:86.

② 朱丽·汤普森·克莱恩.跨越边界——知识、学科、学科互涉[M].姜智芹,译.南京:南京大学出版社,2005.

③ 路易丝·莫利.高等教育的质量与权力[M].罗慧芳,译.北京:北京师范大学出版社,2008.

④ 布莱恩·阿瑟.技术的本质:技术是什么,它是如何进化的[M].曹东溟,王健,译.杭州:浙江人民出版社,2014.

的创意和企业精神的发展；要提高研究生的个人效能，包括自我组织能力和职业发展技能；要培养研究生管理项目的能力，基本了解财务、资金、资源管理的主要程序；要发展那些有助于扩大研究成果影响力的技能，包括交际能力、团队合作能力和拓展就业范围的能力，以及将研究成果应用到更大的企业或社会中的能力①。

当今世界，知识可以外包，各种网络检索平台提供了极大的便利，因此我们缺的不是知识，而是将知识与真实世界建立有意义的紧密联系的意识、态度与能力。但是，笛卡尔主义倾向的教与学是把知识分解成一个个小部分，把问题解决过程分解成一个个支离破碎的片段，导致知识体系和教学过程的"祛魅"化，以及整体思维能力发展的缺失。知识贯通能力的一个重要维度是对知识、技能的激活，只有处于活跃状态的知识即被激活、与其他知识产生连接、与问题情境产生关联的知识才是有效知识。这是因为知识及其学习总是依赖于情境或者说知识只是在其特定情境下才是有用的和有效的。知识贯通能力的理想状态是习得技能、生成解决方案、创造可能及其表现出来的对问题、情境的掌控能力和对社会发展的责任感。

知识贯通能力表现在四个维度上：其一，学科知识的跨学科的整合贯通能力，因为真实问题的实践场景是极其复杂的，难以按学科进行归类，通常是超越学科的和关涉多学科的。其二，学科知识、职业技能之间的整合与贯通，即个体经过专门训练发展的职业技能与跨学科的学科知识在相互补充、交叉、整合的过程中所体现出来的能力。这中间的一个重要变化是个人化的因素介入其中，比如思维方式、心智模式以及各种非认知因素既影响整合贯通的可能性，也影响其方向、质量和效果。其三，学术系统与工作场景之间的整合与贯通，这已是超脱个体层面的整合与贯通，是跨组织边界、跨话语体系的整合贯通，复杂问题的解决一般要依赖这个层级的知识贯通能力，体现出组织学习特征。其四，知识贯通能力体现出社会性，知识贯通并非单纯的知识的整合贯通，实际上更是拥有不同学科知识、职业技能的个体的相互匹配和协同创新；体现出情境性，依赖于对现有学科知识、职业技能的优势与劣势的识别，以及需要补充的新学科知识、职业技能的预测，而这些总是基于特定问题情境的；体现出社会性，知识贯通能力本质上表现为将知识整合贯通于某个目标的意识与过程，是为了问题的解

---

① Commission on the Future of Graduate Education in the United States. The Path Forward: The Future of Graduate Education in the United States[R/OL]. http://www.fgereport.org/rsc/pdf/CFGE_report.pdf.

决和目标的达成。总之,知识贯通并非简单的知识堆积,而是一种使知识更有效、更有意义的高阶思维(higher-order thinking)过程,即结合真实问题,凭借迁移技能,通过知识整合、认知同化、结构重构达成知识技能、实践经验和问题场景的连接,进而促成问题的解决。

四、企业家精神和性格

Schumpeter 认为经济发展是一个以创新为核心的演进过程,创新是一个社会过程,而不仅仅是一种技术的或者经济的现象,从科学的最新进展到重大发明之间存在着一种非持续性的流动。在此过程中需要有人或组织冒险对新技术进行创新性投资,这种风险投资不可能由一般资本家或者管理者承担,而只能由杰出的个人即企业家来承担。企业家作为技术创新的主要驱动力量,表现出自身的特征:喜欢创新,具有见多识广的冒险精神,不怕失败;富有远见,是有能力的思想家;博学、热情、自信,具有竞争精神,是天生的领导者;自控能力强,适应性强;等等。

创新精神是指在特定的体系内,某些个体或团体比其他成员具有更早采用创新的能力,可以根据创新精神把受众分为创新先驱者、早期采用者、早期大众、后期大众、落后者[1]。预知未来最好的方法,就是去创造未来。Peter F. Drucker 认为:“企业家精神是一种独特的特性,但它并不是人格特征;是一种行动,它的基础在于观念和理论,而非直觉;追求确定性的人往往不能称为优秀的企业家。”[2]同时,他又强调养成实干家精神,即培养实干家所具有的高水平的专业技能、高度的职业道德以及忘我的职业奉献精神。Jay Littlepage 从企业界角度提出要广泛地培育企业家精神,并认为培育企业家精神并不是单纯地学习一些商业技巧,而是养成一系列深邃的性格特征[3]。在科学家和工程师中一部分富有企业家特质和精神的正转型成为创业者,与此同时,越来越多的学生纷纷放弃相对安稳的职场工作,去从事充满冒险与不确定性的创业活动[4]。本科教育主要属于就业型教育,研究生教育是创新、创造、创业的教育。因此,在研究生教育阶段要实现由就业型向创业型的转变,通过创业意识、创业思维、创业技能等各种创

① E. M. 罗杰斯. 创新的扩散[M]. 唐兴通,郑常青,张延臣,译. 北京:电子工业出版社,2016:24.

② 彼得·德鲁克. 创新与企业家精神[M]. 蔡文燕,译. 北京:机械工业出版社,2018:22-23.

③ Jay Littlepage. Entrepreneurship and the Contemporary American University: An Industry Perspective[EB/OL]. http://www.cgsnet.org/portals/0/pdf/mtg_sm06Littlepage.pdf.

④ 凯瑟琳·艾伦. 技术创业:科学家和工程师的创业指南[M]. 李政,潘玉,译. 北京:机械工业出版社,2009:2.

业综合素质的培育与训练,通过创业理论、创业实务和创业实践的学习与锻炼,使研究生成为具有创业潜质的人①。

因为应用型硕士研究生将主要在产业组织、服务行业就业,所以应当不同程度地拥有企业家精神和性格,这也是与学术型硕士研究生的一个显著区别。应用型硕士研究生的素质能力要以这种企业家精神和性格作为基调,因为正是这种企业家精神和性格使其素质能力的各个要素处于激活状态,随时准备发挥效用;也正是这种企业家精神和性格使得应用型硕士能够在非传统学术岗位上积极寻找自我实现的机会,贡献自己的智慧。

应用型硕士研究生固然要指向非学术性职业工作,但不应被限定在一个特定的职业路径上,应用型硕士研究生的特质是"定性而非定型",这就要求其培养过程保持开放性,促使研究生获得广泛的各种职业实践经验,保持职业选择的开放性,发展根据职业生涯状况适时转换职业的能力。职业能力培养的重点在于引导研究生理解职业、介入职业和创造性地采取职业行动,形成职业行动的冲劲与方向,即自然地表现出按照职业模式进行职业活动的冲劲,以及能够专业地从事相应职业活动的方向感。前者是一种职业倾向,后者是一种职业水平,两者相辅相成。

第四节　能　力　构　成

"技能是能力在不同情境下有效行动的维度。技能是一个具有混合意义的词,既指具体行为的某些特征,也指行动理论的特点。各种类型的技能——无论是驾驶、写作,还是咨询——都由行动主体具体的行动特点决定。如果某人不能根据技能采取行动,我们就不能将技能当作指导其行为的因素。技能也能够从一个情境迁移到另一个情境。"②应用型硕士研究生能力构成要围绕提高专业实践效能这一核心,既要反映未来实践成功者的专业实践必须依托的专业知识和专业技能,又要彰显与专业实践密切相关的实践能力和实践智慧。

一、能力体系

大多数工作都需要使用各种技能,而且不同的行业领域中要求一些不

---

① 程斯辉,周叶中.浅谈我国研究生教育发展的战略定位[J].学位与研究生教育,2006(6):31-34.

② 克里斯·阿吉里斯,唐纳德·A.舍恩.实践理论——提高专业技能[M].邢清清,赵宁宁,译.北京:教育科学出版社,2008:11.

同的技能组合。世界经济论坛 2016 年发布的《未来工作报告》预测了
2020 年的技能需求,各个核心技能被所有行业作为核心技能之一的比例
依次为解决复杂问题的能力(36%)、社交技能(19%)、过程技能(18%)、系
统技能(17%)、认知能力(15%)、资源管理技能(13%)、专业技能(12%)、
身体能力(4%)。该报告提出了核心工作技能列表,如表 4-1 所示①。

表 4-1 核心工作技能(Core work-related skills)

维 度	一级指标	核心工作技能
能力 (Abilities)	认知能力 (Cognitive Abilities)	认知灵活性(Cognitive Flexibility) 创造力(Creativity) 逻辑推理(Logical Reasoning) 问题敏感度(Problem Sensitivity) 数学推理(Mathematical Reasoning) 可视化(Visualization)
	身体能力 (Physical Abilities)	体力(Physical Strength) 手动灵巧度和精度(Manual Dexterity and Precision)
基本技能 (Basic Skills)	知识性技能 (Content Skills)	主动学习(Active Learning) 口头表达(Oral Expression) 阅读理解(Reading Comprehension) 书面表达(Written Expression) 信息和通信技术素养(ICT Literacy)
	过程技能 (Process Skills)	积极倾听(Active Listening) 批判性思考(Critical Thinking) 监控自我和他人(Monitoring Self and Others)
跨职能技能 (Cross-functional Skills)	社交技能 (Social Skills)	与他人协调(Coordinating with Others) 情绪智力(Emotional Intelligence) 谈判(Negotiation) 劝说(Persuasion) 服务导向(Service Orientation) 培训和教学他人(Training and Teaching Others)
	系统技能 (Systems Skills)	判断和决策(Judgement and Decision-making) 系统分析(Systems Analysis)

① World Economic Forum. The future of jobs—employment, skills and workforces strategy for the fourth industrial revolution[EB/OL]. http://www3. weforum. org/docs/WEF_Future_of_Jobs. pdf.

续表

维　度	一级指标	核心工作技能
跨职能技能 （Cross-functional Skills）	解决复杂问题技能 （Complex Problem Solving Skills）	复杂问题的解决（Complex Problem Solving）
	资源管理技能 （Resource Management Skills）	财务资源管理（Management of Financial Resources） 物质资源管理（Management of Material Resources） 人员管理（People Management） 时间管理（Time Management）
	技术能力 （Technical Skills）	设备维护和维修（Equipment Maintenance and Repair） 设备操作和控制（Equipment Operation and Control） 编程（Programming） 质量控制（Quality Control） 技术和用户体验设计（Technology and User Experience Design） 故障排除（Troubleshooting）

二、构建原则

其一，共性与特性相结合。应用型硕士研究生的能力构成既要体现出研究生能力构成的共性，又要体现出其特殊性。这种特殊性一方面表现在能力维度、能力要素及其组合上，另一方面也表现在能力构成的表述术语上。如前所述，应用型硕士研究生能力构成中，"实践""应用""经验"等术语使用得更为频繁。与学术型研究生的能力构成相比，应用型硕士研究生的能力构成存在着突出的矛盾：一方面其能力构成越专门化、具体化越好，因为具有这种专门化的素质与能力的硕士表现出较强的工作胜任力，按照这种能力构成来进行人才培养有助于毕业生的初次就业；另一方面由于当今社会职业变化速度加快，个体职业变动更加频繁，为了保证毕业生有着良好的职业适应能力与职业可迁移能力，其能力构成又应当考虑普适性这一维度。

其二，稳定与变化相结合。应用型硕士研究生能力构成有其内在的稳定的内核，与此同时又表现出变化性。其学术水平、迁移能力等方面是相对稳定的，而诸如实践能力、职业技能则是处于变化之中的。其变化表现在两个方面：一是职业岗位变化引起的变化，比如出现新的适合应用型硕士研究生就业的职业或岗位，必然引起能力构成的重组；二是个体随着职业发展和工作成熟度引起的能力构成尤其是能力表现与水平的变化。对于应用型硕士研究生培养来讲，培养体系的建构要关注整个社会职业变化引起的人才培养规格与素质能力的变化，以促使人才培养与社会需求相适应。与此同时，培养体系与培养过程还要为应用型硕士研究生就业后持续地提升素质、能力尤其是职业技能奠定基础，提供一个知识和技能拓展合适的生长点。

其三，收敛与开放相结合。研究生能力构成必然要兼顾专业能力方面的收敛(以专业能力、学术能力、思考能力等为根基)和非专业定向能力的开放(以沟通能力、组织协调能力、信息能力等为辅助)，专业能力与非专业定向能力共同构成研究生能力结构和能力体系。学术型研究生以专业能力为根本，其他能力是其补充，其他能力的培养与发展是为了更好地发展专业能力和激发专业能力。应用型硕士研究生能力构成中专业能力与非专业定向能力之间的关系有其特殊性，专业能力更多地起一个基础性作用，是一个基准，表明受过这一方面的研究生教育，非专业定向能力与专业能力并驾齐驱，是能力构成的两基，两者相辅相成，共同制约应用型硕士研究生的素质能力和未来发展前景。按照过去的一个提法，对于学术型研究生而言，专业能力与非专业定向能力构成的结构是一个"T"形，专业能力是竖线，非专业定向能力是横线，非专业定向能力影响着个体专业能力的发挥和职业发展，但个体在学术上的成就主要取决于竖线即专业能力。对于应用型硕士研究生而言，能力构成的结构是一个"∏"形，专业能力和非专业定向能力各自代表一根竖线，然后由一条横线连通起来。在个体职业发展前景的制约因素中，专业能力和非专业定向能力的高低所起的作用不仅难分上下，而且必须都达到较高水平，才能取得良好的职业发展和赢得美好的职业前景。

其四，聚焦与集成相结合。能力结构乃是能力类型及各类能力的有机组合，其基本性质是多元的，不是一种能力而是一组能力；其基本结构也是多元的，各种能力不是以合成的形式存在而是以相对独立的形式存在。应用型硕士研究生的能力构成必然是多元的，是一组能力而非某种单一能力。问题的关键是如何对待这组能力，如何处理能力结构的多元性。就能力构成以及能力培养和能力开发而言，应当做到：既坚持聚焦,即总是要侧重于某种能力、某类能力、某组能力的某些部分,这是区别不同能力构成的基本点,也是对某个个体能力进行描述的切入点;又坚持集成,即其能力构成在维持各能力要素的相对独立性的同时,要从能力集成即个体的综合素质、整体能力出发来处理好各能力要素之间的关系。没有聚焦,只有所谓的集成,个体就难以发展在职业发展中的核心竞争力;只有聚焦,没有真正的集成,个体就难以表现出整体综合素质与能力的优越性。能力构成要注意三个层次:一是能力构成的维度或要素;二是构成要素的具体表现形式;三是达成各构成要素品质的具体活动或项目。能力构成的三个层次可以比较准确、清晰、系统地界定其能力构成及其指向。

其五,多维与核心相结合。能力构成的多维既指向构成要素的水平,更指向构成要素的性质。应用型硕士研究生能力构成的维度可以分为认知、应用、研究、创新、激活等维度,各个维度各自指向不同的方面,各司其职,缺一不可,相辅相成,相互促进。与此同时,各维度各自在应用型硕士研究生能力构成中的作用又存在差异,研究是体现水平的,是提升其他维度含金量的品质维度,应用、实践则是能力构成的基调,其他各维度最终都是为了应用,都指向应用,也都以应用为核心架构起来,换言之,认知、研究、创新、激活以及应用本身都应体现出应用特征,是为了应用而认知,为了应用而研究,为了应用而创新,因应用而启动并归于应用。其能力构成的激活因素乃是实践动机,包括实践内生动机和实践外生动机,这种实践动机反映了能力的价值取向,最能体现应用型硕士研究生能力的特征。激活维度在此统指激活能力构成中其他维度的要素,最突出表现为“软技能”(Soft Skills)、“可迁移能力”等。能力构成既要强调专业能力等硬技能,又要强调软技能或可迁移能力,软技能体现出综合性、整合性和驱动性。

三、能力结构

能力结构的建构要运用先进的理论和技术。比如,胜任力理论就可以用来进行未来就业岗位的工作分析,进行适合应用型研究生特点的考核选拔,进行研究生培养过程与教育质量的绩效评估等。有研究者借鉴以知识(Knowledge)、技能(Skill)、能力(Ability)和其他个性特征(Other Characteristics)为胜任特征模型维度的 KSAOs 模型,构建了软件工程硕士胜任特征指标体系,进而描述和分析了软件工程硕士胜任特征的五大子群,即“专业性胜任特征群、基础性胜任特征群、发展性胜任特征群、拓展性胜任特征群和品格性胜任特征群"①。运用胜任特征模型来建构应用型研究生培养能力结构,一方面可以增强培养过程的针对性,整个培养活动和过程可以结合研究生各个方面的胜任力状况来有差别性地展开;另一方面可以提供质量评估的标准,有利于更好地判断培养过程的质量。

应用型硕士的能力结构与其他类型学位的获得者相比,有着显著的不同,比如:比 MBA 更重视科学方面的训练;比科学学位更能进行信息处理和计算分析;比博士更具有商业、法律、沟通等专业技能。这类人才具有较高的专业技术能力,在其主修领域具有较高的学术修养;具有跨学科能力,表现出能够从事项目管理、计算分析、商业管理、法律咨询等工作的综合素质;具有较强的沟通协调能力,能够发挥其跨学科知识背景以促进组织内部知识集群之间的交流共享,协调产业组织同外部学术系统以及市场之间的供需关系;促进达成共识的能力,与他人达成一致,向他人清晰地阐明自己的观点,能够交互地运用语言、文本、符号、信息、知识和科技手段完成目标,能有效地与他人(包括来自不同背景的人们)交往②,或者在发生争议的情况下表示出寻求公正的解决路径的意愿③;具有处理复杂问题的能力,能够快捷地辨识重要变量、建立分析模型、提出简洁假设、找出解决问题的方法并加以验证。应用型硕士研究生的素质能力结构如图 4-2 所示。

为应对未来的激烈竞争,应用型硕士研究生培养方案要鼓励与核心学科属性相结合的创意和发展创业;提高个人效能,包括自我组织能力和职业发展技能;培养项目管理能力,弄清财务、资金、资源管理;建立高度发展的专业和研究伦理框架;鼓励发展能加强研究影响的技能,包括交际能力、团队合作能力和拓展就业范围的能力,及把研究应用到更大的企业或社会中去的能力④。其中,最为重要的是在缺乏完整数据的情况下,能对

---

① 缪园,刘栩凝.软件工程硕士胜任特征模型研究[J].学位与研究生教育,2009(3):56-59. 其中:知识表示对某一特定职业领域的基本情况和原则的整体理解和掌握;技能表示对所学知识的运用,包括通过训练而获得的顺利完成某种工作任务的动作技能和心智技能,动作技能即人的手脚躯体所实现的一系列实际动作,心智技能即人的头脑中所实现的一系列认识活动;能力指人顺利地完成某种心理活动所必需的个性心理条件和心理特征,包括一般能力、专业能力、创造能力三个层次;其他特质指一个人所具有的对工作业绩会产生影响的其他心理和行为特征,主要包括成就动机和个性特质。

② 世界银行报告.全球知识经济中的终身学习——发展中国家的挑战[M].国家教育发展研究中心组,译.北京:高等教育出版社,2005:21.

③ 格西娜·施万.知识不是铲子——大学和民主社会[J].复旦教育论坛,2010(5):37-39,67.

④ Commission on the Future of Graduate Education in the United States. The Path Forward:The Future of Graduate Education in the United States[R/OL]. http://www.fgereport.org/rsc/pdf/CFGE_report.pdf.

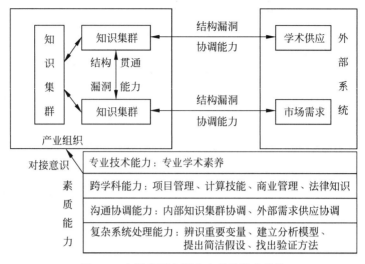

图 4-2　应用型硕士研究生素质能力结构

学科领域内的复杂问题作出正确判断,能与专业人士和非专业人员清晰、有效地交流思想和研究结论。

思维方式在指一套个人信念或一种思考的方式,影响着你的行为及对自己和他人的态度,总是带有习惯性的前置假设、框架以及非认知因素。我们对于思维方式通常只是从对问题的思考、思维的角度来看待,而忽略了它同时承载着一套个人信念,这种信念和思考方式的交互作用决定着思维方式的特性与表现。不同类型的硕士研究生的思维方式体现出特殊性,就应用型硕士研究生培养而言,最为核心和关键的正是与应用型硕士研究生培养目标相适应的思维方式,即形成与培养目标相匹配的面对问题的态度、拓展应用型知识的信念、挑战复杂工作环境的勇气、综合运用多学科知识解决"跨界"问题的直觉和智慧。这里既涉及知识和能力问题,也涉及态度和勇气问题,还涉及信念和习惯问题。与学术型硕士研究生的"学科规训"不同,应用型硕士研究生所要养成的是置身复杂的工作场景中综合运用各种策略性知识解决真实问题的敏锐性和持久性。

第五章 应用型硕士研究生培养模式

"模式是再现现实的一种理论性的简化的形式。"培养模式集中体现了不同类型研究生培养的特征。应用型硕士研究生培养模式在遵循研究生培养基本规律的同时,在培养理念、培养目标、培养对象、培养过程、培养平台和质量评价等方面体现出特殊性。

第一节 基 本 特 征

应用型硕士研究生培养模式既存在培养模式的类型间差异,又存在培养模式的类型内差异。应用型硕士研究生培养本身表现形态的多样化导致其培养模式是复杂多样的,但是仍表现出一些基本的共同特质。

一、社会需求的价值取向

研究生培养模式是以一定的哲学思想和教育思想为基础的,反映不同的教育理念。应用型与学术型硕士研究生培养模式的差异首先就反映在各自的主导性高等教育哲学思想上。Brubaker 系统分析了大学中存在的两种主要高等教育哲学,一种哲学主要是以认识论为基础,另一种哲学主要是以政治论为基础。认识论哲学思想认为高深学问的唯一坚实基础是严格的客观性,必须摆脱价值影响;政治论哲学思想则认为高等教育必须考虑价值问题。认识论趋向于把以"闲逸的好奇"精神追求知识作为目的,热衷"越来越精确的知识",推崇基于价值中立的学术客观性和独立性;政治论认为"探讨深奥的知识不仅出于闲逸的好奇,而且还因为它对国家有着深远影响"[①]。从本质上讲,认识论哲学和政治论哲学是两种不同思想基础的理论体系。

具体到研究生培养模式而言,学术型硕士研究生培养模式的哲学思想更加接近认识论,应用型硕士研究生培养模式的哲学思想更加接近政治

---

① 约翰·S.布鲁贝克.高等教育哲学[M].王承绪,郑继伟,张维平,等,译.杭州:浙江教育出版社,1998:15.

论。基于认识论的学术型硕士研究生培养,在指向上强调学术性,在对象上强调精英,在质量上强调内部适应性。基于政治论的应用型硕士研究生培养,在指向上强调社会性,在对象上强调大众,在质量上强调外部适应性。

应用型硕士研究生培养模式要以社会需求为导向。学术型硕士研究生的培养模式以培养学者和追求学术价值为基本价值取向,依托高深知识的传授和科学研究的训练,增进人类科学文化知识,促进学术发展,提高人的理性修养。应用型硕士研究生培养模式是把社会需要作为培养活动的出发点和归宿,重视职业岗位所需的专门知识、技能和素质的培养,培养技术岗位和管理岗位所需要的各种应用型、复合型人才[①],增强研究生有效地把知识转化为工程生产实践和管理实践的能力。应用型硕士研究生培养模式的诸构成要素,比如培养目标、培养过程、培养方法等方面都不同程度地体现出"应用"与"实践",职业需求与实践能力成为将培养模式各组成要素统一整合在一起的核心理念与价值取向。

技能学习应当坚持以下七条原则:①从需求开始,与雇主建立深层联系,让学习变得密切相关、品质卓越、与时俱进;②不断向前看,永远想想接下来会发生什么;③确保学习植根于真实生活、与生活相关联;④将职业学习与主流教育和学术学习结合起来;⑤尽最大可能对学习进行更为灵活和个性化的设计;⑥建立本质上至关重要的协作体验;⑦最大化地开拓可用的所有技术[②]。社会需求是最大的动力,社会需求是赋予学习和知识以意义的主要途径。意义则是价值的基础,"没有了这个基础,还有什么能够鼓舞人们向着具有更高价值的共同目标而共同奋斗呢? 只停留在解决科学和技术难题的层次上,或即便把他们推向一个新的领域,都是一个肤浅和狭隘的目标,很难真正吸引住大多数人。它不能释放出人类最高和最广泛的创造能量,而没有这种能量的释放,人类就陷入渺小和昙花一现的境地。从短时期来看,它导致了不利于生产力发展的毫无意义的活动,从长远看,它正把人类推向自我毁灭的边缘"[③]。应用型硕士研究生培养模式改革的一个基本原则是增强培养模式各要素的意义和价值,以及对社

---

①　胡玲琳.我国高校研究生培养模式研究——从单一走向双元模式[M].上海:复旦大学出版社,2010:151.

②　瓦莱丽·汉农,萨拉·吉林森,莉奥妮·香克斯.学以致用:世界教育趋势及令人振奋的实践[M].刘海粟,译.北京:中国人民大学出版社,2016:55.

③　大卫·格里芬.后现代科学——科学魅力的再现[M].马季方,译.北京:中央编译出版社,1995:75.

会需求的积极回应。

二、重视实践的性质特征

1. 重视实践经验建构的"实践—认识"非线性模式

应用型硕士研究生培养的是能应对职业场景中复杂的专业问题的应用型人才,因此,其培养过程要以技术、专业、行业实践为基础,而无论其是否拥有实际工作的经验。要注意的一点是,过去对专业学位、应用型硕士研究生培养是强调经验前置,即进入培养过程之前要先拥有一定的职业经验,而随着应用型硕士研究生培养规模的扩大,尤其是在其培养对象主要是应届本科毕业生后,过去那种基于学生职业经验和结合学生职业经验,甚至是瞄准学生已有的职业岗位和职业通道的培养模式已经行不通了,其对职业经验的要求与关注已经从经验前置转换为嵌入经验,前者是先置条件,后者是培养要素。所谓嵌入经验,就是培养理念、培养目标、培养过程、培养模式以及具体的课程体系、教学内容都融入职业经验、实践能力要素。

应用型硕士研究生毕业后,主要从事基于系统知识的掌握、运用的知识密集型职业和非传统学术型岗位,其面临的实践问题大多专业性强、情境复杂多变,要求能够运用已有的专业知识解决真实的、随机的、全局的、结构不良的实际专业问题[①]。因此,应用型硕士研究生的培养过程要突破理论知识应用于实践的"认识—实践"传统线性模式,转变为根据实践需求和实践经验建构和优化理论知识与专业能力的"实践—认识"非线性模式[②],要特别突出研究生对工作场景的认知、感悟和参与,要引导研究生结合工作场景反复交叉地进行从实践到认识、从认识到实践的认识和实践过程,引导研究生根据工作场景主动调适自身的认识和实践过程。

2. 培养模式体现明显的应用性和实践性

应用型与学术型硕士研究生培养模式的差异,具体反映到培养模式的内在构成要素的差异上。"学术型研究生培养模式具有学术性、探究性、精深性等特征,而应用型研究生培养模式具有实用性、务实性、综合性等特征。"[③]

①　向兴华,李晴虹,刘捷.全日制专业学位硕士研究生实践能力结构的质性研究[J].学位与研究生教育,2016(3):62-68.

②　彭晓霞,郭红,马齐爽,等.全日制工程硕士培养体系的创新与实践——以北京航空航天大学为例[J].学位与研究生教育,2013(2):32-36.

③　胡玲琳.我国高校研究生培养模式研究——从单一走向双元模式[M].上海:复旦大学出版社,2010:151.

学术型硕士研究生的培养目标主要是理论研究型人才,以培养从事科学研究的学术型人才为主,旨在满足高等学校、科研机构对教学和科研人才的需要。应用型硕士研究生的培养目标则侧重于应用性和实践性指向,主要培养特定职业岗位的应用型和实践型高层次人才。学术型硕士研究生与应用型硕士研究生,其培养过程有一个共同点,即都要通过研究活动以及研究能力的训练来进行培养,但两类硕士研究生培养过程中的"研究"是有区别的:学术型硕士研究生之"研究"侧重于理论与学术研究,旨在通过基础理论研究创造学术价值,是以研究求学术发展;应用型硕士研究生之"研究"则指向通过运用所学知识解决实际问题的训练,发展硕士研究生的实践能力和职业技能,带有明显的应用性和实践性,是以研究求职业发展。

应用型硕士研究生介于理论研究者与技术操作人员之间,对应的职业岗位更多处于技术创新与生产实践之间的联结地带。因此,应当具有满足相关职业岗位所需要的综合解决问题的能力,一方面要掌握系统的专业基础理论知识和扎实的专门技能,另一方面要具有把知识转化为解决实际问题的能力。应用型硕士研究生培养与另外两者的差异在培养模式上体现为:以职业需求为导向,优化课程体系,开设大量有特色的、发展综合素养和应用能力的应用型课程体系;以职业技能为核心,构建学业发展水平评价机制,建立相适宜的课程学习、论文撰写评价体系;以综合训练为目标,搭建培养平台,将综合素质和职业技能全面发展纳入各个培养环节与培养活动之中。

应用型硕士研究生培养模式的性质特征还体现在研究生培养参与者之间的关系上。研究生培养都须以多元主体相互协作为基本特征,只是因协作方式与协作程度的不同而构成不同的培养类型和培养模式。科教结合是基本的研究生培养模式,但不同类型的研究生在科教结合的具体目标、发展策略、运行机制等方面存在差异,应用型硕士研究生培养的科教结合应当是低重心的,即主要是置于具体的实际问题情境中来展开联合培养,共同作用不在于验证什么理论和完成什么基础研究,而在于通过解决实际问题来培养能够胜任企业第一线技术工作的高级应用型人才。学术型硕士研究生跨界协同联合培养的主要途径是科教融合,应用型硕士研究生培养的最佳途径则是产教融合。

3. "双向性"实践教学

中介性的实践性知识是伴随着具体的工程实践而产生并发挥作用的独立知识形式,与科学知识和技术知识相比,具有综合性、情境性、特殊性、难言性、具体性等特点,其培养要遵循实践的内在逻辑①。应用型硕士研究生体现出实践教学的双向性特征:一是理论知识和专业技能的培养旨在发展其学以致用的能力,即要通过实践教学来强化和验证;二是研究生实践实习过程表现、实际问题解决过程的案例以及所在行业、企业的实际问题又反过来构成培养过程的资源。实践给人才培养和科学研究提出了实际问题,人才培养和科学研究应该对实践作出回应,使理论知识和专业能力培养的"实践性"得以再次强化,整个培养过程都体现出"专业实践"特征,具体表现为:不是"课程传授",而是"工作体验";不是"知识的接纳",而是"实践的反思";不是单向的传授,而是共同的体悟;不是目标与过程的预设性,而是追求生成性;不再是学科性即不再是"知识的专门化和体系化",不再是追求知识本身的体系化,而是追求知识体系的领域性即针对专门职业或岗位的特殊实践活动而建构起知识、技能、素质体系,特别是从多个维度有效解决实践问题的综合性、实用性知识;不再是学科规训,而是"学以致用"。

应用型硕士研究生培养模式不仅要体现知识论或者教育学意蕴,而且有着强烈的实践论、职业发展意蕴,体现出研究生的主体发展特征不再是知识体系的繁衍;与业界紧密结合的特征,不再只是理论知识的验证与实践体验,而是一种真正的融合与跨界;建构性的特征,有着明显的过程、活动,这一过程包含厘清问题情境、从问题情境中建构出可处置的问题、寻找解决问题的可靠方法和衡量解决方案的适切性等环节,即探究和创新是贯穿专业实践活动的一条主线。理论知识的验证指向的仍是一般的、抽象的专业理论知识和专业能力,而应用型硕士研究生培养的"专业实践"性特征指向的是研究生个体专业能力、实践能力、职业能力的发展,是一种个性化过程,即其"专业实践"指向研究生个体自身。这一切的出发点就在于研究生个体首先必须确立一种精进自身专业能力、实践能力、职业能力的意识,必须把整个培养过程尤其是专业实践过程视为自身能力精进的过程,视为自身认知结构、心智模式解构与重构的过程。

实践并不局限于实际行动,更不等同于按照一定的经验或理论所进行的技术化的操作行为;实践并非简单的复制和外显,比如将课堂学习到的某种专业知识、技能直接用于实际工作中并非真正的实践。实践总是意味着对当下的实践实际状况的改变,"暗含和依赖于一种未曾实现的想法,一

---

① 吴小林,齐昌政,文永红,等.全日制工程硕士研究生实践能力培养之省思[J].学位与研究生教育,2016(2):12-17.

种'将要成为……'但'现在却不是'的想法"①。实践表达着当下"是什么"与我们期望的"应当是什么"之间的差异,实践的行动不仅取决于"是什么"的实然判断,同时取决于应当的价值观念以及实现应然目标的方式。因此,应用型硕士研究生培养过程的"专业实践"性就是要形成这种当下"实然"与未来"应然"之间的差异感,不能产生这种差异感也就不能产生持久的实践动机。此其一。其二,这种差异感来自对"实然"的判断、"应然"的预测、消除差异的价值选择,三者共同构成差异感以及策略路径。其三,这一过程还必须体现理论意蕴和逻辑,体现理论探讨、专业研究、实践创新特性。由此,"专业实践"不再是某个单一的目标,某个割裂的孤立环节,甚至不再是外在的,而是内在地嵌入整个培养模式与培养过程之中,成为培养模式各要素不可剥离的共性特征。换言之,充斥其中的素材不完全是个体的经验,而是一种"理论实践"②。

应用型硕士研究生培养强调"实践性",这里要注意三点:一是实践的理论品格,是一种带有理论反思与实践反思的实践。遵从经验和习性的实践逻辑是一种自在的逻辑,实践逻辑并不仅仅"完全注重于现时,注重于在现时中发现的、表现为客观性的实践功能"③,而是强调反思和理论映照。二是实践的"实践"特性,要避免实践对于理论的盲从,"把人们为解释实践而构建的模型当作实践的根由"④,这种技术化倾向使实践丧失了反思性而成为机械的制作,从而在根本上忽略了当下正在形成的实践及其特殊性。这也是应用型硕士研究生培养与中等职业教育、高等职业教育的区别之所在。三是无论理论还是实践都处于正在形成的过程之中,都具有时间性和空间性,是不断变化的。概言之,不应是庸俗的实践,也不要僵化的理论。

三、面向应用的知识基础

知识价值观已从最初的"自我认识"演绎到"实用性"和"研究性"两大功能的合二为一,这必然带来教育理念的改变。"知识性质还制约和影响着教育活动的目的、课程知识的选择、教学过程以及教育学者教育理论的建构"⑤。应用型硕士研究生培养模式建构要从其依赖的"知识"素材出

---

① 奥克肖特.经验及其模式[M].吴玉军,译.北京:文津出版社,2005:247.
② 吕寿伟.论教育博士的实践逻辑[J].高等教育研究,2014,35(4):29-34,65.
③ 石中英.论教育实践的逻辑[J].教育研究,2006(1):3-9.
④ 布迪厄.实践感[M].蒋梓骅,译.南京:译林出版社,2012:115.
⑤ 石中英.知识转型与教育改革[M].北京:教育科学出版社,2001:126.

发,要反映其"知识"的特性。

1. 知识素材的实践性

"传统的以学科为基础的知识不再能够包括所有的知识,相反,现在占统治地位的意识形态是操作主义,观察力、理解力、反应力、智慧与批判力被忽略,现代社会支持的是技能、能力、结果、信息、技术与灵活性。"①相应地,知识传授的方式也发生了变革,问题解决、小组工作、经验学习、技能转换、基于工作的学习等新的学习方式和教学方法的影响越来越大,削弱了传统的课堂讲授的主导地位。应用型硕士研究生培养要以"实践性"为逻辑起点,要围绕"实践性"来架构培养体系,要从培养目标、课程体系、教学内容、学习方式和教学方法等方面全方位体现实践性导向。后现代知识观体现了一种新的关系思维,消解了理论知识与实践活动的二元对立。应用型硕士研究生培养模式强调知识的应用性与实践性,适宜采用一种弥散式的模式,即理论知识的教学渗透实践的元素,实践教学浸润着理论知识的血液,理论不应是缥缈的宏大理论而应是与实践能够有机联系的中观或微观理论,实践不再是机械掌握与简单模仿而是有理论深度的实践,致力于理论知识与实践活动的融会贯通②。对于应用型硕士研究生培养模式的设计、选择、优化而言,首要的是改变知识观,形成实践性知识观,不是掌握某一具体的专业知识和专业技能,不是获得解决某个问题的方法和技巧,而是逐渐改变看待知识体系及其效用的方式,形成新的看待"问题"的方式。

2. 知识素材的增值性

后现代知识观认为,"文化性"而非"客观性"才是所有知识的基本属性。"一个认识者或一个以知识为业的人,不管他最后所生产的知识是否能够满足一定的社会价值需要,他在生产知识的时候都一定是怀着这种价值实现的愿望或理想。"③从应用型硕士研究生培养来看,其知识建构的过程并不是对给定的、客观的知识的重现,而是基于个人对社会需要、知识价值的判断的选择性建构,统摄这一建构过程的核心不是狭义的客观性,而是知识的价值。这突出表现为知识的资本化,以生产性、应用性为特征的企业化知识在整个知识体系中占据越来越大的份额。因此,应用型硕士研

① 黄启兵,毛亚庆.大众化高等教育质量保障:基于知识的解读[M].北京:北京师范大学出版社,2011:95.

② 赵蒙成.全日制教育硕士研究生实践能力培养的问题与策略[J].学位与研究生教育,2013(11):23-29.

③ 石中英.知识转型与教育改革[M].北京:教育科学出版社,2001:145.

究生培养过程选择知识和组合知识要从知识的价值出发,要通过展现知识的价值来增加研究生对课程体系、教学内容的认同和学习的积极性,来强化研究生本人对应用型硕士研究生培养本质内涵的认识。与此同时,要注意知识谱系的价值冲突:一是要避免专家权威心态,避免以"专家"的权威口吻、"真理终极拥有者"的裁判心态、"脱情景化"的抽象学术话语指导与评判实践;二是要避免拿来主义和实用主义心态,避免缺乏深度思考、系统设计,避免只求立竿见影、一蹴而就的功利心态。

3. 知识素材的场域性

"普适性"是教育中的一个重要概念,教育的一个基本假设就是通过"普适性""普遍性"知识、技能和道德的传授与获得来实现个体的社会化再生产。"普适性"知识是教育必要且可行的基本前提,很难想象如果没有"普适性"知识、技能和道德,教育尤其是学校教育如何能成为人类最为重要的社会实践活动。但是,知识的"普适性"本身是一个谱系,不同类型的知识的"普适性"是不同的,有"普适性"很强的知识,也有"普适性"较弱的知识;不同层次的教育对知识"普适性"的关注度是不同的,基础教育阶段强调知识的"普适性"及其稳定性,引导学生较快形成基础的、稳定的知识和认识观,而高等教育阶段尤其是研究生教育阶段则不再迷恋知识的"普适性",强调的是知识的场域性。应用型硕士研究生培养在这一点上尤为明显,相对忽略知识的绝对标准,强调知识与情境、场域的相互依赖关系,强调研究生个体对知识的情境化理解和场域化运用,因此,应当在工作情境、实际问题解决中培养研究生提出问题和解决问题的能力,发展研究生对问题的敏感性,引导研究生以其个体经验为纽带来建构知识结构和技能体系。

4. 知识素材的综合性

"科学目前正经历着认识论上的转变,从个体研究人员基于学科内产生的问题进行研究的模式(模式1)转变为来自不同学科领域的研究人员合作进行基于实际问题的研究项目的模式(模式2)。"[①]随着新型知识生产方式的日益强势,应用型硕士研究生培养对其依赖越来越大,新型知识生产方式构成应用型硕士研究生培养模式的活动方式基础。与学术型研究生以纯理论知识占主导地位的知识谱系不同,应用型硕士研究生的培养要以丰富的异质性知识而非单一的理论知识为知识基础,异质性知识的异质

---

① 亨利·埃茨科威兹.三螺旋——大学·产业·政府三元一体的创新战略[M].周春彦,译.北京:东方出版社,2005:226.

化程度、相互融合的程度、有机组合的水平直接决定着应用型硕士研究生培养的质量。

5. 知识素材的生成性

孟子曰："君子深造之以道，欲其自得之也。自得之，则居之安；居之安，则资之深；资之深，则取之左右逢其原。故君子欲其自得之也。"生成性就是指知识本身对于其自身新的存在形态以及人的行为变化产生直接影响的特性。神经生理学的研究表明，人的大脑神经的可塑性通过两种路径达成：一是创造新的连接；二是消除不经常使用的连接。如何创造新的连接，这一方面受到教师和学生的关注，教和学的一个重点指向就是指导和训练学生创造新的连接，发展新的知识和技能，从而能够解决过去不能解决的新问题。关联越多，解决问题的能力就越强，而且这些神经关联或路径使用频次增多的同时增强了使用这些能力的快捷性。第二条路径则未引起足够的重视，实际上，对于应用型硕士研究生而言，通过消除不经常使用的连接也是极其重要的。所谓"不经常使用的连接"是指这种神经连接在个人面临的工作场景中不再被激发，说明这一连接的前置条件不再存在即其刺激不再出现，这种连接对于个体解决问题发挥不了什么实质性的作用，也就是说这一连接已经成为一种无意义、无价值的连接；或者是说明这一连接的激发成本太高，个人运用这一连接方式来解决问题面临着高成本、低技术的问题，而之所以形成这种状况很可能是因为个人已经形成了可以替代这种高成本、低技术的连接方式，这种旧的连接方式自然就成为不经济、不高端的连接。如何消除那些不经常使用的连接，有效的举措是建构新的知识框架、知识地图、认知方式、思维方式，即在一个更高端的认识框架和思维方式水平上对业已形成的各种连接进行整合、同化、提炼。对于应用型硕士研究生而言，重要的并非是形成一个一个的孤立的神经连接，而是要实现自身认知框架和思维方式的提升，认知框架和思维方式的提升才是其知识、能力、素质发展的根本保证。当然，这种整合需要通过课程体系的综合化、教学内容的模块化和学习情境的问题化等多个方面来协力达成。

第二节　模式探索

硕士研究生教育发展的最大动力来源于专业实践的需要，各种就业领域和职业岗位证书的增加意味着研究生学位正在日益成为从业人员的基本要求,这就导致面向研究生职业发展的应用型硕士研究生培养愈加紧迫。这已经成为世界性的普遍趋势,当然,源于高等教育体系以及研究生教育体系的差异,具体的发展政策与行动措施各有不同。研究生培养模式伴随着研究生教育的历史发展进程逐步形成与演变创新,不同的培养单位、学科领域和具体项目创新形成了相切合的各具特色的培养模式。成功的应用型硕士研究生培养模式除了要有先进教育理念的指导,还要求培养模式各要素之间的创新性组合并产生合力。

一、改革实践

1. 美国理学专业硕士研究生培养

1997 年,斯隆基金会(the Alfred P. Sloan Foundation)与佐治亚理工学院理学院合作,在生物信息学、人机交互和金融数学等领域开始理学专业硕士(Professional Science Master's,PSM)计划,此后拓展到旨在促进研究生的先进科学知识基础和其他专业技能的学科领域。PSM 计划为科学、数学领域的硕士生提供了战略性的发展规划,它展示了更宽广的职业途径,从而吸引着更多的学生就读自然科学领域的学位教育。理学专业硕士是美国研究生教育面向 21 世纪的创新,是立足科学和数学领域的一种崭新的非学术型硕士学位。美国研究生院协会积极推动 PSM 的发展,试图使其成为“研究生教育的一般特征”[①]。截至 2018 年,PSM 项目数达到 345 个,分布在 4 个国家 35 个州的 157 个机构中。正如美国研究生院协会主席 Debra Stewart 所说的,在整个研究生首次注册人数近几年下降的背景下,PSM 项目首次注册人数持续增长,这表明 PSM 项目的价值在学生、雇主以及研究生教育机构中赢得广泛的认可,多才多艺(versatility)和专业素养(professionalism)的有机结合使得 PSM 研究生在就业市场略胜一筹[②]。总之,理学专业硕士学位项目获得了成功,该培养模式体现出新的人才培养目标定位,创新了课程体系,从而有效地提高了理学专业硕士学位获得者的就业领域与所学的专业的关联度,赢得了企业、产业界的广泛认同,其毕业生就业竞争优势明显。

理学专业硕士研究生培养与学术型学位、MBA(工商管理硕士)等专业学位研究生培养既有共性,又有差异,其研究生培养特点可以归纳为三

---

① Professional Science Master's: Moving to Scale and Sustainability [EB/OL]. (2010-01-15). http://www.cgsnet.org.

② Council of Graduate Schools. Professional Science Master's Programs See Continued Growth [EB/OL]. http://www.cgsnet.org/sites/default/files/PR_PSMEandDSurvey2012-final.pdf.

个方面,即"科学—附加"集成的课程体系、"校内—校外"结合的教学组织、"课程—项目"双重的毕业要求①。

（1）"科学—附加"集成的课程体系

PSM 项目立足于为商业、政府或非营利组织的多种专门职业岗位培养具有深厚学科知识和现代管理观念,具备较高实践能力、适应能力与创新能力的复合型科技人才②,被誉为科学硕士与 MBA 的合金,成为向申请者提供比 MBA 更科学化、比 PhD（博士学位）更专业化、比理学学位更加强调信息技术和计算技术的学位的途径③。培养目标的特殊性通过课程体系设计、课程模块以及课程具体内容反映出来。

其一,"科学—附加"课程体系设计模式。"科学—附加"课程（"Science Plus" Curricula）设计模式是 PSM 项目课程体系设计的特色,其基本思路是将科学技术类课程的学习与应用型专业技能的培养相结合。表 5-1 所示的是 PSM 不同项目的课程模块实例。

表 5-1　PSM 项目"科学—附加"课程模块实例④

PSM 项目名称	科学/技术课程	专业技能
应用计算学	模拟,网络设计,网络安全,仿真	矛盾解决,谈判,演讲技巧,项目管理,写作
应用工业数学	微分方程,线性代数,矩阵理论	领导力,组织决策,战略人力资源管理
生物/药物开发	临床生物统计学,临床试验设计,基因表达载体系统,蛋白质组学	企业家精神,生物科学经营战略,知识产权与许可,美国立法事务

"科学—附加"课程设计模式的典型做法是将自然科学领域的研究型课程与管理、政策或法律等方面的技能型课程相结合,以促进学位获得者形成复合型知识能力结构。这种课程设计模式具有以下特点:一是课程体系的跨学科、多学科性,整个课程体系是由不同学科乃至不同学科门类

①　本部分内容主要来自廖湘阳,凌恒.美国理学专业硕士培养特点分析[J].比较教育研究,2011(6)：20-24.

②　Professional Science Master's. Students[EB/OL].(2010-01-24).http://www.sciencemasters.com/ScienceMastersHome/Students/tabid/53/Default.aspx.

③　Professional Science Master's. Professional Science Master's Programs[EB/OL].(2010-01-06).http://www.siencemasters.com/portals/0/pdfs/PSMStudentFlyer.pdf.

④　Professional Science Master's."Science Plus" Curricula[EB/OL].(2010-01-18).http://www.sciencemasters.com/ScienceMastersHome/Students/SciencePlusCurricula/tabid/83/Default.aspx.

的课程构成的,体现出交叉性、综合性。二是课程体系构成的需求导向性,"附加"这一模块的课程主要是由与潜在的雇主磋商后一致认可的相关课程和活动组成,包括商业基础、法律诉讼、金融与营销、沟通与团队合作等技能训练课程。三是整个课程体系"科学"模块与"附加"模块各自所占比重基本平衡,"附加"模块彰显整个课程体系的特色。

"附加"模块课程的灵活切入及其与"科学"模块课程的有机结合,使得 PSM 项目人才培养体现出综合性、复合型,毕业生既具有基本的科学素养和某一科学领域的专门知识,又拥有雇主认可的工作经验。这种课程设计理念与模式充分体现了理学专业硕士培养目标的特殊性,有助于跨学科的复合型应用型专业科技人才的培养。

其二,PSM 课程体系的实例比较。PSM 项目的课程体系设计模式与课程组成方式表现出独特性,与此同时又与相似相近学科专业的科学硕士学位的课程设置有着密切的关系。

下面以俄勒冈州立大学(Oregon State University)的应用物理学理学专业硕士项目与物理学理学科学硕士项目所开设的课程为例①②,比较分析理学专业硕士学位与理学科学硕士学位课程设置的异同,如表 5-2 所示。

表 5-2　俄勒冈州立大学应用物理学理学专业硕士与物理学理学科学硕士课程对比

应用物理学理学专业硕士课程		物理学理学科学硕士课程	
课程类型	课程编号与名称	课程类型	课程编号与名称
核心课程(12)	从下面选四种课程: ★531 电磁学(3) ★535 经典力学(3) ★541 热物理学(3) ★551 量子力学(3) ★621 单粒子与多粒子系统动力学(3) ★631 电磁学原理(3) ★641 统计热物理学(3) ★651 量子力学(3)	物理学核心课程(18)	★531 电磁学(3) ★535 经典力学(3) ★541 热物理学(3) ★551 量子力学(3) ★621 单粒子与多粒子系统动力学(3) ★631/632/633 电磁学原理(3) ★641/642 统计热物理学(3) ★651/652/653 量子力学(3)

---

①　Oregon State University, Professional Science Master's. Curriculum & Degree Completion for M. S. in Applied Physics [EB/OL]. (2010-01-28). http://psm. science. oregonstate. edu/program-curriculumms-applied-physics.

②　Oregon State University, Physics. MS Degree for MS track [EB/OL]. (2010-01-28). http://www. physics. oregonstate. edu/msProgram.

续表

应用物理学理学专业硕士课程		物理学理学科学硕士课程	
课程类型	课程编号与名称	课程类型	课程编号与名称
选修课&计算机硬件（6）	★511 电子学实验（3）或 512 电子学实验（3） ★515 计算机接口/控制设备（3）	物理学课程（6—9）	★511/512 电子学实验（3） ★515 计算机接口（3） 561 顶级课程：数学方法（3） ★564/565/566 计算物理学（3） 575 固体物理学导论（3） 585 原子学/分子学/光学（3） 595 粒子和核子物理导论（3） 654/655/656 高级量子理论（3） 671/672/673/674 固体物理学（2） 681/682/683/684 原子学/分子学/光学物理学（2）
计算物理学&数学能力（12）	★565 计算物理学（3） ★566 计算物理学（3） 517 高级计算物理学实验（3） ×××选修课（3）		
专业小组课程（18）	COMM550 交流与科学实践（3） PHL547 伦理学研究（3） PSM513 专业研讨会（3） PSM565 科学家理财（3） PSM566 管理与营销技术（3） PSM567 创新管理（3）	子领域专业课程（12—15）	光学物理学；计算物理学；物理化学 物理教育；地球物理学；辐射和保健物理学；材料科学；其他可选课程 501 研究；505 阅读和会议；507 研讨会
实习（6—12）	510 实习（6—12）	论文要求（6—12）	503 理学科学硕士论文
专业选修课	COMM518 人际沟通（3） COMM542 交易与谈判（3） CS540 数据库管理系统（4）	项目要求（3）	501 理学科学硕士项目
最低学分数总计	54	最低学分数总计	45

说明：括号内的数字表示学分。课程编号前的英文字母指课程领域，其中 COMM 指的是交际学课程，PHL 指的是哲学课程，CS 指的是计算机科学课程，PSM 指的是理学专业硕士专设课程；课程编号前没有英文字母的都属于物理学课程；课程编号前有星号的表示应用物理学理学专业硕士项目与物理学理学科学硕士项目相同的课程。

通过比较两种不同类型硕士学位的具体课程，可以得出：

从组成方式来看，两者是同中有异，而且两者的核心课程和基础选修课程基本相同，除此之外，PSM 项目更加强调专业小组课程、实践课程（实习）。

从学分比重来看，PSM 的核心课程占总学分的比重低于理学科学硕士的相应比重，其专业小组课程学分所占比重在所有课程模块中最高。

与理学科学硕士强调核心课程学习相比,理学专业硕士更加重视实践课程。

从具体课程来看,一方面,理学专业硕士的核心课程来自相对应的理学科学硕士的核心课程,课程的代号、名称与要求基本一致。比如,两者相同的核心课程"535 经典力学"都包括经典力学的牛顿、拉格朗日和哈密顿公式,以及单粒子运动、冲突、变分法和耦合振荡器的正常坐标描述等内容。PSM 项目的选修课程也多是从对应的理学科学硕士课程体系中选择出来的。另外,理学专业硕士的专业小组课程则是理学科学硕士所没有的。与此同时,理学科学硕士一般要求完成学位论文,理学专业硕士对此则没有硬性规定,但两者都要求学生完成一项本专业领域的研究项目,PSM 主要是完成实习时确定的有关专业领域的研究项目。

（2）"校内—校外"结合的教学组织

PSM 是自然科学领域研究生教育的一场重大改革,该模式试图以一种近乎理想的方式,帮助研究生胜任既需要高深专门科学知识与技能,又需要跨学科综合素质的工作岗位。PSM 项目将科学研究与实践应用相结合,加强学校与工业之间的联系,开设实习等大量实践课程[①],为学生和潜在雇主的相互了解搭桥建梁。

其一,导师队伍构成的双重性。PSM 项目的指导教师队伍由学业导师和实践导师构成。以伊利诺伊理工学院（Illinois Institute of Technology）为例,其分析化学 PSM 项目的指导教师队伍就由终身教授和科技工业专家两部分人员组成[②]。终身教授负责一半的课程,其他的课程则由科技工业专门领域的专家进行教授,这些专家一般来自国家实验室、研究所和本地工业界。学业导师的主要角色是进行学业指导、提供学科专业科研资源与平台、充当联系学生和合作单位的桥梁。学业导师会参与招生并指导学生,同时在课程设置的更新和专业学科的发展过程中发挥重要作用。由于理学专业硕士的特殊性,学业导师队伍通常是多学科的。实践导师一般是参与产、学、研合作的企业、政府、非营利组织中与 PSM 项目专业领域相关的有丰富实践工作经验背景的专家,这些专家一般在理学专业硕士实习期间对其进行指导。实践导师一般是由学业导师为学生推荐的。在实习期

---

① 2007 Biennial Meeting Session Description and Presentations, Don W. Kassing. Adopting the PSM Systemwide: The California State University Introduction[EB/OL]. (2010-02-01). http://science masters. com/portals/0/pdfs/PSM_Biennial_2007_CSU. pdf.

② Past Bienniel Meeting: 2005. PSMs for Mid-career Professionals: the IIT experience[EB/OL]. (2010-02-03). http://sciencemasters. com/Portals/0/PDFs/PSMB_2005_Friedman. pdf.

间,培养单位会和实践导师保持有规律的联系,并根据反馈情况不断进行调整,以促进理学专业硕士实习的顺利进行和项目的良好发展。实践导师所在部门一般会为学生提供实习职位,举办一些研讨会,支持学生结合工作实践大胆探索相关研究项目。

其二,教学场所的开放性。PSM 项目的教学场所大致可分为校内和校外两部分,核心课程和选修课程的教学一般是在大学校园内的教学、研究场所进行,而实践课程主要是在与高校有合作关系的政府、工业、企业和非营利组织等的相关机构进行。由于 PSM 项目的跨学科性和多样性,研究生还会经常在户外组织一些小组讨论等活动课程。每学期开学初也会邀请一些来自工业、企业的嘉宾举办讲座和出席研讨会。

其三,教学安排的灵活性。理学专业硕士的教学形式灵活多样,同时又共同强调以下几点:一是经常组织学生轮流做研究进展报告,开展自由讨论。二是鼓励开展小组讨论,小组共同完成研究报告,既锻炼学生的思维能力和动手实践能力,也为学生将来在工作岗位上妥善处理人际关系打下良好基础。三是组织各种形式的研讨班。工业研讨班一般是在每个学期开学初举办,届时会从工业界邀请一些嘉宾就当今科技领域相关热点问题进行演讲。有条件的学校每周都会举办一次研讨会。四是提供大量的选修课程和实验室轮流值班的机会,使学生接触到范围广泛的科学知识和世界尖端的新兴科学技术。指导教师普遍鼓励研究生参加相关专业领域的学术型或应用性讲座,向会议提交自己的研究报告。五是教学过程中突出学生的主体地位,充分发挥学生的自我能动性,不断挖掘学生的自身潜能,鼓励他们将所学知识运用到工作实践中去。

(3)“课程—项目”双重的毕业要求

其一,课程要求。授予理学专业硕士学位通常要求必须修完相关课程并达到学分要求。比如,加州州立大学圣马克斯分校(California State University San Marcos)生物技术专业 PSM 项目要求修满 38 个学分,所有课程的平均绩点达到 3.0,且每门课程的学分绩点都不得低于 2.0[①]。

下面以佛罗里达州立大学(Florida State University)金融数学 PSM 项目所开设的课程来更加详细地揭示 PSM 项目的培养要求[②]。

---

① California State University San Marcos. Extended Learning Professional Science Masters in Biotechnology. PSMBt Program Requirements[EB/OL]. (2010-02-04). http://www. csusm. edu/el/degreeprograms/psmbiotech/programrequirements. html.

② Florida State University, Mathematics. MS in Financial Mathematics Degree Requirements[EB/OL]. (2010-01-26). http://www. math. fsu. edu/~kercheva/FMHome/MSDegreeRequirements. math.

必修课的要求：以金融数学热点问题课程为例。金融数学热点问题课程的课程目标是引导学生将所学理论知识与现行研究相结合，提出研究项目假设，通过计算试验来验证假设，并通过小组合作在规定的时间和情境里取得成果。该课程要求研究生完成学生与导师所商定主题的个人研究报告。个人研究报告以论文的形式上交，并以口头报告的形式在班上进行展示。研究生分小组完成一个小组报告，并在班上进行展示。另外，过程中还要完成课程要求的其他课堂小任务。该课程的课程目标指向培养学生们批判性地评价其他报告的能力并参与提出和讨论建设性问题的素质。

选修课的要求：以精算学为例。精算学包括两门课程即精算模型一和精算模型二，选修精算学课程的学生只有修完这两门课程才能获得学分，精算模型二的学习建立在修完精算模型一课程的基础上。该选修课不仅要求学生掌握生存与生活中偶然性模式的理论和运用，还要求他们考虑行为的专业标准，从而达到从事精算学相关职业的能力。

实践课的要求：以金融实习为例。首先，学生要经过导师的批准，并在导师的指导下选择适合金融数学领域的学生个人专业发展的实习项目。其次，学业导师会对实习报告提出明确的要求。最后，要求通过实习将所学的理论知识和专业技能运用到现实场景，通过实习掌握交流技能、口头表达能力和人际技巧等能力，积累专业领域的工作经验。

其二，实习实践要求与模式。理学专业硕士学位普遍要求完成实习并达到学分要求。从时间要求来看，实习的学时要求较为灵活，根据学科的不同而有所变化。实习时间从150小时到6个月不等。通常情况下，是在两年制 PSM 项目的中期安排学生进行兼职实习，学生在实习中完成 PSM 项目的后半个阶段，从而更好地完成实习报告[①]。从实践内容和要求来看，坚持将学科专业知识和商务等其他领域的知识、技能相结合并投入实践应用。实习的目的旨在帮助学生更好地理解基本的商业原则、政策制定以及道德决策，训练学生的交流技能，通过实践工作经历来培养学生的实践技能[②]。从实践成果来看，一般要求提交一份合格的终期报告，以及由实习单位提供的实习表现评价报告。部分高校还有其他一些具体要求，譬

①　Professional Science Master's. Summary Notes from Internship and Placement[EB/OL].(2010-02-12).http://sciencemasters.com/portals/0/pdfs/Internship_and_Placement.pdf.

②　Professional Science Master's. Structuring Satisfaction for Multiple Stakeholders[EB/OL].(2010-02-18).http://www.sciencemasters.com/portals/0/powerpoints/CSGS_Beck.ppt.

如加州州立大学圣马克斯分校还要求实习结束后进行答辩①。大部分学校通常会举行论坛来展示学生的实习项目报告等实习成果。实习是否合格要进行综合评定：一是导师给出的评价；二是实习单位对实习生各种表现的满意度；三是终期报告的评分。

其三，毕业要求。由于美国研究生教育的灵活性很大，每所高校对获得学位的成果要求也是各不相同的：有的学校对毕业论文有硬性要求，还要求所学课程的综合测试；有的学校则没有综合考试，但要求撰写毕业论文以及与本专业项目研究领域密切相关的研究报告；大多数学校对毕业论文和综合测试没有要求，但要求在导师和实习单位指导下完成与专业领域相关的研究报告；有的学校要求实习的终期报告要与毕业项目报告保持一致。

（4）广泛的社会支持

其一，官方和中介组织的认同和推动。政府和社会中介组织的及时认可和积极支持是新的研究生教育项目获得社会认同的基础和动力。PSM项目是1997年在斯隆基金会倡导下成立的，但其蓬勃发展离不开美国联邦政府和其他社会组织的支持和推动。

其二，坚持社会需求导向。PSM项目始终立足于社会需求，整个项目的出发点就是为了满足社会对复合型人才的需求。首先，立足于企业对复合型技能人才的需求，要通过该项目的实施，为企业提供大量切合其需要的各类人才，尤其是高科技企业和区域经济发展所需要的能够胜任高科技企业管理的职业性人才，以及本区域工业企业所需要的本土化人才。其次，立足于研究生对未来就业岗位的意愿，要通过对研究生的综合化训练，使毕业生拥有宽阔的发展空间和良好的就业机会。最后，立足于研究生教育改革发展的新趋势，PSM的开设要能够促使大学与工业企业建立起更加密切的联系，使得大学的人才培养和科技研发能够更敏锐地应对经济社会发展的实际需要，不断扩大学校的声誉和影响力。在PSM项目的创立过程中大学与工业、企业始终有着直接和密切的合作。PSM项目普遍成立了雇主咨询委员会，邀请能够向PSM研究生提供适合的实习机会或者向PSM毕业生提供合适的就业岗位的机构的代表，参与PSM项目的建设和管理。通过雇主咨询委员会这个平台，大学和研究生导师能够及时了解劳动力需求，了解如何使毕业生为校外实践工作做好准备，并通过不断创新

---

① California State University San Marcos. PSMBt Program Requirements [EB/OL]. (2010-02-22). http://www.csusm.edu/el/degreeprograms/psmbiotech/programrequirements.html.

培养模式让学生将他们的经验与整体项目相整合,从而增强 PSM 项目及其毕业生对社会的适应能力。

其三,建立广泛而有效的社会参与机制。理学专业硕士项目的一个制度性设计就是成立校外咨询委员会,负责从人才需求的角度提供建议,为项目的发展提供各种帮助,对项目的进展进行持续性的评价等①。良好的沟通协商机制是 PSM 项目取得成功的重要保障,美国研究生院协会主办的每两年一届的 PSM 项目全国年会、美国研究生院协会与斯隆基金会共建的 PSM 项目专门网站以及研究生院协会、斯隆基金会、全国理学专业硕士协会等网站开设的 PSM 项目专栏,提供了 PSM 项目发展与管理的沟通桥梁,增强了 PSM 项目的社会认同②。与此同时,美国研究生院协会等组织针对 PSM 项目开展了一系列专项调查,比如《2010—2011 学年 PSM 学生成就调查报告》就是以 PSM 项目满意度为主题在项目管理方与毕业生之间展开的一场大讨论③,这些调查的过程及其结论报告也有效地促进了社会各界对 PSM 项目的广泛关注和认同。

2. 日本专门职业研究生院制度

日本专门职大学院即专业学位研究生院从 2003 年正式成立开始,在校生规模从 2003 年的 645 人发展到 2018 年的 16 546 人,专业数量逐年增多,学生规模不断扩大。专业学位研究生院是以培养具有高级专业知识人才为目的的研究生院,最大的特征是在各领域前线招聘经验丰富的教师,传授最新的知识,施行高水平的专业教育与实践教育。

(1)独立设置专业学位研究生院推动应用型硕士研究生培养

1974 年,日本《研究生院设置基准》提出“培养高层次人才的专业应用技能”。1998 年 10 月,日本大学审议会在《21 世纪的大学与今后的改革方针》中提出研究生院应担任起推进学术研究、培养研究人员和高级专业人才、社会人员再教育等使命,应进一步探讨体系构造方法和培养高级专业人才的弹性化制度等问题④。该政策从当时日本国内外环境着手,指出了

---

① 胡甲刚.科学学位与专业学位的有机结合——美国专业科学硕士(PSM)教育的改革探索[J].学位与研究生教育,2013(10):67-71.

② 李素琴,田欣叶,侯晓华.美国高等教育项目管理沟通机制初探——以专业科学硕士学位(PSM)项目为例[J].学位与研究生教育,2012(7):69-72.

③ 中国学位与研究生教育信息网.美国:专业科学硕士(PSM)就业实力强劲[EB/OL].http:www.chinadegrees.cn/xwyyjsjyxx/zxns/zxzx/274373.shtml.

④ 日本大学審議会.21 世纪の大学像と今後の改革方策について—競争的環境の中で個性が輝く大学[EB/OL].http://www.mext.go.jp/b_menu/shingi/chukyo/chokyo4/006/gijiroku/020401bb.htm.

日本高等教育的不足,促使专业学位研究生院的产生成为可能;同时该政策对研究生院的使命和机构设置进行了探讨,提出了与培养高级专业人才相适应的弹性化制度,为专业学位研究生院的产生提供了条件。1999 年修改《研究生院设置基准》,创设专业研究生院,以实践应用型教育为主要特色开设硕士研究生课程,授予专门职业学位①。到 2002 年时,日本专业研究生院已涉及经营管理、金融、公共卫生等六个领域。虽然专业研究生院促进了人才的培养,但社会对高级专业人才需求的急速上升,使日本专业研究生院不得不按各领域特征实行弹性化的教育制度,对现有的专业研究生院进行改进。

2003 年,日本颁布《专业学位研究生院设置基准》,将原来的"专门研究生院"(専門大学院)改称为"专门职业研究生院"(専門職大学院),专门培养高层次专门职业人才②。《专业学位研究生院设置标准》规定标准学制年限最低为两年,并根据其职业特点安排案例讨论、实地调研等方式的课程;其毕业条件只需修满与专业相关的 30 学分即可;其教师组成依专业的种类和规模而定,但具有实践经验的实务教师必须占三成以上。该《标准》还规定了法科研究生院是为培养律师而设置的专业学位研究生院;其标准学制年限最低为三年,不同于其他专业;其毕业条件为三年以上的学习和 93 以上的学分;此外还对法科研究生的入学条件、学分取得等方面进行了规定③。从此,日本专业学位研究生教育基本成型并蓬勃发展起来。2005 年日本在《我国高等教育的未来展望》报告中提出,有必要在各个领域(例如:法律、MBA、MOT、公共政策、教师培养等)创设和扩充专业学位课程,期待未来的专业学位研究生院能不断充实实践性教育、提高职业伦理涵养,培养更多高级专业职业人才④。2010 年发布的《专业学位研究生院的现状及今后发展》指出,专业学位研究生教育发展的重点在于充实课程内容和教学方法,通识课程与专业实践教育并重推进。

2002 年 8 月 5 日,日本中央教育审议会在《关于在研究生院培养高级专业人才》中重新定义:法科专业学位研究生院是在法律规定下培养高级专业人才、学习以前的硕士课程和博士课程并承担专业学位课程的研究生

---

①　李爱民. 新时期日本研究生教育改革的路径与特点[J]. 学位与研究生教育,2010(10):72-77.

②　汪辉. 日本专业学位改革的特点与问题[J]. 学位与研究生教育,2009(1):72-77.

③　日本中央教育審議会. 専門職大学院設置基準[EB/OL]. http://www.mext.go.jp/a_menu/koutou/houka/03050103.pdf.

④　日本中央教育審議会. 我が国の高等教育の将来像[EB/OL]. http://www.mext.go.jp/b_menu/shingi/chukyo/chukyo0/toushin/attach/__icsFiles/afieldfile/2013/05/27/1335580_001.pdf.

院；其设置的范围不再局限于特定的某些领域，学制年限依专业领域的教育内容而定；其教育多采用案例讨论、实地调研、实习等方式；其毕业条件不再跟论文、研究成果挂钩，而与修满各专业领域所需学分相联系①。该报告的提出为专业学位研究生院的产生提供了理论基础，其定义与规定成为日本专业学位研究生院运行的范式。

随着《专业学位研究生院设置标准》的出台，专业学位研究生院的规模不断扩大。截至 2013 年，日本共有 130 所学校开设了专业学位研究生院，共设置了 185 个专业，涉及法律、教育、技术经营、会计、公共政策、临床心理等领域，其中：法科研究生院共设置了 74 个专业，占总数的 40%；教职研究生院共设置了 25 个专业，占总数的 13.5%②。日本专业学位研究生院从各领域积极开设专业学位，满足社会多方面的需求，在专业数量不断增多的同时，促进了专业学位研究生教育规模的壮大。日本自 2003 年专业学位研究生院正式成立以来，专业学位研究生培养规模快速扩大，2009年达到最高峰 2 3381 人；其中，在职人员所占比例在发展初期所占比例较高，此后该比例的变化从明显降低调整为稳步回升，与整个专业学位研究生院在校生规模波动比较大相比，在职研究生的规模从 2006 年以来保持相对稳定。如图 5-1 所示。

（2）专业学位研究生培养模式改革

专业学位研究生院制度是日本近年来"为实施高层次职业性专门人才培养而创建的研究生教育制度"，其培养模式、课程体系、教学方式以及评价体系等方面都体现出特殊性③。比如，《法科研究生院的设置标准》中强调法科研究生院是理论教育与实践教育相结合的、专门培养律师的特殊教育，应安排具有五年以上实践经验的实务教师，其在专业教师中须占到不少于 30% 的比例，且一年中须承担 6 学分以上的课时，并负责法科研究生院培养计划的制订④。表 5-3 所示是对普通硕士与专业学位硕士的比较，可以发现日本专业学位硕士生培养在授课教师组成、授课方式、认证评估等方面都有严格要求。

---

① 日本中央教育審議会.大学院における高度専門職業人養成について［EB/OL］.http://www.mext.go.jp/b_menu/shingi/chukyo/chukyo0/toushin/020802.htm#0#0.

② 2013 年 7 月日本文部科学省専門職大学院室.専門職大学院制度の概要［EB/OL］.http://www.mext.go.jp/a_menu/koutou/senmonshoku/__icsFiles/afieldfile/2013/09/05/1236743_01.pdf.

③ 吴宏元，郑晓齐.日本研究生教育组织形式及其特征分析［J］.学位与研究生教育，2006（10）：73-77.

④ 日本中央教育審議会.法科大学院の設置基準等について［EB/OL］.http://www.mext.go.jp/b_menu/shingi/chukyo/chukyo0/toushin/020803.htm#1#1.

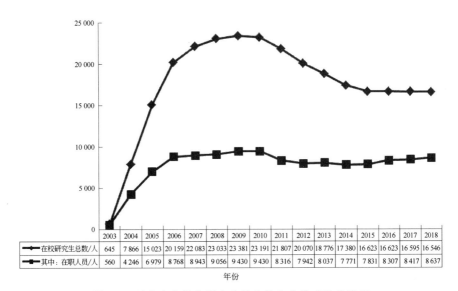

图 5-1　日本专业学位研究生院在校生人数变化曲线图

资料来源：http://www.e-stat.go.jp/SG1/estat/NewList.do? tid＝000001011528.

表 5-3　日本普通硕士与专业学位硕士的区别

培养机构	普通硕士	专业学位硕士		
		专业学位研究生院（2003 年至今）	法科研究生院（2004 年至今）	教职研究生院（2008 年至今）
学制年限	2 年	2 年	3 年	2 年
毕业条件	30 学分以上，导师指导下完成硕士毕业论文	30 学分以上	93 学分以上	45 学分以上（包括 10 学分以上的学校实习等学分）
专业教师	—	是负责硕士课程研究指导教师数的 1.5 倍+研究指导辅助教师数		
实务教师	—	3 成以上	2 成以上	4 成以上
授课方式	—	实例研究、现场调查、双向和多向讨论、解答疑难	① 同左②少数人接受的教育（法律专业一般只招收 50 人）	① 同左①②学校实习和公共科目是必修课
学位	硕士(××)	××硕士（专业学位）	法律博士（专业学位）	教育硕士（专业学位）
认证评估	—	根据教育课程和教师组织等教育研究活动的状况，由文部省科学大臣组成认证评价团体，每五年进行一次教育评估,确保教育质量		

资料来源：http://www.mext.go.jp/a_menu/koutou/senmonshoku/__icsFiles/afieldfile/2013/09/05/1236743_01.pdf.

专业学位研究生院的设立与发展推动了日本应用型硕士研究生的培养,应用型研究生成为专业学位研究生院人才培养的显著特征。有研究将专业研究生院与普通研究生院的区别归纳为以下四个方面:①教学内容以实践应用为主,以基础理论学习为辅;②由于增加有实践经验的教师(约占教师编制的 30%),专业研究生院的教师编制规模远远超过普通研究生院;③毕业资格方面允许以解决实际课题取代提交论文;④为了确保学生质量,学制年限规定为两年,不允许像普通研究生院那样可提前毕业①。也有研究认为,专业研究生院的基本特征有三:"第一,它不是培养研究者,而是培养具有高级专业能力的人;第二,它不是研究中心,而是联结理论与实际的实践性教育机构;第三,它不只由研究者充当教师,还要配备一定比例的实践型教师。"②

专业学位研究生院的授课方式也十分灵活多样,除法科研究生院没有设置一年毕业的课程外,其他专业均设定了一年课程毕业的科目。每个领域都充分考虑在职学生的时间,灵活制订了避开在职研究生工作时间的课程,并采用远程教学的方式,为更多的企业员工提供了继续深造的机会,如表 5-4 所示。多样化的教学手段、灵活性的授课方式形成了日本专业学位研究生院特色化的教育形式,大大促进了其培养规模的扩大。

表 5-4 日本专业学位研究生院提供的适合在职人员的项目情况(2013 年)

单位:门

区　　别	设定适合社会人选择的科目	依上班时间而灵活设置授课时间的科目	设置远程教育体系的科目	设定一年课程毕业的科目
法科研究生院(73)	14	9	3	—
教职研究生院(25)	18	9	4	7
技术经营管理(33)	23	30	17	8
会计(16)	8	8	2	3
公共政策(18)	7	3	1	4
其他(27)	17	15	6	3
总计	87	74	33	25

说明:表中第一列单元格内括号中的数字表示全日本设置的该类专业学位研究生院数量。

资料来源:http://www.mext.go.jp/a_menu/koutou/senmonshoku/__icsFiles/afieldfile/2013/09/05/1236743_01.pdf.

---

① 汪辉.日本专业学位改革的特点与问题[J].学位与研究生教育,2009(1):72-77.
② 李昕.专业化、高质量、重实践——日本专业学位研究生教育发展十年[J].学位与研究生教育,2013(3):70-73.

（3）职业资格制度和产学研合作

日本专业学位硕士研究生教育"越来越重视与职业联系,并进行实践性教学,开始开展校企合作等教育模式,专业学位研究生院与产业界、社会团体的联系不断增强"①。日本的专业学位与职业资格考试的衔接,无论是采用必要条件形式还是采用优惠条件形式,一方面突出了应用型高级专业人才培养的导向,另一方面也有利于保证人才的培养质量,但过度强调与职业资格的衔接反而在一定程度上限制了学生的专业适应能力与就业选择机会②。专业学位研究生教育与职业资格的衔接应该适度,职业资格只能是专业学位研究生教育质量保障的最低而非最高甚至唯一标准。2005年9月5日,日本中央教育审议会在《新时代的研究生院教育》中提出专业学位研究生院课程的设置应注重教育内容与方法,确立与产业界相连携、理论与实践相结合的教育方式,重点培养具有国际竞争性的高级专业人才。日本在《第二次研究生教育发展纲要》中提出以学位课程"透明化"为核心,重点加强博士人才培养,确立产、学、研三位一体的研究生教育模式,与产业界及相关职能团体开展合作,共同制订培养目标,规范基础知识范围以及教材的开发,促进特色教育基地建设,增加毕业生的实际操作能力③。

3."理想的"公共关系与沟通管理专业学位研究生培养模式

Maria P. Russell 提出了一个"理想的"公共关系与沟通管理专业硕士学位项目的建议,主张将培养重点转向实践,推行一种弹性化的教育模式,以满足出于不同职业选择攻读研究生学位的个体需要④。这一"理想的"培养模式的具体教学策略包括:

策略之一,注重双向对话学习。合适的方法包括:自我导向的学习契约;课堂讨论;教师与学生的小型研讨和磋商。

策略之二,开设个性化学习项目。通过个性化项目的教学和学习引导学生认同研究生培养计划符合他们的个人经验和期望。方法包括:教师与学生的小型研讨和磋商;实习;开展研究任务。

---

① 李文英,陈元元.日本硕士专业学位研究生教育的发展及经验[J].研究生教育研究,2018(4):91-95.

② 汪辉.日本专业学位研究生教育发展困境的政策因素及启示[J].学位与研究生教育,2016(10):72-77.

③ 严平.日本研究生教育改革新动向:以《第二次研究生教育发展纲要》为中心[J].学位与研究生教育,2013(6):68-73.

④ Maria P. Russell. Toward the Ideal Professional Master's Degree Program[J]. Public Relations Review,1999,25(1):101-111.

策略之三,创建协作式学习环境。为了共同的学习目标和学习成果,研究生相互交流并与教师沟通交流,在学习过程中互相学习。这一策略对于涌进了大量不同知识和经历背景的研究生的课堂而言特别重要。方法包括:小组活动(短期);团队工作(长期);讨论;信息共享。

策略之四,提供信息和获得信息。方法包括:讲座;模拟/角色扮演;博弈;口头发言;使用计算机和网络技术;对话;案例分析;活动;影视资料。

策略之五,提供各种观点。这个策略帮助学生欣赏各种理论、文化、政治、纪律和社会的世界观。其主要方法跟策略四一样。

策略之六,提供经验学习机会。这个策略假定:当学生们亲身经历具体情况和活动的时候,他们能够更好地把理论应用于实践。方法包括:案例分析;活动;实习/合作项目/论文;练习。

策略之七,基于问题的学习。这个策略致力于发展和提高学生的战略思维、决策和解决问题的能力。方法包括:练习;案例分析;活动;实习/合作;项目/论文。

通过所构成的具体教学策略可以看出,这种"理想的"研究生培养模式试图将未来职业工作场景中最为重要的和使用最为频繁的能力,通过具体的教学过程来进行系统的培养,其最为突出的特征就是让研究生置身于一个特定的较为接近真实职业工作情境的问题情境中,在这个情境中锻炼和发展相应的专业能力和职业技能。

4. 墨尔本大学教学硕士"临床教学"培养模式

澳大利亚墨尔本大学教育研究生院探索建立了教学硕士"临床教学"(Clinical Teaching Model)培养模式。临床教学模式的特点:一是关注每个学习者的个体学习需求,尽可能保证每个学习者的学习需求都能得到满足;二是强调实践性、操作性活动与环节,学习者既是实施临床教学的主体又是学校课堂的学习者,致力于提升学习者的专业效能;三是采用合作、团队模式,实施教学的场所主要是在与高等学校建立合作关系的基地学校。

墨尔本教学硕士(Master of Teaching)包括学前教学硕士项目、小学教学硕士项目、中学教学硕士项目,三类项目各有不同,但在培养过程中基本做法比较一致。下面以中学教学硕士项目为例说明其培养要求与培养过程。有三种选择为研究生提供具体的研究培训和项目体验,使其能够成为一个研究实践者。一是"入职"选择,是以在维多利亚教学机构完全注册为基础,教师候选人要通过与专业导师一起工作来获得专业发展;二是

"研究"选择,教师候选人达到一定要求后可以在自己感兴趣的领域开展研究,从而为继续攻读博士做准备;三是"专业发展"选择,教师候选人可以在某个感兴趣的领域获得专业化发展,所得学分相应计入到专业硕士培养上。具体而言,教师候选人通过第一阶段和第二阶段各自 75 学分的学习,包含面授学习、间断的定期中学实地学习和连续的中学实地学习,候选人可以获得教学研究生文凭并准备成为中学教师,达到条件的则可以继续通过教学、研究或专业化发展来完成 50 学分的学习,从而获得教学硕士并准备成为中学教师①。

墨尔本大学教学硕士"临床实践"(Clinical Practice)培养模式从"专业知识""专业实践""专业发展"三个方面对实习培养目标进行了定位②。教学硕士项目重视临床实践考核(the clinical praxis examination,CPE),通过关键性的评估活动来建立起理论与实践之间的联系。临床实践考核是一项口头考试,即教师候选人需要向他们的同事、助教和临床专家进行口头的教学实践展示,陈述所参考的研究和学习理论、选择某种实践方法的原因,呈现出具体的证据,包括学生学习需求与理论研究之间的匹配性、提高学生学习成绩的过程等。临床实践考核每学期都会开展,主要用于教师候选人反思和谈论在不同课程中所使用的教学方法的有效性,用于评估教师候选人通过研究生学习在理论与实践之间建立密切联系的自觉性和能力,评价教师候选人在整个学位攻读过程中发生的改变。

5. 研究生助教的教学职业发展项目

Bonnie Holaday、Kenneth A. Weaver 和 Linda B. Nilson 提出要运用一个系统发展的框架来改变和重构研究生的职业发展项目,并以美国南卡罗来纳州克莱姆森大学(Clemson University)研究生助教的教学经验训练为例提出了一个操作方案③。整个项目分别在教学效果与创新办公室(Office of Teaching Effectiveness and Innovation,OTEI)、拉特兰伦理中心(Rutland Center for Ethics)、亨德里克斯就业指导中心(Hendrix Career Center)、皮尔斯职业交流中心(Pearce Center for Professional Communication)等机构中进行。教学效果与创新办公室每年提供 80—110 个工作坊,绝大多数是两小

---

①　马健生,陈玥,等. 21 世纪世界高水平大学研究生教育:新特点与新趋势[M].北京:高等教育出版社,2016:193-202.

②　Mster of Teaching(Secondary)(MC-TEACHSA)[EB/OL]. https://handbook. unimelb. edu. au/courses/mc-teachsa/entry-participation-requirements.

③　Bonnie Holaday, Kenneth A. Weaver, Linda B. Nilson. Revisioning graduate professional-development programs[J]. College Teaching,2007,55(3):99-103.

时的活动,关涉教学和教学职业准备的相关主题。一些工作坊仅仅针对特殊科系,其中一半是专门针对本单位的研究生助教。但是,这些项目的绝大多数是开放的,并宣称面向大学的所有教师和研究生。大多数项目都提供多样化的可选择时间,以适应不同学生的时间表和要求。每个开放的工作坊按照相应标准划定为初级、中级或高级。

初级工作坊通过各种方式训练研究生助教掌握通过正强化获得并维护课堂文明的技巧,以帮助他们养成良好的师生关系;掌握最大限度地激励学生学习和参与讨论的方法,以促进学生活跃的课堂讨论;掌握使用布卢姆分类法界定学生基于绩效的能力、快速且公平的方法评定写作能力的技巧方法,以客观公正地对学生进行测试和评定等级。

中级工作坊致力于训练研究生助教解决更为复杂的教学问题的能力,训练研究生在更高和高细致的层次上建立良好的学生关系,比如:如何考虑教学、学习和个性偏好以满足处于中间水平的学生的需要,如何通过引导分类学习创设激励学生们思考的课堂活动;如何通过运用图片有效地向视觉型学习者教授高级思维。此外,还要训练研究生开发测试工具的能力,比如,编写用于评价思维技巧的论文选题、客观测验等。

高级工作坊旨在训练已经具有一些课程教学经验的研究生助教,主要训练研究生助教如何带着友好和善意掌控课堂,如何教学和管理大的班级,如何发展面向学生和公众进行演讲的能力;训练研究生助教的课程设计能力,通过课程设计和开发使其更加容易为学生所接受和更加合乎逻辑;训练研究生助教的教学技艺,学会通过运用案例方法和基于问题的学习等方法使教学变得更好;训练研究生助教改进学生评价方法,通过项目分析提高测验效度,评估评价工具。

研究生助教还在拉特兰伦理中心接受奖学金和研究伦理、商业伦理、贯穿课程讲座的伦理方面的教育和熏陶;在亨德里克斯就业指导中心,接受创建研究生电子公文包、面试技巧、适合留学生的求职和面试技巧等方面的训练;在皮尔斯职业交流中心接受硕士论文写作、准备论文海报、跨越课程焦点的交流、跨界交流等方面的训练。总之,通过这种不同要求和目标的工作坊的系统化训练,帮助研究生发展教学能力和做好职业准备。

6. 我国台湾地区技职院校产业研发硕士专班

我国台湾培养产业所急需的应用型研究生的举措之一是设置产业研发硕士专班,其目的是借此快速增加适合从事研发工作的硕士毕业生。产业硕士研究生以培养企业发展急需的高科技人才为目标,依托地方政府机构、高校、企业等多方共赢紧密结合的培养机制,通过深度产学合作来培养研究生的学术能力、研发能力与实践能力,以在较短时间内为企业培养出急需的硕士人才,援助高科技企业的创新研发①。

产业研发硕士专班的推动策略包括:①企业主动联合学校提出产业研发硕士专班计划,使其课程内容、师资与招生对象更加符合产业需求;②企业负担部分培训费用,同时承诺雇佣七成以上毕业生;③放宽产业研发硕士专班招生名额之限制,学校增聘师资可不受总额之限制,鼓励延聘产业技术专业人才担任授课;④放宽修业期限的限制,采取密集性课程安排,允许以技术报告或实作性之论文取代学术论文,使修业期限缩短为一年至一年半,以便及早投入企业进行研发工作;⑤引导具有理工背景的非本科系学生报考,以解决若干科系人才供过于求所产生之就业问题②。

产业研发硕士专班的实行措施包括:①培训机构以设立有研究所的公私立大学与技职院校为主,由申请企业主动洽请拟合作学校商定课程时间、内容、师资与招生等事项,制订具体计划后提出申请;②所培训之硕士毕业生的素质与正规硕士教育一致,其修业学分数与修业规章的主要规定应等同之,只有修业年限与鼓励以技术报告或实作性论文代替学术论文的要求可另订规定规范之;③建立产业研发硕士人才数据库,提供业者求才及相关机构辅导就业信息,追踪所培养之毕业生的就业情形等。

以台北科技大学电能转换与控制产业硕士专班培训合约书为例,该合约书规定:乙方(进入产业硕士专班学习的研究生)参加该专班所需的培训费用(不含食宿)由甲方(参与合作的厂商或者股份有限公司)负担30万元,乙方依照台北科技大学一般研究生标准缴费;乙方于获得该专班之硕士毕业证书并经甲方确定雇用后,应于毕业后一个月内至甲方任职,任职条件不低于甲方同等学力初任待遇,服务年限至少为两年,服务内容依甲方之相关规定办理。甲方不保证雇佣乙方,若乙方未被雇佣,则无任何就业履约义务。

以正修科技大学电机工程研究所为例,其2010年度产业研发硕士专班"春季班"招生简章明确表达了发展重点:为配合产业自动化及南台湾电机人才之需求,并以提升电机相关研发能量与满足产业之需求,着力培养具备基础科学、专业知识与技能并能执行专题研究的电机工程研发人才;培养学生团队合作能力、理解专业伦理与社会责任,兼具领导、管理及规划之能

① 王莉方,于慧.台湾地区产业硕士研究生培养特色及启示[J].学位与研究生教育,2017(12):65-70.

② 廖湘阳.台湾技职校院研究生教育发展分析[J].高等教育研究,2013(10):38-45.

力;培养学生独立思考与创新能力、具备良好的国际观并能终身自我学习成长。其招生简章明确列出了合作厂商,对合作厂商进行了具体介绍,包括公司名称、资本总额、研发部门名称/主管、主要产品及研发技术项目及其与所设产业硕士专班的关联性、过去研发投资金额及占营业额之比例、现有研发人力、未来三年硕士以上研发人才缺额预测等相关内容①。

二、模式反思

应用型硕士研究生培养模式的构建受诸多因素的影响,同时反映出对某些影响因素的特殊选择。

1. 时空结构

在知识生产模式Ⅰ与模式Ⅱ并存的知识社会,研究生培养愈加采取基于工作场所学习和研究的教育模式,强调运用自身掌握的知识解决实际问题的训练,并在此过程中重构自身的知识和技能体系②。Lee等人提出的P/W/U三维协作培养模式新理念,主张"整合大学与专业、工作场所的知识生产体系,全面提升大学与行业机构、专业组织的合作水平"③,"目标直接指向工作场所和专业实践"④,如图5-2所示。

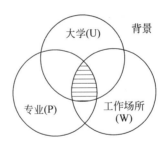

图 5-2　Lee 等人提出的 P/W/U 三维协作培养模式新理念⑤

学术型研究生培养基本上选择"以大学为中心"的培养模式。正如

---

①　正修科技大学电机工程研究所 2010 年度产业研发硕士专班"春季班"招生简章[EB/OL]. http://electrical.csu.edu.tw/wSite/mp? mp=542201.

②　吴华杰,杨钋.专业学位研究生教育的定位及教育模式探究[J].学位与研究生教育,2017(5):58-63.

③　邓光平.澳大利亚深度合作培养专业博士的探索——以新英格兰大学的 P/W/U 三维协作培养模式为例[J].高等教育研究,2016,37(8):91-95.

④　马爱民.澳大利亚教育博士改革动向——以新英格兰大学为例[J].高等教育研究,2012,33(2):104-109.

⑤　转引自 Neil Taylor, T. W. Maxwell. Enhancing the Relevance of a Professional Doctorate: The Case of the Doctor of Education Degree at the University of New Englang[EB/OL]. http://www.apjce.org/volume_5/Volume_5_1_60_69.pdf.

Shulman 等人所指出的那样,"以大学为背景而设立的博士学位在本质上和程序上都必然以学术为根基"①。非学术型硕士研究生培养既然面向职业岗位,就必须考虑职业场所的实际需求,也就不能沿袭以前的"大学中心模式",而要顺应培养平台的外移,以及培养平台的职业场所化的发展趋势,建立起与之相适应的教育场景和培养体系。

学术型硕士研究生培养的时空格局是简单的、相对狭隘的"学校—学生"二元结构,应用型硕士研究生培养的时空格局则拓展为"学校—学生—校外训练基地(联合培养单位)"三元结构。校外训练基地的介入,打破了传统二元结构的培养格局,使得培养格局更加复杂化,要将各个利益主体的利益诉求引入培养过程,而各个利益主体的利益诉求又必然存在冲突。这种冲突主要表现在学生的培养标准、研究选题和实践选题、联合培养单位与大学的关系等多个方面。学校、学生和联合培养单位三方都各有倾向性:学校强调应用型硕士研究生作为研究生所必须具备的研究能力;学生将它作为进入不了传统学术性岗位转而试图进入企业、产业中的非传统学术岗位的有效途径;联合培养单位所看重的是其所带来的异质性知识,以及由此架起的企业与大学之间的合作桥梁。因此,要处理好三类主体之间的关系,在三者之间找到一个平衡点②。

具体而言,就是要处理好校内学习场所与校外训练场所(包括专门的实习实践场所、在职人员实际工作岗位)之间的关系:一方面要坚持校内学习场所的主导地位,要以校外各种优质的教学、科研资源的选择与组合来统摄培养平台;另一方面要发挥校外学习场所的独特作用,尤其是其在实践性教学、研发资源方面的优势。

2. 学习方式

其一,在线学习。在现代信息技术广泛使用的背景下,教学方式发生了很大的变化,形成了三种不同时空的教学方式,即以校园为基础的教学方式、以网络为基础的教学方式和以校园—网络相结合为基础的教学方式。纽约州立大学开通了大学学习网络(Suny Learning Network,SLN)以及一种在线的课程传递系统向学生提供在线服务,SLN 同时成为 PSM 项目

---

① L. Shulmam. Reclaiming Education's Doctorates: A Critique and A Proposal[J]. Educational Researcher,2006,35(3):25-32.

② 雷环,王孙禺,钟周.创新型高水平工程人才的培养——英国工程博士培养的创新与矛盾[J].学位与研究生教育,2007(12):61-67.

附加课程的重要传递工具①。美国工程硕士"远程教育"项目通过网络,在周末或晚上开设工程项目管理类必修的远程课程,以加强学生的工程项目管理能力②。应用型研究生中相当一部分是那些想要在其职业领域得到提升的实践专业人员,这些人受到地点限制、时间限制或是两方面的限制,难以以全日制方式在校园完成整个培养计划和学习任务;此外,许多工作技能和临场经验可以通过校园外、非传统的教师的指导来训练和掌握③。因此,如何利用现代信息技术,发展可以全部或者部分以在线方式传送和教学的课程及其他教学资源,是应用型硕士培养要解决的一个理念问题和技术问题。应用型硕士研究生培养模式的选择与优化要紧密结合现代信息技术的广泛使用,以现代信息技术为媒介来增进其学习的便利性,进而提升研究生的学业完成率。要通过创建学习空间,通过虚拟网络空间的讨论、交流来弥补面对面讨论不足的缺陷。为此,要处理信息技术的有效利用与过分依赖的问题,这就涉及优质教育资源的供给与研究生学习的自觉性和主动性问题,涉及学习过程与质量的监控问题。

其二,小组学习。研究生根据自己的兴趣、工作经验和专业方向组成合作学习研讨小组,围绕某一主题或者项目分工展开研究,在注重整体性的同时各有侧重,以加强某一方面的深度与熟练程度,最终整合成有意义的合作学习研讨成果。具体方式可以是:每个成员分别从不同的视角来对同一个问题或者项目展开研究;聚焦同一理论问题(共性问题)各自选择典型案例进行研究;针对同一问题各自运用不同的研究样本来进行研究;围绕某个主题或者实际问题在同一研究样本中依照一定的次序展开多次研究④。小组合作研讨学习模式,一是指向对实际问题的整体把握,养成多维度多层面思考、分析复杂问题的习惯与能力;二是增强研究生的合作沟通能力,以及对不同观点、材料加以汇总整合提炼的能力。小组合作研讨学习模式体现出明显的社会性和交往理性,与工具理性过分强调个体的主体理性不同,交往理性强调具有主体性的人在实践中的多向度交流和基本共识的达成。

---

① David King. SUNY and the PSM Degree: The New York Context[EB/OL]. http://www.cgsnet.org/portals/0/pdf/am09_KingD.pdf.

② 聂文斐,杨吉,宁更新,等.基于三段实践式的全日制工程硕士生培养方案探索[J].学位与研究生教育,2011(3):64-67.

③ Allen B. Rawitch. Dean Dialogue: How Can Graduate Deans and CGS Provide Leadership for Professional Doctorates?[EB/OL]. http://www.cgsnet.org.

④ 邓涛.美国教育博士学位论文改革:理论探索与实践样态[J].学位与研究生教育,2014(2):72-77.

其三,非正式学习。正式学习强调个体认知、符号的操作、普适性的技能与知识;非正式学习强调共同认知、依赖操作工具、情境性的思考、具体的能力。非正式学习蕴涵于日常生活之中,依赖各种支持性环境,其学习结果是综合性的①。应用型硕士研究生更加依赖非正式学习:其一,课堂外、非结构化的教与学构成其重要乃至主要部分;其二,教学体现出明显的模块化特征,相比于学术型硕士、专业学位硕士而言,其学习的整体性、系统性要弱一些;其三,学习目标与任务相对模糊,学习路径缺乏对应性,更多依赖观察、体验或模仿,体现出明显的社会性和情境性。

研究生身份的确立要以将科研和学习结合起来为前提,可是当前许多研究生并未从"学习模式"这个角度来认识研究生教育的本质,更未从这个角度来重塑自己的学习活动。

3. 指导方式

建立和完善以科学研究为中心的导师负责制是研究生培养模式和机制改革的重要方面。但是,应用型和专业学位研究生不以学术研究为主,也不以做基础研究课题、完成学术性论文为主,他们更多的是进行课程学习和实践,如果套用上述模式,这类研究生的招生和培养就面临诸多问题。实际上,应用型研究生的科研有其特殊性:一是科研的性质,虽然并不完全排除基础性研究项目,但主要依托工程技术、应用性科研项目来训练研究生的研究能力;二是科研的指向,与学术型指向知识的创新不同,其主要指向专业地解决具有技术含量的具体问题的能力,是对知识的创造性应用。因此,需要反思正在推进的导师负责制、培养机制改革是否真正切合应用型硕士研究生的培养。当前政策、制度、措施的关注点集中在学术型学位研究生培养上面,通过结构调整、模式创新、机制改革加大应用型人才培养,提高研究生教育质量,这是对的。但相较于对传统学术型学位研究生的关注,对应用型硕士研究生的培养机制缺乏足够的重视,而实际上这部分更有改革的必要,应当成为研究生培养机制改革的重点。

系统的课程学习、专门的学位论文、指导教师的全过程指导构成了我国研究生培养的典型特征,也是我国研究生教育质量保证的主要途径。但是,这些过去行之有效的途径现在面临着挑战。系统的课程学习是我国硕士研究生培养的基本特征,但是,系统的课程学习在实践中存在一些问题,主要表现为过于注重知识体系的科学性而相对忽略了研究生的自主经验、

---

① 邬智,赵蒙成,罗丹.论硕士研究生培养模式的改革:非正式学习的视角[J].研究生教育研究,2012(5):38-41.

课程学习与其他培养环节之间有机的联系,从而导致课程学习未能真正发挥出基础作用和支撑作用。完成一篇完整的学位论文是我国硕士研究生培养的重要环节,有利于培养研究生从事科学研究和独立担负专门技术工作的能力,但是,学位论文正逐渐偏离其原初目的,学位论文训练有名无实,作为科研过程训练和能力训练的学位论文演变成一篇应急之作,所有学生都完成一篇"应当有新的见解"的学位论文本身就面临着理想与现实的尴尬。指导教师对研究生的全过程指导构成培养质量过程监控的主要部分,但是,在具体实践中,"指导教师全过程指导"中的指导教师往往只有一位,全过程指导某种程度上已成为一个虚架子,而其他配套措施又未跟上来,导致培养过程的失控与失效[①]。这些方面在研究生培养过程中普遍存在,而这些传统做法的弊端在应用型硕士研究生的培养中暴露得更充分。

应用型研究生的指导方式要进行全方位的变革:就课程体系而言,要保持课程体系和教学内容同学习者的经验和职业岗位的需求相结合;就学位论文撰写而言,要围绕工程实践、管理实践中的具体问题来选题,要从论文中所展示出来的提出问题和实际解决问题的能力这一方面来进行评价;就指导教师指导而言,要建立双导师制,校内学术导师与校外实践导师相互配合和共同负责,以使研究生受到系统的、严格的综合训练。

4. 求学者的特征

培养理念和培养目标是培养模式的导向性要素,研究生培养模式改革要与研究生的学习目标相适应。有调查研究将研究生毕业后的发展方向划分为七种类型:服务型职业发展取向、组织型职业发展取向、科研型职业发展取向、技术型职业发展取向、文化型职业发展取向、继续深造型发展取向、自主创业型发展取向[②]。培养模式构建及其运行中要结合培养目标,尤其是研究生个体的需求,实现培养模式各要素与研究生需求特征的匹配。

虽然先前的工作经验与专业学位获得者毕业后第一个职位的获取之间没有显著联系,但是,仍有必要系统地调整专业学位项目的内容及其推广方式,以充分利用研究生先前积累的工作经验[③]。过去专业学位申请人大多数具有工作阅历和职业实践经验,具有明显的实践性和职业性,培养

①　廖湘阳.硕士研究生培养质量的反思与重构[J].中国高等教育,2007(20):36-38.

②　邓丽芳,谭化雨,慕丽伟,等.我国硕士研究生发展取向实证调查与分析[J].学位与研究生教育,2011(10):62-67.

③　George F. Dreher, Katherine C. Ryan. Evaluating MBA-Program Admissions Criteria: The Relationship Between Pre-MBA Work Experience and Post-MBA[J]. Research in Higher Education, 2003(6).

过程要与其工作经历和实践经验形成共鸣。这类研究生的学习目标非常明确,就是希望能够通过学习特别是专业课程的学习来更好地解决自身实践中所面临的真实问题,因此其学习针对性很强,特别重视那些能够直接提升其专业实践能力的课程的学习。这类群体注重学习的有用程度和实际效果,想得到的不仅是实用的且能够马上见效的"鱼"和解决具体问题的知识和方法,还想得到能够应用于未来且促进自身长远发展的"渔",学到知识和方法以应用于以后的实践和工作中①。具有这种双重身份和双重目的的研究生正成为在学研究生中的一个重要群体,研究生培养计划和培养模式应当考虑他们的需求。应用型硕士培养的知识体系主要不是以学术性学习为目的而设计的各种课程,而应当是那些在学习者日常工作情景中产生的、与其所在工作单位的战略目标紧密联系的问题和经验,以提升培养活动与其职业活动之间的切合度。

第三节 建 构 策 略

一、以培养目标引导培养模式的选择

培养目标是教育实践活动的理论指南,规定了人才培养的方向,是教育宗旨、教育目的的具体化,是对教育所培养人才素质结构的一种理想,是教育实践活动的出发点和归宿②。"研究生培养在目标定位上经历了从传统到现代,从单一到双元,再从双元到多元的动态发展过程"③,要兼顾知识维度(学会知识)、方法维度(学会研究)、发展维度(学会创新)和伦理维度(学会做人)四个维度④。制订培养目标的基本要求有:一是培养目标的层次性,要分别针对博士、硕士分阶段制订相应的培养目标,进而设计或选择相应的培养模式,避免硕士"本科化"或者"准博士化";二是培养目标的分类性,要分别针对不同类型的硕士研究生制订相应的培养目标,避免应用型硕士与学术型、专业学位硕士的同质化;三是培养目标要有张力,要指向更高阶的思维技能、基本技能、工作胜任力和个人职业发展,要将更

---

① 陈谷纲,陈秀美.专业学位研究生教育的质量观[J].学位与研究生教育,2006(7):28-32.

② 李素芹,张晓明.我国硕士生培养目标多样化的认知语境阐释[J].学位与研究生教育,2009(6):54-58.

③ 张继蓉,李素琴.研究生培养目标的历史嬗变与现阶段我国研究生培养目标的定位[J].学位与研究生教育,2006(11):18-21.

④ 苏君阳.研究生培养目标的四维度分析[J].学位与研究生教育,2006(11):22-25.

高阶的思维和专门技能细化为具体的培养目标、培养环节及其预期学习成效(教学目标有精熟目标与表现目标之分,精熟目标是学生意在尽可能地做好,表现目标是学生达到成功的外在指标,不同的选择影响培养模式的架构,前者是基于深层学习的,后者则可能止于表层学习①);四是培养目标的生成性,培养目标的设计不能太僵化,而应是"生成性的",要允许研究生、指导教师和用人单位对其施加影响和交互作用。

硕士研究生的培养目标可以从学科维度或学术取向、社会维度或市场取向、个人维度或人文取向三个维度或取向共同予以界定。不同层次、不同类型的人才培养只是在三个维度的侧重有所不同,并非在三个维度上非此即彼的选择,而是在三者之间进行协调和整合②。而就整个硕士研究生培养体系而言,理想的状态则是三个维度之间的动态平衡:首先,应用型硕士研究生培养要为研究工作做准备,但又比传统研究生项目提供更广泛的就业选择;其次,它是指向应用的,技术能力与工作技巧(如管理、交流)或法律技巧结合起来,着重培养研究生运用所学解决实际问题的能力;再次,它是强调综合的,注重培养研究生综合运用所学知识处理复杂问题的能力;最后,它是强调协作的,与潜在的雇佣者保持联系,更加重视对真实世界的体验③,重视发展研究生既能与本领域专家进行深入交流又能与非专业人员进行有效沟通的技巧。

应用型硕士研究生体现出专业能力与职业技能兼顾培养的特点,要通过培养使得学生既具有特定学科专业扎实的专业知识与能力,又具有多学科的综合素质,还具有特定职业岗位所要求的职业技能。应用型硕士研究生培养目标的综合性和复合性就要求其培养模式应当内含多要素相互协同的特征,较为理想的做法是以职场工作为依托,以实践能力为核心,结合学术和专业课程,培养出最适合工程实践或管理实践所需要的人才。

职业技能通常是无法通过学科课程教授和掌握的,而只能通过具体的职业实践来逐渐形成。应用型硕士研究生是一种以实践为定向的人才培养,要引入反思性实践过程以优化整个培养过程,培养研究生对实践反思或实践后反思(reflection-on-practice)的能力与素质、实践中反思(reflection-in-practice)的能力与素质、为实践反思(reflection-for-practice)的能力与素质。

---

① P. R. Pintrich, D. H. Schunk. Motivation in education: Theory, research, and applications[M]. Englewood Cliffs, NJ: Prentice Hall. 1996.

② 曹健,芮国强. 研究生教育质量观:转变及重构[J].学位与研究生教育,2003(1):16-19.

③ Carol B. Lynch, et al. Professional Science Master's 101—A Technical Workshop[EB/OL]. http://www.cgsnet.org.

其职业实践能力的培养并不意味着对专业化、学术性的排斥,而是试图通过职业技能实践训练增强学术性和专业化,其学术性、专业化是研究生当前职业技能实践训练中和未来职业发展中所表现出来的专业人才素质。应用型硕士研究生培养体系的架构、培养过程的实施、培养质量的监控都应当围绕研究生职业实践能力的培养与发展来展开,其专业能力的培养、职业技能的发展以及两者的协同都应当指向职业实践能力这一核心。

　　应用型硕士研究生培养是为未来社会发展培养高级应用型人才,而且这种高级应用型人才已经脱离了过去基于学术人才与职场人才划分的藩篱。无论是学术人才还是职场人才都摆脱了过去"失之东隅,收之桑榆"式的过于偏重学术训练或者职场技能训练的惯例,而是在普遍强调学术训练和职场技能训练相结合的基础上,再各自有所偏重,即便是高级应用型人才培养也要求具有较高的学术水平,要接受严格的学术训练,只不过其学术训练的目的和方式与学术型人才有所不同。而即使同一层次不同规格的人才,其学术性与职业性的要求也不尽相同[①]。未来的社会,对不同层次人才的学术性与职业性的要求是不同的。对于高层次的人才,以学术性要求为主,既要求其具有扎实的学科基础和高深的专业理论,同时要有较强的职业机动性。

二、以培养方案落实培养模式的内涵

　　教育部《关于做好全日制硕士专业学位研究生培养工作的若干意见》提出全日制硕士专业学位研究生学习年限一般为两年,研究生在学期间必须保证不少于半年的实践教学,其中应届本科毕业生的实践教学时间原则上不少于一年[②]。这一要求是专业学位区别于学术型学位的一个主要方面。问题是,全日制硕士专业学位研究生在两年时间内同时兼顾专业能力与职业技能培养是否合理可行? 笔者组织的课题组完成的一项调查显示,在读研究生、指导教师和管理人员三组样本均有 50% 以上的受访者认为这一设计"目标很理想,但不太合理"。相比而言,在读研究生对此设计似乎更有信心,有 38.69% 的表示"很合理,也很可行",而指导教师、管理人员选择此选项的比例分别为 18.80%、19.79%。与对这一制度设计的消极评价相比,对于全日制硕士专业学位研究生的学习、科研与实习实践,在读研

---

　　① 林腾蛟.高等技职教育的定位与发展[J].技术及职业教育双月刊,2001(66):15-22.
　　② 教育部关于做好全日制硕士专业学位研究生培养工作的若干意见[EB/OL].http://www.moe.edu.cn/publicfiles/business/htmlfiles/moe/s3493/201002/82629.html.2012-12-30.

究生、指导教师和管理人员均有超过 2/3 的认为"难度适中",在读研究生中有 13.26% 的认为"很轻松"。这说明调查对象一方面认为两年时间兼顾专业能力与职业技能的培养目标很难达成,另一方面又认为研究生实际的学习、科研与实习实践并不是很紧张。由此可见,增强培养计划的挑战性,激发研究生的学习积极性,是研究生培养模式改革要解决的一个实际问题。

随着全日制硕士专业学位研究生教育规模的迅速扩大,大量没有职业经验的应届本科毕业生进入攻读专业学位的行列,但是这类研究生容易陷入两不靠的尴尬境地。其一,与在职人员攻读专业学位相比,全日制硕士专业学位与职业资格之间的衔接更加困难,这就使得以应届本科毕业生身份攻读专业学位的研究生的培养面临着合法性危机。其二,攻读专业学位的在职人员具有良好的职业定向、浓厚的问题意识和明确的发展目标,而攻读专业学位的应届本科生的职业定位和发展目标相对模糊,缺乏对职业岗位性质、技能要求、工作环境的切身体验,难以结合职业发展和职业工作中的典型问题针对性地提升自身的职业技能、素质①。课题组完成的调查显示:指导教师中 35.83% 的认为专业学位研究生"职业定向不明确,学习表现出盲目性";34.17% 的认为专业学位研究生"学习动机明确,学习干劲大";认为"学习动机不明确,学习干劲不大"的有 26.67%。当然,这并不是说所有职业技能的培养都要有先期的职业经验,也并不是说全日制硕士专业学位研究生教育这一新的教育类型本身就不合适,而是强调要基于现实采取具有针对性的措施。

要想达到目标和效果的高度统一,关键就在于科学制订和有效实施与培养目标相切合的研究生培养方案。

应用型硕士研究生培养无论采取何种培养模式,首要的是要对培养目标、培养计划、培养过程进行系统的、总体的、顶层的变革和定位。加法模式的培养方案是在相应学术学位项目的基础上增加了实践的部分,即应用型硕士研究生被同时要求在工作场所进行实际的应用研究和管理实践。相反的观点则可以简单归纳为减法模式。从时间上讲,二者都是 2~3 年的学习周期,应用型硕士研究生除了完成与学术型学位研究生一样的基本任务,还须参加大量的实习实践和校企联合研究,其学习深度很可能不如学术型研究生②。面向应用型硕士研究生的培养模式既不能是现行模式的

---

① 廖湘阳.全日制硕士专业学位研究生专业能力与职业技能协同培养研究[J].研究生教育研究,2013(5):74-79.

② 雷环,王孙禹,钟周.创新型高水平工程人才的培养——英国工程博士培养的创新与矛盾[J].学位与研究生教育,2007(12):61-67.

简单相加,也不能是简单减少,不应是毫无章法的拼凑,而应是内涵的提升,是知识、能力及其人才"含金量"的提升。含金量的提升有两种路径:第一种是在一个相对狭窄的专业领域内纵向提升;第二种是通过专业领域的横向贯通来提升含金量。第一种路径虽然受发展潜力的限制而困难重重,但其路径是明晰的,其结果是可以预见的。第二种路径的清晰度则大打折扣,要弱得多,如果处理不好,可能会变成大杂烩,沦落为同一层次的不同领域的简单涉足。

三、以多元构成优化培养模式的建构

应用型研究生培养的特殊性还未得到应有的重视。Nancy-Jane Lee 通过学生研讨会、专业博士指导教师的小组讨论、学生和导师的一对一讨论等方式,收集关于博士研究生指导方式的各种观点和看法,通过观察相关主题的讨论,包括专业问题(professional issues)、作态(posturing)、伙伴关系和平等(partnership and equality)、辅助(facilitative)、独立(independence)、实用主义(pragmatism)、导师风格(supervisor's style)等问题,发现导师一般不会自觉调整他们的指导风格来配合专业博士项目的特征,或是考虑学生的专业地位和经验①。同样,笔者课题组的调查显示:一方面,指导教师和管理人员普遍认为指导教师能够依据全日制硕士专业学位研究生的特点进行针对性指导;另一方面,58.93%的在读研究生反映导师对其要求与学术型学位研究生"没有差别",而且有 52.67%的反映他们就是"与学术型学位研究生一起指导"的。调查发现,博士生指导教师相对忽视全日制硕士专业学位研究生指导方式的差异性,这也许与博士生指导教师指导的学生的层次更高、类型更多有关。指导教师声称"用对待学术型研究生一样的方式要求所有的学生",这种说法虽然可以积极地理解为指导教师在应用型研究生的学习和实践的指导上保持着与指导学术型研究生一样的严密性、一致性和平等性,但是它确实反映了一些问题,比如指导者如何应对应用型研究生专业实践的挑战,如何处理与这些挑战的关系,以及如何把握指导应用型研究生的特殊要求。

David King 结合纽约州立大学理学专业硕士项目的实践,提出了理学专业硕士"最好的实践"的途径,包括进行劳动力需求市场调查并主动采纳商业合作伙伴的意见、从雇主处征求实习职位、发展一种评估体制来监

---

① Nancy-Jane Lee. Professional doctorate supervision: Exploring student and supervisor experiences[J]. Nurse Education Today,2009,29(6):641-648.

测项目结果等 14 个方面,其核心是通过寻求学校的支持、确定企业合作伙伴和召集商业或工业领导来确保项目成功①。联合培养既可以是全程的合作,从研究生入学到毕业各个环节进行合作,也可以是在适当的培养环节引入合作;既可以是全方位的合作,从研究生招生、课程教学到毕业论文各个方面进行合作,也可以是就某些方面比如实习实践进行局部的合作。总之,要根据人才培养的类型、合作对象的技术力量选择恰当的合作方式。

　　应用型硕士研究生培养与学术型硕士研究生培养相比,其培养过程更加讲究个性化、适应性。学术型硕士研究生培养体现出较为一致的基本要求,培养理念、培养模式、培养环节有着很大的共性,而应用型硕士研究生培养的基本预设则是培养过程的异质性。因此,应用型硕士研究生培养过程就提出了对学生全面了解的基本要求。首先是要了解研究生的学习风格。不同学习风格适合不同的学习活动类型,同化型学习者适合讲座式的学习方式,聚敛型学习者需要通过实践经验才能学会事情是怎样运作的,发散型学习者偏爱聆听和分享观点,适应型学习者需要机会进行反复试验来自我发现。因此,教师需要使用不同的教学方法将不同优势的学习者联系起来。其次是要评定研究生的现有知识②。教师教学前必须首先了解研究生对于某一课程主题内容的掌握程度。了解研究生的现有知识和经验可以帮助教师引导研究生将课程内容和现有知识、已有经验联系起来。对于应用型硕士研究生培养过程而言,这尤为重要。其一,应用型硕士研究生与学术型硕士研究生相比,其专业背景体现出更大的差异性;其二,应用型硕士研究生与学术型硕士研究生相比,来自不同的职业工作背景,对此前学习阶段所完成的专业课程知识的实践程度不同,来自技术岗位的对所学专业知识的实践程度高,而从事非专业技术岗位的对所学专业知识的实践程度低;其三,应用型硕士研究生离开集中学习的时间长短不同,有些仅仅离开学校的学习环境 2～3 年,对学校的学习环境还很熟悉,有的则离开了很多年,对学校学习环境已经陌生,变得不适应。

---

　　① David King. SUNY and the PSM Degree: The New York Context [EB/OL]. http://www. cgsnet. org/portals/0/pdf/am09_KingD. pdf. 2012-09-20.

　　② John W. Budd. Practicing what we preach: Using professional degree principles to improve HEIR and management teaching[EB/OL]. http://www. legacy-irc. csom. umn. edu/RePEC/hrr/papers/0605. pdf.

四、以类型多样激发培养模式的效力

应用型硕士研究生培养模式有其特殊性,但是由于应用型研究生培养是在一个已经习惯了学术型研究生教育模式和传统的系统内进行,因而不可避免地受到现行学术型研究生培养模式的影响,表现出与学术型研究生培养模式同构的特征。以全日制硕士专业学位研究生培养为例,诸如"换汤不换药""山寨""上不着天,下不着地"之类的评价,实际上反映了其培养模式与学术型研究生培养模式相差无几。造成这种培养模式同构问题的原因可以从以下三个方面分析:一是由学术型研究生培养与应用型研究生培养各自的资源尤其是优质资源的配置格局所造成的,而且这种资源配置格局短时间内难以改变。应用型研究生培养未来要解决的首要问题就是建立起自己的培养体系和资源支持系统,关键是要积累和丰富与应用型研究生培养相适宜的培养资源,搭建相应的培养平台。二是由高等教育政策尤其是教育评估制度造成的,当前的高等教育评估侧重于研究项目、学术论文和成果奖励等与学术研究更为相关的指标,而对应用型研究生培养要倚重的产学研合作、工程实践或管理实践能力训练体系等方面重视不够。三是应用型研究生培养有意无意地模仿学术型研究生培养模式,再加上当前指导应用型研究生培养的校内指导教师中的绝大多数自身的教育背景就是学术型研究生,并未受过严格的工程实践、管理实践的训练,因此,在培养应用型研究生过程中必然会无意识地模仿和复制其所接受的研究生培养模式。之所以积极推动应用型硕士研究生培养,就是要推动研究生教育类型或者人才培养模式的分化,但是,应用型研究生培养模式的建设过程却又有着同构现行占主导地位的学术型研究生培养模式的倾向。这也反映出教育改革的艰难,反映出高等教育真正多元化和分化发展的艰难。

应用型硕士研究生培养模式应当是多样化的,应当根据学习对象、专业特点、培养条件等因素选择合适的培养模式,要通过这样一个完整的流程培养应用型硕士研究生的综合素质和职业技能。有学者总结归纳了MBA人才培养的四种特色模式,即学科导向模式、能力导向模式、问题导向模式、行动学习导向模式,不同的模式各有适宜采用的场景要求、基本程序和培养目标。比如,问题导向模式和行动学习导向模式都强调了学习的"问题性",但是,"问题导向中的'问题'应该是一个真实的问题,应该尽量贴近现实,对学生来说是有意义的;行动学习导向中的'问题'本身就是组

织面对的问题,是组织成员必须面对和解决的问题"①。因此,应用型硕士研究生培养设置的学习环境尤其是实习实践环境要坚持以问题为导向,通过一个好的问题吸引研究生充满好奇地投入专业实践场景中。

多样化是高等教育发展的必然趋势,多样化也常常被视为解决高等教育发展问题的灵丹妙药。就应用型研究生培养与学术型研究生培养而言,问题的关键不是要不要区分,而是区分的落脚点。V. Lynn. Meek 等人总结了高等教育机构多元分化的不同层级或维度,即系统的(symtemic)、程序的(procedural)、项目的(programmatic)②。多元分化的层面或维度本身就是可以多元的,多元分化的途径本身也是多元的③。要进行变革的不是建立所谓独立的应用型硕士研究生培养模式和培养体系,即政策策略的着力点不应当落在"系统的"层面上,而应是能够通过一系列更加微观的行为,在"程序的"和"项目的"两个层面上强化应用型硕士研究生培养模式的本质特征。

与此同时,从应用型研究生培养模式整体而言,又要整合不同类型的研究生培养模式,满足社会发展对各类研究生的需求。"一是要对每一种研究生培养模式进行科学合理的定位,二是要在各种培养模式之间进行分析对比,乃至相互借鉴,在符合培养目标的大前提下对各类研究生培养模式重新进行整合。"④当然,无论何种培养模式,都应有助于培养学生获取知识的能力、分析问题和解决问题的能力、解释复杂问题的能力和形成概念的抽象思维能力。

应用型硕士研究生培养模式的变革与创新,要从两个层次来考虑。第一个层次是培养模式的整体变革与创新,无论是学术型研究生培养,还是应用型研究生培养,其实都面临着培养模式与培养机制方面的障碍,都需要进行根本性的变革。第二个层次是应用型硕士研究生培养的特殊要求所提出的变革与创新,即在研究生培养模式整体变革与创新的基础上,进一步把握应用型硕士研究生培养的特殊要求,在进行培养模式顶层设计的同时探讨更加切合应用型硕士研究生的培养模式。研究生培养模式的改革必然要涉及研究生教育制度的创新。要特别重视两个方面的制度配套,

---

① 雷强,刘旭涛. 探索培养 MPA 人才的新模式[J]. 学位与研究生教育,2006(7):33-36.

② Meek V. L. ,Huisman J. ,Goedegebuure L. Understanding diversity and differentiation in higher education:an overview[J]. Higher Education Policy,2000,13(1):1-6.

③ 詹盛如. 机构的多元分化:论台湾高等教育的未来发展[R]. "高等教育国际化与卓越化"国际学术研讨会,2008-3-28.

④ 何振雄. 整合不同类型研究生培养模式 满足社会发展对各类人才的需求[J]. 学位与研究生教育,2007(10):52-55.

一个是研究生教育资源配置机制的创新，一个是研究生招生体制的创新。研究生教育资源配置能否实行倾斜政策，比如专项资助应用型硕士研究生培养平台建设和实践教学资源建设。研究生招生体制能否实行分类考试、分类招生，针对应用型硕士研究生培养目标和教育对象的特殊性，按照基本程序和一定要求，有针对性地选拔应用型硕士研究生，比如考试内容侧重实践能力，加大面试和职业性向测评，建立更加灵活的入学机制等。

高质量应用型研究生培养体系的形成是一个长期的探索和实践过程，这种探索以及这种实践的自主性、可能性应当成为常态，高层次应用型人才培养模式、培养途径的探索与实践应当拥有一个更加开阔的视野，应当更加自主、多元和开放。

第六章　应用型硕士研究生培养平台建设

应用型硕士研究生培养要保持其质量,就必须建立专门的培养体系,要有与之特性相切合的专门支持网络的匹配和支持,比如实践实习平台等实践教学资源系统。应用型硕士研究生在人才培养定位与质量特质等方面有其特殊性,传统的学术型硕士研究生培养体系及其培养平台难以满足其要求,因此,必须在充分利用传统学术型硕士研究生培养体系及其培养平台的同时,结合其特殊性有针对性地搭建适合的培养平台①。

第一节　围绕产学研合作实现培养平台的集成

一、增强参与主体的多元性

培养平台搭建旨在建立富有成效的"伙伴关系",而不纠结各参与主体之间的竞争或者等级关系,这种"伙伴关系"并不约束参与人员能力的发挥,反而追求各参与主体能力充分发挥带来的附加价值。应用型硕士研究生并不是放弃专业知识和专业技能的学习与掌握,而是在传统的专业知识和专业技能学习模式的基础上渗入反思性实践,结合真实问题情境来反思专业知识技能和专业实践过程,以增强专业实践能力。

其一,保持参与主体的多元化。应用型硕士研究生培养的开放性特点,决定了其培养工作有多个主体参与,培养资源由多个主体分散掌握②。缘于学术系统的相对封闭性,学术型硕士研究生的培养主要是以学位授权单位为单一主体而构建起来的一个多方参与的协作系统,应用型硕士研究生的培养则更多地倚重多元主体之间的协作,其培养平台的搭建本身基于多重主体的共同参与和相互协作,是研究生学位授予单位(主要是高等学校)、企业、政府及其他社会组织多元组合的结果。企业等组织参与的积极

---

① 廖湘阳,王战军.搭建非学术型硕士研究生培养平台的思考[J].中国高等教育,2009(24):28-30.

② 孙富强.专业学位的学科基础及其对专业学位研究生培养工作组织主体的影响[J].学位与研究生教育,2011(10):1-7.

性直接关系到培养平台搭建的质量。应用型硕士研究生培养平台搭建参与主体的多元化可以从多个方面来丰富和达成:一是参与主体机构类型的多元化,过去比较强调校校合作、校研合作,在这方面已取得了实际进展,现在应当拓展到更多不同类型的主体,如企业尤其是高新技术企业;二是参与主体机构功能的多元化,要明确参与主体各自独特的功能及其资源优势,相互尊重各自的利益诉求,以研究生实践能力和综合素质提升来协调培养平台构建中的利益诉求;三是参与主体之间组合方式的多元化,既可以是政府主导搭建的开放性、公益性培养平台,也可以是高等学校主导的专门型培养平台,还可以是企业主导的研究生培养平台,比如企业研究生工作站。强调参与主体的多元性,重点不在于参与主体的规模乃至类型的多种多样,而是参与主体的多元化及其差异所形成的张力对应用型硕士研究生培养平台搭建的建构作用,所积累的各种异质性知识、实践性教学资源对应用型硕士研究生综合素质养成的积极作用。

其二,促进参与主体的互动。正如研究者指出的,影响因素的不同组合不仅独立地,而且互补性地共同对创新产生影响[1]。应用型硕士研究生培养平台的搭建要从多个维度考虑多元主体之间的相互作用,第一个维度是政府、大学、产业内部各自的变化,第二个维度是政府、大学、产业各自的变化分别对另一方产生的影响,第三个维度是政府、大学、产业之间及其变化之间的相互作用产生新的重叠组织和机构网络。在应用型硕士研究生培养平台搭建中应当处理好多元主体之间的关系,以形成协同交叉效应:一是保障各主体的利益诉求及其独立性;二是保持对其他主体利益诉求及其变化的敏感,并根据其变化采取更加合适的互动策略行动;三是要找到最优的利益共享点和相容区,同时形成最优的互动机制,达成各方利益的最大化。

其三,创建适当的培养平台。不同类型研究生的培养应当有适当的培养平台来支撑。McKelvey 基于"认知环境"和"体制环境"的界定,将认知活动分为科学与技术两种不同模式,将体制分为政府与市场两种不同的资源配置方式[2],由此构成四种认知活动环境,即:Ⅰ型,学校与企业合作的科学—经济环境;Ⅱ型,企业投入研发的技术—经济环境;Ⅲ型,政府支持企业的技术—政府环境;Ⅳ型,政府支持学校的基础—科学环境。过去研

①　M. Ebers, I. Maurer. Connections count: How relational embeddedness and relational empowerment foster absorptive capacity[J]. Research Policy,2014,43(2):318-332.

②　亨利·埃兹科维茨,劳埃特·雷德斯多夫.大学与全球知识经济[M].夏道源,等,译.南昌:江西教育出版社,1999:101-102.

究生培养主要是在Ⅳ型和Ⅰ型两种环境中,即主要是通过培养单位争取纵向基础研究项目、经费和横向科研合作项目、经费来搭建和支撑培养平台,为研究生提供科研条件。但是,目前出现了新的变化:一是随着研究生培养规模的扩大,狭义的培养单位内部科研平台与条件满足不了需求;二是研究生类型多样化,应用型硕士研究生培养与培养单位内部基于基础研究的培养(科研)模式不匹配,难以真正培养出应用型研究生;三是协同创新、新的知识生产方式兴起,Ⅱ型和Ⅲ型也应当成为研究生培养的平台,而且是大有可为、可能带来新变化和新成果的平台,要充分利用。当前要解决的问题是如何建立相应的制度政策和运行机制,因为在这两类环境或平台中,实现研究生的有效融入需要整体设计,需要参与主体高度融合,需要认知与体制环境的协同进化,也需要将人才培养体系嵌入其中。

其四,促成跨界深度合作。培养平台主体之间的合作可以分为深度合作与浅层合作两类,其中深度合作具有以下四个特征。其一,参与主体经过精心选择,相互之间合作地位对等且资源优势互补。其二,拥有共同发展的需求与愿景,合作动力持续强劲。其三,存在互利共赢的空间,相互认可各自的利益诉求,并愿意据此建立起相应的合作机制或机构。这种互利共赢既是战略的、长远的,又是当下的、现实的,唯有如此,才有可能形成和维持强大的合作驱动力以及合作持续力。其四,参与主体之间界线划分多元化。长期盛行的资源依赖理论主张组织与环境之间界线清晰,相互之间的资源流动存在一个隔断与转换,而随着跨界组织架构与运行模式的兴起,组织与环境之间的界线日益模糊,更加强调两者之间并无隔断和无须转换的互动,不再是被动的依赖关系,而是相互嵌入其中。

应用型硕士研究生培养平台参与主体的多元化的意义就在于相互之间的互动而非相互之间清晰的界线。当然,要始终维持各参与主体的独立性,就此而言,相互间界线的划分不再是固定的,而是变化的。可以根据不同阶段来调整相互之间的界线,比如从战略合作协议演进到共建虚拟平台再到共建实体平台;可以根据合作任务调整界线,比如培养单位的理论课程资源、企业的实践课程资源可以相对独立,创业资源可以跨界整合。

二、激活异质性知识的互换

其一,不断探索创新产学研合作新模式。我国研究生联合培养经历了以"学研配合培养与集体培养"为主要特征的初创阶段、以"委托培养与产学研联合培养"为主要特征的探索阶段、以"政产学研联合培养与国(境)

内外联合培养"为主要特征的扩展阶段和以"联合培养体系构建与协同创新"为主要特征的深化阶段,其在合作理念、合作动力、合作形态和人才培养定位等方面亦呈现多样化的演进特征与发展趋势①。全国工程专业学位研究生教育指导委员会结合综合改革,探索出"点对点"和"点对面"的联合培养模式,评选出 108 个具有示范意义的"点对点"联合培养基地,建立"点对面"的开放性联合培养基地,加强校企联合培养工作。其中,"点对点"是指单个院校与单个企业开展联合培养工作,"点对面"是指依托一个研发单位,面向区域企业和相关院校开展联合培养工作②。广东省围绕地方经济发展和产业升级转型的关键性课题以及企业需解决的实际问题开展研究生联合培养,学科链、专业链精准对接产业链,行业企业"四参与"即深度参与研究生招生、深度参与人才培养方案制订、深度参与研究生教学、深度参与研究生管理,全面服务现代产业发展需求③。

其二,搭建充满异质性知识及其互换活动的产学研合作培养平台。产学研战略联盟的本质是异质性知识的互换。大学、研究机构与产业、企业之间的关系已经发生变化,双向互动模式成为描述产业与大学之间相互联系的更恰当的方式,合作研究和非正式接触取代过去一贯重视的合同研究,跃升为最重要、最活跃的大学与产业的互动类型。合作研究意味着知识的双向交换,而合同研究主要是大学对产业、企业单向输出知识。互动模式最大化地保持了大学与企业各自的独立性和活力,同时又保持了最为频繁的、最为基层化的联系。实际上,企业自身也在进行重要的研究,成为新知识的重要生产者,由企业生产的这些新知识以其总体的异质性而引起大学研究者的兴趣,双向的知识交换成为学术与产业研究者双方的共同需求,大学的研究者需要新知识来支持个人研究活动和学术职业,工业研究者为了改善产品或者工艺流程也需要新知识。大学与产业的知识互换才是大学与产业互动的核心问题,知识交换的相关性反映在不同的方面:把知识交换的优点排列在很高的位置,几乎与额外资金位置相当;在不同的互动类型中,非正式联系非常重要,比如对研究结果的非正式讨论;与主要是单向研究的合同研究相比,参与双方更喜欢双向知识流动的

---

① 李金龙,万明,裴旭,等.我国研究生联合培养政策变革及实践发展历程、特征与趋势[J].研究生教育研究,2016(6):8-12.

② 工程专业学位研究生教育指导委员会.立德树人 砥砺奋进深化工程专业学位研究生教育综合改革[EB/OL].http://www.moe.gov.cn/s78/A22/moe_847/201803/t20180319_330491.html.

③ 广东省教育厅.以现代产业发展需求为导向 深入推进专业学位研究生教育综合改革[EB/OL].http://www.moe.gov.cn/s78/A22/moe_847/201803/t20180312_329594.html.

合作研究①。

　　其三,创建新的合作平台。产学研合作是搭建新的异质化知识汇聚平台的有效途径,英国华威大学(Warwick University)制造业集团就是这一方面的成功范例。该制造业集团实现了高等学校学术组织的创新:一方面它把很多公司作为伙伴组织在它周围,它的运作很像一个跨越边疆的单位,实际上可以把它部分地看作处于大学和外部工业之间的、把两者联系起来的一个独立实体;另一方面,它与大学内部的传统的基层学术组织(主要是工程学系)息息相关,因此又被视为传统学术组织以一种精力充沛的创业方式拓展到校外的衍生组织。利用这种组织模式,华威大学一方面促进了大学外组织与大学学术心脏地带的联系与融合,制造业集团相当于专为其成员开设的研究和开发俱乐部,而不是有名无实的伙伴关系;另一方面又强有力地将创业的态度扩散到整个学术基础结构,从而普遍地创立一种大学自己生成重要资源的能力②。为此,要完善政产学研用联动机制,加强不同机构之间的创新协同,企业要发挥市场需求、集成创新、组织平台的优势,高校要发挥基础研究深厚、学科交叉融合的优势,培育各种创新联合体,建立探索未来颠覆性技术的新型研究合作关系;实施开放式创新,解决创新要素"孤岛"问题,发展众创空间、创新工场、虚拟创新社区,加强企业内外部创新要素的互动、整合、协同,建立创新活动更加广泛的创新体系;加强不同能级创新的共生,建立上中下游互融共生、分工合作、利益共享的全产业链持续创新模式,发挥大企业创新引领支撑作用,建立和完善产业共性技术转化应用服务体系。协同式创新集力于整合,旨在协调多方力量攻克关键共性技术,而开放式创新则着力于共享,追求创新要素的跨界流动和创新活动的溢出效应。

　　应用型硕士研究生培养平台是产学研战略联盟的组成部分之一,是形成产学研战略联盟长效机制的重要途径;与此同时,培养平台的架构要充分依托业已形成的各种产学研合作平台与其他载体,比如专业技术研发中心、孵化基地、人才培养协议、企业导师制度等,实现资源的整合。培养平台要紧密结合产学研战略联盟的发展趋势与实际需要,积极吸收有利于培养平台进化与发展的创新因素,以动态开放的方式整体应对外部系统的变

　　① Frieder Meyer-Krahmer, Ulrich Schmoch. Science-based technologies: university-industry interactions in four fields[J]. Research Policy,1998,27(8):835-851.

　　② 伯顿·克拉克.建立创业型大学:组织上转型的途径[M].王承绪,译.北京:人民教育出版社,2007:31.

化与要求。

三、发挥人才培养纽带作用

由成果转化主导的产学研合作已经受到重视,高等学校与产业之间的关系通过技术转让而逐渐密切起来,但是,人才培养合作则显得薄弱一些。因此,在加强以研究为主、以服务企业为主的产学合作的同时,要加强以服务各种类型高级专门人才培养为主要目的的产学合作和平台搭建。

其一,以人才培养为纽带开展产、学、研合作。斯坦福大学与“硅谷”模式的成功之处是斯坦福大学与企业之间的持续交流与沟通机制。斯坦福大学通过一项荣誉合作计划(Honors Cooperative Program),吸引附近的电子公司选派雇员到斯坦福攻读在职硕士学位,这一举措使得斯坦福大学与相关公司的合作途径正式化,进而建立起合作的长效机制,与此同时也为这些公司吸引优秀员工创造了条件并提供了平台。随着当地公司的成长,该计划不断得到推广,斯坦福大学能够根据每个可能向斯坦福选送员工的公司的人数确定配额,用它作为公司愿意为加强斯坦福电子工程研究生教育提供支持的一个标准[①]。研究生教育与企业的合作已经从最初研究生教育还处于需求市场阶段时企业借此更便利地聘用到研究生,发展到研究生教育已经从需求市场阶段转化为供给市场阶段,出现了明显的供过于求,过去的合作方式已经不再适应,因此要从合作目的、合作方式、合作过程、合作效果评价等方面进行重构。但是,无论社会需求怎么变化,通过这种合作来改进研究生教育与社会需求之间的匹配始终是必要的。

其二,建立基于产学研合作的人才培养链条。中国石化中原油田2009年与中国石油大学(北京)签订“共建研究生联合培养实践基地”协议,推动研究生联合培养。一是建立了四级管理网络,即中原油田组织部负责总体协调,统筹安排研究生培养工作;二级单位负责研究生实习,包括分配岗位、配备导师、上岗取证、安排食宿等工作;基层单位负责日常管理、科研项目安排、指导等工作;企业导师负责现场实习、技术指导、论文选题等,解决工作中遇到的技术问题。二是健全相应管理制度,包括《联合培养专业学位研究生工作方案》《专业学位研究生企业导师管理办法》《专业学位研究生企业考核评价管理办法》《专业学位研究生培养安全协议》,进一步明确培养目标、工作分工、导师职责等内容。三是制订详细的培养

---

① 丽贝卡·S.洛温.创建冷战大学——斯坦福大学的转型[M].叶赋桂,罗燕,译.北京:清华大学出版社,2007:116-118.

计划,建立"三阶段、双导师"培养模式。第一阶段 3 个月,主要进行入厂教育,学习安全生产知识,熟悉生产工艺流程,掌握基本操作方法。第二阶段 3 个月,主要了解单位的生产动态,掌握生产中的新工艺、新技术,能够使用油气田开发软件,掌握主要设备机械原理,独立完成相关装置操作任务等。第三阶段 12 个月,主要学习科研工作思维方式,掌握课题立项、论证和具体科研业务,学会撰写项目报告和科技论文等科研工作方法,至少完成一项科研工作[①]。应用型硕士研究生培养平台建设要与其人才培养环节相匹配,形成完整的、系统的培养环境与培养链条。培养平台作为多元化异质要素的集成,要有助于优化人才培养链条,提高人才培养的效率与质量。

其三,丰富人才培养的整体资源。整体资源是影响人才培养的重要因素,而建设各种产学研合作平台与人才联合培养平台是聚集各种资源的有效途径。江苏省实施企业研究生工作站制度,企业研究生工作站通过融合科研、人才培养及市场等要素,以合力的方式实现研究生的培养,主要任务是技术研发和人才培养培训[②]。企业研究生工作站人才培养的影响因素及其不同组合在人才培养绩效的动态演进过程中展现出不同的效果,其互补性、复杂性和动态特征表明企业研究生工作站人才培养工作更应注重整体效应[③]。产、学、研合作培养平台对于应用型硕士研究生培养质量发挥着调节效应,研究生进入产学研合作培养平台对其个人成长有积极的影响,尤其是对其专业知识和专业技能的实践品格有提升作用。

以人才培养为纽带可以从以下三个方面予以促成:一是培养平台要回归到培养人这一根本,以人才培养为中心来开展合作,这就要求设立人才培养项目、合作开发各类课程尤其是实践性课程、共同讨论人才培养标准等;二是要回归教育教学过程特别是实践性教学过程,人才培养纽带要通过项目设立和过程推进来予以展现,应用型硕士研究生也是在整个过程中成长起来的;三是要引导研究生真正、真实地将其在培养平台学习、生活的时间作为人生的重要阅历,不要将自己作为过客而疏离,与此同时,企业等参与主体也要切实考虑应用型硕士研究生成长发展的需要,引导其顺利、愉快地进入培养平台,针对研究生进入平台的不同阶段搭建相应的支

①　中国石化中原油田.校企联合培养专业学位研究生工作情况[EB/OL].http://www.csadge.edu.cn/csadgeupload/uploadfile/28/7/1321931500517/1321931514070.pdf.2012-07-30.

②　敖永胜.企业研究生工作站培养全日制专业学位研究生探索[J].学位与研究生教育,2011(3):68-72.

③　朱广华,陈万明,蔡瑞林,等.企业研究生工作站人才培养绩效影响因素及其演进机制[J].高等教育研究,2014,35(6):59-67.

撑系统,帮助其有收获地度过各个阶段。

四、优化培养平台建设模式

一是建立组织层面的合作机制,将个人层面的合作制度化。有研究"将专业博士教育培养过程中大学、专业组织与行业机构之间的合作水平划分为'浅层'(surface)与'深度'(deep)两种类型"[①]。个人层面的合作常常表现出浅层化水平,特定行业机构或专业组织驱动的组织层面的合作更可能是长期的。在过去一段时期内,高等学校与企业等单位的合作,无论是科学研究方面还是人才培养方面,主要是一种个人形式,缺乏高质量平台的支撑。从发展趋势来看,这类联系缺乏机制上的保证,偶然性较大,大学并没有通过培养应用型高级专门人才与更多的企业建立起深度合作、全面合作的长效机制,这直接影响了应用型研究生的培养[②]。合作的组织化与制度化,一是要有一个明确的组织性承诺,要通过责任承诺来增强合作的维系力量;二是要有双向互动,多维度、多层面、多主体的多边互动是合作走向深入的前提;三是要有预期的达成共识的目标以及评估检查体系,强有力的引导与督促是合作得到更广泛认同的保障。

二是畅通各种正式和非正式交流渠道。要通过合理的制度设计和组织变革,营造适合联动培养的"软"环境,模糊异质性组织融合的边界,完善互动交流机制,建立平等互惠的变革型伙伴关系,使一些嵌入型资源或专有性资源融入联合培养平台[③]。大学授予硕士学位的毕业生在这些相关企业中逐渐占据有利的位置,进一步扩大大学在相关企业或者相关行业中的影响力,而且这些毕业生更有可能利用各种机会进一步加强与毕业大学及其研究机构的合作,加大联合培养研究生的力度。只有建立有效的交流与沟通机制才能巩固校企双方可持续合作的基础。应当通过正式交流渠道和非正式交流渠道,建立起学校与研究生培养合作单位、校内学术导师和校外实践导师、研究生与校外实践基地之间的制度化和非制度化的联系[④]。其一,高校和企业利用研究生进出合作培养平台以及论文开题、中

---

①　S. Kemp. Professional Doctorates and Doctoral Education [J]. International Journal of Organisational Behaviour,2002(4):401-410.

②　雷环,王孙禺,钟周.创新型高水平工程人才的培养——英国工程博士培养的创新与矛盾[J].学位与研究生教育,2007(12):61-67.

③　张学敏,隋国成.教育硕士"U-T-S"联合培养模式的构建[J].教育研究,2017,38(10):64-68.

④　赵冬梅,赵黎明.依托行业优势 构建校企联合培养应用型研究生长效机制的探索与实践[J].学位与研究生教育,2013(2):28-31.

期考核、科技研讨等培养环节,组织校内导师、企业导师交流讨论研究生联合培养和科技合作事宜;其二,企业定期组织技术骨干到高校开展科技研讨和信息交流,增强人才培养合作的牵引力和推动力;其三,建立研究生联合培养网络信息平台,促进校企双方、校内导师、企业导师和研究生的非正式交流和及时沟通。无论是正式交流渠道还是非正式交流渠道,都必须以学术交流为基础、以人才培养为核心。

三是增强培养平台各方的知识吸收能力。大学与产业之间的相互合作已经成为普遍趋势,构成技术创新的基本特征,但是,不同技术领域的产学研互动模式并不雷同。在以科学为基础的领域,大学的研究机构有明确的研究重点,即主要进行基础学科的研究和产业领域中的科学发现。在科学研究较少的领域,产业内部主要关注技术问题的解决方案。在所有的领域,学术共同体之间的科学知识交流是相互作用的关键因素[①]。以研究生培养及其平台搭建为桥梁的大学与产业之间的相互合作长效机制的建立,一是要有一个发展态势良好的知识吸收机制,大学与产业之间的互动由大学、产业各自的吸收能力所决定,吸收能力又取决于企业自身的研究与开发活动,吸收能力强则意味着能够适应新问题、新要求;二是要有广泛的合作网络,促进双方广泛的、密切的、具有深度的联系,共同进入一个有广泛应用前景的研究领域,以发现潜在的新技术范式及其可能导致的技术变革和经济效益。

第二节　依托综合化网络增强培养平台的效用

一、平台构成要素相互关联

多元主体与复杂要素有效集成的前提是要素之间具有内在关联性。关联性一是指构成综合集成培养平台的各个要素有着一个共同的价值选择、发展愿景和发展重点,在积极培养应用型硕士研究生及其培养目标、培养过程与培养模式等方面达成基本共识,各个要素的功能发挥有着一个共同的方向;二是指各个要素之间存在交互作用的基础,或是具有共同性而能够实现整合,或是具有差异性而有助于互补,在科学研究、技术研发与成果转化等方面有着共同兴趣,同时在相互取长补短的背景下建立起来的培

---

① Frieder Meyer-Krahmer, Ulrich Schmoch. Science-based technologies: university-industry interactions in four fields[J]. Research Policy,1998,27(8):835-851.

养平台实际运行情况更好；三是各个要素在保证自己独特性的同时，表现出强有力的、多方位的开放性，并且在交互作用中不断调整各自的功能定位和作用方式。比如，澳大利亚教育、科学与培训部就建议专业博士学位项目与其资助者之间应当有更"深层次"的联系，合伙人应该被考虑进项目的共同业主和履行者，而不只是博士研究生的被动接收者，这样可以根据雇主需要，潜在地有效地促进项目发展①。

应用型硕士研究生培养平台聚集要素的关联并非简单的两两关联，而是多元关联。首先是某一要素在不同维度与多个其他要素保持关联。比如就高等学校而言，可以同时在人才培养方面与行业协会合作，在产业关键技术研发方面与企业合作，在人才聚集方面与地方政府合作。简单的两两合作，一方面难以形成合力，不能实现要素功能的最大化，发挥不出培养平台的潜力；另一方面，培养平台内部结构重组的空间相对较小，不能很好地适应协同创新的需要。而多元关联又是很复杂的，存在更多的利益冲突，培养平台建设的参与主体要通过磋商讨论，形成基本共识并将这些基本共识制度化。其次是一个平台要素与所有培养环节保持关联状态，通过与所有环节的联结实现要素功能。培养平台是否实际运行和真正有效，关键在于培养平台构成要素与应用型硕士研究生培养过程、培养活动之间的关联性，培养平台要素要按照培养过程来组合，要融入培养活动中，要由静态的要素转化为动态的、活性的要素。这里要注意的一个问题是，实际运行中存在着培养平台建设参与主体缩小自身功能的现象，即通常只关注与某个培养环节或者培养活动的关联，而较少关注与其他培养环节和培养活动的关联。最后是一个培养环节与所有平台要素保持关联状态。如果某个培养环节或培养活动仅仅由一个参与主体承担，其他参与主体不参与、不配合的话，培养平台资源的利用就难以达到效益最大化。应用型硕士研究生培养平台要通过所联结的要素的多元化实现研究生培养各个环节功能的集成，从而既达成环节间联结互动，又保持整个人才培养链条整合贯通。

二、构建综合化的训练网络

1. 开发多重知识基础

要积极开拓多重资源，保证培养平台的临界质量，避免培养平台建设与运行后续资源的枯竭与匮乏。通过构建综合化的训练网络，开发多重知

① Nancy-Jane Lee. Professional doctorate supervision: Exploring student and supervisor experiences[J]. Nurse Education Today, 2009, 29(6): 641-648.

识基础,有助于促成知识空间的临界质量。如果知识空间或者组织过于依赖某种单一技术,一旦这种技术范式暂时或永远枯竭时,由过度依赖造成的过于狭窄的知识基础可能会使其从知识主导、前沿阵地滑出而被边缘化。因此,增加可供选择的知识基础的可获得性,能增强知识空间或组织在整个知识体系结构发生变化时从一个知识谱系涉入另一个知识谱系的能力,能增强知识空间或组织的知识基础的广摄性,避免单峰式的知识储备,从而增加了产生新知识的可能性。

协同创新体系中各个不同组织部分之间必然发生交集,也必然存在着一个反映各构成部分之共同特征、内容的共性部分;而协同创新体系的其他部分在一定程度上可以通过内部资源整合、调整而具有这一共性部分的基本特征,也可以通过这一共性部分而与其他部分产生关联①。在此过程中必将形成许多新的大学与产业、政府的结合点、结合部,而这些结合点、结合部代表了一种新的知识组织方式、知识储存方式和知识生产方式,又将成为各种异质性知识汇聚从而产生新的知识和赋予知识新的价值的地方,自然也构成高层次人才培养的新平台。

2. 增强培养平台内部要素的异质性

培养平台集成中各要素之间呈现出的是弱联系而非强联系,各要素之间及其活动方式表现出较高的异质性,这种异质性和弱联系有助于提升培养平台的机动灵活性和效用水平。

曾任美国罗斯福总统科学顾问的 Uannevar Bush 提出的"无尽的前沿"正在变成无尽的转变,从研究自动转化为应用的线性模式,转变为技术转移办公室、研究中心、孵化器、科技园等混成组织共同推动科技创新、挖掘研究成果的经济价值,创新不再是过去那种大学、产业、政府各自的单独行动,而是大学—产业—政府三方的联合创新活动。"大学—产业—政府三方在创新过程中密切合作、相互作用,同时每一方都保持自己的独立身份,大学、产业、政府这三个机构每一个都表现出另外两个的一些能力,但同时仍保留着自己的原有作用和独特身份"②。研究生培养平台搭建中尤其是产学研合作平台建设中要尊重合作各方的权利诉求和价值取向,在彰显各构成要素独特性的同时,促进要素的交互作用,达成系统的协同效应。

应用型硕士培养平台建设与运行要加强内部资源的整合与充实,支持

---

① 亨利·埃兹科维茨,劳埃特·雷德斯多夫.大学与全球知识经济[M].夏道源,译.南昌:江西教育出版社,1999:181-183.

② 亨利·埃茨科威兹.三螺旋——大学·产业·政府三元一体的创新战略[M].周春彦,译.北京:东方出版社,2005:8.

研究生的综合性训练。首先,培养平台要有足够的知识资源和人力资源,支持应用型硕士研究生分组开展研究项目,每小组由 3～5 名学生、教师及产业界人士组成,共同完成研究课题。其次,培养平台资源配置方式要与应用型硕士人才培养特性相适应,能够根据人才培养的需要对资源进行灵活的再架构,支持各种"合作式的学习",创造条件促使研究生积累有益于未来职业发展的优质的、广泛的社会资本。再次,培养平台要重视知识的流动与分享,支持研究生共享知识信息交流主导权,享受异质性知识,培养对文化背景、认识方式、观点看法等方面差异性的肯定心态。最后,培养平台应当成为一个共同体。共同体是一个"温馨"的地方,一个理想的"教与学共同体"是被共享培养目标的观念赋予了活力的共同体,理性与道德的共同体,合作化的共同体,存在差异性的共同体,范围广泛的共同体,人道的、富有同情心的共同体,反应迅速的共同体①。

3. 增强知识势差吸引力与互补性

知识契合程度高并具有知识势差是校企合作取得成功的关键要素。研究生和企业间存在知识势差,这种知识势差一方面表现为"差",即知识类型等本身的差异,另一方面表现为"势",即个体、群体、组织对于不同知识类型存在的偏好差异。研究生与其导师习惯于基础研究,即知识类型本身及其选择偏好都体现出明显的基础研究特性,进而导致研究生的技术知识、实践知识、职业技能、应用能力、创新能力相对于企业存在明显知识势差。为此,既要加大异质性知识互换的力度,解决"差"的问题,又要转变知识生产方式和知识创新价值取向,解决"势"的问题,这两个方面要同时推进。"差"与"势"的解决不可能在高等学校或者企业单一机构内部,必须是在其中间,即新组织间隙机构中解决,为此要建立相应的合作机构和共享平台。在平台建设中有两种力量要特别强调:一是吸收能力,即对外源知识的辨别度和知识获取、消化、运用的能力和水平②;二是创新能力,即创造新知识或知识的重新组合,增加企业的知识存量的能力③。当然,知识流动并不局限于科学研究、技术创新,应用型硕士研究生培养平台的知识、人员流动中非常重要的是"知识应用"和"实践反思"在知识生产过

①　大卫·沃德.令人骄傲的传统与充满未来的挑战——威斯康星大学 150 年[M].李曼丽,李越,译.北京:清华大学出版社,2007:104-105.

②　S. A. Zahra, G. George. Absorptive Capacity:A Review, Reconceptualization, and Extension[J]. Academy of Management Review,2002,27(2):185-203.

③　P. J. Lane, K. S. Pathak. The Reification of Absorptive Capacity:A Critical Review and Rejuvenation of the Construct[J]. The Academy of Management Review,2006,31(4):833-863.

程中的作用,因为这才是人才培养平台区别于科研合作平台的根本所在。

4. 平台活动流程的开放与监管

要通过培养过程体系的重构来加强各个组成要素之间的交互合作,增强整个培养平台的整体功能。应用型硕士培养平台的搭建与运行,除了学位授予单位的指导教师、管理部门的参与,企业人力资源部门、技术研发部门等机构及相关人员也应全程参与。培养平台应当构成一个开放的学习系统,同时又坚持人才培养环节的结构化,实现整个培养活动与流程的全方位监控与指导,保证研究生在培养平台不同位置都能得到有效的导师指导和有力的资源支持,保证研究生能与培养平台中不同类型的专家、技术人员进行广泛的、深入的思想上和实践上的相互交流,保证研究生能充分接触到各种教学资源。培养平台应当对研究生的流动性保持开放状态,同时各参与主体又有明确监管责任,流动性的开放与监管责任的分担统筹兼顾①。

三、聚焦策略·过程·能力三维

应用型硕士研究生培养平台本身应当是集成性的,构成为一个完整系统体系,既要特别有利于实践能力、创新能力的培养与发展,又要兼顾综合素质的全面培养与发展。培养平台的集成创新要从不同主体、不同维度整体推进:一是要充分考虑相关利益主体的利益诉求和绩效期望,以实现相关主体利益最大化;二是要统筹考虑平台建设的策略、过程与能力三个维度,即实现平台建设最优化要采取哪些策略,执行这些策略要采取哪些行动和实施哪些环节,为此相关利益主体以及平台本身要具备哪些能力以高质量地落实所制定的策略和完成所需要的环节。

一是以分工协作为基础,即参与主体之间既有明确的分工,各自的主要责任明确,又坚持相互协作,统筹兼顾。培养平台聚集要素紧密结合,功能互补,共同分享培养平台的各种资源,相互利用对方的优势,形成互惠共生体。当前有些研究生培养平台是简单的利益或资源互换,比如企业接受研究生来企业实践实习,高校聘请企业技术骨干担任研究生指导教师,而没有进行相应的变革,比如对企业指导教师的培训、企业指导教师如何与校内指导教师相互协作、企业指导教师与研究生到底是什么关系(是否只是短期的几个月实习期间的临时性指导教师)、学位授权学科点是否是从

---

① 廖湘阳,王战军.搭建非学术型硕士研究生培养平台的思考[J].中国高等教育,2009(24):28-30.

人才培养和导师队伍建设的角度出发来遴选企业指导教师。对这些问题如果没有深入的思考，就无法进行相应的配套改革，也就难以真正发挥企业指导教师的作用，自然也就难以保证校内指导教师与企业指导教师共同指导的质量。平台建设是由多个子系统构成的复杂系统，为此：一是要达成企业与大学的"利益共生点"①，以促使这些子系统全方位地合作，关键在于找到各方合作的动力点和相变点；二是要避免培养平台功能的一一对应式、强制性配对，通过提供一个自由组合的平台，激发各要素"非线性"的相互作用，以达成协同有序；三是培养平台的建构既要讲究总体设计、整体推进、系统变革，又要注意以点带面、重点突破，可以通过改变培养平台的某要素来推进平台系统优化，比如国家政策制度的激励、新的行业共性技术的成功研发或产业化等。

芬兰德莫拉(Demola)学生创新创业中心推动开放式创新，该中心由政府提供资金，是一个开放式的平台。大学生、企业和教育机构可以在这个平台上展示关于产品和服务的理念(原型或者"样本演示")，并应用于实践以解决实际问题。德莫拉平台运转的基本逻辑是学生团队拥有无形资产的知识产权，可以以预先确定的价格将其转让于参与德莫拉平台的公司，或者由新的独立子公司进一步研发。德莫拉平台推动大学和企业合作开展开放式创新，其优势不仅在于中立的立场和设施环境，不完全依赖于任何参与方；而且在于成本效率、灵活性、创新成果所有权管理、平衡学生和企业需求等方面的调控能力；该平台似乎可以相对便捷地转向其他经营模式②。在知识经济生态系统中，创新活动需要各利益相关者的积极参与，需要利用一切可用的知识和能力，因此，建立共识和发动利益相关方作为参与者运营和落实行动计划至关重要。

二是促进优质资源在培养平台内部的流通、扩散，实现增值，为应用型硕士研究生体验各种异质的、丰富的资源与经验提供条件。联合培养单位一方面为研究生提供实习训练的场所，向其提供资深的企业指导人员和相关资助；另一方面可以利用研究生的人力资源和大学先进的科研成果来解决本企业面临的实际问题，加速科技成果转化为现实生产力，从而形成一种合作双赢的长效机制。培养平台应当是开放性、多关联的，进入平台的研究生能够与不同人员进行信息交流，从不同部门和人员那里学习专门

①　焦磊，张乐平，陈小平.研究型大学全日制工程硕士实践基地发展的困境与策略研究——基于案例大学的实证调研[J].研究生教育研究，2016(4)：74-79.

②　基莫·哈尔默，伊拉里·林迪，卡勒·比拉宁，等.芬兰模式：创新政策和治理经验[M].王景丽，卜荣露，译.上海：上海交通大学出版社，2016：59-60.

技能和职业经验,即处于平台某一工作岗位的研究生个体能够与多个个体互动;培养平台应当是流转式岗位训练,即研究生个体在平台的不同岗位进行工作轮换,以增强对整个工作的整体把控和实现知识的流动,助推研究生改善认知结构和提升综合素质。

三是放弃以传统知识生产方式为逻辑起点的培养平台架构模式,按照新型知识生产方式架构培养平台,超越传统知识生产模式中简单的资源共享,加强对资源、知识和技能的重新配置,促进知识要素本身复杂性、边界渗透、异质性等特性的生成,在培养平台内外部实现学术性资源与实践性资源、显性知识与隐性知识的合纵连横。要增强培养平台知识结构、知识流动的不确定性,通过设置各种新的项目、任务引发不确定性,进而促使相关利益者尤其是研究生尽可能地获取更多的信息和进行更复杂的运算、判断来降低不确定性。不确定性是指一个事件发生的可能性及其他可能发生的概率,有一种不确定性来源于创新(如创新的想法、实践或者其他个人或者团体认为是新的事物),创新意味着给个人或者团体带来新的选择或者新的解决问题的思路,同时也促使个体或者团队去寻找更多关于这个创新的信息,以便应付它所带来的不确定性①。这个过程常常就是引发创新的过程。这个过程的实现必然是专业实践的生发过程,使实践基地真正成为一个探究的场所②。

第三节　基于多元化发展保持培养平台的活力

要真正建立起比较系统化的应用型硕士研究生培养体系,除了充分挖掘原有的学术型硕士研究生培养体系的潜力,还应利用其他各种非传统的单位组织或者途径,搭建新的更加切合的平台。应用型硕士研究生培养平台的建设与运行要立足开放式创新,推进大学技术转移办公室、孵化器、科技园与企业研发中心的相互合作,构建企业—大学知识生产与创造的网络,增强培养平台本身跨边界吸收和整合各种知识资源的途径与能力③。

---

① E.M.罗杰斯.创新的扩散[M].唐兴通,郑常青,张延臣,译.北京:电子工业出版社,2016:前言Ⅸ.

② 肖凤翔,连晓庆.全日制专业学位研究生教育的实践逻辑及其改革策略[J].学位与研究生教育,2012(9):36-40.

③ 廖湘阳,王战军.搭建非学术型硕士研究生培养平台的思考[J].中国高等教育,2009(24):28-30.

一、立足应用型的培养定位

培养平台的架构涉及诸多行为主体,这固然可以加强主要利益相关者之间的联系,从而有利于研究生培养单位形成更加宽泛的价值体系,但是,这同时也必然引发不同利益相关者之间的利益冲突与利益博弈。这就涉及培养平台建设的目标定向与定位。

首先,要按照确定的发展目标挖掘和发挥培养平台各构成要素的效用,坚持有所为有所不为。有的培养平台是配合理论课程和应用型课程学习的,这类平台包括各种实验室、创新实践中心等;有的培养平台是服务于发展研究生职业实践能力的,这类平台通常设在生产实践、管理实践第一线,包括各种企业研究生工作站、企业研究生创新基地等;有的培养平台是与产学研战略联盟合作结合在一起的,同时是产学研合作体系的构成部分,这类平台通常要为研究生培养、技术研发等方面的合作提供物质条件和技术支撑,不仅仅为研究生培养服务。任何一个研究生培养机构都不可能为每个学科搭建完全独立的、分割的人才培养平台,因此各种应用型硕士研究生培养平台既要准确定位又要密切合作。

其次,要围绕应用型硕士研究生培养目标来架构培养平台。从目前的实际情况来看,单一为应用型硕士研究生培养而设立的平台很少,绝大部分研究生培养平台都是出于多种目的而建立的,即便如此,也应体现出应用型硕士研究生的培养目标。这就要求研究生培养平台内部实行模块化组合和柔性管理,打破培养平台的僵化结构,将整个平台的构成要素分成不同的概念模块。就研究生人才培养而言,平台构成要素中有适合学术型研究生培养的,也有适合应用型研究生培养的;有主要指向生产流程和管理流程观摩实习的,也有主要指向研究生科学研究和论文撰写的。总之,尽可能充实和丰富不同作用的功能模块,根据实际需要,对这些功能模块进行重新组合。

最后,要坚持项目驱动。培养平台建设尤其是其运行仅靠笼统的合作协议是难以为继的,要通过具体的项目来启动和维持。这里的项目既可以是合作研发,也可以是成果转化,还可以是人才定向培养,总之,要以具体项目为抓手。项目的设立要通过参与主体的充分协商,以确保其适合应用型硕士研究生培养的特性与需要;要广泛发布和进行专门说明,以吸引研究生自愿参与其中;要及时评估项目进展情况和实施效果,以决定是否扩大规模、是否继续项目以及如何改进。

二、提升培养平台的多样化

1. 培养平台类型的多样化

应用型硕士研究生培养平台既体现出共性,又体现出具体针对性。每种培养平台都有其适合容纳的学科领域、人才类型;反之,每个学科领域、人才类型又对其培养平台提出了特殊要求。

首先,要建有共同性、普适性的基础平台,这类培养平台承担人才培养基础性环节与任务的工作,面向多个专业的应用型硕士研究生乃至学术型硕士研究生开放。

其次,要建有由几个专业共同架构的跨专业多科性培养平台,为相关专业提供更加专门化的服务。这类培养平台要围绕某一个共性技术、环节来搭建,平台之间要有相对明确的功能划分和相互合作。

最后,要建有一批个性化的培养平台,这类培养平台向产业组织前移,与生产实践场景更加接近。这类平台无须非常明确的组织机构,但却要有明确的、常规化的、流程化的培养平台运行程序。应用型硕士研究生培养平台应当是多样化的,但是每种培养平台都应当有一个明确的目标定位。

2. 培养平台功能作用的多样化

应用型硕士研究生培养体系的优化,要以不同功能作用的培养平台的集成为前提。不同功能作用的培养平台指向研究生培养的某个方面,研究生培养环节要与不同功能的培养平台相互切合。

一是主要指向实践教学的培养平台,这类培养平台包括设在高等学校内部的各种实验室、研究生创新中心,以及设在企业等合作单位的研究生工作站、研究生创新基地等。通常依托这些平台,开设一些与行业联系密切的应用型课程,组织研究生进行实践实习,运用小组合作学习、案例分析、现场行动研究、工作情景模拟训练和行为塑造等方法,增强研究生的"实践感"。要充分利用各参与主体的资源和优势,构建专业能力、实践能力与职业能力实训平台,以满足应用型硕士研究生实践能力、复杂问题处理能力训练的需要。

二是主要指向科学研究的培养平台,这类培养平台包括高等学校实验室、校企合作科研平台、企业内部科研机构等。依托这些培养平台,研究生参与指导教师的科研项目,围绕某个研究选题开展理论研究、应用研究与技术开发,以培养研究生的专业研究能力,增强其研究实践问题的意识和解决实际问题的能力,发展研究生独立担负专门领域工作的能力,为将来成为研究型的专业工作者、从事应用型技术工作打下良好的基础。

三是主要指向论文撰写的培养平台,这类培养平台包括校企合作设立的各类科研平台、企业内部科研机构以及高等学校内部设立的实验室等。依托这些平台,应用型研究生选择一个来源于应用课题或工程的实际问题作为学位论文选题,包括规划设计、工程设计、技术开发、产品开发、项目管理、案例分析等类型,并独立完成其中一个,以此训练研究生专业能力与实践能力。

3. 培养平台构成模式的多样化

一是以大学学术系统为核心,通过适当向外延伸而搭建起培养平台。其人才培养流程是在大学内部完成系统化训练后,再为研究生增加一个到企业参观、实习的机会与环节。

二是以大学系统为主体,大学与企业合作共同建设培养平台,通常是大学与企业之间签订合作协议,企业资助大学在校园内或者在企业中建立人才培养基地,共同培养研究生,构成一种大学内部训练和企业中长期实习累加的人才培养模式。

三是大学与企业、政府共同协商,共同建设,培养平台作为大学与企业、政府间的跨界组织机构而存在。在这种合作模式中参与合作的企业、政府机构乃至大学组织是多元的,是一种多边合作,而且应用型硕士研究生的教育项目、培养计划、培养方案是多边协议的结果,基于这一架构的应用型硕士研究生培养具有真正意义上的产学研官用合作贯通特质,而不是大学内部训练与企业、政府机构实习的简单组合,毕业生更加切合企业、政府机构的要求。一般而言,应用型硕士培养平台与企业、政府机构等实际工作场景越接近越具有人才培养优势。

应用型硕士研究生培养平台开放性的增强意味着培养平台建设尤其是研究生培养过程及质量监管责任的重组,这涉及研究生培养流程与规则的公开透明、相关参与方的职责重点、作用方式与财务支持的合理分担等方面,有力承诺与长效机制既可以协调高等学校与每个合作方,又有助于获取更多的资源以确保培养平台的可持续发展。

三、保证培养平台有序运行

应用型硕士研究生培养平台要注意组织架构的创新,建立功能平衡的结构基础。"校企双方组织边界相互延伸与交织并有效融合,让性质、功能存在显著差异的人才培养与技术研发活动实现统一。"[①]应用型硕士培养

---

① 朱广华,陈万明,蔡瑞林.我国产学研合作培养人才的企业研究生工作站建设对策[J].学位与研究生教育,2015(12):15-21.

平台聚集的诸多要素,只有通过系统集成、优化配置,才能产生真正的聚合效应,实现培养平台整体功能最大化。

一是培养平台与其他社会系统之间的有序化,培养平台要与社会经济发展需求保持联动,以保证培养平台能够始终得到社会系统的支持,所培养的人才具有良好的就业市场。应用型硕士研究生培养平台的实力源于其对社会需求的主动回应。

二是培养平台内部子系统之间的有序化,培养平台内部人才系统、物质系统、信息系统等系统之间有序合作。培养平台内部的人力资源、物质条件、技术支撑、管理机制要相互匹配,以应用型研究生实践能力和综合素质训练为纽带来理顺平台内部子系统之间的关系。

三是培养平台内部子系统内各个要素之间的有序化。培养平台搭建既要考虑到子系统之间、各要素之间的协调一致,同时还要考虑构成现有子系统以及系统要素的各个最基本单位的协调一致。结构决定功能,培养平台有序性的达成要立足于有效整合资源要素,全面梳理培养平台搭建参与主体、各要素的优势、特长、条件基础,并根据培养平台的发展方向与建设需求,通过有选择的综合交叉,把各要素所具有的资源进行最优化的整合。

四是培养平台诸要素与资源的重构与增值。过去研究生虽然也进入实习实训场所,但在这种场所中所发生的一切都是单向的,即研究生是带着已有的理论知识来验证、体验,缺乏与真实场景中实际问题的碰撞;企业导师是从个人经验出发进行指导,缺乏对个人经验的实践反思和理论概括。简言之,研究生虽进入联合培养平台,但实际上仍处于知识、技能、经验、问题割裂的场景中,个体知识与工作需求、理论知识与实际问题之间缺乏真正的有意义的关联与互动。协同创新环境下的研究生培养平台建设不是对原有培养资源、要素与平台等的简单重组,而是指向各参与主体优势资源整合、优化、互补与联动以及由此而形成的协同效应。协同效应可以从多个维度予以评估,这里特别强调的是不同知识、技能、思维模式的碰撞后产生的新的增值的东西,以及身处其中的研究生的综合素质和专业技能的新变化。

第四节　聚集实践性资源彰显培养平台的特性

应用型硕士研究生培养的灵魂是实践,实践性是其特性,其培养平台与学术型研究生培养平台有着较大的差异。

一、坚持实践导向原则

应用型硕士是一种以实践为导向的学位,更加注重实践精神、实践能力的培养。应用型硕士培养平台架构的实践导向原则应当从以下三个方面来考虑。

一是按照实践需要来引导培养平台的搭建以及培养平台的运行,强调实践问题、实践场景、实践知识、实践过程在培养平台的纽带作用,放弃传统的基于学科逻辑的组织架构套路。应用型硕士研究生培养平台相对独立的目的就是实现应用型硕士研究生培养过程、培养活动与教学科研资源(包括校内指导教师和校外指导教师的指导能力)、研究生个人经验和职业取向之间的高度整合。与学术型研究生培养相比,应用型研究生培养所依托的资源体现出更大的宽泛性、发散性,难以以一个相对集中的方式来供给,而且其所需要的优质资源的供给又明显依赖多个参与主体的合作,因此,应用型硕士研究生培养平台的搭建必须坚持系统集成。整合的方式多种多样,比如根据行业发展及其核心技术变革的实际情况,开设有针对性的应用型课程模块,这是以社会需求为导向进行整合;又比如根据研究生职业兴趣和可能的就业领域,从该职业所需要的关键能力和综合素质出发,设计一个能力地图,开发一些技能型课程,这是以职业发展为导向进行整合;再比如针对研究生已有的知识结构、工作经历和工作经验,选择合适的切入点,将研究生个人经验、认知结构与教学科研资源结合起来,这是以认知结构优化为导向进行整合。

二是将真实问题解决能力训练作为培养平台建设的主要内容,加强抽象、普遍、一般性知识与实践情境的碰撞,将受训对象直接置于问题解决过程之中,以实践问题的实际解决及相应能力发展作为评判训练效果的依据。培养平台的质量取决于培养平台各要素之间的结构,理想的应用型研究生培养平台应当是按照真实问题解决训练的逻辑来架构的。应用型硕士研究生培养要尽可能置于工作场所的真实问题情境之中,在真实问题情境之中激发已学过的理论知识,将片断、零碎的知识串联起来,感受知识的实用价值,感受知识运用的场域化,感受面对问题时的无措和困惑,从而激发学习和研究的兴趣,逐步增强发现问题、提出问题和解决问题的能力。

三是培养平台资源按照完成工作任务所需要的模式来提供和组织,而不再按照知识特别是学科知识本身的逻辑来排列。这种情景并非简单的知识应用,而是学科知识、实践能力、创新精神等综合素质的展现。与本科生习题训练和虚拟问题解决训练不同,应用型硕士培养平台提供的实践训练大多来自工作实践,是从工作实践中提取出来的,不只是单纯的能力训练,还有可能产生直接的、明确的实践成果,比如新工艺、新材料、新设计等。

二、实践性资源的聚集

应用型硕士研究生培养的学习对象、学习方式、学习情境、价值取向、学习系统都体现出实践性,整个培养都围绕实践活动和基于实践活动而展开。应用型硕士研究生培养平台对于知识资源的聚集更加注重学科知识与学科技能的应用性,注重一般技能和工作经验的结合,注重提供丰富的、具有挑战力的技能利用和开发的实践环境。培养平台要为学习者提供在不同背景实践的机会,为此,参与主体要联合制订培养平台建设计划,整合各方特殊的经验指导和持续的联合支持,制订详细的教学计划和评价方案。

应用型硕士培养平台要以实践为核心,形成新的学术生态系统,推进相关专业理论学习、经验学习活动与职业资格标准的联动。培养平台要通过相应的制度建设,推动研究主题与专业实践、学术导师提供学术指导与工作场所导师提供专业实践指导相结合,引导研究生运用一种基于研究的方法来处理企业面临的实际问题,即围绕实际问题解决来训练研究生的研究性能力、解决实际问题的能力。把理论与实践联系起来的最有力的方法之一是开发一件"实实在在的产品",培养平台要为研究生利用、组织、联合在研究生课程中学到的相关原理和技能去创造一件有价值且新颖的作品提供及时有效的支持。

Carter 提出的"持续变化模型"认为内容螺旋和经验螺旋构成课程设计的基础。① 所谓内容螺旋是指课程内容随外界环境变化而产生的一种螺旋状变化的动态过程,其主要用来主导培训的内容;经验螺旋是指学习经验受到内在因素影响而产生的一种螺旋状变化的动态过程,其主要用来主导培训的方法。经验螺旋的教学方法包括正式课程研讨会、户外活动或游戏、实验方式。随着学习经验的不断增加,个体的视野及知识领域不断开阔,课程内容及其教学方法相应变化和创新。应用型研究生实践训练平台的建设也应同时考虑实践训练内容与实践训练方式两个维度。一方面要尽可能充实、丰富实践训练内容、实践训练方式;另一方面要尽可能使

① 转引自王登亮,陈京雷,李永.如何建设企业大学[M].北京:中国劳动社会保障出版社,2008:35-36.

实践训练内容与实践训练方式相互匹配,每项训练内容都有合适的训练方式来实施。

培养平台实践性资源的聚集是一个异质性资源拓展的过程。一是企业等合作单位对其内部本身知识的整合与反思,需要通过对行业、企业核心技术创新与运用的分析,绘制出单位内部需要进一步加强的知识技术领域图,以及需要进一步改进的知识技术结构图。二是结合企事业单位专业技术骨干人员隐性知识的社会化,通过学术交流、开设课程或者讲座,鼓励企业技术骨干将其在实际工作中积累起来的隐性知识尤其是各种工作经验,以一定的方式转换为既可以意会又可以言传的知识,将其作为应用型硕士研究生培养平台的核心实践性资源。三是要随着上述过程的展开,引导企事业单位专业技术骨干人员感受到已有知识的缺陷,从而有意识地补充新知识,特别是从自己的实际工作经验出发,提出需要进一步加强的理论知识,以及需要进一步提升的实际经验。四是要提升双方推进理论与实践(实务)结合的能力,要使理论指导实践,在实践中总结和提升理论制度化和日常化,要有较强的理论驾驭能力与实践掌控能力。

如何构建一个富有实践性特征的培养平台?可以从以下六个方面着手。

其一,培养平台的搭建必须有一个清楚的、以实践性知识为中心的实体和目标,以及实践性知识共享价值体系,整个平台以此为基点而建构和运行。

其二,培养平台的构建要有一个为知识实践提供方向的发展策略和操作方法,要有一个广为接受的共享知识的指导原则。

其三,培养平台必须支持知识创新、知识共享等行为,组织成员通过行为观察、组织文化的熏陶而逐渐学会与同事的合作,寻求别人的支持,以此实现知识的共享与创新。

其四,培养平台构建要预先准备各种用于指导知识分配和知识共享的指导手册和说明材料,以便每个人能借此了解应当从哪儿以及如何获取他们所需的支持与合作。

其五,培养平台构建是一个技术工程,要充分利用现代信息技术,开发有利于加强培养平台运行的工具。全方位提供支持技术、工具和设备以促进知识的沟通、联结和激活。

其六,培养平台运行过程始终处于监控之下,通过及时的信息反馈,研究生能够了解自己的工作情况,并在反思实践基础上,设计和实施新的实践活动。

成功的培养平台与不成功的培养平台的区别就在于能否引导研究生致力于解决综合性现实问题,能否提供一个研究生充分展示潜质与能力的环境,能否训练出真正适应非传统学术型岗位要求的高级专门人才。高品质的培养平台应当能够拓展学生的学习经验,吸引教师、学生、学校管理人员和企业相应机构及其人员的积极参与,丰富人才培养计划和优化人才培养环节,促进产学研战略联盟。

第七章 应用型硕士研究生培养过程优化

应用型硕士研究生培养过程首先必须构成一个整合性体系,并通过构成要素之间的多样性、异质性激发各个组成部分之间的交互合作,以营造有益于培养高素质应用型硕士研究生的资源增值系统。为此,要通过培养过程体系的重构来加强各个组成要素之间的交互合作,并引导组成要素通过这种交互合作来增强各自的功能,进而增强整个体系的整体功能。

第一节 课程体系与内容的优化

应用型硕士研究生培养过程要重视基于分享的、地方的和特殊的实践性学习与训练体系的建设,以此提升毕业生适宜被雇佣的能力(employability)①。培养过程的实践化要从课程体系、教学方法和学术评价等方面具体体现出来,建构实践形式多元、覆盖培养全过程、课程与实践交叉进行的融合式实践培养体系。

一、课程体系模式框架

课程体系建设及其优化有着不同的价值取向选择,学科本位强调学科基础性、逻辑性,社会本位强调社会需求,个体本位强调受教育者的个体发展。应用型硕士研究生课程体系建设与优化要综合考虑不同的价值取向,保证在学科本位、社会本位、个体本位上都达到相应的基本要求,这也是对研究生课程体系的共性的基本的规范性要求。与此同时,应用型硕士研究生课程体系要体现出实践性特色,从课程理念、课程开发、课程目标、课程内容要素、课程实施到课程评估都应当体现出实践性特色,始终坚持立足实践、围绕实践、聚焦实践、服务实践,促进研究生专业能力、实践能力、职业能力的实践品格的提升。

---

① Paul Hager,Susan Holland. Graduate Attributes,Learning and Employability[M]. Netherlands:Springer,2006:259.

1. 四种典型的课程体系

结合应用型硕士研究生培养的特性,下面从基于学科的学科式课程体系、基于能力的一体化课程体系、基于问题的课程体系、基于实践导师(实践场所)的课程体系等四种类型课程体系的各自特征,分析应用型硕士研究生培养课程体系架构的模式。

其一,基于学科的学科式课程体系的特点是以学科为基本单元、以学科知识为基本素材,整个课程体系按照学科逻辑体系而递进地展开。这种课程体系是当前各个层次教育中占据主导地位的课程体系模式。在这种课程体系架构中,学科是以垂直方向展开的,而项目和能力是以水平方向展开的,学科主题内容是相互独立的,因而学生所学到的通常是一系列没有关联的、没有互动的主题内容,难以实现高水平的综合性训练。

其二,基于能力的一体化课程体系的特点是以能力为经纬,在学科式课程体系的基础上,试图围绕能力这条主线把彼此隔离的学科课程串联起来,形成一个整合的课程体系。基于能力的一体化课程体系沿用传统的组织结构,学科制度化也很明显,与学科式课程体系模式之间的差异只是核心的不同,对于传统的学科组织结构、学科体系没有根本的改变,因此,基于能力的一体化课程体系总体上只是对学科课程体系的一种重组。

其三,基于问题的课程体系是一种全新的课程体系架构思路与框架,不仅其逻辑起点由"学科知识或者能力"转向"问题",更为重要的是其组织结构、知识生产方式也相应发生改变,围绕现实的、复杂的问题而展开的学术组织结构,以及推崇知识生产模式Ⅱ等方面的变革使得整个课程体系发生了根本的改变,教学由学科转向问题,实际、实践问题成为其关注的焦点,与外部保持频繁、密切的联系,与企事业单位异质性知识的双向交流与合作成为相互之间保持联系的新渠道。基于问题的课程计划采用问题或项目作为组织原理,通过正式或非正式的教学方法,在必备知识的基础上整合学科内容。丹麦奥尔堡大学(Aalborg University,AAU)提出并实施"以问题为中心,按课题组织教学"(project-organized,problem-based)的开放式教学体系,这种富有创新特色的教学体系,集中体现在纵向上的课题工作贯穿于大学教学全过程,而横向上则由课题工作来贯穿各门课程的学习,从而真正做到了按照课题组织教学的目的。当使用这种组织方法去设计课程计划时,需要考虑两个问题:第一个问题是,这种方法的组织原理可能不再强调学科知识,因而与培养研究生坚实的基础理论和系统的专门知识这一目标可能存在冲突;第二个问题更为实际,现行研究生教育组织主要依靠已经形成的学科组织来架构,因此,很难将基于学科的课程体系及其组织支撑转换成基于问题的教学组织形式。

其四,基于实践导师(实践场所)的课程体系是一种对过去那种师徒式培养过程、培养体系的改进。应用型研究生人才培养的一个有效途径就是在继续发挥校内学术导师的学术指导作用的同时,吸引校外企事业单位技术骨干参与培养过程或者直接担任实践导师,并开设所擅长的实践类课程。这类课程多以隐性课程、活动课程的形式来出现。基于实践导师的课程体系不是一个完全独立的课程体系模式,它是在基于学科的学科式课程体系,或者基于能力的一体化课程体系、基于问题的课程体系的基础上,依托实践导师的资源来发展一批直接指向实践的课程,以弥补当前占主导地位的课程体系或者具体课程过于侧重理论而轻视实践的缺陷。随着校外高新技术企业、校外企事业单位与研究生培养单位的结合部日益成为培养研究生的重要基地,基于实践导师的课程本身的意义及其在整个课程体系中的地位也越来越重要。

2. 应用型硕士研究生培养课程体系的框架

(1)应用型硕士研究生培养课程体系建设的几个关系

其一,实践课程体系的突出性与整个课程体系的完整性。实践课程体系是应用型硕士研究生培养课程体系中最为核心最具特色的部分,应当放在最突出位置,以实践应用为导向,加强整个课程体系与实践的贯通。与此同时,又要保证课程体系的完整性,即足以培养发展研究生应当具备的各方面素质。

其二,课程模块化和课程体系的统整性。课程模块化是应用型硕士研究生培养课程体系比较切合的结构模式,这包括两层意思:第一,整个课程结构的模块化,比如将整个课程分为核心课程模块、研究方法课程模块、选修课程模块、前沿问题研讨课程模块等,比如针对一般实践能力、专业实践能力和情境实践能力的培养目标设计出基础模块、专业知识模块、软技能模块;第二,特定课程模块,比如按照行业发展方向尤其是一些新兴技术的发展和新兴岗位的涌现而设置的前沿技术课程,比如侧重介绍本领域当前普遍采用的应用工具、国际规范和技术标准的实用工具类课程,显然,这些课程是要分模块的,而且是不断变化的。与此同时,要保持课程的统整性,围绕最核心的能力并以其为纲来统领整个课程,否则模块化课程就可能失去灵魂或内在关联性而成为碎片式课程。

其三,不同功能课程的集成。可以按照功能指向对课程进行分类,其中概览性课程旨在使研究生明了本专业、相关职业在哪里、那里有些什么(比如有哪些岗位)、与其他专业和职业的区分等;进展性课程旨在使研究生熟悉本专业、相关职业的最新变化,比如新涌现的关键技术和共性技术、新兴岗位、岗位技术要求的变化等;拓展性课程旨在使研究生将相关课程及其内容串联起来,以加深研究生的理解与知识整合,为未来可能的知识关联创造新的可能性,即通过其开放性建立更好的界面。也就是说当下对所涉及的最前沿内容,教学上可能尚未完全展开,研究生学习上也许尚未充分掌握,但已经知道这一前沿动向的存在及其关联,未来需要时可以较为快捷地提取出来,现学现用。

其四,不同类型课程的比重与关系。不同类型的课程应当保持恰当的比重,同时保持不同类型课程的相互嵌入,避免彼此完全的隔绝;与此同时也要处理好不同类型课程的顺序,形成一个递进、高阶的结构。课程模块的顺序有两种模式:一种是按照基本的知识能力形成逻辑,逐一讲授和学习,先学习、储存到足够的程度然后再去运用;另一种则是按需学习(just-in-time learning),采取问题导向式学习,结合具体实际问题选取、组织和学习课程模块。显然,前者"堆积"容易引起消化不良,也难以融会贯通;后者则导致研究生学习的系统性、连贯性受到影响。对于不同类型的课程应当采取相适宜的模块组合方式,两种模式并存。

其五,课程开发要从学科范畴转向职业范畴。超越纯粹的学科知识体系与逻辑,以职业能力和综合素养的提高为核心,反映理论发展动态和实践领域最新进展。一是增加实践知识,实现其知识类型的多元化,构建基于工作实际的课程体系,把实际职业实践内涵于课程中,加大专业技能以及在"某种情景中"的实践知识的分量。二是反映职业场所、工作实践的要求,尤其是这些方面的变化所引起的新要求,融入现实的职业性要求、实践性特色,强调"实践后反思"环节的执行和体悟。将企业知识融入研究生知识体系,包括企业安全规程、行业规则与规范、相关法律、项目申请与管理、现场实践等,以此构成理论知识与实践知识相融合的立体知识体系[①]。三是转换知识建构模式与结构,从职业需求、职业发展的角度来建构知识体系,引导研究生实现学术性与职业性的紧密结合,熟悉技术的方法及应用,培养科学思维的能力以及解决实际问题的能力[②]。四是加强案例教学,以此从静态结构上改变学科知识体系,从动态上改变课程的学科知识体系逻辑,使得知识与实践实际更紧密结合,引导研究生不仅从学科

---

① 赵冬梅,赵黎明.依托行业优势 构建校企联合培养应用型研究生长效机制的探索与实践[J].学位与研究生教育,2013(2):28-31.

② 肖凤翔,连晓庆.全日制专业学位研究生教育的实践逻辑及其改革策略[J].学位与研究生教育,2012(9):36-40.

角度来理解课程内容,而且从实践应用角度比如结合工作流程、实际情境问题处置来理解课程内容。五是要强化课程知识的领域性。领域性在此体现为两个特点:边界模糊性,以及由此而带来的灵活性;广泛的适应性,要求研究生在不同学科的基础上创建一个适合其职业的共同的知识基础,以提升社会适应性和职业可变迁性。

(2)应用型硕士研究生培养课程体系建构的模式

应用型硕士研究生培养课程体系的建构在目前很难完全按照一个统一的、理想的模式来进行,受培养单位内部组织结构、指导教师和管理人员的传统思维模式、传统知识生产模式、现行培养模式等方面的影响,其培养体系包括课程体系的建构自然要立足当前的现实,即从目前占主导地位的学科课程体系出发。能够改革的空间,是在以占主导的现行课程体系框架为基点的前提下,通过局部调整来达成目的,逐渐改变其学术型硕士课程体系或者学科课程体系的色彩,结合模式、拓展模式是两种可供选择的应用型硕士研究生课程体系建构思路和框架。

其一,结合模式。即一部分课程或者主要课程依然按照传统的学科课程体系或者模式的思路与框架来安排,但进行适当的压缩和精简。这部分课程主要指向基础知识、研究能力等方面。与此同时,按照基于问题的课程体系的思路再架构一部分课程,这部分课程主要指向与职业、岗位密切联系乃至对应的专业技能、实践动手能力等方面。

其二,拓展模式。即课程体系整体架构上基本按照传统的学科课程体系的模式与框架来展开,但在遵循传统的学科课程体系内部的学科逻辑递进原则的同时,着重拓展这些传统学科课程的外延部分,即相关课程在按照学科课程模式发挥作用和扮演角色的同时,都向外延伸和拓展,从而发展一套与现行学科课程体系或者学科课程相配套的拓展性课程。在这种模式下,整个课程体系的骨架是学科课程体系的,但核心课程都衍生和拓展出新的支撑性课程甚至课程体系。这些支撑性课程及其体系可以在不打乱整个课程体系结构的前提下,为培养研究生的专业技能、动手能力、实践能力提供支撑。与作为架构骨架的学科课程体系相比,这部分拓展性、支撑性课程及其体系体现出灵活性、开放性,可以根据培养方向、职业变迁等方面的新情况进行及时的调整,而不影响整个培养体系或者培养过程;可以由校内指导教师和校外企事业单位高职称人员共同开设,乃至由校外企事业单位高职称人员单独开设,以及时反映实际用人部门对研究生人才素质、技能的要求。

（3）应用型硕士研究生培养课程体系架构

如图 7-1 所示,三角形虚线范围内反映的是基于学科的学科课程及其体系,以虚线表示各个学科课程之间缺乏真正的关联,是彼此独立的。连结各个学科的实线三角形反映的是基于能力的一体化课程体系,以实线表示各个课程之间围绕能力这一核心形成了有机的联系,实现了课程的一体化。右边的右向箭头表示的是拓展性课程,即学科课程、能力课程本身的外延与拓展,这部分指向实践、实际,是提升研究生专业技能、职业能力的重要载体。左边的闪电形图形反映的是基于问题的课程体系的切入,以两种状态切入当前占主导地位的课程体系,一是试图对现行整个课程体系进行重组,二是围绕现实性复杂问题发展一些新的课程。右边的左向箭头表示的是依托实践导师发展起来的反映实践基地、实践场所技能需求的实践课程。整个课程体系以学科课程体系以及基于能力的一体化课程体系为基点,以基于问题的课程体系为切入点对整个课程体系进行尽可能的改组,并辅以拓展性课程和基于实践导师(实践场所)的课程等主要针对教学实践、技能发展和职业能力培训的课程模块,从而形成一个适合应用型硕士研究生培养的完整的课程体系。

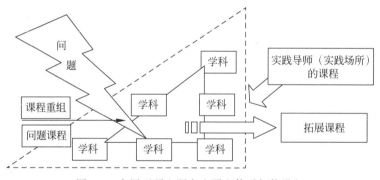

图 7-1　应用型硕士研究生课程体系架构设想

关键的问题是当前的改变是否达到了结构层次,或者说是否取得了结构上的效果。课程体系的部分调整必然导致课程体系初始结构的改变,也许的确强化了新的价值取向所强调的某些方面的内容,但是这些新强调的内容的增加是否就会达到预期效果,或者更准确地说从结构上达到一种新的结构性效果,则需要进行全面的审视。这种审视首先要转变传统的课程观和课程目的观,要明晰新的课程体系所要达到的目的到底是什么,这是最基础的,是一切改变的出发点;其次要转变课程结构评价的指标体系,要树立与新的课程观和课程目的相适应的课程功能评价体系,以便能够准确地评价、分析和判断课程达成目的的程度和状况及其原因；再次要转变课程实施要素，课程体系及其结构变化的实际效果的达成要以课程实施为保障，缺乏有效的课程实施，再好的课程体系及其结构也难以取得预期的效果，因此课程体系及其结构的调整要以相应的课程实施模式、机制和途径的变革为伴随，后者是前者取得实效的基础和根本；最后要建构新的课程理论，课程体系及其结构的逐渐演变必然伴随新的课程理论的形成。

二、实践性课程的开发

应用型硕士研究生培养应以能力培养为核心开发实践课程，改变课程体系的学科逻辑，把理论课程与实践课程有机整合成一个整体；瞄准企业中生产的实践经验，结合学科知识对这些丰富的实践知识予以提升，形成一套全新的知识体系①。

一是，开发基于校企合作的专项实践性课程。学校与企业联合开设校企合作课程，授课教师由学校教师和企业专家共同承担，授课地点包括学校、企业。这类课程的最大特点是专业前沿知识与最新行业实践的紧密结合。紧密结合行业实践开设公共课，为技术类研究生开设经济和管理公共课（如经济分析、行业研究、相关行业的企业管理等），为文科类研究生开设高新科技知识等方面的公共课②。有两点要注意：第一点是要反映行业领域的特点，课程内容表现出明显的行业技术特色；第二点是要共同开发，课程要反映行业产业需求，要整合学科知识、专业技能和产业知识。

二是，开发设计项目解决训练课程。经过设计、论证、选定企业实际进行的项目，研究生在企业导师的指导下，全程实质地参与其中，通过边学边干、边干边学，增强对实践场景、工作方式、典型问题的认知。这种课程最有助于解决教学与实践相互脱节的问题，使学生由被动学习转变为以问题为导向的主动学习③。这类实践性课程可以视为"企本课程"，与特定企业的知识资源、发展需求结合紧密，极大地缩短研究生毕业后进入该类企业的"适应期"。

三是，开发行动反思类课程。实践类课程的开发旨在强化研究生"行

①　张乐平，王应密，陈小平.全日制工程硕士研究生培养状况的调查与分析——以 Z 大学为例[J].学位与研究生教育，2012(3)：11-17.

②　黄建欢，张亚斌，尹筑嘉.企业中高层人才需求与研究生培养机制创新——基于企业中高层人才需求调查的研究[J].中国高教研究，2009(6)：42-45.

③　王帆，王远怀，王传辉，等.专业学位研究生教育的实践性课程探索——以中山大学 MBA 为例[J].学位与研究生教育，2013(9)：9-12.

动中的反思",引导其通过不断的反思性实践来澄清、验证和发展"行动中的知识"。这类课程的设置模式灵活性高,可以是在各个阶段设置小课程模块,也可以是在实践实习集中阶段开设整合性行动反思类课程。这类课程重点指向如何评价自己和他人的实践表现,如何从学科理论和工作场景两个方面进行分析,继之提出改进策略建议。研究生要选择真实工作场景的某个工作实践片段进行重点观察、自我总结与反思,分析自己的实习实践表现水平,持续不断地锤炼自己的反思能力。研究生要学会监测知识建构与能力发展,经常反思学习素材的意义、知识与问题的关联性、关联性与适用性如何变化、何谓外在目标与内在目标以及目标达成度、当前的学习情境对目标达成的影响以及对目标达成的支撑程度、理论的适用性、问题的概念化和学理化,等等。

　　四是,开设职业素养课程,推行职业资质专业课程,形成辅助性实践课程体系。职业素养课程包括职业道德伦理、职业行为规范等。与职业资格匹配的课程有助于研究生更好地理解职业实践和发展职业技能。

　　应用型硕士研究生培养要形成递进式实践课程体系,以陈述性知识为主要媒介的一般技能、以程序性知识为主要媒介的实践技能、以策略性知识为主要媒介的情境技能,分别构成不同类型的实践课程,形成各层次内课程内容相互补充、层次间课程相互支撑的体系结构。实践的规则和逻辑总是场域性的,专业实践及其相关特质并不必然会纳入课程内容,即便纳入培养目标与课程内容,也可能因其缺乏学科知识的那种严密逻辑性和可清晰表达性而显得杂乱无章、不够精细,进而影响实际效果。

三、课程内容的实践化

　　应用型硕士研究生培养要按照实践逻辑重新编码课程内容。问题是,培养类型已经分化,但课程的实质性因素却没有发生真正的实质性变化;不只是课程结构和课程形式的变化,其中最为重要的是课程内容的深层结构的变化,尤其是这里所讲的知识编码逻辑与方式的变化,即如何根据人才培养类型的变化、培养模式和培养过程的新要求,按照一个恰当的方式对传统上的学科知识编码方式进行重构,建立一种更为恰当的符合应用型研究生培养需要的知识编码方式。

　　1. 兼顾陈述性知识、程序性知识和策略性知识三类知识

　　陈述性知识、程序性知识、策略性知识三类知识之间存在着相互联系、相互促进的关系。程序性知识与策略性知识尤其是前者通常是以陈述性知识的形式予以表征的,陈述性知识构成整个知识体系、个体知识体系的

基础主体；程序性知识是关于"做什么"和"怎么做"的知识，与问题解决相联系，是职业发展的基础。陈述性知识、程序性知识、策略性知识三类知识供给的内容不同，学习过程即内化过程不同，发生的认知结构的变化也不同，对人的能力素质提升的方向与影响也不同。相对而言，随着年龄增长、职业成熟，程序性知识与策略性知识尤其是后者得到较快发展。不同个体尤其是处于不同职业发展阶段的个体、不同类型的人才，三类知识的结构及其变化存在较大的差异。个体在三类知识结构上的差异决定其对新的不同类型知识的敏感度和接受性，也就决定着应有不同的培养模式、知识体系予以匹配。

2. 充实实践知识

"实践性知识"是个体长期参与实践的一种感悟和体会，是解决以后碰到的类似问题的最佳智力工具。知道如何做一件事的规则，并不意味着一定能将这件事做好，其间的差距主要在于个体实践性知识的不足[①]。康德认为"实践的诸原理是包含有意志的一个普遍规定的那些命题，这个普遍规定统率着多个实践的规则"，"实践的规则任何时候都是理性的产物，因为它把行动规定为达到作为目的的效果的手段"[②]，纯粹实践理性本身就具有作用于对象的实在性，可以直接用来衡量人的一般实践活动在何种程度上是"纯粹的"或是受经验制约的。任何理论都不能脱离实践而独立地存在，理论实践既融合了实践是什么的现实关切，也包含了应该如何正确地实践的理性判断，因此是"融合了理论理性与实践理性的实践"[③]。Antony Flew 在《哲学词典》(*Dictionary of philosophy*)中讨论了三种类型的知识：事实知识(knowledge that)、实践知识(knowledge how)、人或地点的知识(knowledge of)。Peter Jarvis 进一步分析了实践知识，认为实践知识不是价值中立的知识，而是反应了我们的信仰与价值；是个体对实践的学习，是在实践环境中学习到的与合法化的，它是学来得，不是教会的；是许多类型知识的结合，包括内容知识(content knowledge)、过程知识与技巧(process knowledge and skill)、信仰与价值(beliefs and values)、缄默知识(tacit knowledge)；是整合的，而不是如同科学或社会科学分成一个一个的学术性学科；是主观的，而不是价值无涉的(value-free)，不仅仅是运用一

---

① 罗尧成.研究生教育课程体系研究[M].广州：广东高等教育出版社,2010：173.
② 康德.实践理性批判[M].邓晓芒,译.北京：人民出版社,2004：21-22.
③ 吕寿伟.论教育博士的实践逻辑[J].高等教育研究,2014,35(4)：29-34,65.

些"纯粹的"学术原则到实践环境中①。Peter Jarvis 对于实践知识的研究表明：实践知识不仅是实践的，也是理论的；它是动态的、整合的、主观的；它是学会的，不是教会的；它与一般学术学科不相同。这也表明，与其他类型的知识相比，实践知识要进入教学内容并有效地传承，需要与之相适宜的方法手段来配套，其对教学过程与教学组织的特殊性要求要高于事实知识等其他类型知识的要求。实践知识并非理论知识的"派生物"，并非理论知识的简单应用经验的总结，而是一类不同于理论知识的"本体知识"。实践知识表现出更明显的内隐性、情境性、交叉性、复合性特征，因而更加难以形式化、体系化，要掌握这种复杂知识就需要与形成它的情境脉络建立意义关联，就应强调学习活动的"双重情境化"，即有效的实践性知识学习活动要建立在个体的主体情境、个体已有的知识经验交互作用之上。实践知识的形成途径主要不是理论推演、实验验证，而是体验、体会、积累基础上的提炼与升华。对于在读的大学生来说，即便是在研究生阶段，其知识接触与建构的一个显著特点仍然是陈述性知识先于功能性知识，因此对于学术型硕士研究生而言，其知识建构的模式与自己的习惯是一脉相承的，而对于应用型硕士研究生而言，这个方面必须予以转换，要尽可能达成陈述性知识与功能性知识的同时建构，因为同时建构最有助于其对知识和知识运用情境的深层理解，避免出现一种割裂感。而且，通过问题学习等学习情境的设计，研究生也可能在两种知识的同时建构中激发出更浓厚的学习动机并创造新的知识。

3. 拓展实践知识的渗入渠道

以 MBA 研究生为例，教学内容的实践性可以通过以下渠道来渗入："第一个渠道是有相关工作经验者的真实经验，通过经验共享，这一经验可以被授课教师和全体 MBA 研究生获得；第二个渠道是 MBA 研究生在校期间完成的科研、咨询项目；第三个渠道是通过案例研究获得的经验，这一经验是模拟真实经验的经验；第四个渠道则是通过角色扮演等获得的人造经验。"②课程中要嵌入可雇佣性技能开发内容，具体而言，一是课程内容与课程学习融入工作经验，二是充实职业技能与就业技能课程。实践能力培养课程设置的方式有两种：第一种是并不单独开设相应的专门课

---

① 转引白黄启兵，毛亚庆.大众化高等教育质量保障：基于知识的解读[M].北京：北京师范大学出版社，2011：97-99.

② 姜卉，戚安邦.基于经验式学习的 MBA 伦理领导能力提升模型[J].学位与研究生教育，2008(2)：48-52.

程,而是将其培养与课程要求嵌入到相关的课程及其教学中,通过各课程及其教学的实践性来整体培养实践能力;第二种是开设单独的专门课程,有针对性地逐项进行训练和培养。两种方式各有利弊,第一种方式有助于保证整个课程体系及教学都强化实践性,但这在具体实施中常常陷入零碎、无体系化的尴尬处境,"实践性"常常被忽略;第二种方式虽实现了专门化,但同时又脱离具体的课程、培养环节与活动,可能陷入流于表面的境地,难以融入其他专业知识与能力的培养之中。如何妥善地处理好这一矛盾呢? 单列的实践性课程对某个方面能力的养成作用巨大且明显,但这种单一课程的训练又难以保证受过训练的这些技能迁移到整个职业领域中去。一个可以尝试的路径是按照实践性课程—进行反思—综合集成来架构课程,通过设置综合交叉集成性训练项目课程来促成上述环节的实施。

4. 强化课程内容的生成性

针对应用型硕士研究生培养定性而非定型的特征,其课程体系应当放弃传统的控制、线性、计划取向,避免过分预设目标和路径的做法,而是强调:①生成性,从动态而非静态来理解课程,强调"过程的复杂与变化",重视课程实施中的创生,尤其是要注重结合实践活动来强化课程对于个体探索工作情景问题和经验的表征和刺激,反过来增强课程内容的实践性;②建构性,注重课程内容与工作实践的"意义"关联,将有意义学习的视角从知识之间的意义和价值关联转向知识技能与问题解决之间的意义和价值关联,围绕"问题"而非"学科知识"来选择、设计和展现课程内容,要强化而非遮蔽接触实践和问题过程中研究生的认知活动和非认知活动过程;③发展性,与学科知识的传授和学习相比,实践性知识更加需要研究生的反思,更加需要研究生心智模式的创新。William E. Doll 提出了课程的"4R"标准,即丰富性(richness,充满了可能性)、回归性(recursion,返回到自身)、关联性(relationship,建立观点的网络)、严密性(rigor)①,新的"4R"标准体现出课程的形成和创造性发展的特征。应用型硕士研究生的课程内容应该摒弃传统的封闭式的、单一方向流动的线性模式,转换为横向的、网状式的建构模式,以获得开放、异质、多元、充满活力和动感的品质②。

---

① 小威廉·E.多尔.后现代与复杂性教育学[M].张光陆,等,译.北京:北京师范大学出版社,2016:11.

② 李金碧.硕士研究生课程设置的反思与范式重构——基于后现代主义课程理论的视角[J].教育研究,2017,38(4):49-54,116.

5. 优化课程内容的选择与整合

课程内容的选择涉及深度、广度、类型、形式等方面。深度上要求高深知识、研究性,而非简单的职业技能、训练性;广度上要求来自多元主体的异质性知识的集成,增强跨学科疆界的联系与合作;类型上要求不同类型的课程相互匹配;形式上要求放弃学科逻辑、概念演绎逻辑,而是坚持问题导向、实践推理的实践逻辑。课程内容的设计与选择要倾向于具有高迁移价值的知识,要重视基于应用情境的、跨学科的、异质的、强调社会绩效和作用的知识①。正如 William Biegun 所言,"整合课程是未来的走向和趋势,因为它能够更加深刻、更有条理地洞察人类知识的本真面貌,它意味着我们的知识已经脱离单纯的理论范围,并深深地扎根于实践之中"②。根据实际教学环境,课程内容的整合可以采用经验整合、社会整合和知识整合三种方式,或是以研究生学习经验为基础将需要学习的知识整合到其已有的经验系统中去,或是围绕着社会问题来组织、规划和实施课程以强化课程对于社会需求的回应,或是将知识回归到问题情境中去以促使知识从拘泥于纯理论范畴延伸到实践情景。训练学生掌握专业决策技能时面临两大任务:一是建立起合理的陈述性知识基础,二是将它应用于工作中。这两个任务可以以一种传统的加满油箱的模式展开,先建立陈述性知识,再运用陈述性知识。另一种模式则是按需构建学生的陈述性知识基础。应用型硕士研究生培养课程体系的评价要注意以下维度:课程体系的完整性、系统性;与核心能力培养的匹配性和支持度;与培养过程、培养平台的适宜性;与专业实践场景的吻合度。

"单纯以课程来实现知识的供给那将失去它本来的意义,同样的,单纯的观念玄思也将造成乌托邦式的狂热。怎样正确处理这二者之间的关系,决定着大学的命运。"③要有课程,但不限于课程,对于应用型硕士研究生培养来说更是如此,其培养资源、培养过程中相当一部分并不依赖于传统的课程。Joseph Renzuli 等人提出了课程紧凑(curriculum compacting)的概念④,课程紧凑是一种教学策略,通过删减学生先前学过的知识使得其课程简单化,为学生赢得更多的实质性学习时间,使其在内容方面学得更深

① 刘红.专业学位研究生课程建设:知识生产新模式的视角[J].中国高教研究,2015(3):36-40.

② Celia B. Fisher, et al. Applied Developmental Science: Graduate Training for Diverse Disciplines and Educational Settings[M]. New jersey: Ablex publishing corporation,1996: 47.

③ 雅斯贝尔斯.什么是教育[M].邹进,译.北京:生活·读书·新知三联书店,1991:144.

④ J. S. Renzulli, L. H. Smith, S. M. Reis. Curriculum Compacting: An Essential Strategy for Working with Gifted Students[J]. Gifted Education International,1983(1):97-102.

入、更广泛、更有效。基于课程紧凑的是研究生学习的加速与"加餐",加速是继续往下学习新的内容,加餐则是对内容的进一步深入和拓展,同时达成加速和加餐自然是最理想,面对两者难以全部达成的现实,对于应用型硕士研究生培养而言,在保证基本学习进度的基础上教师通过教学预评估(预先对研究生的专业知识、职业技能的测试和评估)和学生围绕个人兴趣而灵活"加餐"更加可行和有效。研究生应当结合自己的专业基础和职业经验,围绕自己感兴趣的知识模块和技能模块进行更有深度的学习,这不仅是为了更好地掌握这一知识技能,而且有助于加速个人认知框架和思维方式的升级。实际上认知框架和思维方式的升级总是与富有挑战性的工作场景、需要打破惯习的认知困境以及在这类困境中的积极思维活动密切相关,缺乏围绕某个点的深度学习就谈不上认知框架和思维方式脱胎换骨的升级,毕竟只有经过一番绞尽脑汁的思考才会有豁然开朗的收获。那么,如何达成深度学习呢? 一个有效的途径就是研究生尝试在不同的环境中应用所学的专业知识、专业技能,包括陈述性知识、程序性知识和策略性知识。当然这三类知识在不同环境中学以致用的具体机制是不同的,陈述性知识强调的是验证,程序性知识强调的是熟练,策略性知识强调的是形成,即陈述性知识是通过在不同问题情境中的比较予以验证和领会,程序性知识是通过在不同问题环境中的运用来加以熟练和内化,而策略性知识则是在不同问题情境中去积累认识问题、分析问题和解决问题的敏感性,即策略性知识唯有在不同问题情境中才能真正生成,这也是策略性知识的特殊之处。

第二节　教学方法的实践性取向

知识应当走向高阶,与此同时又必须是可降解的,对知识、文化和社会之间的联系的思考以及对知识和价值观之间联系的思考,和知识本身同样重要。学的是问题,而不是答案,学习者必须意识到,一个问题存在多种解决方案,每种解决方法都有其背景,而且我们也有可能毫无解决办法,或者这些办法比问题本身还糟糕①。因此,最重要的是问题,而不是答案,解决方案意味着僵化的框架,而问题则意味着个人思想的自主权。硕士研究生培养呈现向应用型和体验式学习发展的趋势,Lewis Mayhew 和 Patrick Ford 曾称硕士点对"新兴领域问题中的实践性"知识的关注与十九世纪六七十

年代相关专门职业的崛起相呼应①,鼓励通过实践经验(实习、实习课、工作坊、实地考察、临床实习、学徒学习和合作式教育等)来学习。

一、教的方法

1. 根据实践经验的不同采用灵活的教学方式

实践教学要基于相应的实践范式,特定的实践范式要通过切合的实践教学来予以传承和创新。选择具体的实践教学模式之前,需要深入思考:"不同形式的实践教学活动是以什么样的实践范式为前提的?不同的实践范式各自有什么特点,它们之间的主要区别是什么?实践教学的哪些问题和不足是由人们身处的时代和社会所信奉的实践观及其拥护的实践范式的局限所造成的?"②在当前实践范式更多地体现为主流的技术范式,即用以解决问题的理性与工具所体现出来的特征与类型,不同的理性、不同的工具隐含着不同的实践范式,要求相应采取不同的实践教学模式。

随着对培养脱离实践的批评日益增强,能够较好体现实践性,有助于实践能力培养的各种方法探索创新出来。诊断研究方案、行动研究方案、现场研究方案,就是比较典型的三个例子。诊断研究方案非常契合应用型硕士研究生培养,比如:从实践问题出发,解决实践问题;知识技能训练面宽,反复训练关键技术。行动研究方案是一个以项目研究代替传统学位论文的方案,强调研究生或者研究生小组完成自主选择有显著意义的实际问题、自主设计问题解决方案、将方案付诸实施、改进完善方案等一系列实际行动,与此同时要对自己的行动和选择进行合理性分析和效果评估,并将两者整合起来形成学位论文的主要素材。现场研究方案,即以现场为基础的研究(a field-based study),强调在学习理论与方法的基础上,研究生根据其面临的实际问题提出自己的论文研究课题,与指导教师一起围绕选题共同设计课程学习计划,研究生定期提交学习工作进度报告,其项目总结报告可以作为学位论文的主件,而且论文的评价标准也是工作完成情况。三种方案各有特色,但其共同点是:强调培养过程联系实践,注重从实际问题出发,解决实践问题;强调理论知识学习与实际工作能力培养的结合,引导研究生尝试自主设计问题解决方案,阐述方案设计的理论依据;强调结果导向,注重实际问题的解决,在这个过程中培养研究生的实践能力,注

---

① 转引自克利夫顿·康拉德,珍妮弗·格兰特,霍沃思,苏珊.博雅德·米勒.美国如何培养硕士研究生[M].袁本涛,刘帆,等,译.北京:北京大学出版社,2016:24.

② 李伟.实践范式转换与实践教学改革[M].北京:教育科学出版社,2010:9(前言).

重研究生对整个问题解决流程的体验；强调异质性知识、经验的交换与结合，注重企业导师与校内导师之间、研究生小组内部成员之间的讨论协商、观点碰撞、思想交流、知识共享。

应用型人才更注重知识的应用，更需要在诸如解决问题的过程中培养自己的实践能力，而传统教学方式是难以见效的。案例教学将社会实践中一个个活生生的现实问题及其解决方式经过一些技术化处理后形成案例引入课堂，不仅可以提高基础理论知识学习的效率，而且有助于营造一种模拟的实践场景，培养研究生的理论知识应用能力和解决实践问题的意识[①]。生成性案例教学针对的是一个确定的问题事实，但它又不是预先安排的，而是在师生互动过程中共同发现的，相应地体现出发现性、开放性、实践性特征[②]。生成性案例教学不是教学生寻找答案，而是"做答案"，是"做题"，只不过不再是纸面上的试卷题目，而是现实中的真实问题，尤其是本人直接感受到的真实问题。答案要通过"做"才有，更极端地说，只要"做"了也就有了答案，或者说真正地实际地去"做"本身就是最好的答案。实际上，理论与实践的关系是多元的：从时间先后上来说，有理论超前于实践或者理论不超前实践；从关系紧密上来说，有理论与实践相关联或者理论与实践不关联；从作用方向上来说，有理论指导实践或者理论只是辅助实践；等等。学生对知识的接受不是一种整体性接受和一次性接受，而是一种渐次地、累积地、反复地接受和消化过程。学生对知识的接受过程不是囫囵吞枣的过程，而是弥散式吸收的过程，外在知识必须纳入认知结构才能内化和有意义。生成性案例教学要求将传统的系统知识打碎后根据工作场景进行重新组合，这个组合过程既是还原为知识的生成过程，也是验证知识有效性的过程。这意味着如果要形成系统知识，就需要学生自我组织和自我提升，并且是在一定问题情境解答过程中进行自我组织，将外在知识转化为自我的知识[③]。因此，要有一定的基本的专业概念、理论和方法，建构其一定的认知框架，然后在具体的真实的问题情境中予以解构，然后按照实践性维度自我重组和重构。这个过程必然是学生自己的心智过程、情感体验过程，达成重构的条件有三点：一是建构的基础

①　张乐平，王应密，陈小平.全日制工程硕士研究生培养状况的调查与分析——以 Z 大学为例[J].学位与研究生教育，2012(3)：11-17.

②　王洪才，莫玉婉.应用型研究生培养模式探索——关于研究生教学改革的行动研究叙事[M].厦门：厦门大学出版社，2017：31-32.

③　王洪才，莫玉婉.应用型研究生培养模式探索——关于研究生教学改革的行动研究叙事[M].厦门：厦门大学出版社，2017：33-34.

怎么样,坚实的学科理论基础是必要的和必需的;二是解构的方式正确与否,与问题情境匹配与否,解构是否彻底;三是重构的导向合适与否,重构时选择的新的核心概念或阈值概念恰当与否,想象力和开放性如何。

2. 将实践教学贯穿整个培养过程

应用型硕士研究生培养要将科学研究与实践应用相结合,"强调实践而非理论,强调技能而非实验,强调训练而非学术"①。加强学校与工业之间的联系,开设实习等大量实践课程,不断拓展实践教学场所。部分实践教学可以在大学校园内进行,这就需要建立一批实践教学平台,既包括共用的,也包括专用的。实践教学的主体要在与高校有合作关系的政府、工业、企业和非营利组织等组织的相关机构进行。同时,还可以经常在户外组织一些小组讨论等活动课程。

实践教学可以采用课程组模式和教学团队模式,由于应用型研究生对于综合素质和综合技能的要求比较高,因此,除了本学科,还要有计划地从其他学科聘请专家开展实践教学。另外,可以邀请一些来自工业、企业的嘉宾举办讲座和出席研讨会和实践教学,通过与实务部门专家的交流更多地了解本专业的技术发展现状与未来趋势。

实践训练可以分为三个层次(如表 7-1 所示):浅层次的实践是学中做、学中思;中层次的实践是做中学、做中思;高层次的实践是思中学、思中做②。与之相对的实践教学模式依次是认知式(体验式)实践或感知/体察型实践模式、应用型实践或适应/经验型和分析/研究型实践模式、创造性实践或分析/研究型实践模式,体现出从知识到能力再到智慧的提升。建构主义理论强调知识是由学生自己主动建构而成,是以原有的知识和经验为基础,在主客体的相互作用中,借助意义建构的方式来完成对知识的"接受"。实践教学的最大特点就是以学生的主动参与为出发点,强调学生对知识的主动探索,通过主动去发现问题、分析问题、解决问题和反思问题,从而在实践中不断总结经验,实现对所学知识、技能的意义建构③。学术型硕士更强调单一的学理性逻辑的建构,应用型硕士则强调学理性、实

---

① 克利夫顿·康拉德,珍妮弗·格兰特·霍沃思,苏珊·博雅德·米勒.美国如何培养硕士研究生[M].袁本涛,刘帆,等,译.北京:北京大学出版社,2016:17.

② 吴小林,齐昌政,文永红,等.全日制工程硕士研究生实践能力培养之省思[J].学位与研究生教育,2016(2):12-17.

③ 王干,刁国旺,薛怀国,等.建构主义理论视角下全日制工程硕士生实践教学体系的构建——以扬州大学为例[J].学位与研究生教育,2016(2):17-22.

践性、职业性三种逻辑的共同建构。

表 7-1 学生实践训练的层次划分

层 次 划 分	主 要 特 点	实 践 组 织
高层次 思中学,思中做	更高层次的创造性学习和实践,学生能够提出新观点、新理论、新认识,并能进行深入的阐释,能在实践中自行设计实验验证	自行设计实验、产品、程序等创造性实践
中层次 做中学,做中思	基于一定的问题导向,从问题出发,在解决问题的过程中发现所需知识,提高思辨、思维能力,进而获取知识、掌握知识	面向生产实际的工程应用实践、工程设计大赛等
浅层次 学中做,学中思	根据所学知识,进行操作实践,主要目的在于检验理论的正确性,通过做来加深认识,引发思考,从而促进对知识的掌握	课程学习、实验,专业认知实践,专业单项实践,专业综合实践

对于应用型硕士研究生培养而言,要注意对学生进入实践场景之初的引导,许多研究生对于进入实践场景是缺乏一个正确的态度的,有一种轻视实践的倾向,以至于以一种肤浅的方式来对待实习实训。可以用"表层学习方式"和"深层学习方式"两个概念来表征两种不同的学习态度和实践收获。前者表面上完成了所有的实习实训项目,但整个过程乃是以一种低层次的认知活动来进行的,最突出的表现是只在一个非常肤浅的层面上把理论课程上所学习的理论知识和间接经验与实践场景中所观察到的问题进行一种对应式、粗暴的连接,没有考虑实践场景的特殊性,更谈不上对理论知识和间接经验的重组和创新,简单地说就是虽然按部就班地完成了整个学习实训项目,但整个过程没有产生"生成性"的"增值";后者则是充满生成性的,研究生通过对实践场景的认真观察和感受,会产生一种与习以为常的理论知识和间接经验相冲突的感觉,而正是这种来自认真观察和体悟的"冲突"感觉引起研究生的深层学习,研究生被迫或者主动调动起高层次的认知活动,从是什么、为什么、怎么做等多个维度对已有的认知"图式"进行反思与重构,将理论知识和间接经验与实践场景之间的关联具体化、特殊化,而这个过程也就是策略性知识的形成过程。对于应用型硕士研究生培养而言,最要突破的就是如何避免研究生在理论知识与实践经验之间的割裂,对于缺乏职业经验的应届本科毕业生来说尤其如此,但现实中这种现象恰恰非常普遍。可以通过以下五方面措施予以避免:一是要让学生认识到学习素材的真正意义,不知道学习意义的学习过程就不可能是有意义的学习。当他们意识到"需要知道"并且愿意如此去做的时

候,他们才会自觉地关注和思考那些潜在的含义、主要的观点、主题、原理以及成功的实践应用。二是要改变传统的知识内容与知识体系的架构方式和引入教学的方式,改变从概念、原则、规律、理论引入的方式,要坚持以问题来引入,最好是以实践场景中真实的实际问题来引入。三是要结合问题引入来形成一定的紧张感,对于缺乏职业经验的研究生而言,要想加快弥补这一短板,不是一个容易的过程,实际上容易的过程也根本无助于研究生真正有效的学习。是否形成紧张感取决于研究生对于实践场景的深度感受和对已有相关基础知识的深入反思,熟视无睹和无知者无畏可能阻碍必要且适度的紧张感的产生。四是要基于这种问题引入引发的紧张、焦虑和冲突,引导研究生反思理论课程学习的理论知识、基于间接经验的专业技能,对知识的普适性进行严肃的审视,进而引导研究生体悟实践智慧,体悟职业实践的场域性对自己认知图式的更高要求。从这个角度上讲,紧张和焦虑最好不指向外在动机、社会动机甚至成就动机,最好指向内在动机,成就动机的焦点是关注如何尽可能获得高分,而我们所关注的则是如何有效地学习,因而内在动机才是理想模式,强调的是过程而非目的,是促进深层学习并带来最佳学习状态的激励机制,由此而激发和聚集的"自我效能"(self-efficacy)将会导致更多正向预期及更大的正向反馈。五是研究生、学术指导教师和实践指导教师结合实践场景和理论学习就一些对于研究生而言暂时是"互不关联"的问题和信息进行讨论,基于此促进研究生认知图式的升级。六是要学会运用专业概念、最新理论来描述、解释实践场景所遇到的问题,在问题与概念、理论之间建立关联,提出假设,解决当前的现实问题,结合对概念和理论的反思,进一步增强解决新问题的能力。

3. 营造良好的实践教学氛围

M. Gibbons 等学者提出的新的知识生产模式强调了知识的应用情境性,研究问题的选择、研究的宗旨、研究成果的传播都受到应用情境的制约,这意味着人才培养的场域性。通过创设丰富的情境体验,可以培养和强化研究生的专业实践能力。有两种情形:具有职业经验的人要先经历"化熟为生",从理论看实践问题,从不同个人惯习的角度看实践问题,用其他理论从不同角度分析这一问题,从而破除职业经验的陋习,进入"学"的佳境;而无职业经验的则应"化生为熟",要破除"学"的虚、泛,而开始真正地、具体地基于特定情境(场域性地)分析和解决某一真实的具体的实践问题。一种是更快捷地进入"田野",要"身临其境";另一种是更好地回归"田野",要"登堂入室"。应用型硕士研究生培养的场域性要考虑三个维度:一是知识主体即拥有研发技能的专业机构或人员,新的知识主体的涌现使知识主体不再局限于高等学校，而且不同的知识主体有着不同的知识观、知识管理模式，培养过程要体现这一点；二是新的知识，除了传统的学科知识，与实践情境紧密结合的新知识日益受到重视，这种重视不仅指企业等机构重视内部创新，而且指这种新知识在应用型高层次人才培养中的地位与作用日益重要；三是新的知识生产情境，工作场所与实践领域等应用情境是知识生产的重要情境，也是应用型硕士研究生培养的情境。

其一，营造有助于理论知识与实践知识相互转换的场域。竹内弘高和野中郁次郎提出知识转换的四种模式：①从暗默知识到暗默知识，称为共同化；②从暗默知识到形式知识，称为表出化；③从形式知识到形式知识，称为联结化；④从形式知识到暗默知识，称为内在化[①]。而上述四个过程又依赖于创建互动的"场"，即促进成员间分享彼此经历和心智模式的场所。借鉴这一观点，应用型硕士研究生要采用灵活多样的实践教学形式：一是经常组织学生轮流做研究进展报告，开展自由讨论；二是鼓励开展小组讨论，小组共同完成研究报告，既锻炼学生的思维能力和动手实践能力，也为学生将来在工作岗位上妥善处理人际关系打下良好基础；三是组织各种形式的研讨班，从工业界邀请一些嘉宾就当今科技领域相关热点问题进行演讲；四是提供大量的选修课程，使学生接触到范围广泛的科学知识和世界尖端的新兴科学技术；五是教学过程中突出学生的主体地位，充分发挥学生的自我能动性，不断挖掘学生的自身潜能，鼓励他们将所学知识运用到工作实践中去。

其二，转变教师角色。隐性知识即所谓"行动中的知识"，或者"内在于行动中的知识"，难以编码，具有高度的情境性，它可通过实践活动（如反复操练和训练）的方式获得，通过建立"师徒制"的方式在不同的个体之间实现转移，但依赖于个体的体验、直觉和洞察力，植根于行为本身[②]。教师的角色已从一般的讲师和信息传导者转变为顾问和教练。在一个没有什么约束的学习环境里，可以鼓励学生在教师的支持下进行讨论、推理和探讨问题。成功的教师就像一个能够提供帮助的优秀领导者、一个能够调解矛盾的仲裁者、一个能够指导团队及设计流程的管理者。教师要通过一系列教学安排为学生提供一个具有合适工作空间、设备及工具的学习环

①　竹内弘高，野中郁次郎.知识创造的螺旋：知识管理理论与案例研究[M].李萌，译.北京：知识产权出版社，2006：52-64.

②　吴小林，齐昌政，文永红，等.全日制工程硕士研究生实践能力培养之省思[J].学位与研究生教育，2016(2)：12-17.

境,并有意识地将其与科研所需要的传统实验室区分开来,而与创造性的工程开发紧密联系起来,借此为主动学习和实践动手学习提供充分的支持和良好的条件①。

其三,保持一个好的心态。实践教学要养成五种良好心态,即反思(Reflection)、分析(Analysis)、练达(Worldly)、合作(Collaboration)、行动(Action)②。具体而言,反思心态是指在实践教学过程中,研究生对自己的实践行动的反思与调控,其出发点是从经验中汲取成长元素;分析心态是指研究生对工作场景、工作方式的熟悉,这是实现个体专业知识技能与工作场域匹配的基础;练达心态是指研究生对多元价值观、移情式理解的认同,以及对复杂环境的洞察,超脱细枝末节而对大局大势的把握;合作心态是指研究生群体、组织观念的形成,群体规范、组织文化的认同,小组成员的相互合作;行为心态是指研究生乐于实践,有一种纸上得来终觉浅、绝知此事要躬行的强烈感受,积极行动,在行动中改变和完善。

二、学的方法

对学习方式的理解有两种不同的取向:一种取向是将其等同于常态化的学习风格(learning styles),即无论开展哪种学习任务和课堂教学都保持不变;另一种取向是认为学习方式完全取决于所处的环境,似乎进入某种学习情境的学生可以采用完全不带着自己偏好的学习方式。学生确实对这样或那样的学习方式存在着某种偏好,但这些偏好能否付诸实践,更准确地说能否有效地付诸实践、促进学习活动取决于教学环境。"因材施教",过去一直强调的是教师要根据学生的特殊性来有区别地施加影响,随着教育对象身心成熟程度的提高以及教育层次的提升,"因材施教"应当转换为"因材适教",即应当更加强调学习者自己如何根据教学环境,包括学习内容、学习情境、教师的教学方式等因素,优化自己的学习方式。

1. 学习方式的分类

(1)实践性学习的风格特征

J.Henmanussen 等人认为,可以从下列五个维度来区分实践性学习风格,即沉浸(immersion)、反思(reflection)、概念(conceptualization)、实验(experimentation)和管理(regulation),并在调查研究的基础上析纳出三种

---

① Edward F. Crawley,Johan Malmqvist,et al. 重新认识工程教育——国际 CDIO 培养模式与方法[M].顾佩华,沈民奋,陆小华,译.北京:高等教育出版社,2009:107-109.
② 宋远方,孙莹璐,成栋.基于反思性实践的专业学位研究生教育探索——以中国人民大学 EMBA 培养为例[J].学位与研究生教育,2017(7):48-53.

不同的实践性学习风格①。

第一种风格的特征：在埋头"做"的过程中进行偶然学习。属于这种学习风格的学生通常不会非常有目的地学习。在工作实践中，这种学生主要忙于做，完全沉浸在工作中，在感觉和知觉的基础上完成任务，很少把这些任务与已学过或即将要学习的理论联系起来，因为他们不进行概括，也不进行反思，经验并没有与理论整合起来。

第二种风格的特征：在外部管理的基础上进行学习。属于这种学习风格的学生的学习活动在外部管理下处于实践状态，进行反思并把实践活动与学校的理论联系起来，但实践与理论的结合处于中等水平。

第三种风格的特征：在理论与反思的基础上进行自我管理的学习。属于这种学习风格的学生能把实践工作经验融入到理论框架中，同时运用他们在学校习得的理论以及自己形成的观念指导实践。他们进行大量的反思，喜欢通过尝试来获得结果，利用这种富有思想的实验方法来不断地优化认知结构。

（2）浅层学习与深层学习

应用型硕士研究生培养面临一个突出问题，即研究生学习方式的"表层化"。如果学生在学习活动中的认知水平低于预期学习成效的要求，会导致表层学习方式；如果他们能娴熟地开展高认知水平的学习活动以获取预期学习成效，就形成深层学习方式②。诱发浅层学习的因素包括：学习内容、问题情境本身的低阶性问题，问题太简单自然就不可能引发高阶认知活动；学生学习态度与投入不足问题，没有激发出高阶思维活动；学生学习方式问题，认知活动与学习内容、问题情境不匹配，难以进入能力最近发展区，也就难以引发高认知水平的学习活动。深层学习方式则源于人们希望自己恰当并有意义地从事某一任务的心理需求。当学生意识到他们"需要知道"的时候，他们会自觉地关注那些潜在的含义、主要的观点、主题、原理以及成功的实践应用。这就要求学生事先具备良好的相关知识基础，唯有如此，他们在意识到自己"需要知道"的时候才能够自然而然地去学习知识要点以及细节。促进研究生采用深层学习方式的因素有：研究生有意愿以合适的有意义的方式参与学习，这种意愿多源于内在的好奇

---

① 转引自徐国庆.实践导向职业教育课程研究：技术学范式［M］.上海：上海教育出版社，2005：268-269.

② 约翰·比格斯，凯瑟琳·唐.卓越的大学教学：建构教与学的一致性［M］.王颖，丁妍，高洁，译.上海：复旦大学出版社，2015：12.

或将事情做好的决心；拥有相关背景知识和构架合理的知识基础；从基本原理出发并聚焦于高层次概念的能力；真正对概念学习情有独钟，而不是关注互不关联的知识细节①。

2. 学习模式及其运用

（1）"思索—配对—分享"式主动学习

主动学习可以是一种个人活动或是一种团队活动，主动的学习实践可能包含具体经验（如同在模拟情境中）或反思（如同心智地图的构建）。Barkley 等人提出的"思索—配对—分享"教学法的基本程序是，教师向全班提出一个有挑战性的问题，在公布答案之前，教师会给学生们一点时间独立思考问题，学生们记下他们的个人观点，随后通过与其他学生的随机讨论，分享各自的想法和答案。与学生在课堂上回答教师的问题的传统情景形成强烈对比的是，这种"思索—配对—分享"实践的配对阶段允许所有学生自由讨论他们的想法。这种实践的最终步骤是与全班分享个人答案，其中"思索—配对"的环节有助于实现最后的共享，提高共享的品质与深度，因为学生在与全班同学分享观点之前，有机会在小团体中测试和验证他们的观点。"思索—配对—分享"这种学习方式响应了建构主义对自我发现的呼唤，也能够通过提供一些新鲜的课堂设计来激发学习动机，促进现有知识的联结，允许学生在小团体内有把握地交流观点，并且从同学和教师那里获得正面的反馈，进而修正完善自己的观点。

（2）反思性实践学习

现在有些大学毕业生特别是应用型学科的毕业生，理论知识似乎是长进了，但普遍表现出缺乏相应的专业技能，比如进行社会调查的专业技能，进行信息数据统计分析的专业技能。"实践性学习则主张工作与学习的融合，强调在工作中学习工作本身的知识。这种差异必然导致另一个差异：是按照工作的要求进行实践性学习，还是超脱工作的要求，进行广泛意义上的实践性学习？"②为此，要有计划地组织和引导学生在实际工作领域和学科体系之间的"结点上"，从事"实际操作的学习"，把本学科基本理论和专门知识与现实世界中的实际问题联系起来，不断提出和检验自己所提出的假设，以发展实践能力和独立解决问题的能力；要通过创建创新基地等形式，缩小当前学习情景与未来工作情景之间的差距，使工作情景学习情

---

① 约翰·比格斯,凯瑟琳·唐.卓越的大学教学：建构教与学的一致性[M].王颖,丁妍,高洁,译.上海：复旦大学出版社,2015：19-20.

② 徐国庆.实践导向职业教育课程研究：技术学范式[M].上海：上海教育出版社,2005：245.

景化,学习情景工作情景化①;建立基于自我反思的职业发展支持系统,启发研究生对个人潜能与工作匹配性的思考,加强研究生对未来职业所需职业技能的理解,促进研究生形成广泛意义的职业认同②。Schon 认为,实践工作者只有建立"行中求知"(Knowing in action)和"行中反思"(Reflecting in action)的机制,才能在行动中将经验和认识转化为内隐知识,提高实践工作者处理现实不确定性和复杂性的能力。在应用型硕士研究生教学过程中,研究生必须养成反思的良好习惯,要运用不同的反思类型对整个学习过程和实践过程进行多角度的反思。反思的类型如表 7-2 所示。

表 7-2　反思的类型③

反思类型	待回答问题	评价标准(举例)
1. 叙述性反思 (回到事件中去,描述发生了什么)	发生了什么? 发生在什么时候、什么地方? 有哪些人参与? 他们做/说了什么? 哪些背景信息是主要的?	有目的地进行观察,有效地沟通; 识别重要背景
2. 情感型反思	你感觉怎样? 为什么有这样的感觉? 这种情感是由什么引起的? 你怎么处理情感?	领会情感对经历的影响
3. 洞察性反思 (考虑其中的感知和反应)	你作出了怎样的反应? 你在想些什么? 为什么这样想? 别人是如何作出回应的? 你能够识别不同的观点、需求和偏好吗?	展现自我意识; 领会偏好和偏见对情形的影响; 识别不同观点、需求和贡献,并作出回应; 理解经历的解释性本质
4. 分析性反思 (分析思考情形)	包含哪几个步骤、过程或角色? 你和其他人运用或开发了哪些技巧和知识? 该经历有没有让你联想起过去所读、所看、所听或所学? 如何让你联想起的? 该经历是否与你在其他领域的实践或日常经历相关?	明确并说明一个过程; 将观点、知识和经历关联或整合起来; 调查、运用并深度发展理论和实践

① 廖湘阳.全日制硕士专业学位研究生专业能力与职业技能协同培养研究[J].研究生教育研究,2013(5):74-79.

② 吴凡,刘少雪.为多元化职业做准备:英国博士生训练中心的探索[J].学位与研究生教育,2017(10):66-71.

③ 海迪·M.内克,帕特里夏·G.格林,坎迪达·G.布拉什.如何教创业:基于实践的百森教学法[M].薛红志,李华晶,张慧玉,等,译.北京:机械工业出版社,2017:77.

续表

反思类型	待回答问题	评价标准(举例)
5. 评估性反思 (对经历进行评估)	什么看起来进展不错,什么看起来很糟糕? 你使用哪种标准? 又会考虑哪些依据? 结果(意料之中或意料之外的)是什么? 该经历是积极的还是消极的,有用的还是有帮助的?	制定和运用标准; 收集并评估依据; 用标准来评估证据
6. 批判性反思 (考虑给未来带来的影响)	你为什么要做你所做的事? 你本来还可以做什么? 你未来还可以进行哪些不同的准备? 经历有没有让你更多地了解你自己、你的实践、你的价值观? 你现在有哪些问题或新知识? 因此,你还需要考虑或做些什么?	明确和调查实践的基础; 展示如何学习; 监督进度; 为主动试验制订计划

（3）情境学习

"知识的进步主要地与其说是由于特殊知识的精确化、形式化和抽象化,不如说是由于愈益能够把这些知识整合到它们的背景中和它们的总体中。"①情境学习要坚持四点:一是在知识实际应用的真实情境中呈现知识,把学与用结合起来,让学习者像专家、"师傅"那样进行思考和实践。只有把教学内容置于具体情境、语境中,研究生掌握的知识能力才真正具有应用性。二是要求学习者将学习到的知识、技能应用到情境中进行学习,只有经由社会情境化实践学习才能实现个体认知结构的优化。三是保持一种"抽象"状态。教学内容与具体情境的关联保证其具有可掌握性和稳定性,但这种关联又是有时效性限制的,一旦过于陈旧(所适用的情境已经变化)或僵化(刻板固守这种现成的机械的关联),这种关联反而成为一种障碍。为此,需要反思怎样合理地切入问题,怎样利用资源和数据,之前学会的知识怎样运用,所设计的解决方案应对偶发事件时其有效性如何②。四是要深化情境学习结构,其结构应当有利于研究生将所学习的专业知识技能和职业技能与未来可能的工作场景进行有意义的关联,有利于

---

① 埃德加·莫兰.复杂性理论与教育问题[M].陈一壮,译.北京:北京大学出版社,2004:112.

② 约翰·比格斯,凯瑟琳·唐.卓越的大学教学:建构教与学的一致性[M].王颖,丁妍,高洁,译.上海:复旦大学出版社,2015:176.

研究生基于当前的学习反思和重构自己的认知结构,有利于研究生保持一种开放的心态和更加成熟的专业实践心态,毕业后进入实际工作场景时表现出较强的胜任力。这可以从下面三个方面来训练:①实际问题的专业术语表达;②专业概念的实际情境充实和表征;③不同的表述如何共存和达成共识。

　　情境学习的效果受两个变量的影响。一是创设问题的类型与质量。一个好问题具有以下特征:涉及不同学科并整合到解决问题的过程中;提供不同选择引发讨论;激活并吸纳已有知识;对学生有新知识的要求;激发学生详细阐述;要求学生自主学习;还要符合课程的预期学习成效。这样的问题是开放式的、没有明确界定的,即没有给学生提供足够的信息。问题建构的程度各不相同,有些问题结构非常紧凑,提供了解决问题所需的全面信息;有些问题仅提供部分信息,其余信息得由学生自己获取。开放式的或"界定不清"的问题不提供任何信息,完全得靠学生通过研究发现所需的资料及处理的办法。二是研究生处理问题信息的方式。对于同一个问题,具有不同知识背景和职业经历的人对于问题及其相关信息的处理方式是不同的,可以归结出三种典型方式,即基于经验的数据驱动、基于观察和直觉的经验驱动、基于理论的假设驱动。应用型硕士研究生在情境学习中要尽可能综合运用这几种驱动方式,要发挥专业理论知识基础优势,借鉴相关理论框架提出解决问题的假设,同时,积极收集、分析和吸纳其他人员的经验和直觉,提出一个解决问题的策略与行动框架。应用型硕士研究生将来的就业岗位就是产生这些问题的场所,因此,要避免以所谓的新理论遮蔽具体问题的特殊性,以及以所谓理论框架虚假地同化专业实践场景、经验和直觉的习惯和做法,要将自己的思维方式和认知结构转向以实践为中心。

　　问题有广义与狭义之分,两类问题的解决所要求的知识深度、分析方式、准则适用各不相同,就广义的问题而言,如果不应用先进技术和理论知识则无法解决,需要运用行之有效的分析技术,只能部分运用解决问题的既有程序和准则;就狭义的问题而言,如果不具备由理论知识所支撑的大量实践知识则无法解决,倾向运用标准化的解决方法,是在既有实践标准及准则范畴之内解决问题。应用型硕士研究生培养问题情境创设要兼顾两类问题的特定情境,可以是先从狭义问题情境出发,再通过广义问题情境训练来升华经验,而后再进入狭义问题情境训练成为胜任专业实践的熟手。

　　应用型硕士研究生的实践教学不同于学徒式教学法,不是推动纯粹的实践模式来确保受教育者在某个专业职位上具备胜任力,不是一种狭隘的从实践中学习(要求特殊的知识来从事实践),而是鼓励实践可付诸实施的理论。"学习可以通过特定类型的教学活动来提升,这需要实践者以某种方式来展现其隐性学习。这种要求创造了一种具有显著教学质量的嵌入式实践,因为它产生了各种各样的知识,结构化地将隐性知识显性化,并且产生了对实践更丰富的理解,这些知识都是来自实践且通过实践实现的,但不代表实践本身。"除了从实践中学习,还要为学习实践(learning about practice)留有余地,二者都有助于产生精湛的表现①。

比如,日本设立的教职大学院(Professional School of Education,专门培养和培训中小学骨干教师和领导的专业学位研究生院)要求,任课教师中的"实务家教员"必须占 40% 以上。所谓"实务家教员",就是指有多年中小学教学或教育行政工作经验,并且在某一专业领域具有很高的研究和教学指导能力的教职大学院的专任教师②。日本法科大学院(以为日本培养法官、检察官和律师为直接目的)也要求其教员有一部分是从现职的法律职业人员中选任的法律实务教员,专职教员中具有实务经验的教员数量不低于 20%,专职法律实务教员中必须有 1/3 为全职教员,并且法律实务教员必须有 5 年以上司法实务经验。法律实务教员每年授课量不低于 6 个学分,而且必须在法科大学院实务基础教育的教材编写方面承担起责任③。

教学相长,教学的"教"和学生的"学"相辅相成,对于应用型硕士研究生来说,更是如此。其一,一定要关注学生的"学"。我们现在关注的是如何改进教师的"教",但是如果不能真正地洞察学生的"学"的实际状况、深层原因,又怎么能够改进"教"呢?医生的水平来自与病患的接触,如果医生只是内省,是成不了名医乃至真正的医生的,教师也是如此。唯有真正真心真实地关注学生的"学",基于学生的"学"来改进教师的"教",才可能真正改进教师的"教",进而助推学生"学"的改进。其二,要思考"学"点什么而不是"教"点什么,"学"而非"教"才真正反映社会需求。有的教师会倾向于以自己已有的知识为根据,去找一些论据使他的信息得以传递,他寻找的是一些巩固自身思维系统的信息,他确信只要是对他来说"行得通

---

①　海迪·M.内克,帕特里夏·G.格林,坎迪达·G.布拉什.如何教创业:基于实践的百森教学法[M].薛红志,李华晶,张慧玉,等,译.北京:机械工业出版社,2017:11.

②　牛志奎.日本新型教师教育研究生院给我们的启示[J].学位与研究生教育,2008(12):68-72.

③　陶建国.日本法科大学院教育制度及其问题[J].学位与研究生教育,2009(9):69-73.

的",对学生也会"行得通"①。"我觉得好,学生也会觉得好";"我做得好,学生就学得好"。教育教学要有意义、能改变思想,就必须和学生相联系,而不只是和教师相联系。其三,"教"与"告诉"不能混为一谈。"告诉"的最佳结果只是信息的增加,伴随的活动只是明了、记忆等活动,其思想和思维并没有从根本上发生改变。目前存在一个问题,那就是过于追求对教学计划和教案的有序呈现,虽然提高了教学效率,但却忽视了教学过程也是学生的思维锤炼过程的价值和作用。

三、学术导师和实践导师的双重指导

因为学习与未来工作的性质和内容之不同,为了更好地培养适应企业需要的优秀人才,应用型硕士研究生培养倡导双导师制,两位导师分别来自学校与企业等校外组织,在整个培养过程中共同指导学生。双导师制度有效弥补了学校和企业各自的不足,导师团队既有学术知识,也有实际工作经验,他们共同确定研究题目和培养方案的实施计划。因此,研究生配备一个具有实践背景的导师或顾问,为其开展导向实践的研究提供支持和指导,作为学术研究指导教师的补充,这一做法得到了广泛的认同②。

学术指导教师最基本的职责是保证学生的学术发展方向,确保研究生的培养达到应有的学术水平。联合培养单位指定的企业实践导师其基本职责有两方面:一方面为学生从事的研究项目、实习实践提供技术和管理支持;另一方面保证其所在机构的目标也能实现,能够在合作中实现双赢,而不至于仅仅是学生的试验场地。双方导师共同参与研究生培养计划的制订、指导课程的选择、实习训练项目的设计、论文的研究与写作等,定期召开评议会,检查、监督学习进度、发展状况等,以保证培养计划的顺利进行③。学术指导教师掌握精深、渊博的科学知识和研究成果,企业指导教师掌握丰富的实践工作经验,两者联合,优势互补,有利于提高研究生在工程实践中将科研成果转化为现实生产力的能力,以及研究生的实践能力和适宜被雇佣能力。

校内指导教师与校外指导教师双重指导的落脚点就在专业实践能力的发展上。概括起来有以下几点:其一,围绕实践来展开培养过程;其二,

---

① 安德烈·焦尔当.学习的本质[M].杭零,译.上海:华东师范大学出版社,2015:17.

② Nancy-Jane Lee. Professional doctorate supervision:Exploring student and supervisor experiences[J]. Nurse Education Today,2009,29(6):641-648.

③ 钟尚科,杜朝辉,邵松林,等.英国工程博士专业学位研究生教育的研究[J].学位与研究生教育,2006(7):69-73.

凭借实践来消解双方冲突;其三,立足实践来行使指导责任。当然,双方首先要对专业实践本身有一个正确的认识,既不能将专业实践肤浅化,也不能将专业实践虚无化。灵活的、优质的、丰富的专业实践,不仅对于应用型研究生的综合能力发展很重要,而且对于学术导师和实践导师各自的职业发展也很重要。

第三节　跨学科培养与模块化教学

在不同类型研究生培养过程中知识的指向与定位各不相同,传统学科学术型硕士定位于知识本身,应用学科学术型硕士定位于知识应用,应用型硕士则定位于如何把现有知识最大限度地转化为生产力,因此要着力培养研究生找到知识与知识之间的关联并将这种关联与生产、价值等增值过程联系起来的能力。因此,应用型硕士培养过程应当是开放的,具有良好的知识平台和界面,能够为毕业生将来更好地胜任工作而最大限度地创设各种接口,其培养过程重在提供和体验更多的知识接口而不是对某一狭窄的知识领域进行深入的探究。如果说学术型研究生的核心竞争力是对某一领域知识的透彻了解和创新发现,那么,应用型研究生的核心竞争力则是对不同知识领域的知识进行有机关联的能力与意识。

一、跨学科培养

研究生教育的一个实质性革新是跨学科的和交叉学科的研究生训练和研究领域的扩宽,"整个研究生与专业教育引入新的跨学科培养计划;加强专业领域和文理科培养计划之间的联系"[①],为研究生将来在非传统学术性岗位就业做好准备。

1. 跨学科培养的必要性

研究生教育是专业教育,而每一学科都有其知识传统、思想范畴、行为准则,经过学科规训的研究生必然会形成特定的、习惯的思维方式、概念体系,或者说特定专业、职业领域的"职业的"能力。当某种职业走向精深化道路,积累了深厚的认识论基础,并形成所谓"圈内的知识"(esoteric knowledge)的时候,"一般人除非经过长期严格的专业教育与培训,否则将

---

① 大卫·沃德.令人骄傲的传统与充满挑战的未来:威斯康星大学 150 年[M].李曼丽,李越,译.北京:清华大学出版社,2007:98.

难以理解与掌握这套复杂的科学知识系统,也就根本无法胜任这一职业"[①]。但是,应用型研究生培养的学科基础与学科能力要求同学术型学位相比有着明显的差异,其培养在一定程度上应当是去学科化(准确地说是去学科专业化的),因为学科规训制度学以致学的内效机制存在着对学以致用教育理念的排斥,学科范式教育模式表现出对培养高层次应用型职业人才目标的限制,学科门槛与壁垒造成了对其社会认同度的限制[②]。当前,人才培养呈现更加开放的态势,从强调学科规范和过程控制转向强调工作实践和结果导向[③]。跨学科研究生培养体现集合多学科的资源、以复杂问题为牵引、促进知识从分裂走向融合、聚焦多角度分析问题能力的发展等特征。

应用型硕士研究生培养的学科基础体现出更加明显的多学科综合、开放式集成的特征。应用型硕士的就业岗位是非传统的学术性岗位,这意味着这种岗位一方面要求人员扮演研究型专业人员而非专业型研究人员的职业角色,另一方面要求人员拥有综合的专业知识、能力与素质,既包括专业技能,也包括软技能,能够胜任复杂任务岗位。具体而言,一是指除了本学科专业知识技能,还应掌握管理、法律、商业、伦理等领域的知识技能,并围绕胜任力有机融合。这不是说随便增加或选修一两门其他学科的课程,而是指整个课程体系、教学内容都应体现多学科综合的价值取向与行动逻辑。二是保持其学科基础的开放性,尤其是对于专业实践活动、专业实践能力的开放性。相比而言,实践知识、实践智慧、实践理论是很难按照传统学科的方式进行分门别类的,而是自然地带有跨学科、多学科综合的特征。与此同时,专业实践体现出更大的开放性,需要根据具体场景调用不同学科的知识与人才来共同解决实际问题。

2. 跨学科培养的模式

加拿大研究生教育联合会于 2014 年发布了研究报告《加拿大跨学科研究生培养项目:实践与展望》(*Interdisciplinary Graduate Programs in Canada: Practice and Potential*)[④]。报告指出,加拿大高校实施跨学科研究生培养的项目划分为 4 种类型:个人设计的项目、独立的项目、联合的项

---

①　邓光平,郑芳."专业"与专业学位设置[J].江苏高教,2005(5):44-46.

②　李晔.被学科规训限制的专业学位教育[J].学位与研究生教育,2009(11):49-53.

③　李成明,王晓阳.针对职业领域的专业学位研究生教育:内在逻辑与知识[J].学位与研究生教育,2015(2):23-27.

④　张媛."跨学科"视角下研究生培养模式探析——基于加拿大研究生教育联合会报告述评[J].研究生教育研究,2016(4):92-95.

目以及非学位型项目①。一般而言,跨学科培养主要有课程模式、项目模式、制度模式三种模式。课程模式重在知识的整合,项目模式重在能力的发展,制度模式重在培养体系的形成。这三种模式各有侧重,各有其最适宜的情境,从课程模式、项目模式到制度模式体现出跨学科教学活动的正规化、体系化、制度化的增强,与此同时也就意味着动用资源的增多。从这个角度来讲,一方面,研究生跨学科培养要在课程模式基础上,推进项目模式,进而演进到制度模式;另一方面,跨学科培养又总是要以课程、项目来实施和体现的,因此,扩大知识基础,开发实施综合训练项目仍是要抓好的核心工作。

跨学科人才培养要在共存模式的基础上向拓展模式过渡。共存模式典型地表现为以复合型、综合化研究生培养为目标,同时在多个学科方向与领域安排课程对研究生进行多学科的训练。这种模式所关注的是给学生提供多方面的训练,倾向于课程体系的扩大,但对于所提供的资源和综合化训练是否创造出新的内容并没有给予太多的关注。在这种模式下,虽然研究生接受了多学科的训练,但常常没有达到真正的高品质的综合型、复合型人才培养目标。拓展模式则十分重视多学科训练中产生的增值过程,注意力不再集中在相关学科之间的时间、资源分配上,而是打破现有学科的结构关系,集中优质资源开创新的人才培养方向,培育新的人才培养特色,形成新的人才培养体系。

应用型硕士研究生跨学科培养在实际运行中,可能存有两种形态:一种是知识的拼盘式跨学科培养;另一种是问题的串联式跨学科培养。

知识的拼盘式跨学科培养模式的基本思路是从几个学科中选择对于研究生综合素质和多项技能培养有促进、有好处的知识模块,来自不同学科的知识模块拼凑成一个课程体系。这是一种初级阶段的跨学科培养,着重体现在从不同学科的知识体系中选择所谓有用的知识模块,体现在"跨"多个学科上,而缺乏对整个课程体系和培养模式的整合和提升。缺乏整合是指由此构成的课程体系和培养体系通常并未构成一个真正的一以贯之的体系,有一种明显的拼凑的痕迹;缺乏提升是指课程体系和培养体系只是原有的各自内容的简单相加,并没有产生新的内涵,没有通过"跨"来增值。这种模式简单易行,对于指导教师来说,参与和完成跨学科教学和指导的成本并不高。

问题的串联式跨学科培养模式的基本思路是按照所选择的几个问题或者主题来重新组合课程体系或者知识模块,来自不同学科的知识模块不再附着于原有的学科知识体系,而是由问题统领起来成为一个新的知识模块体系。问题的串联式跨学科培养模式,转变了整个人才培养的基本思路,不再是从不同的教学科研资源选取有益的内容来形成跨学科培养体系,而是从跨学科培养出来的人才将来要面临的工作岗位,或者从未来社会需要跨学科解决的突出问题出发,来训练研究生的综合素质,发展研究生从多学科汲取知识、处理问题的意识和能力。这种模式是对原有知识模块、课程体系和培养体系的重组,不只是相互之间关系的调整,而是每个知识模块内部的知识的重组;不再是按照学科逻辑来选择和组合知识,而是按照问题领域、问题解决需要来选择和组合知识。

3. 实践策略

知识的性质依赖于我们怎样看待它同行为、工作和结果的关系。学术型研究生培养与应用型研究生培养从不同的角度、目的看待知识的性质与功能,同时又各自具有其最为切合的知识类型与知识领域。学术型研究生培养过程虽然也存在各种跨学科行动,但其基本逻辑是通过不断界定知识的边界来完成学科规训;应用型研究生培养则是忽略知识边界的,其追求的是知识领域与技能领域的拓展与跨界。应用型研究生跨学科培养与学术型研究生跨学科培养有着极大的差别,后者是为了更加深入地研究某一问题,拓展学科基础面,而前者则是为了更好地胜任就业。应用型研究生跨学科培养是在不同学科的不同层次同时展开,比如数学学科的学术性层次(学术性知识生产)与管理学科的实践层次(非学术性知识生产),其培养过程本身是跨学科、跨知识生产方式的。

跨学科人才培养指向问题领域而非学科体系。形成一个完备的学科体系是学科制度化的追求与途径,跨学科研究与人才培养的目的则是形成新的学科结构逻辑框架,以解决靠单一学科难以解决的复杂问题。因此,从根本上讲,其主要指向的并不是新的学科体系,而是问题领域。问题领域与学科体系有着基本的共同性,但也存在一些显著的区别,与学科体系相比,问题领域对稳定性、内部一致性、边界的要求都要低得多,因此存在更大的学科知识重组的可能性和差异化空间。跨学科培养是以所要培养和发展的能力为核心,以问题(尤其侧重实践问题)为切入点,来统整课程体系和培养过程。

跨学科培养既要考虑学科结构关系的静态构成,又要考虑其动态变迁。学科本身具有静态的知识形态与动态的实践形态两种存在方式,实践形态的学科含义表明它是一种活动着的组织系统,这种活动乃是围绕知识而进行的创造、传递、融合与应用,一个日益重要的方面就是学科会聚和交叉①。问题是,学科会聚应当以哪种形态、在哪个层面、以何种方式展开?学科会聚要以"整体论"为指导、以"问题导向"为准绳、以非传统知识生产方式为平台。首先,学科会聚是以整体论为基础的学科交叉与融合过程,属于具有战略性的高层次、高水平的学科综合化过程。因此,学科会聚过程不只是一个单纯的技术过程、操作过程,而是要以战略层面上的谋划为先导。学科会聚过程中要综合考虑外部资源和内部资源的协同集成,决策时不仅要充分考虑内部资源的整合,而且要立足于学科会聚相关外部资源的集成,协同相关学科之间利益的均衡,集结相关学科利益的偏好,实现单一学科发展与学科会聚进程的协同。要通过基于整体论的约束导向和目标导向来推进学科建设决策过程的优化。学科会聚要以整体论为指导,在认真关注社会发展的走向、体现公共选择和共同愿景特性的同时,依仗于更加多元化的选择。整体论与多元化选择的协调统一是学科会聚有效有序进行的前提。其次,学科会聚的根本特性是以问题为核心的(Problem-Centered),同时也是任务导向的(Mission-Oriented)。"学科会聚愈来愈以实践中衍生的问题为导向,瞄准的是国家科技、经济发展的战略性目标,它要求各个学科围绕一个整体研究目标开展交叉与融合,而不应自发、盲目、片面地进行"②。当前在继续关注"学科导向"(Subject-Oriented)的同时,要充分关注"问题导向"(Problem-Oriented)逻辑。最后,学科会聚与产业会聚是相互促进的,单纯从学科会聚的角度来考虑学科会聚而忽略产业会聚的话,学科会聚的发展空间是很小的。随着知识的资本化和资本的知识化,产业创新链条、人才培养链条、科技创新链条相互逼近、融合、交叉、共生,而其优化则日益依赖于大学—产业—政府之间的相互作用。学科会聚带有明显的非加和性,参与其中的各个学科之间存在着非线性的相互作用,"大学—产业—政府"三螺旋相互作用所提供的平台为学科会聚的非线性相互作用提供了更大的空间与更多的可能性③。

　　跨学科人才培养有其前提,并非两个任意学科之间的随意堆积。要实现跨学科人才培养,其课程体系和教学内容必须形成实质性联系,而这又

---

　　① 温新民.学科会聚与科研平台建设[M]//载潘云鹤,朱经武.学科会聚与创新平台:高新技术高峰论坛.杭州:浙江大学出版社,2006:65.

　　② 李晓强,张平,邹晓东.学科会聚:知识生产的新趋势[J].科技进步与对策,2007(6):112-115.

　　③ 廖湘阳.学科会聚过程中的决策模式研究[J].科技管理研究,2009(9):468-470.

必须具备先决条件,其中之一就是学科间的关系被识别出来。要注意的是,在学术型硕士研究生培养中这种关系的识别是基于学科逻辑体系的,而在应用型硕士研究生培养中更加强调基于问题情景的识别,也就是通过真实的实际问题来将不同学科的知识关联起来。在这个过程中,这种学科间知识的关联就不再只是知识层面的关联,而更多地体现出实践、应用层面的关联。对于应用型硕士研究生培养而言,跨学科培养的目的就在于发展一种能够灵活运用多学科知识解决复杂问题的能力。根据 Grant 的观点,知识整合效率取决于共同知识的程度、任务发生的频率及变动程度、组织的结构等。有两个指标可以作为跨学科教学的水平的评价指标:其一,整合范围,它指的是所整合的各类专业知识的广度;其二,整合弹性,它表征是否有效地连接本学科以外的知识并构建新的知识体系和技能体系[①]。可以建立跨学科学习社群,成员围绕一些共同问题以几个学科为媒介产生跨学科互动,这种学习社群体现出强烈的实践性倾向,即学习体验认知经验的意义(learning as cognitively engaged experience)、学习作为实践的过程(learning as doing)、学习是一种归属感(learning as belonging)、学习是成为专业社群成员的社会化过程(learning as becoming)[②]。

二、模块化教学

应用型硕士研究生培养立足于其求学者职业定位的需求,根据职业需要来确定课程模块以及课程模块之间的连接方式,构成模块式课程体系,而不追求学科知识结构的内在连贯性。模块式课程体系摈弃了那种对学术型硕士研究生和应用型硕士研究生非此即彼的割裂性认识,而考虑以整体知识观来统整应用型硕士研究生培养,强调课程体系的综合集成,强调课程深度、宽度、综合的整体平衡与协调共进。课程的设置要有利于培养研究生基于多变量和多视角综合分析问题的能力,有利于培养研究生从相关学科和专业吸收营养进行交叉研究和综合运用的能力,有利于培养研究生对相关材料及其结论加以整合形成一个综合性结论的能力。

1. 课程体系的模块化

学术型硕士研究生培养是通过纵向深度来提升能力、素质,应用型硕士研究生培养是通过横向宽度来提升能力、素质。应用型硕士研究生与学

---

① R. Grant. Prospering in dynamically competitive environments: organizational capability as knowledge integration[J]. Organization Science,1996,7(4):375-387.

② E. Wenger. Communities of practice: learning, meaning and identity [M]. Cambridge: Cambridge University Press,1998.

术型硕士研究生由于培养目标的不同,其课程体系和教学内容有其特殊要求。但是,从目前的实际来看,除了那些专门设置的课程,两者具有一定相通性或者课程名称相同的课程的教学内容几乎没有实质性的区别,而且所存在的差异更多的是内容深浅、要求难易之别,并非切合应用型硕士研究生培养特性而造成的指向性差异。相当一部分"课程是没有以知识生产的变革、学习的变革、教学活动的变革为基础而作出深刻变革的,有些教师就是想简单地重复教授这些没有作出变革的课程内容"①。

其一,科学设计课程模块。课程模块化即将拟开设的课程分成若干相对独立的模块单元,每个模块都重点对应于所要发展的某种能力,模块单元又按照一定的要求和灵活的形式组合成一个整体,以满足学习者多样化、个性化的需求。首先是确定培养目标,厘定应当达到的知识、能力、素质水准,据此构建相应的知识、能力模块,进而设计和开发相应的课程模块,实际教学中再对此进一步具体化,以此实现核心技能、职业技能、课程体系、教学内容的匹配与一体化。有研究提出了一个基于过程考察的三段式工程硕士培养模式②,不同阶段设置不同的课程模块,比如工程实践学习期主要通过开设"专业拓展模块""实践教学与实训模块""案例教学模块"等多个教学模块来培养学生的工程实践素质。

其二,课程模块的优化与集成。一是多学科课程的综合。一个大模块由若干小模块组成,每个小模块分别承载不同学科或者若干学科的内容,模块之间相对独立又横向联系,从而把不同学科专业之间并无直接关联的课程整合在一起,构成一个以胜任特定职业的能力为核心的知识体系,打破单一学科的局限,实现跨学科的综合培养。二是课程内容的前沿性,课程模块应当根据学科专业发展趋势和行业产业发展实际需要进行调整,及时引入最新科学技术成果、先进经验和最佳技能,保证课程体系的相对灵活性。三是课程的"实践化"。模块式课程体系横向上可以与行业对应的若干个知识模块并列,纵向上每个模块各有其明确的课程目标和内容,构成一个行业纵向知识贯穿的课程体系,在理论基础、技术和方法、行业现状与发展三个方面对应用研究型研究生进行全面培养③,有效提升研究生毕

① 威廉·G.蒂尔尼.质量与研究生教育:通往卓越之路[J].戈鑫,译.学位与研究生教育,2009(3):65-72.

② 聂文斐,杨吉,宁更新,等.基于三段实践式的全日制工程硕士生培养方案探索[J].学位与研究生教育,2011(3):64-67.

③ 姜兆华,姚忠平,赵力,等.化工学科应用型研究生培养模式与课程体系的探索与实践[J].学位与研究生教育,2013(9):22-26.

业后对相应工作岗位的胜任力。

其三,课程模块的整合。课程模块要对应知识和能力,应用型硕士研究生培养课程模块的设计与开发还应同时兼顾相对应的行业产业发展趋势、技术变革和岗位设计与技能变化等方面,以更加突出课程内容的针对性和应用性。第一,整合并不旨在形成研究生培养方案、课程体系、课程内容等不同层面内部以及不同层面之间达成某种统一的框架或结果,而是指向培养过程中研究生知识、能力、素质的一种综合发展,从这个角度看,整合并非前提,而是一种过程性特征,是一种理想性结果,而这一切都须以研究生自身的参与为前提。第二,整合并不是简单的关联,某个科目使用另一个科目的理论这种知识上的联系并未达到整合水准。"整合"概念相对于某些联系的概念,并不从属于前面分离的科目或课程,而是模糊了科目之间的边界,其课程内容及其教学不再是分门别类地呈现、传授、学习后再加以关联和形成一个网络结构,而是本身就是采用一种整合式编码方式进行编码,即在编码环节已完成整合,因而融入教学之中的不再是还需要进行简单、低阶关联的单元,而是整合后形成的综合式单元,显然这种单元已经模糊了不同学科之间的边界,适宜以问题或能力而不是知识单元来架构课程内容和展开教学。

2. 模块化教学的实践策略

模块化教学通过创造连贯一致的课程来阻止专业化课程的进一步分化所导致的课程数量的增加和课程内容的破碎,使各种独立的学科知识要素被整合成一个立体型的知识网络系统。

一是课程模块与专业能力的对应关系。每个模块都应当主要是针对应用型硕士研究生能力地图的某个方面来设计的,而且,整个能力地图应当有一系列专门的课程模块来实现它。由此可见,统领模块化教学的并非割裂的知识模块,而是能力地图。能力地图形象地表述了应用型硕士研究生培养的目标和规格,而课程模块则是达成能力地图目标的桥梁。当前,在高等教育人才培养中存在着一种以小型课程改变过去单一的长时段课程的现象,研究生培养更应当引入小型课程,问题是要防止仅仅从指导教师个人兴趣出发来设计小型课程的现象,无论课程时间的长短,都应当指向某种专业能力与职业技能的提升。与此同时,与学术型研究生培养相比,应用型硕士研究生培养要兼顾专业能力与职业技能,其模块化教学的模块之间的异质性程度很高,这就要求特别关注各个模块之间的衔接关系。要处理好课程模块的能力发展指向,其中核心课程指向该领域的一般能力,集中课程指向该领域特定职业岗位或职业领域的特殊能力,专题课程指向该领域的特殊问题,动态课程指向该领域的新动向。核心课程和集中课程的课程模块固然要结合新形势及时补充新内容,但其框架是基本稳定的,而且所涉及内容是庞杂的;专题课程和动态课程则是面向某个具体的新问题而展开的,旨在培养研究生发现问题尤其是敏感捕捉新问题的能力,以及面对新问题根据有限信息进行分析和提出解决方案的能力。

二是模块的设计与选择。应用型硕士研究生培养模块化教学的关键是设计好合理的、优质的教学模块。模块的设计与选择要综合考虑学科基础、科研优势、与企业的合作领域、行业发展方向、行业关键技术等因素,既保证每个模块具有坚实的学术底蕴,又保证每个模块的实践取向,特别是要保证部分模块直接与行业需求相对应。应用型硕士研究生培养的课程模块的设计要摆脱惯于从理论知识出发的陋习,要以行业需求为导向来专门设计应用型课程,要通过基础理论课程模块来系统讲授本学科基础知识和专业基础知识,以提高研究生的理论水平;通过技术或实践类课程模块的开设培养研究生的技能,提高其解决实际问题的能力;通过选修课程模块的开设提高研究生的综合素质,拓宽知识面;通过专题课程模块的开设增强研究生对专业实践的认识,了解最新动向①。课程模块的大小要适中,模块太小则难以形成完整的知识体系,模块之间的衔接更加困难;模块太大则难以达成模块化教学的灵活性,限制了研究生按照个人兴趣自由选择的空间。课程模块设计有两个相对的做法,一是围绕复杂问题或者综合能力将过去的一些分隔的课程整合成一个模块,以培养训练研究生应对复杂问题的综合能力;二是将过去某门课程细分为不同的模块,模块之间既依次递进又相对独立,研究生根据个人兴趣和职业发展需求选择某个或某几个模块重点学习,并将所选模块与其他独立课程及其模块进行关联,形成一个完整的知识体系。

三是模块的结构。应用型硕士研究生培养模块化教学首先要考虑的是分别指向专业能力和职业技能的两个模块之间的关系,要从顶层设计上处理好专业能力模块与职业技能模块之间的关系,既要避免不必要的重复,保持两个模块价值取向的差异,又要避免两者的割裂,两大模块应当构成一个整体,而且两者应当共同全覆盖能力地图。其次要处理好模块的独立性与依赖性,每个模块应当是相对独立的,具有其特定的功能作用,同时又是相互依赖的,或是相互补充,或是相互印证,或是构成一种递进关系。

---

① 姜兆华,姚忠平,赵力,等.化工学科应用型研究生培养模式与课程体系的探索与实践[J].学位与研究生教育,2013(9):22-26.

每个模块内部自成体系,同时又保持开放性,与其他模块之间可以相互嵌入或者组合,进而形成一个完整的教学体系。模块横向上是并列关系,研究生可以根据自己的兴趣来选修部分课程模块;纵向上是递进关系,围绕特定的产业及其技术需求,分别在基础理论、专门技术、职业技能等不同层面设计课程模块。研究生一旦选择某个方向,就要选修对应该方向的三个层面的课程模块,以保证整个培养的完整性和综合化。

四是模块的递进与综合。学术性学位承担着科学创新的责任,课程内容根据学科内在逻辑来设置,形成一种纵向深化为主的知识结构,通过基础知识和专业知识的纵向累积和层层深入,拓展研究生的科研思维,提升他们的研究能力。应用型硕士研究生培养课程体系及其内容采用的是交叉式深化逻辑,是学科专业知识能力与实践情境能力交叉提升的递进上升,研究生的学科专业知识通过实践而进一步深入,与此同时实践过程本身产生的实践理论与实践智慧也充实丰富专业知识,形成一种交叉共进机制。

3. 从碎片化到整合

现代信息技术的发展带来了学习便利,但也导致了学习的"碎片化"问题。课程体系及其内容的设计与开发要避免"碎片化"。这里所讲的是避免"碎片化"这种惯性与架构,并不拒绝"碎片"的存在。对于应用型硕士研究生培养而言,其培养目标、培养过程的特殊性就意味着其课程内容中的一部分以"碎片"的形式出现或存在,可以甚至鼓励开发一些"碎片"内容,以提高课程内容的前沿性、生成性,及时反映学科前沿和满足社会需求。但是,这只能是课程开发阶段尤其是初期的形态,成熟的课程必然是经过整合的课程,否则"带给学生的不再是包罗万象的整体教育,而是混杂的知识"①。

其一,达成有效的综合。"整合"的内涵被定义为"达成有效的综合"。整合与"碎片"有着千丝万缕的联系,整合是知识建构和知识生产的重要方式②。整合不是课程的简单相加,须以实现内容重组、功能聚变为机制,比如案例的具体内容通过整合实现理论化,形成效度概化较高的理念、原则和思路,理论通过具体化实现创新,真正解决实际问题。应用型硕士研究生培养课程内容及其教学的整合要以应用能力、职业技能、职业素养作为串联线和判断标准,对所有的课程体系、教学内容、实习内容进行整合,

---

①　雅斯贝尔斯.什么是教育[M].邹进,译.北京:生活·读书·新知三联书店,1991:45.

②　关辉.跨学科研究生教育的"碎片化"及其整合[J].学位与研究生教育,2013(10):40-44.

提升含金量和针对性(符合应用型硕士研究生培养定位的程度),内部(知识体系内部)达成有效的综合,外部(工作场景、社会需求)达成有意义的关联。有效策略之一是坚持以问题为导向,把现实问题作为教与学的参照点,并将其抽象形成概念后融入教学,培养高素质应用型人才①。

其二,优化课程组织结构。课程组织结构从"层状"走向"网状",以"意义建构"来组织课程。应用型硕士研究生培养课程体系仍存在明显的"类状"特征,即专业理论课程与实践能力培养课程之间有着明显的区隔,这既体现在课程两大类层面的分设上,也体现在具体课程内容理论与实践两部分的分离上。简单地说,当前应用型硕士研究生课程建设中并不是缺乏实践课程,而是缺乏理论素质培养与实践能力训练有效结合的综合性训练课程。如何解决这个问题,思路之一就是不再从知识角度来架构课程及其教学,而是从问题解决或者研究生综合能力发展的角度来进行架构。课程、知识体系或是与现实问题建立有意义的联系,从本专业一些零散的知识演化达到形成一个围绕特定知识领域、具有"意义建构"性的知识结构;或是与研究生能力发展建立有意义的联系,课程要围绕综合能力发展进行组织和设置,增强知识结构建构力的同时增强解决问题的能力。

其三,从集合式课程到整合式课程。如果课程体系、课程结构处在一种彼此分割的体系中,则称为集合式课程。理想的课程结构中各个内容并不是各自为政的,而是彼此之间处在一种开放的关系中,这类课程结构可称为整合式结构。集合式课程与整合式课程结合构成一个灵活的课程体系,内容之间界限分明的是集合式课程,界限模糊的则是整合式课程②。这里要特别强调教学中学科知识与实践知识之间的结构关系,即两者之间界限的清晰程度,边界是非常明显的还是模糊的。边界明确意味着两类知识有着明确的区分度,这也从一个侧面体现出相对独立组成体系化的实践知识体系的真正的融入,这是应用型硕士研究生培养资源建设与教学过程首先必须解决的问题之一。如果学生没有产生一定程度的认知冲突,感受不到两类知识的差异,是无益于实践能力发展的。与此同时,这种边界明确又是有限度的,更准确地说是处于建构、生成中的,而不是固定的。僵化的、固定的边界难以逾越,也就不利于研究生跨界学习、掌握、运用实践知识,也不利于研究生、导师对两类知识的整合。

① 冯俊,程鑫.一种可供借鉴的研究生培养模式[J].学位与研究生教育,2001(10):39-43.
② 麦克·F.D.扬.知识与控制——教育社会学新探[M].谢维和,朱旭东,译.上海:华东师范大学出版社,2002:64.

其四,课程内容选择要处理好结构性知识与非结构性知识的比重与关系。结构性知识是指规范的、拥有内在逻辑系统的、从多种情境中抽象出来的基本概念和原理。非结构性知识和经验是指"在具体情境中形成、与具体情境直接关联的、不规范的、非正式的知识和经验"①。当前在研究生课堂教学中主要是结构性知识,即"去情境化"的知识,这种知识的传授有着更加快捷的优势,要求学生以抽象思维的方式加以领会。但是,这种知识对于培养专业实践能力和情境实践能力则造成一定的障碍。为此,一是要围绕"情境""协商""会话"和"意义建构"这些着力点建构非结构性知识,二是要提高非结构性知识在整个课程内容中的比重,三是要保证非结构性知识与各种实践性课程及其教学相互匹配,四是要结合实践反思性课程促进非结构性知识的结构化。

其五,灵活采用恰当的整合性教学方式。应用型硕士研究生培养课程模块的整合性教学存在不同的形式,比如学生自己整合学习专业课、将整合性思维融入专业必修课、开设整合性课程、设计高度整合的课程方案、围绕整合性思考技能组织整个课程方案。通过设置专门的整合性体验课程,比如实践实习,可以激发研究生对已学的课程、已掌握的专业知识技能予以融会贯通。整合性课程可以是以讲授为主的,比如教育政策课程,也可以是以学生参与为主的,比如模拟训练课程。学生自己整合学习专业课的做法基本上不专门讲授整合性原则,其基调是"各部分的叠加就是整体",认为学生自己会找到课程之间的关联,形成自己的综合观点。不论何种形式,一个基本原则是激发学生的整合性思维。整合性思考乃"权衡互相对立的模式,不是简单地取舍,而是综合各自的优点创造性地提出一个更优异的新模式";不是断然肯定或否定一个方案,而是给出新的解释和行动方案。这种方式强调溯因思维(考察对某现象的认识是否符合已知证据或事实),而不是归纳思维(从有限的数据中找到普遍的规律)或演绎思维(在已知的前提下推断出特殊或一般结论)②。

三、全方位训练

1. 全方位训练的目标

一体化训练强调知识的整合,强调学术知识、技能知识、跨学科知识和

---

① 罗尧成.研究生教育课程体系研究[M].广州:广东高等教育出版社,2010:103.

② 斯里坎特·M.达塔尔,戴维·A.加文,帕特里克·G.卡伦.MBA教育再思考——十字路口的工商管理教育[M].伊志宏,徐帆,译.北京:中国人民大学出版社,2011:112-116.

批评性知识的交叉与整合。通过一种全方位的训练,研究生应具备以下素质:知道如何建构一个可行的、足够灵活以允许不同组合的知识框架;知道如何辨别特定领域的知识空白,然后征求、收集适合的、达到最新技术发展水平的信息与知识;知道如何分析构成知识的各独立部分之间的关系,并考量它们与当前任务的相关性;知道如何以宽度与普遍联系来平衡知识深度与特殊性;知道如何辨别重要的概念以阐述和梳理关键问题,然后以整合的方式加以应用;知道如何为了相互修正而对结果进行阐释与展示。

2. 全方位训练的实践策略

其一,知识和技能训练深度、宽度、综合的三位一体。人才培养中对知识进行整合既不是日常性的,也不是公式化的,它需要深度、宽度和综合三个方面的积极努力。关于精通的隐喻和关于充分的隐喻之间有重大差别,前者意味着掌握一门学科的全部知识,后者则将学科角色转向另一个领域,即可能出现的学科互涉。精通和充分二者之间的差别在于:学习一门学科的知识是为了应用它,还是了解这一门学科如何以自己的方式——它的观察视野、核心术语以及相关的方法与途径来看待世界。这里有三个方面的衡量标准:宽度包含一种基于多变量和多视角的综合研究;深度蕴含着相关学科、专业和学科互涉研究的能力;综合暗示着通过一系列的整合行为,创造出一种学科互涉结果①。

其二,多方位对其核心能力进行多维度的综合训练。核心能力要从知识层面、能力层面和实践策略层面,学校空间内与生产实践场所内,理论性思维训练与实务性操作训练等多个维度多个层面综合训练。依据美国国家专业教学标准委员会(NBPTS)提出的"五项核心主张"以及在此基础上制定的各个学科的具体标准,明尼苏达大学德卢斯分校设计了一套教育硕士课程体系和教学活动②,如表 7-3 所示。

表 7-3 明尼苏达大学德卢斯分校教育学院教育硕士课程体系和教学活动设计

核 心 主 张	课 程 设 计	教 学 活 动
之一:教师对学生及其学习承担责任; 之五:教师是学习共同体的成员	系统情境中的教与学; 领导、变革与合作	教育硕士与同事在课内外的合作活动; 在社区开展工作

---

① 朱丽·汤普森·克莱恩.跨越边界——知识、学科、学科互涉[M].姜智芹,译.南京:南京大学出版社,2005.

② 袁锐锷,易轶.美国大学以优秀教师标准重设教育硕士课程[J].学位与研究生教育,2005(11):58-61.

核 心 主 张	课 程 设 计	教 学 活 动
之二：教师熟悉所教科目的内容，并知道如何把它们教给学生	教和学的基础课程理论与设计	现场教学； 将课程目标与课程实施经验联系起来
之三：教师有责任管理和组织学生学习	学习的评价； 人的多样性与特殊性	分析学生的作业和课堂表现； 分析教学录像
之四：教师能系统地对教育实践进行思考，并从经验中学习	教育行动研究； 教育创新技术	对教学计划、目标、策略和实践进行反思、更新、评价和重建

应用型硕士研究生培养的课程目标要有明确的针对性，要联合行业协会及相关政府部门，依据行业技术标准，提出与之对应的从业人员、学位类型的技术标准，进而依据和围绕这些标准有目的、有针对性地设置课程和组织教学。当然，不是一一对应的重复性练习，而是围绕技能要素与实质，通过实践、反思性实践以及实践性反思来不断提升专业技能。不只是课程名称的调整，更是课程内容（职业经验）选择与组合的变化，而驱动变革的是课程目标的变化。比如，教育博士的"教育领导"这门课程选择和组织教学内容时，就要考虑按知识体系模式怎样编排课程内容，按能力培养又该怎样编排课程内容。知识体系模式的基本假设是掌握了有关教育领导的知识，就自然会形成教育领导能力或者未来在实践中表现出教育领导能力；而能力培养其导向则是结合课程学习直接培养研究生的教育领导能力，而且是有目的、有针对性地训练研究生某个具体方面的教育领导能力，不再是一个模糊的、笼统的教育领导能力。

第四节　学业评价的实践性标准

应用型硕士研究生培养强调实践性，"并非是为了一种理论之知，而是为了追求一种实践之能"，其实践绝不意味着经验的行动化或技术的操作化，而是遵从理论的逻辑、价值的逻辑和行动的逻辑，通过赋予实践以价值性和理论性而实现创造性行动[1]。"现有实践并非模板"，实践教学并非是为了实践，而是指向实践智慧。因此，准确定位各阶段实践教学的具体目标，形成各具特色的阶段性实践教学目标，依次可以从基于工作实践的维

---

[1]　吕寿伟.论教育博士的实践逻辑[J].高等教育研究,2014,35(4):29-34,65.

度掌握领会本专业的知识技能,到结合实践场景将本专业知识技能具体化、场域化、关联化,再到场域性实践特征的反思。相应地,其评价要从追求能力外显向能力增值转变,从理论水平向实践能力转变,从实践经历向实践智慧转变。

一、实习实践模式与成果表现

1. 实习实践模式

加大实践环节的学时数和学分比例,开展形式多样的实践实习,是应用型硕士研究生培养的基本要求。研究生要通过实践实习将自己的经验与应用型硕士研究生培养目标定位与能力要求相结合,提升专业能力和职业技能。实践实习方式要与研究生的学习背景、知识基础、工作经验、学习方式相适应。

以美国 PSM 项目为例,其实践实习有着规范的过程与环节,具体方式可以分为标准模式和新型模式①。标准模式是最普遍的实习模式,其适应的对象是那些进入 PSM 项目进行全日制学习之前,几乎没有在商业、企业环境中工作经验的研究生。新型模式采取了更加多元化和灵活化的实习形式,在实习形式方面,不仅包括与标准模式相似的实地实习,还包括虚拟实习;在实习内容方面,不仅涵盖标准模式中实习期的相关安排,还将实习预期准备和实习后期反馈巧妙地结合在整个培养过程中。除此之外,还有一种个性化实习,即该项目研究生参加的是各不相同的实习,但是所有研究生的实习进程都被加以监控。

标准模式,以中田纳西州立大学(Middle Tennessee State University)为例。大多数中田纳西州立大学理学专业硕士研究生以大学毕业生身份接受全日制学习,几乎没有在科技、商业环境中工作的经验。因此,实习是通往他们未来工作之路的必不可少的准备工作。PSM 项目研究生所接受的自然科学课程的学习可以帮助他们为实际工作做好准备,因此 PSM 项目实习生在实习机构普遍受到重视。实习是该项目的核心部分之一,帮助研究生通过参与实验室管理、在企业或代理机构中解决问题和团队合作等接受专业化培养。为了在商业、政府环境中提供多层次的科学方面的知识,用人单位会委派一名负责人指导实习生,并为实习生提供一个特殊的项目。实习结束时,实习生要向该公司主管上交该项目的实习报告,用人单

---

① Council of Graduation Schools. Professional Science Master's Update: The Internship Component [EB/OL]. (2010-01-23). http://www.sciencemasters.com/portals/0/pdfs/comm_2009_07.pdf.

位则会提供一份评估实习表现的书面材料。

新的模式,以北卡罗莱纳州立大学(North Carolina State University)为例。北卡罗莱纳州立大学微生物技术理学专业硕士学位项目由贯穿产业界、学术界专业技能发展的三个部分组成。第一个部分即产业实例,在课程结束时,每一队将所完成的项目向同学、指导教师和产业专业人士展示。第二个部分要求每个学生在药品公司或生物技术公司进行实习,通常是在学制的第一年和第二年,实习结束的时候要向同学、指导教师和产业专业人士做一个展示汇报。第三个部分,允许学生专门与产业界代表进行交流。

应用型硕士研究生实践教学存在的突出问题之一是缺乏对实践项目的设计与分类,应当设计出不同类型、不同目标的实践项目,结合不同情形综合运用。一是企业导师指导下的企业实习,主要是认知观察实践和体验实践。二是企业项目或工作参与实习,比如协助完成市场调查、项目推广、创意设计。三是企业发展分析,比如借助战略分析框架、竞争力分析框架评估企业的发展趋势,形成评估报告。四是带着科研项目进入企业实习,可以是开展技术中试、新设备调试等。

2. 学习成果的实践性特征

应用型硕士研究生毕业的最后要求可能是论文,或许还包括熟练的专业实践技能、证书或执照,或上述某几项的结合。应用型硕士研究生培养特别是我国当前正积极发展的全日制硕士专业学位研究生培养中,学习成果的一个重要方面是实习实践的成果。一些大学对研究生毕业论文要求进行了改革,无论是哪种形式,其核心是职业实践能力的训练与集大成。其一,以团队合作项目代替传统硕士学位论文。实行这种做法的项目通常由合作企业和大学联合进行、企业赞助并且规定明确的目标,并配有教授或企业家进行指导,而学生团队则需要提供中期报告、最终报告、公众报告。团队合作项目强调问题的解决、项目管理、预算管理、高效的团队合作以及高效的交流技巧,这些对毕业生的职业生涯都很重要[1]。其二,以工作报告替代学位论文,其基本内容包括工作报告的目的、所要达到的目标等方面,以此锻炼学生的口头表达能力、观点论证能力,并增进研究生对实习实践的理解和体悟。其三,档案袋式(Portfolio)论文。澳大利亚的新英格兰大学(the University of New England)等院校则采取档案袋式的教育博士学

① 张培训,王现龙,赵世奎.美国专业科学硕士教育的新进展:规模、模式和就业[J].教育学术月刊,2014(1):63-67.

位论文来取代传统的教育博士学位论文。这类改革的特色之处在于：第一，进行"化整为零"的研究，以避免畏惧感，从而有助于减少研究生完不成学位论文的损耗率。第二，为学生撰写论文在空间和时间安排上提供了便利性，学生在研究期间不会因工作场所变更而影响毕业论文的撰写①。应用型硕士研究生培养中可以用实践进展档案包的方式记录和展示专业实践过程中零碎的问题研究、真实的场景体验、渐进的实践反思，反映和体现研究生对专业实践知识、能力、行动的积累、总结、提炼、深化，以及从现象、主观到理念、理性、系统的转化。

二、培养效果监测评价观测点

研究生需要获得一种学有所成的感觉。学生学习活动要从记忆、识别、理解语句、释义、描述到理解主要观点、形成关联、战略、解释，再到应用于解决当前的问题、联系原理、提出假设、应用于解决长远问题、反思等。最高阶的认知和反思与推理活动相关，最低阶的认知则包括机械记忆和复述，在这两者之间还有许多不同层次的认知活动。何以达成最高阶的认知活动？①学生知道预期学习成效；②学生的认知水平发生变化，即有真正的学习并对学习者的认知图式产生影响；③这种影响大到足够使学习者感受到；④这种学习成效能以一种具体的方式呈现出来；⑤正向反馈的激励作用；⑥这是一个艰辛的过程；⑦多方面的改变；⑧学习者愿意与其他人一起交流学习活动及其效果；⑨学生带着求解的问题而来，如果问题的答案出乎意料，可能激励学习者更强的动机和兴趣度；⑩个体对学习成效和结果抱有较高的期望值和持有较大的效用价值。

1. 应用型硕士研究生实践教学效果评估

应用型硕士研究生实践教学的效果评估应当包括三个层次：一是对研究生所记忆的东西或知道的操作程序的评估；二是对研究生理解、记忆、重建知识的效率与质量的评估；三是对研究生用其所学的意识、能力与效果的评估。当前的一个问题是研究生普遍缺乏自我评价的习惯和能力，应用型硕士研究生更是如此。如果学术型硕士学习成效评估的价值预设是"知之为知之，不知为不知"，专业学位硕士是"会之为会之，不熟为不熟"，应用型硕士则是开放性的，更难自我评估，也就更需要加强对自己的

---

① Faculty of Education, Health & Professional Studies of University of New England. Introduction to course content of Doctor of Education[EB/OL]. (2007-11-10). http://fehps.une.edu.au/Education/EdD/EdD-content.html.

学习活动与学习成效的实时监测与调控。换言之,其学习的调控更加依赖于研究生自身的"反思"。当研究生面对一个问题时,要思考这个问题如何界定或者如何重构,是否解决过类似问题,与之相关的专业知识能力掌握情况或者自己最常用的知识模块与思维方式同问题的关联性和匹配度如何,如何建立问题与已知方法之间的宽泛关联,这种宽泛联系如何进化到有效关联,还存在哪些知识漏洞或空白,可以从哪里以及如何获取新的必要知识及技能,问题解决后如何对原有知识能力与新学知识能力进行整合,如何对问题进行抽炼与归类,以及如何评价上述各环节。

2. 应用型硕士研究生实践能力培养效果评估维度

其一,实践的类型及其功能的达成。实践的形态是多样的,应用型硕士研究生培养实践教学要达成各种实践形态的相辅相成。Katie MacLeod认为,高层次实践存在三种类型:类型 A 是定位实践,是对实践的一种审视,这种审视可以是历史的、文化的或者是当下的,也可能是三者融合的;类型 B 是理论化实践,个体依据所提出的理论展开创造性工作;类型 C 是呈现实践,创作实物和理论分析彼此支撑、相互映照[1]。培养过程对于实践的外在功能主要体现在三个方面:一是强化理论对实践的指导,帮助学生对自己的实践活动寻求科学依据和理性分析;二是实现知识向能力或素质的转化,教学中注重学生能力或素质的培养,树立重视实践的教学理念;三是促进产学研的协作发展,实行一种综合性学习和发展的新型学习方式[2]。

其二,注重隐性知识和可迁移能力。研究生的学习是在学生已经具有一定知识储备基础之上的更高层次的学习,要求学习者具有自己独立的思维能力、分析能力以及个性化的思想和创见,而这一切很难从已有的显性知识中获得,更多的是通过隐性知识挖掘和传递来实现。迁移是一种能力,也是将以前获得的知识、技能、能力运用于新情境时所发生的学习过程。实践教学中要注意迁移的四种情境:同一类型同一知识体系内部(比如教育学学科内部);同一类型不同知识体系之间(比如教育学—管理学两个学科之间);不同类型同一知识体系(比如教育理论建构—教育实践检验之间);不同类型不同知识体系(比如教育理论—管理实践之间)。不同情境适合采取不同的迁移策略和模式,相应地应当采取不同的培养模式。

---

① K. MacLeod. The Functions of the Written Text in Practice-based PhD Submissions[J]. Working Papers in Art and Design,2000(1).

② 杜尚荣,施贵菊,朱毅.专业学位研究生培养的实践指向性教学模式建构研究[J].研究生教育研究,2017(1):78-82,92.

　　其三,心智模式的实践维度的强化。应用型硕士研究生要形成的心智模式不仅是学科逻辑维度上的更合理的网络,而且更是实践维度上的更合理、更恰当的解释网络。首先,研究生要明晰所学知识技能的意义,具体而言,就是利用这些新知识可以解决哪些当前现实问题。其次,知识调用与角色扮演,学生学习的是如何实际运用知识,学会弄清楚情境,找出问题所在,分析不同观点和各种制约因素。新知识并不会立刻地、自动地替代旧知识,除非学习者发现了新知识的价值,并学会了运用它。知识需要不断被现实化,获得的知识必须被不时调用,在不同情境中反复调用,如此方能使知识精细化或复杂化。再次,研究生要感知到认知冲突,即哪些知识并不太适合或目前不适合处理当前现实问题,因而需要重塑自己的知识体系与心智模式。最后,知识与问题关联的新平台,学习者要学会放弃某些既有知识,以拥有能够替换它的新知识,察觉到新知识可以发挥同样的功能甚至更多的功能,为其掌握更多的知识、进入未知领域提供更大的空间和可能性①。

　　不同类型问题和不同语境下,对于问题的界定方法和解决意图存在差异。对于学术问题的界定,一定程度上一旦界定就决定了分析问题和解决问题的立场、角度和方法,剩下来的是去验证,以及证实或证伪后的再创新。对于职业问题的界定,更多的是识别,即识别出问题的类型,然后从自己的经验和他人的经验中找到解决问题的成熟方法,找到方法并解决问题后面临的就是不断地熟练,既包括识别问题的熟练即能够更快捷地识别出同一类问题,又包括运用方法的熟练即能够运用恰当的方法快速、高效地解决同类实践问题。而对于实际问题的界定而言,实际上是界定问题的边界和确定问题的解决路径,这里涉及问题与路径的多样性,以及路径的概化与问题的场域性,即专业实践面临的一个特殊情形是:一方面要不断地对个性经验和默会知识进行转化和提升,形成更明确的技能体系和策略体系;另一方面专业实践的魅力恰恰又在于其问题的场域性,或者说在于其问题的非重复性。那么这里就存在这样的问题:当前所呈现的问题情形对于该职业领域的熟练者意味着什么?对于刚加入该领域的新手又意味着什么?应用型硕士研究生培养自然要指向熟练者,即要使毕业生能够熟练地完成相应的职业实践任务,同时又要培养研究生一种开放的心态和新颖的感觉,以免陷入经验主义的泥潭。

---

　　①　安德烈·焦尔当.学习的本质[M].杭零,译.上海:华东师范大学出版社,2015:60-61,107,142.

应用型硕士研究生培养面临的一个问题,就是缺乏职业经验的应届研究生如何在具有一定基础的学科知识体系及其认知方式的基础上建立一种与未来职业情境相吻合的新的看待问题和表达知识的方式。这一新的方式非常关键,学术型硕士聚焦于知识以及同类知识的深入,应用型硕士从聚焦于书本知识这类间接经验转向另一类更加强调直接经验的情境。唯有如此,研究生在未来职业实践中才能根据不同的领域和场合对不同的知识分别加以灵活运用。一些研究生能够对某个概念、某几个概念之间的关系用专业术语阐述清楚,但一旦进入实际情境后,面对具体的真实问题,不能从自己的知识库中调取出适当的概念进行分析,不能用一组概念对一个现象进行逻辑分析与推理。简言之,所学所记不能及时快捷地与问题情境建立有意义或者创新性的关联。应用型硕士研究生培养首先就要打破这一点,增强认知图式的开放性,给自己的观点"降温",考虑不同的可能性,考虑与自己观点不同的其他方法。为此,要避免四个错误习惯:一是拒斥,不加区分地拒绝任何变化;二是歪曲,未能准确地解码处理这些信息和新知识;三是闲置,不去激活它、调用它;四是分而置之,没有整合,遇到复杂问题时难以以其为核心要素形成一个完整的、系统的解决方案。应用型硕士研究生要采用苏格拉底式"精神助产术"来迫使他们进入一个认知冲突的情境,迫使自己进行深层思考;要引导研究生将自己的思考和对话者的意见清晰无误地表达出来,这是一个重新思考和反思的过程,也是一个重新建构知识框架的过程,实际上在争辩之中并未意识到的东西和进步也许就通过这最后的反思和整理而迸发和质变出来;要重视小组学习,小组成员之间不断进行的对话引导他们对所讨论的东西进行抽象化、概念化和模型化,同时又加深个体体验和领悟,成为个体的隐性知识①。B. Inhelder 提出的"认知冲突"(cognitive conflicts)强调在对立观点的相互对抗中出现的观念"交战",学习者可以进行一种"强平衡重建",超越个体的原有思维,实现核心概念的校正与转化,以及阈值概念的归纳与提升。

第五节　培养环节与活动的集成

研究生教育的挑战之一来自于各种不同的群体间所必需的协作和配合,因为这些不同的群体之间可能对研究生教育的意义、主旨和看法有不

---

① 安德烈·焦尔当.学习的本质[M].杭零,译.上海:华东师范大学出版社,2015:84-85.

同的理解①。当前的应用型硕士研究生培养过程是割裂的,未有效整合,缺乏一个一以贯之的教育理念和核心目标。与学术型学位研究生培养过程已经体现出来的规范性、成熟性相比,应用型研究生培养过程似乎仍然带有诸多无序乃至混乱的迹象,似乎总是处于一种并无章法的调整、变动之中,似乎总是在寻求更为完善的存在形态。这一态势固然有助于其培养模式的创新,但又存在诸多隐患:问题之一就是难以保持一个相对稳定的发展水平与质量水准,质量的波动性比较大;问题之二就是各种带有一定随意性的变动,并未促进整个培养过程的集成化,培养过程各环节、各方面并未形成合力。如果培养过程的实践化是其内在要求,培养过程的综合化是其根本要求,那么,培养过程的集成化则是实践化和综合化得以达成并取得实效的制度保障和组织设计。

一、培养环节与活动的临界质量

应用型硕士研究生培养过程结构化的形成特别是其功效的有效发挥取决于各个环节、要素能否达到临界质量。"临界质量"这一概念出自物理学,含义是引发连锁反应所需要的最低限度的核燃料。应用型硕士研究生培养所聚集的资源、过程环节各自质量及其总体质量达到一定程度时才会发挥作用,这个程度就是"临界质量"。因此,应用型硕士研究生培养过程的架构要积极开拓多重资源与环节基础,促成培养过程环节的临界质量。一方面培养过程环节的数量达到足够的规模,另一方面培养过程环节的类型达到相当复杂与丰富的程度,唯有如此方能实现培养过程环节的集成效应,避免因某一环节的失灵而诱发系统失灵,同时增加应用型硕士研究生培养模式的可选择性。

应用型硕士研究生培养过程各环节与活动的质量与效用可以从以下五个方面来加强。

一是易获得性。要通过培养过程的重构和集成,保证研究生能够便捷接受各种培养过程、活动和环节,课程教学安排合理和组织有序,课程教学和项目研究同其他综合素质发展的相互协调;保证研究生能够及时获得课程教学和项目研究方面的有效指导,有机会获得各种实践资源;保证指导教师和任课教师能够及时地展开各种培养构成、活动和环节,培养过程各参与主体能够便利地参与培养过程的相关环节与活动,以及获得开展这

① 威廉·G. 蒂尔尼. 质量与研究生教育:通往卓越之路[J]. 戈鑫,译. 学位与研究生教育,2009(3):65-72.

些活动必要的物质条件和辅助服务。

二是易接受性。要通过培养过程的优化和重组,增强研究生参与培养过程及其环节和活动的兴趣,以及对于完成课程教学、实习实践和毕业论文研究的投入;保证研究生充分了解学位质量标准和职业技能发展的要求,充分了解课程教学和项目研究各环节和活动与预期培养目标、能力发展、职业前景之间的关联;保证研究生能够灵活地处理好统一培养环节和活动与个人兴趣、个人学习活动之间的关系,及时获得课程教学和项目研究方面的反馈信息。

三是移情性,要通过培养过程的调整和完善,保证研究生能够以一种积极的态度参与培养过程,在整个培养过程中能够感受到情感关怀,体验到个人身份、经历和学科差异的被尊重;保证研究生体验到整个培养过程中同学之间的共同体感受,愿意就参与的感受与其他人员进行分享与交流,等等。

四是增值性,要通过培养过程的重组和集成,保证研究生能够获得更加专业、全方位的指导;保证研究生专业能力、职业技能和综合素质能够得到整体性的提升,增强整个培养过程中各个环节与活动对于研究生专业发展和职业发展的效用。

五是旺盛感,培养过程要让研究生伴有旺盛感体验。旺盛感是指一种能同时体验到活力和学习的心理状态,这种积极状态能够使得培养过程保持一种活跃的状态[①]。要通过培养过程的重构与优化,激发研究生愿意全身心投入其中,长时间维持一种积极的心理状态;要通过研究生对整个培养过程与活动的参与、介入、建构,增强其对整个培养的认同,由此增强学习的旺盛感;要通过扩大研究生学习的自由度,创造条件促进研究生多元化、个性化发展,以增强其投入度和旺盛感。

二、培养环节与活动的整合贯通

应用型硕士研究生的培养过程缺乏对培养目标的清晰界定,缺乏对社会需求、需求导向型等理念与培养过程重构的,缺乏按照应用型硕士研究生培养目标对培养过程、课程体系、毕业要求的重构,大多只是在原来的学术型硕士研究生培养体系基础上的一些调整,而且在调整中倾向于基本保留原有的框架不变,仅仅是尽可能地增加一些实践性课程或者实践教学环

节。对于应用型硕士研究生培养来说,必须进行培养过程、课程体系、毕业要求的重构,不破不立,首先要真正打破原有的培养体系和培养模式,全新地建立起与应用型硕士研究生培养相适应的培养体系、课程体系、毕业要求等制度框架和培养措施。

1. 培养过程的重构

研究生培养过程的重构包括两个方面:一方面是对整个培养过程的改进,另一方面是对培养过程实施的改进。培养过程的改进是指根据研究生培养目标、培养类型、培养特质来重新设计整个培养过程,以使培养过程能够有效地达成培养目标,即培养目标、能力要求的相关要素都各自有相应的培养环节与培养活动来支撑。培养过程实施的改进是指要紧随着培养过程的重新设计,重构实施培养过程的相关要素,以使重构后的培养过程能够真正实施并取得实效。当前,应用型硕士研究生培养过程在这两个方面都需要重构,集中表现为现行的培养过程设计基本上是沿袭学术型硕士研究生的培养过程,培养过程的基本环节与主要活动相差无几,研究生培养机构、指导教师、管理人员习以为常、驾轻就熟的培养环节与培养活动虽然能够及时地、快捷地实施下来,但与应用型硕士研究生培养目标有着较大的背离,因此,难以支撑应用型硕士研究生素质能力尤其是职业技能的发展。应用型硕士研究生培养过程的实施表现出更多的不可控性,更加依赖于外部参与者和外部实践资源,更加依赖于各参与主体的相互协作,因此,培养过程实施系统也要进行重构,实施的动力机制、监督机制、评价机制都应当同时进行相应的调整。比如就实践能力发展而言,从培养过程改进来讲就是要增加专门的实习实践教学环节和相关活动,要结合课程教学增强实践能力发展的基础,要聘请企业导师参与研究生指导,要结合学位论文和项目研究来发展实践能力;从培养过程实施来看就是要通过机制体制的创新,激发指导教师从事实习实践教学和指导的积极性,建立研究生实践能力发展的监测体系,完善研究生实践能力发展的评价体系。

培养过程的环节管理在研究生教育质量保证中发挥基础性作用,因此要围绕人才培养目标来创新培养过程环节,加强培养过程环节的监管。首先要加强培养过程环节的设计,对各个过程环节的意义、价值、目的进行明确的界定,对各个过程环节的程序、步骤、方法等进行科学的设计,并根据研究生培养的实际情况对环节进行调整与优化;其次要增强培养过程环节管理的执行力,促使培养过程环节管理起到实效,而不是走过场,各个培养环节应当是可以监管、规范、编码的流程,具有明显的结构化特征,能够进行有效的绩效评估;与此同时,具体的培养过程又应当是低结构化的,无须明确的分门别类、规范的操作细则、具体的量化处理。培养过程及其各个环节具体构建时既要考虑到特定能力培养的需要,又要从综合素质培养的高度来寻求培养过程与环节的整体优化。

要强化培养过程的进阶式实践训练特征,构建递进式的实践能力培养体系。实践(知识)体现出层次性,低端的是纯操作的,主要是学会具体如何干;中端是掌握专门理论、技术与能够熟练操作;高端则是既具备相当深厚扎实的理论功底,又能解决实际的专业实践问题。从低端到中端再到高端依次体现出知其然、知其所以然、知其新的价值取向,高端才是核心竞争力,才是可持续的、有后劲的,不能让一些中端甚至低端的实践知识与实践活动充斥其中甚至占据主导,培养过程要以低端为初始训练,以中端为基石,以高端为目标,用高端来统领全部训练环节与活动。

应用型硕士研究生培养质量很大程度上取决于培养体系,培养体系反映的是研究生培养诸要素相互之间的关系与结构。天津大学构建了学术学位研究生教育与专业学位研究生教育协调发展的"3I·4C"研究生分类培养体系:以科教结合为特征的学术学位研究生"3I"培养体系,实现学术学位研究生的优质化培养;以产学结合为特征的专业学位研究生"4C"培养体系,实现专业学位研究生的特色化培养[①]。"3I·4C"研究生分类培养体系如表7-4所示。

表 7-4 "3I·4C"研究生分类培养体系

维度	学术学位研究生"3I"培养体系	专业学位研究生"4C"培养体系
措施	• 创新(Innovation)能力为导向的课程体系; • 国际化(Internationalization)为特征的培养模式; • 多学科交叉(Interdisciplinarity)为牵引的学术平台	• 能力(Capability)导向的课程体系; • 协同(Collaboration)培养的实践平台; • 分类(Classification)指导的培养模式; • 内涵(Connotation)引领的保障机制
目标	知识更新力、学术创新力、国际竞争力	知识迁移力、实践创新力、职业胜任力
特点	突出科教结合,实现优质化培养	突出产学结合,实现特色化培养

2. 完整的人才培养链条

一个完整的研究生培养体系中各个过程或者环节之间应当是连贯的,而不是脱节的、割裂的。培养过程的连贯性从纵向和横向两个维度体现出

---

① 刘宁,沈妍,赵红星,等.知识生产模式Ⅱ视角下"3I·4C"研究生分类培养体系的构建与实践[J].学位与研究生教育,2018(11):45-50.

来。纵向连贯是指培养过程围绕培养目标形成一个封闭的回路,培养目标及其能力要求有相应的培养过程或者环节与之对应,做到不存在培养目标、能力要求落空的现象。纵向连贯实际上就是围绕培养目标对研究生培养过程实行的全方位全过程的质量控制。纵向连贯对应的是研究生培养的整个过程,横向连贯要解决的则是针对某个培养目标的培养环节内部的结构和组合问题。要通过培养环节的横向连贯形成合力,避免横向上的"分化",虽然各自的指向存在差异,而且这种差异也是必需的,乃至还要积极推动的,但是该培养环节各个培养活动之间必须形成合力,多维度落实培养目标,达到预期的研究生能力发展要求。应用型硕士研究生培养的实习实践环节,要求将课堂上掌握的技能与产业需求相融合,但同时又不能牺牲整个培养过程的完整性和连贯性。总之,要通过所联结的要素的多元化实现培养过程各环节功能的集成,从而既达成人才培养环节联结互动,又保持人才培养链条整合贯通,如图 7-2 所示。

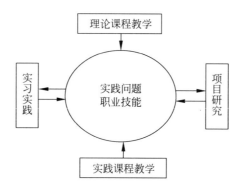

图 7-2　应用型硕士研究生培养过程的集成

3. 问题情境与可迁移能力

与专业学位研究生相比,应用型硕士研究生职业生涯中所要面对的问题是真实的实践问题,相应地,其问题的解决并非依靠理论与方法的创新,而是恰当地选择,而一旦现有的、人们所认识到的、实际能完成的各种理论与方法的组合仍不能解决实际问题时,就会对理论科学提出理论与方法本身创新的要求。

要把问题渗透到本学科专业理论知识与技能的学习中、一般实践能力的培养中、情境实践能力的发展中,灵活采取各种基于问题的教学方式,扩大基于问题的学习方式的适用区间,以促进知识、能力的迁移[①]。通过设

---

① 李红昌,叶玲,裴劲松.研究生"全程问题导向学习模式"与知识迁移理论[J].学位与研究生教育,2006(7):51-54.

置恰当的问题情境,让学生能够从陈述性知识中发现程序性知识和策略性知识的问题,反过来再深化对陈述性问题的认识,实现各类知识之间的迁移与整合。

试验作为一种实践活动,是指通过"干中学"或积极参与基于亲身实践的项目来获取相关知识技能,或者是通过小规模的行动试验来检验一个概念、想法、创意。试验作为一种实践的优势在于它是有意义的行动,体现在两个维度上,一是作为一种实践进行讲授的维度上,二是作为一种实践进行实施的维度上,前者是教学范畴,后者则是实践范畴。学生参与试验要在两个方面有所收获,一是试验这一特殊实践活动与过程的基本技能的掌握与熟练,二是通过试验加深对试验对象的了解,更深刻、更直观地了解相应专门领域的知识和技能,这两个目的要尽可能同时达成,两者的同时达成、相互促进也是最为有效的。

认知发展实践的不同阶段,认知情境、对话平台、基本共识发生变化,各自的思维、逻辑与预设也要相应变化。应用型硕士研究生专业能力培养以及专业能力本身总是伴随着相适宜的内容或素材的,离开这些具体内容或场景,就不可能发展系统的专业能力,但是要注意的是,其所依托的内容或素材不应当局限于某个狭窄的领域。也就是说,专业能力培养必须依托具体的内容或场景,但这个"具体的"总是处于不断变化中,并非一成不变,也正是这种不断变化的"具体的"内容和场景增进了研究生的专业能力和可迁移能力。"批判性思维也是一个要求技能的过程,所需的技能随着情境的不同而不同",而之所以能够达成这一点,就在于培养过程中所依托的内容和场景的具体化和差异化。没有内容和场景的具体化,专业能力培养就是空中楼阁;没有内容和场景的差异化,所培养的就只能是工匠而已,就难以形成批判性思维和辩证思维。应用型硕士研究生培养所要养成的专业技能并不是固化的,而是要能用于各种具体的工作场景并解决实际问题,与其说它是某一特殊的技能,不如说它是能够根据具体的工作场景加以组合从而解决复杂的真实问题的一组技能,更进一步说是这一组可以根据具体工作场景而加以组合的技能的选择、组合、展开、运用、拓展和创新的过程。

三、培养环节与活动的系统集成

野中郁次郎和竹内弘高在 1995 年出版的《创新求胜》(*The Knowledge-Creating Company*) 中提出了知识转换 SECI (Socialization-Externalization-Combination-Internalization) 模型,即潜移默化—外部明示—汇总组合—内

部升华四个环节的 SECI 知识转化模型。SECI 四个环节完成一次螺旋上升的每一个阶段都有一个"场"(Ba),分别对应为创始场(Originating Ba)、对话场(Interacting Ba)、系统化场(Systemizing Ba)、练习场(Exercising Ba)①。每个"场"都有其特殊定位和功能,分别适合于某种知识转换过程,潜移默化、外部明示、汇总组合、内部升华四个环节与创始场、对话场、系统化场、练习场之间存在对应关系。这对于构建和优化应用型硕士研究生培养过程有着指导意义,应用型硕士研究生培养过程要整合上述四个环节和四个场,既要考虑到四个环节之间的连贯性,又要考虑到不同场之间的集成化,促成每个场与特定的培养过程和活动相匹配。

1. 重视拓展性合作的建构作用

要真正建立起比较系统化的应用型硕士研究生培养体系,除了充分挖掘原有的学术型硕士研究生培养体系的潜力,还应利用其他各种非传统的单位组织或者途径。这种拓展性合作不仅有助于产生新的学科理论知识,而且有助于产生新的产业实践知识。通过这种合作,应用型硕士研究生培养过程与产业实践的技术支持、特定环节和岗位的技术改进、企业创新的技术配套等方面建立了更加密切的互动,逐步形成比较成熟配套的合作体系。

David King 结合纽约州立大学理学专业硕士(PSM)项目的实践,提出了 PSM 整个系统达成最佳实践的途径②,包括:①PSM 项目参与方尤其是企业早期在纽约州立大学系统、各校区和项目等各个层级上的支持;②通过建立一个定期的内部通讯(newsletter)、理学专业硕士专门网站、宣传手册和促进讨论的服务器,确立明确的沟通渠道;③通过任命整个项目负责人,确定每个校区的负责人,建立一个全系统咨询委员会,并鼓励校区成立项目层次的咨询委员会,减少 PSM 项目实施面临的政治压力和争权夺利的问题;④通过建立一种鼓励"扩大规模"的分权的管理模式,来避免复杂的政治官僚结构;⑤整个系统 PSM 项目的基本结构按照自上而下和自下而上相结合的模式建立;⑥为 PSM 项目发展确定一个时间表,并提出 PSM 项目进展的评价指标;⑦鼓励学校把美国研究生院协会认证纳入项目设计;⑧发展一种评估体制来监测项目结果;⑨从雇主处征求实习职位;⑩建立一种"可持续的"结构来保证 PSM 项目的长期发展;⑪通过宣传研究生的职业、就业机会和成功故事来树立 PSM 品牌;⑫进行一项关于

---

① 转引自"新"的源泉及发掘——关于野中郁次郎的知识创造理论[EB/OL]. http://www.docin.com/p-148561837.html.

② David King. SUNY and the PSM Degree:The New York Context[EB/OL]. http://www.cgsnet.org/portals/0/pdf/am09_KingD.pdf.

劳动力需求的市场调查,鼓励学校听取、采纳商业合作伙伴的意见;⑬寻求外部投资来促进 PSM 项目发展、理学专业硕士培养;⑭通过寻求学校的支持、确定企业合作伙伴和召集商业与工业领导参与其中来确保 PSM 项目成功实施。

2. 充分发挥知识创新"结构洞"的聚集效应

大学与企业之间存在知识势差,知识势差越大,学校与企业之间知识交流与互动的动力就越大。这种知识势差表现在知识数量与知识质量两个维度上。就知识质量上的异质性势差而言,一方面要增强辨别度,以更易辨别;另一方面要增强契合度,以形成张力,达成不同知识主体和知识体系之间的互补,进而进一步丰富各自的知识内容与类型。大学知识对于企业而言,知识流动与互动的关键是:介入知识体系,增加异质知识;影响企业的知识基础或结构重构,促进企业原始创新和关键技术协同创新。企业知识对于大学而言,知识流动与互动的关键是促使大学的视野从基础研究向应用研究和技术研发拓展。虽然大学是研究学习高深学问的场所,但在早期大学并未对应用研究和技术研发付出努力和作出贡献,这既与大学价值观有关,又与大学的知识结构有关,大学在相当长的一段时期内严重缺乏与社会关联、有实际应用价值的知识。

3. 促进知识的流动与共享

一是要创造特殊的教学环境,引导研究生通过相互之间的观察、模仿和实践,通过相互分享各自的经验、经历和领悟,共享和积累隐性知识,形成知识转化的心理基础和知识基础。在整个环节,考虑到应用型硕士研究生培养目标的特殊性,要有意识地邀请一些具有相应职业经验和专业背景的人员加入其中,比如企业指导教师、企业技术人员、企业中新入职不久的技术人员等。

二是要结合课程教学和理论学习,建立一套将隐性知识转化为显性知识的话语体系,引导研究生学会用特定的学术概念和行业术语将隐性知识清晰地表达出来,这个过程有助于培养研究生归纳总结的能力、语言表达能力、演绎推理能力。研究生要学会将自己心中的想法清晰、准确、逻辑性地表达出来,并尽量合乎行业规范。

三是要结合课程学习和学位论文研究,发展研究生对各种显性知识予以组合创新的能力。研究生既要学会根据实践的需要从不同的显性知识体系中选择恰当的显性知识,又要学会通过各种技巧将这些显性知识重新组合和加以系统化,从而形成新的知识体系。这个过程是最关键的环节,研究生一方面要能够有效地从学校的图书资料系统、指导教师和研究生同学中收集和获取显性知识,另一方面要能够灵活地从企业等外部机构和外部技术人员中收集和获取显性知识,并学会将这些显性知识通过书面报告或者口头报告的形式分享、传达给指导教师和研究生同学,同时争取赢得指导教师和研究生同学的理解和共识。

四是要结合实习实践,引导研究生逐步将显性知识转化为隐性知识。这一过程要依赖于各种实习实践活动的展开,显性知识的内化过程就是研究生个体在实践中体验、熟练各种专业知识、职业技能的过程,固然可以通过实验室模拟等方式来进行,但最为有效的方式还是直接到企业等一线工作场景中实际地操作。"纸上得来终觉浅,绝知此事要躬行。"应用型硕士研究生培养过程的特殊性就在于其培养活动更加注重显性知识的内化过程,更加依赖实习实践中的真实参与。

总之,切合适宜、优质高效的培养过程的建构、优化和创新是应用型硕士研究生培养的基础。与学术型硕士研究生培养过程依仗于科学研究、教学和服务活动等略有不同,应用型硕士研究生培养过程更多地与发现、实践和参与密切联系。首先,研究生教育系统要与其他社会组织形成互利伙伴关系,与其他社会资源共同整合出应用型硕士研究生培养资源,搭建开放性的培养过程,以构筑有利于全过程、全方位参与的平台,形成新的学术生态系统;其次,重塑一个面向实践的应用型硕士技能集合体,培养集技能、知识和经验为一体的专业人才,培养方式从以教师、学术为中心转换成以学生、实践为中心,实现理论学习、经验学习活动与职业资格标准的关联;再次,不断开发新的研究生培养项目,以更加灵活地对区域经济社会发展作出更为积极的反应,同时促使企业家精神和创新精神融入其培养过程之中①。高品质应用型硕士研究生培养依赖于相关利益主体作用的创造性发挥,依赖于学生、教师和管理人员投入大量的时间和精力以实现相互支持的教学和学习,依赖于培养过程各要素的每个属性都有助于激发学习积极性和丰富实践经验。

从发展趋势来看,研究生培养体系体现出愈加显著的需求驱动特征,培养体系的建构要从"消费者为中心的"转向"消费者驱动的",前者是一种预设式的,强调通过培养环节与活动的技术改进来满足社会需求,后者则是从消费者的意愿出发的,强调根据需求的大数据和个性化选择来生成

---

① Depew D. R. , et al. Growing the National Innovation System: Leading Change at Universities for Innovative Graduate Education [J/OL]. Session 1455, Proceedings of the 2003 American Society for Engineering Education Annual Conference & Exposition. http://search. asee. org/search/fetch.

差异化的培养体系及其环节、活动。

　　首先,研究生培养体系要保持开放性和灵活性,应当有助于研究生根据个人职业发展、兴趣状况和时间安排完成各种培养环节和活动,不再强调固化的先后次序,既能获得专业能力、职业技能和综合素质的全方位指导和整体性提升,又能及时获得某种急需技能的专门培养。《斯坦福大学2025计划》(*Stanford 2025*)提出了四个新的构想:开环大学(Open-loop University);自定节奏的教育(Paced Education);轴翻转(Axis Flip);有使命的学习(Purpose Learning)。开环大学强调一生中充满着学习的机会,可以从课堂以及实践活动中汲取知识。自定节奏的教育打破结构化的固定四年制学习,主张个性化、适应性的以及可调控的调整、提升、启动三阶段学习,专门为调整提供相应的微课程。轴翻转强调能力第一、知识第二,将"先知识后能力"反转为"先能力后知识",技能学习成为本科学习的基础;改变传统大学中按照知识来划分不同院系归属的方法,按照学生的不同能力进行划分,重新建构院系这一基层学术组织。有使命的学习强调学生要有长远的愿景和使命,将自己的兴趣融入问题的解决过程中,通过学习和做项目来实现意义和影响。未来的改革要从强调教学计划的设计"供给"转向学生对学习任务和时间安排的自主"消费";从教的组织转向学的活动;从碎片式积累转向能力集成;从行为主义式学习转向有意义的自主学习。根据研究生培养目标、培养类型、培养特质来重新设计整个培养过程,以使培养过程能够有效地达成培养目标,即培养目标、能力要求的相关要素都各自有相应的培养环节与培养活动来支撑;紧随着重构实施培养过程的相关要素,以使重构后的培养过程能够真正实施并取得实效。

　　其次,增强培养过程环节管理的执行力,各个培养环节与活动既是可以规范和监管的,又要避免操作细则的繁文缛节和机械僵化,注重从综合素质培养的高度来寻求培养环节活动的整体优化,用高阶思维活动来统领全部培养环节与活动。一个完整的研究生培养体系中各个过程或者环节之间应当是连贯的,而不是脱节的、割裂的,要通过所联结的要素的多元化实现培养过程各环节功能的集成,从而既达成人才培养环节联结互动,又保持人才培养链条整合贯通。

　　最后,协调培养过程与研究生生活周期,建立研究生成长支持系统,全程关注研究生的报考、入学、课程学习、论文选题、论文撰写、就业动向和人际交往等,使其顺利度过研究生生活周期内的不同阶段。总之,研究生培养过程的优化应当有助于研究生便捷地参与各种培养过程、活动和环节，增强研究生参与培养过程及其环节和活动的兴趣和投入；促使研究生能够以一种积极的态度参与培养过程；保证研究生能够获得更加专业、全方位的指导和实现专业能力、职业技能和综合素质的整体性提升；激发研究生伴有旺盛感体验和持续的积极投入。

第八章　应用型硕士研究生培养质量保障

应用型硕士研究生培养质量保障,一方面要顺应我国研究生教育发展及其质量保障的新趋势、新要求,另一方面要结合应用型硕士研究生培养的特殊要求。正如 Judith Glazer-Raymo 所言:"质量控制是一个学位项目增生的可能结果,而这种增生大部分并没有规则,而是通过传统和非传统模式来提供的。"①应用型硕士研究生培养要立足其对于质量的特殊要求,转变质量理念,构建起符合其特征和发展要求的质量保障体系。

第一节　问题根源②

深化研究生培养机制改革,创新培养模式,加强质量监督保障体系建设,走以质量为核心的内涵式发展道路,大幅提升学位与研究生教育发展水平和支撑服务能力③,已经成为研究生改革与发展的主题和任务。研究生培养单位进行了大量有益的改革实践,积累了许多成功的经验。但是,也要看到当前研究生培养的质量仍然存在不足,质量保障体系建设依旧存在缺陷。之所以如此,一个常常被忽略的事实就是在研究生培养质量保障理念、认识方面存在着明显的误区。

一、研究生培养质量保障存在的误区

1. 功利化现象明显

随着研究生教育与新型知识生产方式的有机结合,其大部分活动与科技进步、经济发展、文化建设直接交集在一起,研究生教育成为新思想、新

---

① Judith Glazer-Raymo. Trajectories for Professional Master's Education [EB/OL]. http://www.cgsnet.org.

② 本部分主要内容来自廖湘阳.重构研究生教育质量保障的价值理念[J].中国高等教育,2012(7):22-24.

③ 刘延东在国务院学位委员会第二十九次会议上强调系统部署,重点推进,全面提升学位与研究生教育水平[EB/OL]. http://www.Moe.edu.cn/publicfiles/business/htmlfiles/moe/moe_847/201202/131256.html.

知识生产的重要源头,研究生教育及其质量保障逐渐聚焦于在研究生教育过程中直接产生出大量的创新成果。基于新的样态建立的研究生教育质量保障体系显示出了优越性,研究生在各种高级别科研项目和科研成果中所担负的角色和发挥的作用充分证实了这一点。但是,目前在这一方面出现了一些新的问题。

质量保障的价值取向和具体措施不同程度地存在急功近利的现象。这种急功近利主要表现在两个方面:一方面是希望研究生在读期间就取得创新成果,显性地表现出各种能力;另一方面是希望质量保障措施能够取得即时的效果,能够立竿见影。这种急功近利造成了诸多消极影响,比如造成研究生、指导教师的恐慌,担心完不成所要求的任务;再比如造成研究生在培养过程中的浮躁,急于发表一些水平并不高的论文,学术不端行为也屡屡出现。

质量保障主要指向研究生在校期间的显性表现,而对学生未来的发展没有给予足够的关注。我国研究生教育的质量保障似乎显得很有效,而且效果也很显性化,研究生总是能在学习期间就取得一些成果。研究生在读期间在此质量保障体系的约束下也许会有较高的质量表现,但是,这可能造成研究生对于科学研究的一种排斥,进而影响到研究生的长远发展。显然,以研究生未来发展潜力为代价的质量保障即使其即时效果再有效,也是不可取的。与国际通行做法相比,我国研究生指导教师对于研究生包括博士研究生的习惯做法是"牵着做",而很少"放手"。牵着做,是学生按照导师要求做,表现好的是认真做,取得成果;表现不好的是敷衍塞责,毫无收获。放手做,是学生根据自身兴趣,自主选择研究方向、研究领域,自主提出新的问题以及解决问题的思路。来学习知识的学生才是学习的主体,研究生教育的核心是人才培养而不是科学研究,是学生的自由全面发展而不是科研成果的发表。导师应该是"轻轻地推"而不是"大力地拉"学习者,两者之间的差别在于是谁主导培养活动的方向和目的①。

2. 技术化趋向太强

随着研究生教育规模的扩大以及类型的增多,研究生培养质量保障越来越复杂和烦琐,而其中存在一种隐患,即质量保障可能只抓住表面而忽略真正价值。美国哈佛大学哈佛学院前院长 Harry R. Lewis 在评价哈佛忘记了教育宗旨时用了一个很有讽刺意义的说法——"失去灵魂的卓越"

---

① 研究生教育质量报告编研组.中国研究生教育质量报告(2013)[R].北京:中国科学技术出版社,2014:39-40.

（excellence without a soul）。当前研究生培养质量保障中也存在着这种现象，比如质量保障的真实宗旨与目标被手段、方法所湮没，研究生培养质量保障越来越工具化。

其一，质量保障越来越迷恋于技术和程序而缺乏激情和责任。随着研究生教育规模的迅速扩大，确有必要进一步从技术层面来完善质量保障，而且各种现代信息技术也提供了技术支撑，但是，目前存在一个误区：过于从体系、技术、方法层面来考虑质量保障的优化与完善，过于注重质量保障的标准、程序，而没有真正意识到质量保障还是一种涵盖道德良心、激情责任的过程，与标准化的质量保障程序相比，指导教师、研究生、管理人员投入到质量保障中的热情更为重要。比如，经常有人提到导师是第一责任人，但这不是一个过于强调责任的冰冷的命题，而是一个关涉神圣使命的命题。指导教师既要担负起指导的责任，又要担负起教养的责任，还要担负起服务的责任。对研究生专业发展进行指导是导师的首要职责，但是，导师的职责不限于此。导师要对学生的全面发展发挥引导作用，承担起教养的责任，要在学术领域之外，如生活、思想及其他方面，充当导师的角色。

其二，质量管理过程与环节越来越零碎和孤立。实践中习惯于将研究生培养过程及其质量保障过程划分为一个个单独的措施、活动和过程，认为各个组成部分组合起来就能够形成一个完整的研究生培养质量保障体系。这种做法虽然有助于质量保障的体系化以及质量责任的明确化，但由于缺乏先进的质量保障价值理念的引导，最终构成的可能仅仅只是一个"体系"而已。当前研究生培养质量保障措施、环节越来越多，但也越来越零碎，缺乏系统性，集成效果不明显。新措施、新环节不断增多的同时，一些过去施行的措施与环节因为执行不再严格而丧失应有的功效，这些措施虽然在隐性消退却依然产生较大的质量保障成本。

3. 强制性特征突出

质量保障并不等于没有选择余地，研究生、教师"必须在一个具有清晰且被认知的共同目标之框架下，拥有运作的自由"。检视我国研究生教育的质量保障，不难发现其明显的强制性特征。

其一，习惯于从权力和控制的角度来架构培养质量保障体系。许多培养单位的质量保障过程是机械的、冷漠的、残酷的，质量保障指向系统、程序、标准等预设内容，操作、控制等外在活动构成质量保障的关键活动，权力和控制构成是质量保障的重要立足点，质量保障体系的架构过程更多地与权力、利益的重新分配相连，而没有真正落实到培养过程、环节与活动之中,没有真正体现出研究生教育的理念和培养目标。

其二,质量保障表面化现象严重。许多质量保障措施始终依赖于外在力量推动,而尚未内化于组织之中,更谈不上转化为一种自觉的行为,其后果就是这些措施在刚开始推行时是有效的,但实行一段时间后就会渐渐丧失其有效性。实际上,"任何不能直接影响教学质量及教室、实验室及其他学习场所发生的工作的质量保证系统都是空谈,任何不要求教职员工精诚合作的质量保证措施也毫无实质而言"。

其三,各种刚性要求越来越多,而鼓励创新、争鸣、讨论等质量保障氛围的营造却始终没有跟上。许多质量保障措施都是先验性的、单向的,而非生成性的和双向互动的,比如许多指导教师直接按照自己的兴趣确定研究生的学习方向和学习任务,硬性规定研究生必须发表多少篇学术论文才能毕业等。质量保障既要坚持收敛性,维持一个较高的、基本统一的质量标准,又要保持开放性,给各种理想的非预期的学习结果留足空间。

二、研究生培养质量保障误区的根源

研究生教育质量保障之所以存在这些问题,与研究生教育发展背景发生较大变化有关,而更根本的则是研究生教育质量保障的理念价值面临着严峻的挑战,或是过去的理念价值已经不适应当前研究生教育发展及其对质量保障的要求,或是引入的理念价值还没有与研究生教育及其质量保障活动有机地融合。

1. 以有效表征质量

研究生教育质量保障必然要追求有效性,但有效性只是其评价标准之一。在实践中,有效性以其显性特征备受重视,以至于一叶障目,使得质量保障实践进入一个误区。而其根源则在于对质量保障有效性的误解,没有真正弄清楚是当前有效还是对未来也有效,是对单一维度发展有效还是对全面发展有效,是对学生有效还是对教师或者培养单位有效,是对实现质量保障的宗旨有效还是对质量保障体系本身的运行有效等根本问题,没有真正把握质量保障中哪些是真正具有意义的而不只是有效的,哪些是具有长远价值的而不只是满足眼前目标的,哪些是学生真正需要的而不只是教师的兴趣和需要的装饰,哪些是内化于教育过程之中的自主自觉的倾向而不只是外在的强制性要求等问题的本质。在实践中就突出表现为以有效性完全代替质量保障的品质,将有效性简单地等同于效率,注意力集中在短时间就能取得效果的事务上,在那些对于研究生全面发展有着深远影响的活动与环节上下功夫不大①。当前研究生培养的一个问题就是我们越来越以研究生完成事情的速度来评判其能力和潜力,甚至为此尽可能降低其工作任务、工作环境的挑战性。实际上,人为创设的各种缺乏挑战性的环境是束缚学生潜能的主要因素之一。

2. 以控制替代保障

研究生教育质量保障之所以由一种为研究生全面发展提供条件异化为一种对研究生培养过程的控制,就在于仅仅看到了质量保障的约束性而没有看到质量保障的建构性,以一种外部的控制来代替质量保障。

质量保障与学生学习、研究自由之间既是冲突的又是相辅相成的。没有质量保障的营造的一种控制、规范的氛围,研究生的自由就可能变成散漫;反之,如果不允许研究生享有应有的学习自由和研究自由,只追求控制和约束的质量保障带来的就只能是窒息。保障体系的建构反映出一种权利关系及其变革,而质量保障本身就有着寻求集权的倾向,但是,质量保障赖以依靠的并不是强制性权力,而是一种非控制性的影响力,比如学术研究的激情、自由探讨的投入、学术规范的敬畏等。

质量保障过程伴随的紧张状态应当维持在一个适宜的水平上。研究生教育质量保障所必然伴随的紧张状态,一方面有助于促使利益主体始终关注研究生教育质量,集合各种资源与力量来提高研究生的教育质量;另一方面可能导致相关利益主体被研究生教育过程出现的各种质量问题弄得焦头烂额,成为一个"救火者",不能潜心地从根本上完善质量保障和提升质量。质量保障体系固然要营造一种紧张状态,但这种紧张状态不应当致使学生、教师产生焦虑和浮躁,而应当提供一种安全感,这种安全感并非好逸恶劳,而是尽可能满足个人兴趣、鼓励尝试、允许失败的氛围与条件。

3. 以外显遮蔽本质

研究生教育质量保障体系在面对纷繁复杂的教育目标时,可能倾向于甚至精通于那些浅薄且没有价值的目标,而忽略那些非常重要但又在短短的在学期间不能完成或者难以显现效果的目标、活动与过程,为此,要不断地反思和检视质量保障的价值理念。其一,质量保障的指向是否合适。包括研究生教育质量保障的目的是指向成果的取得,还是能力的训练与发展?是要求完成可以预见的成果,还是鼓励大胆探索?其二,质量保障的措施是否合适。包括研究生教育质量保障的定位是应当侧重控制与约束,还是规范与引导?应当重在宏观政策引导,还是重在微观干预?其三,质

① 廖湘阳.重构研究生教育质量保障的价值理念[J].中国高等教育,2012(7):22-24.

量保障的措施与其目标、价值观念之间的匹配是否合适。包括研究生教育质量保障措施能否最有利价值目标的实现,或者某种价值目标是否有适宜的措施来支撑,研究生个性差异及其主观能动性的发挥是否得到了充分的考虑。

4. 以工具排挤价值

企业质量管理的许多先进思想和有益经验应当引入研究生培养,在这方面也实际地有了较大进展。但是,引入企业质量管理的先进理念和模式的时候,还必须在研究生教育这一框架下进行检视与重构。

研究生教育质量保障过程与企业质量管理过程有着本质区别。企业质量管理更多的是一个标准化的技术过程,研究生教育质量保障面对的则是一个个富有个性的研究生、指导教师,是一个个性化的双向互动过程。研究生教育质量保障的水平与效果既取决于管理者、指导教师,更取决于研究生的积极参与和主动性的发挥。

质量保障的哲学观要适合研究生教育的特性。这里包括两个层面的问题:一是与研究生教育基本规律相适应的质量哲学;二是与中国研究生教育发展实际相适应的质量哲学。从我国研究生教育质量保障当前的实践来看,明显存在着过于偏重质量保障的技术层面、工具性作用,而忽略质量保障的价值层面、意义性建构。之所以会出现这种偏离,根本原因还是对研究生教育质量保障本身考虑得少,对研究生教育质量保障的特殊性认识不到位。

第二节　特 殊 要 求

应用型硕士研究生培养质量保障的发展趋势与整个高等教育质量保障发展趋势基本一致,从个体质量转向体系质量,从狭隘的学术水平转向全面整体质量,从计划控制转向质量保障支撑体系构建。与此同时,又表现出特殊性。

一、质量保障理念的特殊性

在满足基准的前提下,不同类型的研究生教育的质量取向又是存在显著差异的,不仅表现在外在质量目标、质量评价指标上,而且表现在质量哲学观上。虽然研究生教育质量问题已经引起社会各界的高度重视,但是,关于研究生教育质量概念的界定却未真正取得一致,对质量评判的标准也各有不同。这种多元化过程和态势的存在,一方面是研究生教育及其质量观发展的内在逻辑规律的体现,另一方面反映了不同社会群体和社会个体对研究生教育质量的不同价值取向以及发展战略的选择。基于认识论哲学思想的研究生教育质量观,在质量评价的指向上强调学术性,标准上强调内部适应性,模式上强调精英教育;而基于政治论哲学思想的研究生教育质量观,在质量评价的指向上强调社会性,标准上强调外部适应性,模式上强调社会需求驱动①。

1. 需求引导是应用型硕士培养质量保障的根本动力

质量被定义为"与满足明确的或隐含的需求有关的实体的全部特性",质量保障既要考虑明确的需求,更要考虑隐含的需求。"质量和适切性这两个概念是结合在一起的。质量指的是一所院校完成它的目标的程度,而适切性指的是那些目标可适用于社会的需要和需求的程度。"②与此同时,院校目标的达成度与满足需求的适切性之间的对应性虽然合乎逻辑,但为达成这种对应性所做的努力并不能总是取得预期的效果。社会需求是提高研究生教育质量的根本出发点,能够满足社会需求的教育供给才是有效供给。

应用型硕士研究生教育质量也就是应用型硕士研究生教育满足各种明确的或隐含的需求的能力与程度。能力维度表达的是质量是否指向社会需求,是否能够满足需求;程度维度表达的则是质量满足需求的能力达到什么程度。学术型研究生培养质量保障的基本假设是持续改进,这种倾向于内部评价的质量保障方式在强调出于自我适应、自我修复之目的而进行持续改善的同时,常常会显露出明显的保守性。应用型研究生培养的质量保障更加体现出外向性,其基本假设不是基于系统内部自我适应、自我调节的持续改善,而是更加显著地体现出一种源于外部社会需求压力的系统重构,其质量保障程序的启动更多的是由需求、差异等动态性变化来激发的,是一种具有前瞻性的反应模式。学术型硕士的质量保障过程追求的是确定性,而应用型硕士的质量保障过程则并不排斥不确定性。确定性有利于维持质量的连续性、一贯性,但通常以牺牲灵活性为代价;不确定性容易引发无序,但有利于灵活性的保持。

适切性是质量的一个重要维度,应用型硕士研究生培养体系满足社会需求的过程体现出以下特殊性。

---

① 廖湘阳.研究生教育质量观演变与发展战略选择[J].中国高教研究,2004(9):25-27.

② 范建刚.适应社会需求:提高研究生教育质量的关键所在[J].学位与研究生教育,2005(6):42-45.

其一,需求指向的特殊性。学术型学位研究生培养针对的社会需求一般指向学术系统,尤其是传统学术任务、岗位;应用型硕士研究生培养针对的社会需求则是整个经济社会结构的变化、新型工作岗位、非传统学术部门。

其二,满足方式的特殊性。学术型学位研究生培养试图以高端引领的方式来满足社会需求,强调的是整体满足以及整体质量、系统质量,其满足方式的核心理念就是引导,倾向于以宏观、大叙事的方式来考虑质量问题;应用型硕士研究生培养满足需求的方式则通常倾向于微观、小叙事,更加强调特定领域、对应关系等方面。

其三,满足策略的特殊性。学术型学位研究生培养满足社会需求的状态是以一种潜在的、长远的、未来的形式来展开;应用型硕士研究生培养则倾向于以更加直接的、当下的、即时的方式来展开。

其四,满足状态的特殊性。学术型研究生与应用型研究生培养各自所针对的社会需求有着不同的演变态势,前者体现出较大的稳定性,表现在需求领域、需求量、需求方式等方面的相对稳定;后者则体现出较大的变动性,其需求状态随社会经济发展总体趋势的变化而变化的特征很明显。

2. 即时改善是应用型硕士培养质量保障的典型模式

学术型硕士的质量保障主要是一种基于未来的质量保障,而应用型硕士的质量保障则是一种基于当前的质量保障,其质量标准的制定、质量保障过程的展开、质量保障效果的评定等各个环节相对集中在当下这一时空框架中,更加强调质量保障过程与质量评价的针对性和时效性。因此,应用型硕士研究生教育应当周期性地评估所开展的各种项目的质量和社会适应性,保障项目的设置是基于学生的职业目标而非导师的科研倾向与教学兴趣,培育起一批具有创新性的、新型的、适用的、实用性的硕士教育项目①。

要建立各种监控体系,以为及时改善提供支持;以增强整个质量保障体系的灵活性,一旦发现问题就可以及时进行调整;以保证各种质量保障措施的效应的时效性,避免亡羊补牢。质量保障体系建设要综合考虑质量保障的长期效应与当下效应、潜在效应与显性效应,但相对而言,应用型硕士研究生培养对职业技能、实践能力方面的要求更加直接和显性化,因而对质量保障的效应倾向于强调当下效应、显性效应,虽然这种取向有其内

---

① AAU Committee on Graduate Education. Report and Recommendations[EB/OL]. http://www.aau.edu/policy/graduate_education.

在的缺陷,但又确实体现了应用型硕士研究生培养质量保障的特殊性和所面临的实际问题。应用型硕士研究生教育在促进质量保障过程即时改善的同时,要注意避免"过于紧跟"导致的无序混乱。"我们不赞成所谓的'职业化',给每个学生打上特殊的职业印记,在一个很窄的专门领域'训练'他或她,而需要一个为学生做好当代生活的中心特征——为持续变化做准备的教育体系。"①当然,学生为可持续变化做准备的能力更适于在主动地、持续地为适应社会变化、社会需求而变革的研究生教育系统和培养过程中进行训练。

3. 系统重构是应用型硕士培养质量保障的主要指向

学术型研究生培养质量保障更多地体现出系统内部微观范畴内的运作与调整,应用型硕士研究生质量保障则更多地体现为系统外部宏观范畴内的运作与重构。有研究认为三个层面的独特的品质内涵成为决定研究生培养质量的关键,即研究生个人志趣及专业认同决定学习效能和成长空间,师生关系决定研究生的成长路径,严格的分流淘汰制是确保研究生教育名实相符的关键②。学术型硕士研究生质量保障也注重质量利益相关者的各种需求,但即便如此,在其质量保障总体框架中,由高等教育系统内部学术界主导的同行式评价模式仍然发挥着主导作用,只不过由过去的单一质量保障与控制中心发展到多中心,出现了质量保障权力调整与质量问责。应用型硕士研究生质量保障的多中心权力架构则有其特殊性质,形象地说,学术型硕士研究生质量保障的多中心是一位主人邀请众多利益相关者聚集到主人的一间密封的小屋子里就相关问题进行磋商,而应用型硕士研究生质量保障的多中心则是学位授予单位自身作为多中心权力主体之一走出小屋子,走向企业、公司、政府等用人机构去进行现场调研,融入企业、公司的技术开发及其人才培训系统,构成与前者不同的多中心权力架构与决策程序③。

有研究构建了基于过程的应用型人才培养质量集成管理控制体系,依照六西格玛(6 Sigma)管理方法将各个培养环节进行 DMAIC 闭环拆分,即对强化实践前技术课程、优化专业实践项目选题、校企联合检查、完善专业实践审核制度、答辩评优环节、健全评优体系六个环节,分别逐一进行界定

①　美国科学、工程与公共政策委员会,等.重塑科学家与工程师的研究生教育[M].徐远超,等,译.北京:科学技术文献出版社,1999:14.

②　董云川、李敏.研究生教育规律初探[J].研究生教育研究,2018(5):1-6.

③　廖湘阳.非学术型硕士生教育质量特质与培养过程架构[J].中国高教研究,2010(2):37-41.

（Define）、测量（Measure）、分析（Analyze）、改进（Improve）、控制（Control），以实施全面质量控制[①]。系统建构也可以从某个点切入，比如可以从答辩委员会的构成与评审重点的调整推进质量保障重点的转向，许多培养单位已经规定专业学位研究生的学位论文评阅人和答辩委员会成员中一般应为在相关行业实践领域具有高级专业技术职称的专家，论文评审重点应当是研究生提出实际问题和解决实际问题的能力以及研究生将课程学习到的理论有机地融入到实际问题解决之中的意识和能力。

二、质量保障指向的特殊性

1. 对于职业需求的特别关注

基于学术性的职业性是应用型硕士的质量特质之一，因此其质量保障必须体现出"职业性"色彩，并由此选择和优化质量保障环节与路径。首先，质量保障体系构建的基本前提要从学科逻辑转换到职业需求，质量保障体系要围绕职业需求来构建。其次，要针对职业需求，优化人才培养目标定位、综合素质和专门技能要求、课程设置、培养模式等。最后，项目设置与实施要有相关行业或部门的积极介入，与有关职业资格建立密切联系，课程设置要与有关职业资格考试内容实行对接[②]。全国专业学位研究生教育指导委员会组织编写的《专业学位类别（领域）博士、硕士学位基本要求》对各个专业学位（类别）的基本要求的框架与学术型学位基本要求的框架有一些区别：其一，就本专业学位应掌握的基本知识而言，有的专业学位除了阐述本专业的基础知识和专门知识，还阐述了从行业工作实践角度看应当具备的知识结构；其二，特别明确了获得本专业学位应接受的实践训练；其三，详细阐述了应具备的基本能力，有的还阐述了应当具备的特殊的专业能力。

2. 对于创新能力的特别要求

研究是研究生基本的活动内容与形式，应用型研究生培养不可避免地也要关注研究活动及其内容，关注对研究活动及其内容的质量要求。但是，应用型研究生对于创新能力有着独特的价值取向。以学术研究为中心的传统哲学博士学位反复强调的独创性实际上属于一种"学术独创性"，这种狭义的"学术独创性"传统观念遇到了挑战，第一次把新信息的主要

---

① 李圣，李勇，王海燕.基于过程的应用型人才培养质量集成管理模式研究[J].研究生教育研究，2015（5）：36-41.

② 黄宝印.我国专业学位教育发展的回顾与思考（下）[J].学位与研究生教育，2007（7）：26-31.

部分用文字记载下来、在检测他人的设想中表现出独创性、进行以前没有人做过的经验性工作、利用已知材料得出新的解释、把一个特殊技术应用到一个新的研究领域、进行交叉学科的工作并采用不同的方法论、着眼于本学科中还没有开展过的新研究领域、以一种前人没有使用过的方式增进人类的知识等都具有独创性①。显然,有些独创性与学术型研究生更为接近,有些则与应用型研究生更为接近,各自适宜结合其中某些方面来体现、反映、锻炼创新能力。应用型硕士研究生创新能力的训练与表现更多地与专业实践紧密相关,倡导面向特定专业领域的"专业独创性"而非"学术独创性"。

3. 对于综合素质的特别要求

知识经济时代需要大批有较宽知识面、扎实的数学与自然科学功底的管理人才,这类高级人才能够熟练处理有大批数据和众多相互作用因素的复杂系统,熟知不同领域的新技术;能够准确辨识重要变量,建立分析计算模型,提出简洁的假设,并找出验证和改进这些模型的正确方法。应用型硕士研究生培养特别强调培养研究生在解决现实问题情景中找出影响因子、科学界定影响因子、分辨出无关变量、确定关键变量、形成变量关系的能力,能够真正抓住问题的关键和实质,而且能够有效地组织团队验证与制造出新产品、新服务的能力。

应用型硕士研究生进入真实的工作场景后经常要面对的是充斥着差异性、矛盾的复杂环境,因此要特别学会把控情境,"如果我们客观地看待情境,摆脱那些干扰我们判断的情绪和偏见,那么就能抓住关键线索,更好地理解他人,并得到我们期望的结果"②。自我监控(self-monitoring)反映的是个体根据外部环境适时、恰当调整自己行为的能力,高自我监控者由此表现出相当高的适应性,能够自觉根据不同情境而采取不同行为。A 型人格者(type A personality)总是处于中度至高度的焦虑状态中,相比创新更加关注数量与速度,尽管 A 型人格者工作勤奋,但 B 型人格者常常占据组织中的高位。实际上,组织中晋升较快者常常是睿智而非匆忙、机敏而非敌意、有创造性而非仅有好胜心的人。

三、质量保障要素的特殊性

系统的课程学习、专门的学位论文、指导教师的全过程指导这三个措

---

① E.M.菲利普斯,D.S.普夫.如何获得博士学位——研究生与导师手册[M].黄静,姚一建,译.北京:中国农业出版社,1996:67-68.

② 萨姆·萨默斯.情境影响力[M].王非,译.杭州:浙江人民出版社,2018:9.

施保证了我国研究生教育发展初期的教育质量,构成了我国研究生教育质量保障的特色。但是,随着研究生教育规模与结构的变化,这些质量保障要素的有效性需要进行再评估。针对应用型硕士研究生培养的特征,需要重新考虑传统质量保障措施中哪些要保持,哪些要放弃,哪些新的要素需要加入,如何构建起更为有效的质量保障体系。

1. 拓展质量保障的基点

应用型硕士研究生培养质量保障的基点由专注于内生要素扩展到兼顾内生要素与外部要求,相对而言,外部社会发展特别是职业领域需求的影响力要更大一些。

内适性质量观、外适性质量观、自适性质量观作为当前三种典型的高等教育质量观,都从某个方面解释了应用型硕士研究生培养的质量问题,但又都不全面,需要围绕应用型硕士研究生培养的特殊性进行统合。在这三者的统合过程中,市场作为研究生教育质量保障体系参与主体的话语权越来越大。研究生教育质量保障主体渐进复杂化,在研究生培养单位、政府之外,其他社会组织机构在研究生教育质量保障体系架构中的角色也逐渐凸显出来,其中以企业等社会组织为代表的市场类组织机构的作用日益彰显。研究生教育的发展空间、发展平台必须向外拓展,企业等其他社会组织逐渐成为研究生教育质量保障的重要主体。与此同时,企业等社会组织在研究生教育质量保障体系中的角色不再是一个单向输出者,也不再是一个被动的等待者,而是一个主动的参与者和建构者,会对研究生教育质量观、质量评价标准、质量管理和质量保障过程等方方面面提出自己的诉求,并根据其诉求的强烈程度和满足程度来考虑参与研究生教育发展及其质量保障的方式和力度。

为了及时满足和适应社会的多元化需求,一方面,要审视现有质量保障要素,过滤或者淘汰教育质量保障体系中那些已无实际意义、不合时代的要求、做法、制度,比如长达几万字的理论研究型毕业论文;另一方面,要引入新的质量保障要素,可以引入新的要素、新的理念、新的机制、新的秩序,比如实习实践参与率和质量等。

重新考虑研究生教育与市场的关系,以充分发挥市场需求对研究生教育发展及其质量保障的驱动作用与定向作用,从而改变研究生教育质量保障体系构成要素的基础形态,由专注于内生要素扩展到兼顾内生要素与外部要求,将外部社会发展需求纳入质量保障体系之中,并将其作为重要的机制。市场作为研究生教育质量保障的基本机制,要从三个方面来理解:一是研究生教育发展及其质量保障所需要的资源要通过市场竞争的方式来获得,要发挥市场在资源配置中的基础性作用和决定性作用,促进资源和质量保障要素的自由流动,比如由市场参与提供质量监测信息、研究生就业岗位与薪资信息、社会用人单位人才需求信息等;二是各个参与主体要按照市场竞争和合作共赢的方式来处理相互之间的关系,要瞄准质量保障各主体共赢的长效机制的形成,促进各主体之间频繁的互动,保证各主体在质量保障中的话语权;三是研究生教育质量保障体系要满足经济性要求,是经济的而非昂贵的,是便捷的而非烦琐的。

2. 扩充质量保障的空间

一是形成立交化的网络式质量保障体系。学校与其他质量保障参与主体之间的关系逐渐发生着变化。当研究生教育规模扩大、类型增多后,特别是各种应用型研究生的培养成为研究生教育系统的主要组成部分以后,研究生培养单位在研究生教育质量保障体系中的角色发生了明显变化,学校与其他质量保障主体之间的关系面临着重构。过去研究生培养单位、其他质量保障主体与研究生教育质量保障之间的关系是一个同圆包绕关系,即以研究生教育过程为圆点,研究生培养单位成为包绕这一圆点的第一层,而包括政府等在内的其他质量保障参与主体环绕在研究生培养单位外面成为第二层,第二层要通过第一层来发挥作用。这种圆形层级式的研究生教育质量保障体系,由于过于强化研究生培养单位对于研究生教育质量保障的无限责任,疏离了研究生教育其他参与主体和质量保障主体与研究生教育过程之间的直接接触,已经不适应研究生教育的发展①。因此,未来的研究生教育质量保障体系必须重新架构研究生培养单位与其他质量保障参与主体之间的关系,围绕研究生教育过程、研究生教育质量保障活动构成一个流程式的研究生教育质量保障体系,各个质量保障主体以各不相同的方式在相应流程发挥着作用,形成质量保障的立体网络。

二是抓住质量保障新的结合部。应用型硕士研究生教育质量保障的框架由倾向于单一主体的封闭转向多元主体的开放,各种行业协会的影响力明显加强,质量保障体系的学科逻辑和同行评议色彩有所淡化。单一的学术控制、官僚控制都已经不适应研究生教育发展,需要建立更为清晰的质量保障体系,通过使用标准化的程序和第三者的授权来实现监督已经成为高等教育公共治理和质量保障的有效策略。应用型硕士研究生教育质量保障的空间由局限于研究生培养单位内部延伸到研究生培养单位与实

---

① 王战军,廖湘阳,周文辉,等.中国研究生教育质量保障体系理论与实践[M].北京:高等教育出版社,2012:154.

践能力训练场所、用人单位的结合部上,各种校外训练系统在质量保障中所发挥的作用明显加强。现代的科学知识已经远非科学体系的内生产物,而是以网络互联的方式为科学系统和产业提供基础保障平台,大学既是知识的供给者,也是知识创造(knowledge creation)过程中从企业获得"异质知识"的需求者[①],由此构成的新平台成为研究生培养的重要基地,研究生教育质量保障自然要特别重视这些结合部。

三是建立相关利益主体共同参加的联席会,协调质量保障参与方的责任承诺、责任履行,以及参与方之间的信息沟通与交流合作。质量保障的一个重要趋向就是通过建立半自主性专业机构来具体负责教育质量的监测与评估。随着研究生教育规模的扩大,研究生教育系统利益主体复杂化、利益差异扩大化,利益冲突成为必然,中介机构作为独立的、公益性的、专业化的机构在其中能够较好地发挥协调作用,在政府、学校、企业之间搭建一个缓冲地带,从而将利益冲突降低到不至于影响研究生教育发展及其质量保障的程度。中介机构与其他几个参与主体有所不同,一方面,从原初意义上讲,中介机构参与研究生教育质量保障是一种出于公益的志愿活动,可以打破利益冲突的利益链,从而形成新的结构关系;另一方面,与其他参与主体比较而言,中介机构的作用更多地与监督制约相关联,这种监督制约既包括对研究生教育质量本身的监督,也包括对研究生教育参与主体的监督。各种中介机构固然要参与一些具体的实务,但其使命从根本上来说应当是形成一种协调机制。依托中介机构形成一种政府强制控制之外的协调机制,在当前这既是充实政府管理方式调整后可能出现的权力真空的必要手段,又是形成一种新的研究生教育发展机制的重要途径。

3. 加强质量保障的反馈

应用型硕士研究生培养质量保障的反馈由自省式反馈转型为内部指导与外部公开相结合,社会用人单位能够更加便利地获取培养单位人才培养质量方面的有效信息。

当前,社会上对于研究生教育质量存在许多不太乐观的看法和评价,这些看法和评价有些是客观和真实的,有些则是片面的、过激的,而之所以那些片面的、过激的看法和议论被广泛传播,其中一个重要原因就是研究生教育系统本身缺乏一种公开质量信息的自觉性,缺乏一种与社会各界就研究生教育质量进行对话的自觉性。所谓"质量是在共同可接受的有关问

---

① 陈劲.新形势下产学研战略联盟创新与发展研究[M].北京:中国人民大学出版社,2009:23.

责的和整体性的标准的范围内对任务描述和目标结果的顺应"①。我国研究生教育系统要与社会各界建立起一个有效的对话机制,通过对话来了解研究生教育系统围绕研究生教育发展及其质量保障所采取的各种措施,了解研究生教育质量保障的整体情况,了解社会各界对于研究生教育的需求。

随着学生需求多样化的发展,准备攻读研究生学位的学生的需求由过去单一的机会性需求转向机会性需求与差异性需求并存,学生在普遍关注研究生教育机构整体声誉和教育质量的同时,更希望获得有关学科专业的信息,而且学生不仅要对研究生教育机构进行办学水平与教育质量的比较,同时还要对自己准备报考的学科专业进行不同研究生教育机构之间的综合比较。研究生教育机构应当全面提供教育质量方面的信息,尤其是学生发展质量方面的信息。这类信息包括研究生学习与研究产出、研究生学业完成率、研究生的创新能力和实践能力的发展、研究生综合素质和专业技能的发展等方面。

随着传统就业方式的退化,新的就业方式使得求职者对就业信息的需求更加紧迫。但是,"通常没有那些从事非学术非研究性工作者的充分的追踪信息。现在的及未来的学生自然也无法利用这方面信息"②。为此要建立相应的制度和机制,了解非传统学术性岗位对于研究生能力、素质的评价情况,跟踪毕业研究生的职业发展,建立起研究生就业与职业发展数据系统,发布毕业研究生的就业信息和职业发展信息、研究生就业能力的信息、研究生职业发展能力的信息,尽可能提供丰富的、及时的就业信息,以供研究生选择发展道路之用。

过去的质量保障体系有着线性逻辑假设,即只要设计好一切就会按照设计产生好的结果。对于管理者来讲,最重要的是求胜于未知,要意识到不确定性尤其是结构性的不确定性。不确定性与变化不同,不可预测性、多维性、开放复杂性是"不确定性"不同于"变化"所具有的三个特征③。对于应用型硕士研究生培养,其质量保障在传统框架发生变化的基础上,应愈加重视不确定性的影响。

---

① E.格威狄·博格,金伯利·宾汉·霍尔.高等教育中的质量与问责[M].毛亚庆,刘冷馨,译.北京:北京师范大学出版社,2008:16.
② 美国科学、工程与公共政策委员会,等.重塑科学家与工程师的研究生教育[M].徐远超,等,译.北京:科学技术文献出版社,1999:127.
③ 陈春花.激活组织:从个体价值到集合智慧[M].北京:机械工业出版社,2017:70-79.

第三节　理 念 重 构①

随着研究生教育规模的扩大以及研究生培养机制改革的深入,研究生教育质量保障进入一个转型和重构阶段。在研究生教育质量保障重构的过程中,既要通过质量保障措施与体系的优化和创新来解决质量保障的技术问题,更要通过理念与价值的重构和创新来解决质量保障的深层次问题。价值理念的先进性、切合性成为影响研究生教育质量保障水平与质量的决定性因素。研究生教育质量保障体系的重构不仅要考虑技术层面的问题,更需要对质量保障哲学观进行反思,对质量保障的价值理念进行重构。

一、树立科学的质量保障有效性观点

教育情境中教育质量包括教育活动的教育性、教育性实现的充分程度、教育性及其实现水平满足利益主体的需求程度,相应地,教育质量可以分为三种类型,依次是教育性的实现即本体质量、教育性的实现与提升所需要的软硬件状况即条件质量、有关利益主体对教育服务及学生发展的满意程度即外部质量②。对于应用型硕士研究生培养而言,讨论其质量问题时纠结于质量要求是否放宽的问题,还不如反思其视角方面的要求,推动其在培养模式、课程体系、能力结构、学生多样化、毕业生胜任力等方面更具灵活性,既要求学科基础和学术能力,又要求实践体悟和职业经验。

研究生教育质量保障要力求有效,但又不能完全局限于有效性,尤其是不能走向急功近利。研究生教育质量保障要将有效性作为基础,在此基础上追求更为重要的价值目标。研究生教育质量保障所要保障的不应当只是当下,还应当提供对研究生未来发展的保障,后者更为重要。研究生教育质量保障一方面指向研究生教育直接满足社会需求和作出社会贡献的能力,强调的是研究生直接产生大量的知识成果;另一方面指向研究生教育适应社会需求和引领社会发展的能力,强调的是研究生综合素质的提升和未来竞争能力的增强。研究生教育质量保障应当兼顾两者,其有效性

①　本部分主要内容来自廖湘阳.重构研究生教育质量保障的价值理念[J].中国高等教育,2012(7):22-24.

②　李明磊,王铭.专业学位研究生的培养与质量保障——第五届中国研究生教育学术论坛综述[J].学位与研究生教育,2012(12):25-28.

的衡量标准应当包括这两个方面。为此,要放弃从某个单一角度来衡量研究生教育质量保障有效性的偏爱,从多个角度把握其有效性,综合考虑研究生全面发展的自由性、指导教师指导的自主性、质量保障的意义性以及质量保障的经济性等维度,通过质量保障效果的集成来提升研究生教育质量保障的有效性。

二、营造和拓展研究生自由发展的空间

研究生教育质量保障的出发点是为研究生营造和开拓一个自由发展的空间,以此促使和引导研究生自由地发展。因此,研究生教育质量保障的评价标准并不是所谓的质量控制程度与能力,而是研究生自由全面发展的机会与可能。

其一,质量保障是一种双向互动的过程。质量保障要调动研究生的积极性,发挥研究生在质量保障中的关键作用,调动研究生参与质量保障的动力,加深研究生参与质量保障的程度,提高研究生参与质量保障的质量。研究生培养过程不再追求按照一定标准,严格控制误差,而是倡导按照一定标准,鼓励个性化发展,建构起允许和鼓励差异性、个性化、自主性的质量保障系统。导师指导要做到适时、适度、适当,既要"基本要求"严格,又要"个性发展"宽松,而评价导师指导有效性的标准主要不是学生的研究成果,而是是否有助于自主学习、是否有助于创新思维、是否有助于职业发展。

其二,质量保障是一个创造成功的过程。要创造条件和氛围让学生、教师认识到自己发挥了最大潜力,从而增强成就感,始终保持旺盛的信心和激情。研究生教育质量保障在关注显性成果取得的同时,要聚焦于研究生成就感的增强、浓厚兴趣的保持、自我信心的坚定,后者构成研究生综合素质和创新能力提升的基础。

三、倡导质量保障的生成模式

有研究提出开辟"以研究生为第一主体的自主化质量治理发展之路,形成以研究生教育质量内生性生长逻辑和研究生教育治理开放性成长逻辑为两大基础动力机制的研究生教育发展新常态"[①]。质量保障的路径可以分为预设模式与生成模式,与先验性的、单向的预设模式不同,质量保障生成模式将质量当作一个复杂的过程,强调质量文化和质量氛围的营造。

①　戚兴华,黄崴.中国研究生教育发展的制度自觉与道路转型[J].研究生教育研究,2017(1):1-7.

研究生教育质量保障与其他层次教育质量保障相比,体现出更加明显的建构性。

一是转变传统的质量保障观。质量管理依次经历了质量检查、质量控制、质量保证和战略质量保证四个发展阶段,战略性质量保障与传统质量保证的区别就在于它紧紧瞄准质量,但又不仅仅局限于质量本身(即达到预定标准),同时特别关注研究生教育系统组织使命与责任的认同、组织内部协调关系与协调机制的形成以及质量文化和质量氛围的营造。

二是保持研究生培养质量保障体系的开放性,在确定性与不确定性之间保持恰当平衡。研究生培养质量保障体系本身应当是一个探索与创新的系统,一方面应当有利于研究生创新活动的开展和创新成果的取得,另一方面应当保持开放性,及时根据研究生教育发展而不断调整和完善质量保障措施、环节与体系。要防止两种倾向:一是过于追求质量保障体系的更新而忽略了相对稳定性的保持;二是过于追求质量保障体系的确定性而不敢、不愿推进变革和创新,以至于以一种保守的惯性虚假地保障研究生教育的质量,而渐渐脱离研究生教育发展新趋势。

三是瞄准质量保障的集成效果。质量保障措施要产生一种多元的效果,不能表现出一个措施对应一种目的、一个环节、一种效果。任何一种措施都应当产生多元影响,而各种措施集成后产生集成性的质量保障效果。对于应用型研究生培养而言,社会认同既是其质量好坏的表现,又是其可持续发展的前提。社会认同度高,社会资源(包括办学经费、师资力量、潜在生源等)向其聚集的可能性就越大,而随着资源聚集而来的就是竞争与优化,进而推动培养质量的稳步提高。

四是准确把握质量保障的预期与现实。设计的质量保障体系、实际运行的质量保障体系、研究生教育中相关主体感受到的质量保障体系之间是存在显著差异的,一个好的设计要能够取得预期的效果,依赖于研究生教育相关主体对质量保障体系的价值理念的认同。因此,对于研究生培养单位来说,一方面要大胆借鉴其他国家、其他院校的先进经验,引入在其他院校得到了普遍验证的质量保障措施与质量保障体系;另一方面要积极营造与自身组织相适应的质量文化和质量氛围。质量文化和质量氛围既是质量保障体系的构成要素,又是影响研究生培养质量的重要因素,对研究生教育特色的形成有着至关重要的影响。

四、彰显质量保障的激情和责任

研究生教育的各种活动与过程对于研究生来说,应当是充满吸引力、挑战与激励的,这几个维度是质量保障必须重视但又常常被忽略的。质量保障体系本身不能靠各个组成部分来激活,各构成要素只有获得责任、情感、伦理、道德的意蕴与支持后才具有影响力。

作为影响培养质量的关键因素的研究生对于培养活动以及质量保障活动的感受是影响其学习活动绩效的一个指向标,而这种感受既包括对教育活动与质量保障活动的内容、程序与方式的感受,也包括对这些活动实施者的心态和精力投入的感受。因此,教师要本着道德良心,以一种热情的状态投入到研究生培养过程当中。冰冷、冷漠的质量保障体系即使再完善,有时也比不了教师、管理人员的一丝微笑、一份热情。情感投入可以产生很多的附加值,在一定程度上缓解当前物质资源投入严重不足对研究生教育质量保障的冲击。

要挖掘研究生教育质量保障的魅力,一是增强质量保障目标的意义,既要从工具理性来考虑质量保障,又要从价值理性来考虑质量保障;二是增强质量保障措施的意义,质量保障措施本身应当是有意义的、有活力的、有情感的,而非冰冷的、机械的。诚如 Martion Trow 所言,质量"一方面是要求的严格与高低程度如何,另一方面是丰富性和激励性如何"[1];三是增强质量保障结果的意义,研究生培养质量保障对于研究生未来的长远发展是有意义的,这种发展既包括知识能力的提升,又包括品位素质的提升。

第四节　体系构建

应用型硕士研究生培养质量保障体系的构建,既要体现出研究生教育质量保障体系构建的基本规律,又要体现出应用型硕士研究生培养的特殊性;既要创新实施新的质量保障措施,又要确保这些措施能支撑应用型硕士研究生的质量产出;既要传承我国研究生教育质量保障的有益做法与成功经验,又要顺应研究生教育改革发展的新趋势和质量保障的新要求。

一、构建多元参与体系

1. 参与主体多元化

不同的视角、不同的哲学观点,都会对研究生教育质量保障体系的构成理念与构成方式产生特定的影响。相关研究提出了研究生教育质量保障体系构建的对策建议,比如研究生教育质量保障"三三"结构体系,即建

---

[1]　马丁·特罗.从精英向大众高等教育转变中的问题[J].王秀丽,译.外国高等教育资料,1999(1):1-22.

立由三级管理部门、三个把关环节及三个社会中介机构这三个"三"筑成的质量保证体系①；研究生教育三维质量保证体系，即研究生的培养质量体系、管理与服务质量体系、质量监督体系三个组成部分构成的质量保障体系②；应包含多样化且层次分明的质量标准体系(质量目标多样化、特色化)和合理的研究生教育质量保障结构体系(政府教育行政管理部门、中介机构和培养单位)③；多元复合型模式，即在借鉴中介机构主导型模式、政府主导型模式、政府和高校合作型模式的基础上，采取政府、高校与社会共同参与、相互合作、相互补充的多元复合型质量保障模式，其中政府在质量保障体系中的职能由"行政管理"转变为"政策调控"④；多元平衡型，即放弃传统的高校主导型、政府主导型、民众主导型等一元主导模式，建立政府、高校、民众通过某种机制共同参与研究生教育质量保证活动，且三方力量得到比较均衡的配置⑤。上述观点从各个不同的角度提出了研究生教育质量保障体系的构成，都有其合理性；虽然对质量保障体系结构的具体构成以及内部职责划分有着不同的看法，但都倾向于从多元主体的角度来建构质量保障体系。由此可以看出，有效的研究生教育质量保障体系倚重多元主体之间的协作，研究生教育质量的保证与提高是研究生学位授予单位(主要是高等学校)、企业、政府等主体机构多元组合、共同参与和相互协作的结果。

应用型硕士研究生教育质量保障体系的参与主体可以分为两类，即机构类型和个体类型，不同类型的参与主体构成三个三角形：第一个三角形是由政府、用人单位、社会中介机构构成的，是主要发挥质量外部监督作用的质量保障主体群。第二个三角形是由学校、院系、学科构成的(对应到研究生校外实践基地是企业、企业技术研发或管理部门、实际的工作岗位和生产部门)，是主要发挥质量内部保障作用的质量保障主体群。第三个三角形是由研究生、指导教师、管理者构成的，是主要负责具体推进研究生教育质量过程的质量保障主体群。三个三角形的着力点是高等学校和研究生校外实践基地(联合培养单位)，整个质量保障体系要以高等学校和研

① 赵沁平.积极探索 勇于创新 大力推进研究生培养工作的改革[J].学位与研究生教育，2000(1)：3-9.

② 肖敏.建立研究生教育三维质量保证体系[J].学位与研究生教育，2003(6)：34-37.

③ 肖念，等.ISO9000与研究生教育质量保障体系[J].学位与研究生教育，2003(3)：19-23.

④ 陈伟，裴旭，朱玉春.我国研究生教育质量保障体系构建的有关探讨[J].学位与研究生教育，2010(7)：50-54.

⑤ 黎军，李璧强.从一元主导到多元平衡：研究生教育质量保证模式的发展趋势[J].中国高教研究，2010(1)：41-44.

究生校外实践基地(联合培养单位)之间的分工合作为基础。应用型硕士研究生培养质量保障体系参与主体构成如图 8-1 所示。

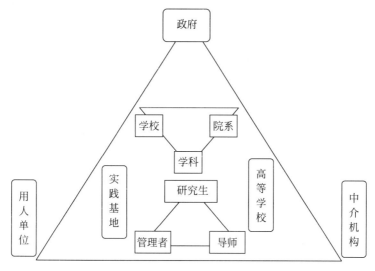

图 8-1　应用型硕士研究生培养质量保障体系参与主体构成

2. 应用型硕士研究生培养质量保障的职责体系

质量保障体系的构建是一个责任、义务边界重新界定的过程,是一个权力调整和博弈的过程①。与学术型硕士研究生培养相比,应用型硕士研究生培养对于实践能力、职业技能的培养更为重视,实践能力、职业能力发展程度成为衡量其培养质量的关键指标,其培养活动也构成整个培养过程的中心环节。因此,有必要针对其特殊要求,建立相对独立的应用型硕士研究生培养质量保障体系,该体系的重心自然应当放在实践能力、职业技能的发展上,各种质量保障活动与环节要围绕这一中心形成一个集成化的质量保障体系。

(1) 研究生培养机构的职责

高等学校"是联结政府与受教育者及社会用人单位的重要主体,他们首先负有落实质量目标的责任,其次在与受教育者及社会用人单位的直接接触中也负有对社会需求进行捕捉并作动态调整的责任"②。研究生培养机构要树立责任意识,主动建立并完善应用型硕士研究生质量评价体系和

① 王战军,廖湘阳,周文辉,等.中国研究生教育质量保障体系理论与实践[M].北京:高等教育出版社,2012:148.

② 王战军,郑中华.研究生教育质量保障体系中的责任分析[J].学位与研究生教育,2009(10):18-21.

监督机制,切实担负起质量保障的首要责任。

一是要牵头制定本单位应用型硕士研究生培养的质量标准,保证质量标准对上要符合硕士学位国家质量标准,对标要符合本领域应用型硕士学位行业性质量标准,对外要符合企业等用人单位对本领域应用型硕士研究生专业能力和职业技能的特殊要求。二是要通过制订符合学校实际的研究生教育发展定位、人才培养规格、人才培养类型等方面的规定来确定本单位研究生教育质量的特定指向性,这个特定指向将在该单位研究生教育发展及其质量保障的整个过程中体现出来,外界对其质量评估也要考虑这个特定指向。三是要推进研究生培养观念的转变,接受越来越多的研究生毕业后进入商业、政府和非营利部门等非学术领域工作这一现实,并为此作出一系列根本性改变,从研究生培养目标、培养体系、课程内容、能力要求到质量评价等方面进行重构,为在读研究生提供适当的职业技能培训指导以及相关就业机会信息,帮助学生了解他们可选择的职业或者岗位,通过相应的课程建设为研究生从事这些非学术领域工作打下知识和能力基础。四是要通过与企业、政府的合作,整合研究生培养中的各种职业技能项目,一方面使职业技能发展成为应用型硕士研究生培养的重要方向,另一方面要通过整合提升职业技能培训的品质和系统性。五是要加强对应用型硕士研究生指导教师的培训和指导,要通过系统培训、相互讨论、实地观摩以及实践挂职等措施,转变指导教师的人才培养理念,强化应用型硕士研究生培养的独特性意识,积累从企业需求和研究生个体职业技能发展的角度出发培养研究生的责任意识和质量意识。六是要进一步完善研究生考试制度与录取模式,要引入多种选拔方式,要强调对学生全面素质的综合测评,要发挥导师在选拔研究生过程中的积极性和责任心,要根据人才培养类型与规格采取各有侧重的考试方法。要建立和完善鉴别有潜力攻读研究生学位的大学生的方法和工具。七是要进行校内资源的重新配置,有计划地扩充应用型硕士研究生培养所急需和必需的教学资源尤其是实践性教学资源。与此同时,要建立起大学内部院系、学科、学位授权点应用型硕士研究生培养资源配置的监控机制,确保应用型硕士研究生培养有着相对独立的基础资源的支持。高质量的研究生教育需要相应的基础设施和辅助服务的支撑,要尽可能改善研究生的培养条件,为研究生学习、研究和生活提供良好的条件,包括各种学术资源、学术网络、研究设备等。八是要建立起应用型硕士研究生培养流程的质量监测机制,要对生源质量、课程教学质量、指导教师精力投入、实习实践机会和参与程度、实践能力发展、应用型项目研究和实际问题解决研究、毕业成果质量等方面进行全方位、全过程的监测,并建立及时的质量信息反馈机制,促成质量保障的即时改进。要全面收集和分析应用型硕士研究生培养的质量信息,分析培养质量高的核心因素是什么,培养质量不高的关键原因是什么。要通过建立大数据库为应用型硕士研究生培养提供可比较的数据,为改进质量、防止质量漏洞提供参考和支持。

（2）企业等社会组织的职责

企业等社会组织积极参与应用型硕士研究生培养及其质量保障,促使业界和研究生教育有机联系起来,这是应用型硕士研究生培养及其质量保障的基本前提。随着新的知识生产模式的强盛,这一基本前提显得越来越重要。

其一,企业等社会组织应重视与大学的战略合作,共同建立研究生培养协调机构。一些特殊行业的企业应当联合研究生培养机构制订专门的培养项目,包括培养方案、可能生源和经费资助。其二,市场特别是企业等社会组织要参与研究生教育发展理念、质量标准的制定,并明确表达出市场、社会用人单位对研究生教育发展的需求及其指向,依此促使研究生教育系统适应社会需求。其三,企业要为应用型硕士研究生提供实习机会,要有意识地向研究生培养机构提供企业技术需求和人才需求方面的信息,要和研究生培养机构、指导教师一起向在读研究生和攻读研究生意向者宣讲企业当前的技术变化和职业技能要求。其四,企业等社会组织应当选派技术人员到大学中进行广泛的交流,以增强对大学学术动态的了解以及对大学人才培养现状的了解。企业只有了解了大学,才能更好地对大学提出技术供给和人才供给的要求,企业与大学才能建立起合作的长效机制。其五,企业和当地政府的参与聚焦于保证应用型硕士研究生培养的质量是其所需要的质量,即按照共同商量拟订的培养方案而培养出来的毕业生能够及时满足当地经济社会发展尤其是当地企业对技术劳动力的需求。当地化技术人才的培养依赖于当地企业和政府对产教融合、校企合作的积极推动。其六,中介机构要通过参与研究生教育发展政策、质量标准特别是行业性质量标准的讨论与制定,通过评估等监督手段,对研究生教育质量保障施加影响。

（3）政府的职责

一是要通过制定研究生教育政策、研究生教育质量标准、研究生教育发展目标来规范研究生教育的发展,保证研究生教育的宏观质量;要发布硕士学位质量标准,通过组织国务院学科评议组和各专业学位教育指导委员会的学术力量,拟订适合培养应用型硕士研究生的一级学科的应用型硕士研究生培养方案和基本要求。二是要发挥组织协调作用,通过宏观调整和政策引导来促进研究生培养机构与企业、其他政府机构和社会组织的合作,建立起立体化的质量保障体系。高等教育评估供给质量制约着高等教育评估对高等教育质量保障的影响程度与性质。管办评分离和放管服改革、大数据和第四次工业革命、供给侧结构性改革提供了高等教育评估供给优化的时机、动力和技术。高等教育评估供给优化要基于管办评分离,围绕开发新的评估产品和服务来解决供给的结构性问题,通过引入市场机制、模块化供给机制来激发评估供给的活力,始终服务于高等教育质量保障,融入高等教育公共治理框架。三是要明确企业技术创新经费中政府部分要有一定的比例用于应用型硕士研究生的联合培养和实习实践。从目前的情况来看,如果缺乏相应的制度安排,单靠高等学校和企业是难以为在校研究生提供足够的实习实践机会和场所的。四是要灵活运用绩效评估和质量监测方面的信息加强对研究生培养机构培养应用型硕士研究生的调控,促使其将重心真正转移到提高质量上来,将培养目标真正转向服务需求。五是要关注应用型硕士研究生培养与就业的宏观信息,利用大数据来建立应用型研究生改革发展的决策支持系统。对于政府而言,其对于研究生教育质量保障的责任不再是具体介入质量过程,而是转向为研究生教育机构提供研究生教育质量标准和增强社会公众对研究生教育的信任度。

(4) 职责的整合

研究生培养各主体都应加强其在研究生教育转型发展过程中的地位角色。应用型硕士研究生培养是我国研究生教育改革发展的方向,其质量受到高度关注,研究生培养机构、政府、企业、教育评估中介机构应当表现出对应用型硕士研究生培养的热情和投入,共同协商解决当前应用型硕士研究生培养质量保障中存在的薄弱环节。

其一,通过制定和实施科学的研究生教育政策、理念、质量观和质量标准,形成一个科学的、积极的研究生教育发展愿景,以此凝聚各种资源、力量以保证研究生教育的质量。

其二,制定应用型硕士研究生培养目标、质量标准以及质量监测评估方法,开展质量信息测量指标的制定、质量信息的收集与分析、质量信息的反馈与处理。建构合适的质量工具,包括收集信息的工具、分析信息的方法、反馈信息的渠道等方面。

其三,开展应用型硕士研究生培养顾客需求(主要是指研究生及其家长的需求)和市场需求的调研与预测。收集毕业研究生的就业信息和职业发展信息,了解用人单位对研究生能力、素质的评价情况,跟踪毕业研究生的职业发展,建立起研究生就业与职业发展数据系统。

其四,建立符合大众和决策部门需要的数据系统,加强质量数据库建设,有计划地收集、归纳、比较和分析高等教育质量现状及其变化等方面的信息,建立、更新高等教育质量数据库,并注重高等教育质量数据库的数据挖掘和深度分析。要建立信息公开制度和信息公开激励机制,促进高等教育发展与质量信息的发布与共享。

二、建立质量标准体系

1. 质量标准与质量标准体系

质量标准是质量保障的依据与起点,所谓"标准"就是公认的、共同遵守的准则,而一系列质量标准就构成质量标准体系。研究生教育质量标准要通过一系列条目和专门术语表达出来,其中最通用的就是质量标准、质量规范、资格框架等。就研究生教育而言,其质量标准体系由三个层次的质量标准组成:国家标准处于最顶层,反映的是最共性的、最基本的质量要求;学科/行业/领域标准处于中观层次,起着承上启下的作用,既是国家标准的具体化,又是培养单位标准的特殊领域的抽象化;培养单位质量标准是最具有可操作性的质量标准,与具体的培养过程、质量保障活动相连①。不同层次的学位标准其构成要素有各自的侧重内容和定位,国家和领域标准侧重于比较宏观的定位,而培养单位标准是在国家和领域标准框架下的细化、具体化和可操作化。

实际的质量标准可划分为四种逻辑模型,即"内适主导模型、外适主导模型、比较主导模型和发展主导模型"②。不同类型的研究生培养有其切合的复合的质量标准逻辑模型,即以某种逻辑为主导,以某些逻辑为辅助。应用型硕士研究生培养质量标准应当坚持外适主导模型,强调满足社会需求的能力与程度。

质量标准体系可以从三个维度来建构:一是层次维度,即国家标准、专业标准和单位标准;二是内容维度,即共性标准、特性标准,共性标准是所有专业或相近专业共有的质量标准要求,特性标准是特定职业独有的或

---

① 林健."卓越工程师教育培养计划"通用标准研制[J].高等工程教育研究,2010(4):21-29.

② 别敦荣.专业学位研究生教育的特性及其质量标准的学理探析[J].研究生教育研究,2013(3):76-81.

特别强调的质量标准要求；三是水平维度，即基本标准和优秀标准。就内容维度而言，要从学术型研究生、应用型研究生、专业学位研究生的对比分析中界定其共性标准和特性标准，要从本科应用型人才、硕士应用型人才、博士应用型人才的对比分析中界定其能力要求的共性和差异。

2. 硕士学位质量标准的具体规定

世界各国都高度重视研究生教育质量标准的制定，以此推动研究生教育质量保障体系的建立，保证和提高研究生教育质量。

(1) 英国的硕士学位质量标准

英国教育质量保障署（The Quality Assurance Agency for Higher Education, QAA）2018 年修订的《英国高等教育质量规范》（UK Quality Coele for Higher Education）在原有质量规范基础之上，重申硕士研究生能力框架、保障措施、评估技术等[①]。2014 年制定的《英国学位授予机构高等教育资格框架》（The Frameworks for Higher Education Qualifications of UK Degree-Awarding Bodies）规定，具有代表性的硕士学位持有者应有的能力包括[②]：

① 系统地、创造性地处理复杂问题，在缺乏完整资料的情况下作出合理的判断，并将其结论清晰地与专家和非专家进行沟通；

② 在处理和解决问题中显示出自主和独创，在专业水平上独立地制订工作计划并付诸实施；

③ 持续提升对知识的掌握和理解，开发新技能，将之提高到一个新的水平；

④ 应具有就业所需要的素质和可转移技能，包括行使主动性和个人责任、在复杂和不可预测的情况下作出决策、持续职业发展所需的独立学习能力。

(2) 欧洲高等教育学术资格框架

欧洲高等教育学术资格框架（Framework of Qualifications for the European Higher Education Area）"规定了学士、硕士和博士三个不同层次的学位各自期望的学习产出，并规定了学士和硕士层次的学分值范围"[③]。《欧洲工程教育认证计划标准》（European Accredited Engineering Project,

① UK Research Council. Skills Expected from Graduate Students in Search of Employment in Academic and Non-Academic Settings[R]. UK Research Council, 2011.

② QAA. The Frameworks for Higher Education Qualifications of UK Degree-Awarding Bodies[EB/OL]. https://www.qaa.ac.uk/quality-code/qualifications-and-credit-frameworks.

③ 毕家驹. 国家学位标准要与时俱进[J]. 高教发展与评估, 2006(6): 31-34.

EURACE）从知识和理解力（knowledge and understanding）、工程分析（engineering analysis）、工程设计（engineering design）、调查研究（investigation）、工程实践（engineering practice）以及可迁移技能（transferable skills）六个方面对硕士阶段工程教育人才培养标准进行详细阐述[①]，包括六个一级指标、19个观测点。《欧洲工程认证框架和标准》（*EUR-ACE Framework Standards and Guidelines*，EAFSG）主要包括以下内容：①工程教育认证机构标准；②工程教育标准；③工程教育认证流程指导框架；④EUR-ACE认证程序[②]。该标准所规定的硕士学位认证标准包括涉及知识与理解能力等8个方面的24个考察指标。

（3）澳大利亚资格体系的硕士学位标准

澳大利亚教育质量框架（Australian Qualifications Framework，AQF）中硕士学位详细说明书（AQF specification for the Master's Degree）[③]涵盖了硕士学位资格计划和认证的内容。澳大利亚教育质量框架关于硕士学位教育质量框架的说明包括两个部分：一是关于硕士学位教育质量框架的水平标准（AQF level 9 criteria）的说明，二是关于硕士学位教育质量类型特征的描述。硕士学位资格标准在澳大利亚学位体系中是第九类标准。该标准规定在硕士学位资格类型中，主要包括三种构成方式：研究型硕士学位、授课型硕士学位、综合型硕士学位。硕士研究生教育项目在计划和设计过程中，必须做到有助于毕业生应用具体标准来描述学习成果，可以采用研究型硕士学位、授课型硕士学位、综合型硕士学位三种之一进行描述。澳大利亚资格体系对硕士学位即第九类标准中每种类型的硕士学位都从四个方面进行了界定："概述"（Summary）界定了这类毕业生将具备研究和/或专业实践和/或深造的专业知识和技能；"知识"（Knowledge）界定了这类毕业生将具备针对一个或多个学科或专业领域里的复杂知识体系的高级和综合性理解能力；"技能"（Skills）界定了这类毕业生将具备独立处理知识体系或实践问题的专家级的专业认知技能，包括批判性的分析能力，研究并应用现有理论到知识体系或实践中去，理解并将知识、技能和理念传递给专家或非专家的受众；"知识与技能的应用"（Application of

①　刘群群，朱佳斌.欧洲硕士层次工程人才培养标准比较研究[J].学位与研究生教育，2015（10）：71-77.

②　朱金明，韩婷婷，康建山.欧洲工程教育认证体系对中国工程硕士教育认证的启示[J].学位与研究生教育，2018（7）：66-71.

③　Australian Qualifications Framework Council. Australian Qualifications Framework（First Edition July 2011）[R/OL]. http://www. aqf. edu. au/Portals/0/Documents/Handbook/AustQuals%20FrmwrkFirstEditionJuly2011_FINAL. pdf.

knowledge and skills)界定了这类毕业生将应用知识与技能作为一名从业者或学习者的自主性、专家判断、适应性与责任感的表达。具体界定如表 8-1 所示。

表 8-1　澳大利亚硕士学位资格分类描述

维度	研究型硕士学位	授课型硕士学位	综合型硕士学位
概述	旨在证明那些在研究和学术的背景下应用高阶知识体系,并将之作为进阶途径的个人备相关资格	旨在证明那些在专业实践或学术的背景下应用高阶知识体系,并将之作为进阶途径的个人具备相关资格	旨在证明那些在专业实践的背景下应用高阶知识体系,并将之作为进阶途径的个人具备相关资格
知识	毕业生将具备:了解一个或多个学科里的最新进展的知识体系;可应用到工作或学习领域的研究原则和方法的进阶知识	毕业生将具备:了解一个学科和/或专业实践领域的最新进展的知识体系;可应用到工作或学习领域的研究原则和方法的知识	毕业生将具备:深入了解一个学科及其专业实践的最新进展的知识体系;可应用到学科及其专业实践的研究原则和方法的知识
技能	毕业生将具备:描述理论性知识掌握,以及批判性地理解理论及其应用的认知技能;调查、分析和整合复杂信息、问题、概念和理论,并且应用现有理论解决不同的知识体系或实践问题的认知性、技术性、创造性技能;形成和评价抽象意义上的复杂理念和概念的认知性、技术性、创造性技能;设计、应用和评价研究与研究方法的专门的认知性技能;呈现连贯和持续的辩论,以及将研究成果传递到专家和非专家受众的专门的交流技能;设计、评价、实施、分析理论,以及宣传为知识作出贡献的研究的专门的交流技能	毕业生将具备:描述理论性知识掌握,以及批判性地理解理论及其专业实践的认知技能;调查、分析和整合复杂信息、问题、概念和理论,并且应用现有理论解决不同的知识体系或实践问题的认知性、技术性、创造性技能;形成和评价抽象意义上的复杂理念和概念的认知性、技术性、创造性技能;向专家和非专家受众证明和解释理论命题、方法论、结论和专业决策的专门的交流技能;设计、评价、实施、分析理论,以及宣传为专业实践或奖学金作出贡献的研究的专门的交流技能	毕业生将具备:描述理论性知识掌握,以及批判性地理解理论和专业实践的认知技能;调查、分析和整合复杂信息、问题、概念和理论,并且应用现有理论解决不同的知识体系或实践问题的认知性、技术性、创造性技能;形成和评价抽象意义上的复杂理念和概念的认知性、技术性、创造性技能;向专家和非专家受众证明和解释理论命题、方法论、结论和专业决策的专门的交流技能;设计、评价、实施、分析理论,以及宣传为专业实践作出贡献的研究的专门的交流技能

维度	研究型硕士学位	授课型硕士学位	综合型硕士学位
知识与技能的应用	毕业生将通过以下方式证明其知识与技能的应用：主动并创造性地处理新情况和/或深造问题；具备高层次的个人自主性和责任感；计划并执行重大研究	毕业生将通过以下方式证明其知识与技能的应用：主动并创造性地处理专业实践和/或深造的新情况；具备高层次的个人自主性和责任感；计划并执行重要的研究型项目、顶点经验和/或研究	毕业生将通过以下方式证明其知识与技能的应用：主动并创造性地处理专业实践和/或深造的新情况；具备高层次的个人自主性和责任感；计划并执行重要的研究型项目、顶点经验和/或专业性项目
学习年限	学习年限通常是一年至两年；在同一学科，若遵循第7类资格标准，时间是一年半，或是遵循第8类资格标准，则是一年；在不同的学科，若遵循第7类资格标准，时间是两年，或是遵循第8类资格标准，则是一年半	学习年限通常是一年至两年；在同一学科，若遵循第7类资格标准，时间是一年半，或是遵循第8类资格标准，则是一年；在不同的学科，若遵循第7类资格标准，时间是两年，或是遵循第8类资格标准，则是一年半	学习年限通常是三年至四年，遵循第7类资格标准则不少于三年

3. 应用型硕士研究生质量标准范畴与要求构想

我国研究生教育国家质量标准的法律依据或者法律表述就是《中华人民共和国学位条例》相关内容，其中关于硕士学位和博士学位授予标准的规定在我国实质上发挥着研究生教育国家质量标准的作用，成为研究生培养单位制定学位授予实施办法的依据和准则。国务院学位委员会办公室组织制定了《一级学科博士、硕士学位基本要求》和《专业学位类别(领域)博士、硕士学位基本要求》。前者即学术型学位基本要求的框架，包括学科前沿、社会需求、知识结构、综合素养与能力、基本规范等方面；后者即专业学位的基本要求的框架，包括社会需求、知识结构、综合素养、实践训练与能力等方面。就基本知识而言，前者强调学科知识，是与学术研究相匹配的知识与能力；后者在强调基本的学科知识体系的同时，强调从行业工作实践出发应当具备的相应知识即行业特定知识和行业规范。就基本能力而言，前者强调的是获取知识的能力、科学研究的能力、实践的能力；后者同时强调与职业工作直接对应的职业技能。就学位论文而言，前者强调规范性要求和质量要求，后者同时特别强调论文选题的要求，要求选题来自实际问题,应注重对实践问题的分析。

结合应用型硕士研究生的特征、能力结构,其专业能力的质量标准范畴与要求可以从以下几个方面界定和描述。

（1）专业知识与专业能力

① 系统理解本专业的知识。

② 全面了解理论、技术对于其专业实践的适用性。

③ 批判性认识实践中的新知识和新问题。

④ 处于并熟悉专业实践的前沿。

⑤ 能够在应用层面上理解知识和掌握技能。

（2）专业实践能力

① 能够熟练地将知识、技能与问题情境建立起有意义的关联。

② 能够运用系统的、成熟的理论与技术解决结构良好的工具性问题。

③ 能够对结构不良的问题进行问题情境界定,提出并检验自己的问题解决思路与策略。

（3）专业实践创新

① 能够创造性地应用专业知识与专业技能。

② 能够系统地和创造性地处理复杂问题,且在信息不完整的情形下作出合理的研判。

③ 能够感受和解决专业实践情境中可能遭遇的阈限思维。

（4）专业实践研究

① 能够熟练运用现代信息技术搜索和分析数据并予以可视化。

② 能够从大数据中把握现状、预测未来和洞察关系。

③ 能够运用合理的方法建立分析模型和调查方案。

④ 能够科学分析和评价相关数据并得出可靠的结论。

⑤ 面对新问题时能够综合运用数据、经验和直觉。

⑥ 注重在抽象拓展层次上理解专业实践并将其理论化后推广到新的应用。

（5）专业实践综合

① 能够将专业实践问题、信息和解决策略清晰地表达给负责人、专家和非本行专业人员。

② 能够从企业等具体专业实践出发考虑专业实践。

③ 能够从伦理责任、公平公正等角度审视专业实践的非技术因素和社会影响。

④ 表现出本专业的知识和技能,并能够根据专业实践需要围绕自己的专业技能进行跨学科的能力组合。

（6）专业实践素质

① 具有必要的公共政策、法律、商业、金融和项目管理知识与技能。

② 具有较强的组织协同、沟通交流能力。

③ 具备参与或领导员工多样化的跨学科团队的能力。

④ 具有强烈的责任感、主动性和较高的专业精神、职业素养。

⑤ 知识和技能具有能够回应或适应新的、各不相同的职业技能需求的广度,表现出较强的职业胜任力。

⑥ 能够融洽地与机器人等人工智能系统共同工作的技能和心态。

（7）专业实践发展

① 拥有就业和职位变迁所需的素质和可转移技能。

② 知识和技能表现出有力有效的生成性,在专业实践和专业学习中不断开发出新技能。

③ 不同环境下不断自我调整以及学习新技能和新方法的能力。

④ 能够较快地胜任传统产业或者职业智能化前端领域的新工作。

4. 应用型硕士研究生学位论文形式与评价标准

学位论文的独特之处在于它更强调考查整个培养过程而非单门课程的预期学习成效,促成顶峰体验和集大成。与学术型硕士研究生学位论文相比,应用型硕士研究生学位论文的形式规范与评价标准有着明显的不同。

（1）论文选题

选题很重要,学术型学位选题好就能够作出新意,取得原创性成果,反映作者的学术水平；应用型硕士学位论文选题的重要性不仅在于选题质量直接影响着论文或项目研究的质量,而且在于选题也就是从实践中发现问题、提出问题的能力是应用型硕士研究生培养的重要方面。不同于一般工作人员,硕士学位获得者即便进入非传统学术性岗位就业,也肩负着对该类职业和岗位进行技术改造升级的使命,显然这首先要从发现专业实践中存在的问题,进而提出解决问题的方法与设想开始。

不同的学位论文选题会有不同的研究问题,不同类型的研究选题会有不同类型的研究问题,研究生培养类型与研究生学位论文或项目研究的问题类型之间存在着某种对应关系。学术学位论文的问题更多是指认识上的理论困惑,学术研究就是要解决理论之间、理论与现实之间的困惑,进而实现理论创新；应用型硕士专业学位论文的问题更加强调工作中的实践难题,因此其选题"应来源于应用课题或现实问题,必须要有明确的职业背景和应用价值",围绕具体的实践问题展开写作,围绕实践问题设计研究方案并收集资料,运用所学的专业理论知识分析资料,准确把握问题发展的现状,深入分析问题产生的原因,并在此基础上提出具有针对性的解决方案,最终克服工作中面临的难题①。

学位论文选择的研究问题是需要逻辑建构的,逻辑建构可以是不同的:学术型研究生学位论文研究问题的建构逻辑是学科逻辑和理性逻辑,关注的是对假设的验证,要求自成体系;应用型研究生学位论文研究问题的建构逻辑是问题逻辑和实践逻辑,关注的是对问题的解决,因此并不要求严格的内部自洽和自成体系,比如可以用"关联文"将所研究的问题及其解决方案和结论串联起来②。对于应用型研究生的学位论文而言,更多的是关注带有实践性、实际性的现实问题或者困惑,其所提出的"研究问题"必然要有理论研究的价值,但其价值的根源仍在于实践,问题及其研究具有场景性、实践性、约束性,体现出价值关涉性、聚焦"怎么做"、提出具有可操作性的问题解决方案等特征。

(2) 研究方法

学术型研究生学位论文的基本逻辑是基于一个特定前提构建一个理论假定,然后对其进行证实或证伪,其实现手段是概念界定、理性判断和推理过程,就是一个运用概念进行判断和推理的过程,就是一个逻辑思维过程③,因此,其研究方法可以归纳为构想与演绎。应用型硕士研究生学位论文的研究方法则是求证与归纳,即强调从个人经验经过基于理论学习的反思来总结归纳出新的东西,其学位论文框架更多地属于一种有着科学的、系统的理论支撑的经验体系。

学术型学位论文的学术性遵循的逻辑是理论创新—技术创新研发—技术应用—解决问题,是带着理论应用到企业;应用型硕士研究生学位论文的应用性遵循的逻辑则是从企业发展面临的问题出发,依照技术问题—提出假设—理论瓶颈—理论突破,是带着企业的问题进入大学实验室。两个路径都可行,都要兼顾,因为各自的影响是不同的,前者更有助于理论体系的完善,后者更有助于企业技术研发的时效性。

---

① 韩恒."形同质异"的问题意识——兼论专业学位和学术学位论文的选题[J].学位与研究生教育,2014(6):40-42.

② 朱旭东.论学位论文"问题"的内涵、类型和写作的关联性[J].学位与研究生教育,2014(2):18-22.

③ 郇庆治.论学位论文的"学术理论性"[J].学位与研究生教育,2009(3):9-13.

应用型硕士研究生学位论文的研究方法有两种基本路径：一种是实践反思路径，即其学位论文的研究与撰写的总体框架仍然按照传统学术型研究生学位论文的总体要求，但是选题上侧重于实际的实践性问题，因此其研究方法以研究者对整个实习实践过程的反思为主，研究生通过教学培养和论文研究逐步发展成为反思型实践者；另一种是设计开发路径，即基于所学理论，尝试着对职业活动进行设计，因此其研究方法以个人构想为主，研究生表现出设计新的职业活动的精神和能力，以及对整个职业活动的了解程度和掌控能力。总之，实践反思路径有助于研究生融会贯通专业理论、改进个人的职业技能，设计开发路径则有助于研究生了解整个职业的工作情境、开发新的职业活动。

（3）论文形式

许多学者提出了专业学位研究生的学位论文形式[①②③]，教育部相关文件也明确了专业硕士学位论文的写作形式可以多种多样，"可采用调研报告、应用基础研究、规划设计、产品开发、案例分析、项目管理、文学艺术作品等形式"。应用型硕士研究生的学位论文的形式有研究论文、研究报告、项目研究、实习实践报告、设计开发、作品表现等。

研究论文的基本格式与传统学术型硕士研究生学位论文基本一样，只是其选题指向实践性问题，因此，论文章节构成中相对忽略理论基础的阐述，而强调实际问题的剖析。基本内容包括研究背景、研究方法、概念辨析、理论基础、研究假设、比较研究、现状研究、研究结论、对策建议、参考文献等内容。

研究报告可以进一步分为适合于自然科学和工程领域的实验报告、适合于应用型社会科学领域和人文学科领域的调研报告，其主体是要详细陈述具体完成的一项实验或者调查的相关情况，与研究论文相比，相对忽略学位论文的传统格式，侧重于介绍实际取得的成果，比如得出的最新的实验结论、提出的政策建议等。研究报告要在本学科和其他学科的前沿理论的指导下，重点阐述科学实验和社会调查的过程与方法、资料或数据分析、结论及对策建议等内容。

---

①　穆雷,邹兵,杨冬敏.翻译硕士专业学位论文参考模板探讨[J].学位与研究生教育,2012（4）：24-30.

②　刘建银,冉亚辉,王昌善.职业能力导向下教育硕士学位论文形式及评价标准改革探析[J].学位与研究生教育,2015(7)：21-25.

③　马燕华.论汉语国际教育硕士专业学位论文评价标准[J].学位与研究生教育,2010(7)：64-68.

项目研究是研究生对自己参与完成的一个项目的整个流程的阐述,包括项目提出的现实背景、解决思路的提出过程、实际达成的效果等方面的具体情况。具体内容应当大致包括项目研究概述、项目前期准备、项目研究的实施、项目评估、项目研究总结以及其他支撑材料①。

实习实践报告是对研究生实习实践过程进行详细记载,但又不是简单的流水账,要反映出研究生在实习实践过程中的困惑、体验和感悟。与实验报告、调研报告相比,实习实践报告全方位地反映整个实习实践的全貌,同时又要含有实践性反思。实习实践报告旨在敦促和指导学生参加有效的高水平的实习实践活动,在真实的职业工作情景中体验职业特点,因此,应当通过整体性实录与研究,全面地体现出研究生的实际参与和职业技能训练与发展情况。

设计开发类学位论文是要设计出一件实实在在的作品,包括设计计划书、设计思想、技术路线、产品研制、成本预计、关键点控制、关键评价指标、商业开发和价值评价等相关内容,要反映出研究生的设计理念和商业意识、对整个设计开发流程的熟练程度以及对相关部门和人员的组织协调能力。

作品表现类学位论文就是以一定载体形式反映文学、艺术和科学内容,适合于那些通过各种表现形式来反映研究生专业能力、职业技能改善与提升程度的研究生培养类型。作品表现类学位论文是抽象存在的思想内容与具体存在的表现形式的统一,因此既要表达出先进的思想内容,又要创造出切合的表现形式,使思想内容与表现形式相得益彰。

与学术型学位相比,应用型硕士研究生学位论文的写作形式更趋多样化,而且各种写作形式之间有着较大的差异,从最接近传统学位论文的研究论文到差异最大的作品表现,但是无论何种形式,都应以锻炼研究生综合运用科学理论、方法和技术解决实际问题的能力为旨趣。

应用型硕士学位论文的一个新选择是用实践性较强的替代性方式来替换学术性很强的学位论文。美国普渡大学的一些硕士项目不需要完成学位论文便可获得硕士学位,被称为"无论文"(non-thesis)硕士。无论文硕士学位项目模糊了学术学位与专业学位的界限,具有一定的现实适应性。无论文硕士的培养可能包含课程讲授、体验式学习、项目式学习、实习、最终项目及答辩等所有或部分环节,根据其所包含的环节,无论文硕士

---

① 穆雷,邹兵,杨冬敏.翻译硕士专业学位论文参考模板探讨[J].学位与研究生教育,2012(4):24-30.

学位项目的教育模式可以分为三类：课程型无论文硕士学位项目；强调体验学习、项目学习或实习的无论文硕士学位项目；要求进行最终项目答辩的无论文硕士学位项目①。

（4）价值取向

应用型硕士研究生学位论文应当体现出明确的实践样态，其问题来源、研究目的、研究过程和研究结果等方面都体现出鲜明的实践特色，简单表述是四个"真"，即真问题、真任务、真角色、真职业感，由此促使研究生形成良好的"思考习惯"（habits of heart）、"动手习惯"（habits of hand）和"心智习惯"（habits of mind）②。这里的实践性是高级的，要求研究生深入实践、遵循实践、高于实践。学位论文研究不是一味追随实践，不是给实践开具体"处方"，而应从日常的专业实践中走出来，并立足于一定高度、广度、厚度来反观实践。在实践中发现的问题大多是经验性问题和具体的问题，作为学位论文研究，不可能仅仅就这些经验性问题展开讨论，而需要将经验性问题、具体的问题加以归纳、提升、转换并运用本学科通行的概念来表述该问题，通过一定的理论分析框架对该问题进行研究③。

学位论文的替代形式多种多样，但无论哪一种形式都应当具备四个特质：发展功效（developmental efficacy），研究生自身能力由此而实现显著提升；群体受益（community benefit），研究生教育相关利益者由此而普遍获益；知识管理（intellectual stewardship），要在知识管理方面体现出自己的价值；独特形式（distinctive form），探寻独特的形式并具有自己独特的功能④。应用型硕士研究生学位论文价值取向可以概括为以实践性为要、以针对性为纲、以完整性为基、以研究性为根。

一是要强化学位论文的实践性特征与色彩，始终围绕职业工作情境中的实际问题和实践活动而展开，真正促进研究生职业技能发展，有效增强研究生毕业后在相应的职业领域就业的能力。因此，应用型硕士研究生学位论文要突出实践的合理性、可行性或可操作性等要求，不能是没有现实

---

① 樊文强，马永红，赵迪.美国无论文硕士学位项目教育模式研究——以普渡大学为例[J].学位与研究生教育，2016（9）：69-74.

② 邓涛.美国教育博士学位论文改革：理论探索与实践样态[J].学位与研究生教育，2014（2）：72-77.

③ 温小军.教育硕士专业学位论文选题的真实之维及其实现[J].研究生教育研究，2018（5）：48-52.

④ 邓涛.美国教育博士学位论文改革：理论探索与实践样态[J].学位与研究生教育，2014（2）：72-77.

条件支撑的空想理论观点或对策建议①。

二是要增强学位论文的针对性,除了关注和涉及一般知识和技能以外,要特别关注其特定的培养方向对特定领域的知识和技能的需要,以及对特定领域行业性知识和技能的需要,以此助推毕业生快速胜任相应职业岗位。

三是要保证学位论文的完整性,应用型硕士研究生学位论文研究与撰写的过程是对研究生专业能力、职业技能和综合素质全面的、系统的训练过程,要通过学位论文的完整性来达成这一目标,避免培养过程中的跛足现象。因此,其学位论文要明确描述并详细分析实践情境中的具体问题、事件案例、解决方案及其理论基础、理论依据和分析框架。

四是要坚持学位论文的研究性,研究性是任何类型的学位论文都必须体现出来的一个基本特征。研究水准既体现了研究生当前的发展水平,也在一定程度上预示着研究生未来的职业发展前景,因为研究生之所以是研究生,之所以能够普遍表现出良好的职业发展前景,就在于研究生是受过研究训练的特殊群体,有着更强的思维能力和理性习惯。

应用型硕士研究生学位论文环节旨在通过学位论文研究与撰写这一集大成的系统训练过程,发展应用型硕士研究生理解特定职业、介入特定职业、胜任特定职业的意识与能力,增强应用型硕士研究生产生投入特定职业的旨趣。概言之,学位论文撰写与研究要真正成为应用型硕士研究生培养的核心环节,成为其攻读研究生学位与进入职业场景工作的桥梁,成为支持研究生毕业后很快完成角色转换的特殊经历。

(5)评价标准

学术型研究生的学位论文强调"学术理论性",所选择的研究问题的性质、所使用的话语的学术化程度和是否具有一个明确的理论视角(范式)是其学术理论性的评判依据②。应用型硕士研究生学位论文则强调实践理性,强调对实际问题或专业实践的反映性思考(reflecting),其评价依据就是学位论文研究与撰写过程是否有助于研究生更加关注特定领域的职业知识和职业技能③,是否有助于研究生将特定领域的职业知识和职业技能贯通起来,是否有助于研究生提升专业能力和职业技能,是否有助于

① 刘建银,冉亚辉,王昌善.职业能力导向下教育硕士学位论文形式及评价标准改革探析[J].学位与研究生教育,2015(7):21-25.

② 郇庆治.论学位论文的"学术理论性"[J].学位与研究生教育,2009(3):9-13.

③ 张乐平,温馨,陈小平.全日制专业硕士学位论文的形式与标准[J].学位与研究生教育,2014(5):15-19.

研究生表现出更强的职业技能和专业素养,是否有助于研究生发展职业兴趣,以及是否反映出研究生提出问题和解决问题的能力。学术型研究生学位论文评价的重点在于所提出的观念或理论的创新性,应用型研究生学位论文评价的重点则在于所运用的理论或提出的观念对于解决实际问题的切合性和有效性。有研究构建了研究生学位论文评价的基本框架,即三个内隐能力(构建问题和解决问题的能力、知识整合和知识迁移的能力、理解职业和介入职业的能力)和三个外显效力(法律效力、学术效力、职业效力)①。具体而言,应用型硕士研究生学位论文要重点评价以下四个方面。

其一,是否准确地运用学术言语,将具有复杂性、不确定性、不稳定性、独特性和价值冲突性的职业问题、实践问题转换为一个需要且可以探讨的研究问题,以此评判研究生是否掌握了基本的学术语言,是否了解职业工作的基本情况,是否形成了提出问题的能力,是否形成了初步的职业兴趣。

其二,是否恰当地综合所学理论,提出解决职业实践问题的思路与方法,以此评判研究生是否系统掌握了本学科的基本知识和基本技能,是否发展了逻辑思维能力和创新能力,是否能够熟练地将理论与实践结合起来,是否能够跨学科地整合和运用多学科、多领域的知识技能来解决面临的实际问题②。

其三,是否熟练地掌握行业企业核心知识与基本规范,有效地将行业知识、企业知识与学科知识体系进行融合,以此评判研究生是否具备了初步的行业知识体系,是否积累了一定的行业经验,是否能够自觉地遵守行业的知识技能要求,是否初步养成行业行为规范,是否能够从行业特殊性出发提出解决问题的办法,以及是否能够自觉地保证解决方案符合行业和职业的规则。

其四,是否有效地强化职业准备,做好从事相应职业的知识技能准备和价值态度准备,以此评判研究生是否实现了面向职业的专业社会化,是否掌握职业所需的知识、技能以及标准、价值和态度③,是否初步成为相应职业的从业者候选人。

① 张乐平,王艺翔,王应密,等.全日制专业硕士学位论文的理想模式——基于内隐能力、外显效力的分析[J].研究生教育研究,2014(3):76-81.

② 刘红.专业学位研究生课程建设:知识生产新模式的视角[J].中国高教研究,2015(3):36-40.

③ 琼·C.斯马特.高等教育学[M].陈伯璋,译.南京:江苏教育出版社,2010:239-244.

三、健全质量监测体系

系统、长期的教育监测已经成为促进教育发展和保障教育质量的有效手段。立足应用型硕士研究生培养的目标定位和质量特性,科学分析其质量监测的主要特征和基本原则,构建质量监测指标与监测维度,完善质量监测体系,架构质量监测支持系统,对于优化应用型硕士研究生培养过程、保证培养质量、提升社会认同度、满足经济社会发展对高层次应用型人才的迫切需求,具有重要的现实意义。

1. 应用型硕士研究生培养质量监测特性

高等教育质量评价与监控体系的构建要进行两个方面的转变:一方面从重教师教的活动转向兼顾教师教的活动与学生学的活动;另一方面从重学生在校学习质量转向兼顾在校学习质量与发展潜力、职业发展质量,以建立起学生发展导向的高等教育质量评价与监控体系。

建立应用型硕士研究生培养质量监测体系,首先要科学界定其质量监测的主要特征和基本原则,以便有针对性地制定质量监测指标和构建质量监测体系。具体而言,一是要界定应用型硕士研究生培养质量特质,要通过质量特征的横向对比研究,准确把握应用型硕士研究生与学术型硕士研究生、专业学位硕士研究生的培养质量特征及其要求的异同;运用清晰的语言,从质量取向、培养过程、责任主体、质量表征等方面对应用型硕士研究生培养质量的表征进行描述;运用质量功能展开理论,将研究生培养及其质量需求转化为技术需求和服务质量特性,形成教育需求与质量特性的关键矩阵。二是要界定应用型硕士研究生培养质量监测特征,要遵循监测主体的多元性,明确界定质量监测主体的构成、相互关系、责权的划分;立足监测空间的多维性,建立校内监测与实习实践场所监测、课程教学环节监测与实习实践环节监测互相促进的联动机制;把握监测指标的复杂性,确定制约培养质量的各种因素及其相互影响;重视监测系统的关联性,提出各个监测活动、环节之间的相互关系和相互作用机制。三是要形成应用型硕士研究生培养质量监测基本原则,比如:定位导向原则,保证质量监测的基本思路与应用型硕士研究生培养目标定位相契合;实践导向原则,保证质量监测的重点放在专业实践过程和实践能力培养上;过程导向原则,保证质量监测与培养过程、质量保障过程相互协调和相互促进;系统集成原则,保证质量监测系统内部各个要素既各负其责又相互协作;动态发展原则,保证质量监测瞄准质量动态信息和质量发展趋势。

2. 应用型硕士研究生培养质量监测指标

科学的质量监测指标与监测维度、清晰的质量监测关键点是建构应用型硕士研究生培养质量监测体系的基础。一是要明晰质量监测指标的具体内容,从监测范畴(对哪些方面进行监测)、监测内容(监测指标的具体内涵)、监测标准(监测指标的标准规则)三个方面逐层展开界定质量监测的具体指向。二是要明晰质量监测核心指标及其基准,要围绕应用型硕士研究生培养的目标定位和能力要求,确定影响和衡量其质量的关键核心指标以及这些关键核心指标的基准。三是要将质量监测指标予以体系化,从维度、指标、观测值、理想状态四个层次进行质量监测指标的体系化,编制质量监测指标体系说明书。

总体上来看,应用型硕士研究生培养质量监测体系要重点监测每个研究生培养过程的关键性能是否适应研究生培养的需要,是否能够满足研究生培养的需要,是否存在不经济的、不适应的培养活动或者环节,是否有可替代的、更有效的、更科学的培养过程设计;每个研究生培养过程的可靠性是否得到了保证,每个培养活动或者环节是否具有足够的可靠性,整个研究生培养过程是否具有足够的可靠性,研究生培养活动或者环节是否存在失效现象,整个研究生培养过程或者流程是否存在故障,每个研究生培养活动或者环节以及整个研究生培养过程是否能够稳定地实现其预期效能;研究生培养过程是否全过程都始终处于监测之下,是否形成了明确的、被相关主体熟知的规章制度、程序说明与操作指南,是否形成了一种合力,是否达成了各个培养活动与环节之间的集成,等等。要通过监测和数据分析,清晰地了解在校生认为满足其期望的教育活动和教育服务有哪些,没有满足其期望的教育活动和教育服务有哪些,期望获得但并未享有的教育活动和教育服务有哪些,学校所提供的教育活动和教育服务中哪些是其并不需要和并未期望的,哪些教育活动和教育服务对于学生提升满意度是至关重要的,决定教学满意度高低的关键性因素是哪些,学校所开展的教育活动和教育服务的过程是否满足学生的需要,学生对于哪些教育活动和教育服务是积极评价的,学生对于哪些教育活动和教育服务的效果是消极评价的。[①] 研究生培养机构、企业等合作单位、研究生、指导教师要根据质量监测信息进行及时的改进:一是改进研究生培养过程,调整培养目标,创新培养机制,完善培养环节;二是改进研究生培养质量保障体系,提

升质量保障体系的引导作用和规范作用,实现研究生培养质量的持续改进。

下面以英国研究型研究生体验调查问卷(Postgraduate Research Experience Survey,PRES)与英国授课型研究生体验调查问卷(Postgraduate Taught Experience Survey,PTES)为例来说明不同类型研究生的质量监测的指向和重点。面向研究生的这两个调查问卷的总体设计与具体内容有较大差异,研究型研究生体验调查问卷(PRES)包括7个方面,依次是①指导、②资源、③研究共同体、④进展与评估、⑤职责、⑥研究技能、⑦专业发展①;授课型研究生体验调查问卷(PTES)包括7个方面,依次是①教与学的经验(包括教职员工、学习材料、与其他学生合作、工作量和经验反馈)、②参与度和课程挑战度、③评估和反馈(包括导师对论文或重大项目的支持)、④组织和管理、⑤资源和服务(包括学习资源和整体支持)、⑥技能发展(包括独立学习、研究技能和职业技能)、⑦研究生对研究生培养单位提供的课程、信息以及相关服务的总体满意度②。两份问卷所涉及的方面有较大共性,但观测点选择及侧重点有很大差异,这在一定程度上反映了各自所强调的重点。

应用型硕士研究生培养质量监测,一是要真正关注研究生过程性体验。与过去的诊断性评估和终结性评估相比,监测性评估更加重视研究生在培养过程中的真实体验与能力变化。二是要针对不同类型的研究生开发出适用的调查工具。要在遵循质量监测基本原则与技术路径的同时,针对学术型、专业学位、应用型硕士和博士各自的特性,建立不同的监测体系,监测主体、监测内容、结果运用等方面都呈现出差异化。应用型硕士研究生的监测主体更加多元化,而且社会用人单位的话语权也更大一些;监测内容更加呈现开放性,不再局限于课堂、学科知识能力掌握程度;信息反馈更加重要,特别强调即时改进、边学边改。

3. 应用型硕士研究生培养质量监测体系构建

应用型硕士研究生培养质量监测体系包括质量监测理念系统、决策系统、目标系统、组织系统、执行系统、反馈系统、支持系统7个必要部分构成,各个部分都承担相应的职责和功能,与此同时各系统之间相互关联、相互支撑。构建质量监测时要考虑质量监测体系的运行模式,要综合考虑质

---

① Postgraduate Research Experience Survey [EB/OL]. http://www. imperial. ac. uk/students/academic-support/student-surveys/pg-student-surveys/postgraduate-research-experience-survey-pres/.

② Postgraduate Taught Experience Survey [EB/OL]. http://www. imperial. ac. uk/students/academic-support/student-surveys/pg-student-surveys/postgraduate-taught-experience-survey-ptes/.

量监测主体(培养单位、实习实践单位)、空间(校内、实习实践场所)、范畴(课程教学、实习实践、毕业成果)的多元性,以质量的感知、质量的内部审核、不同主体/不同范畴的质量监测、质量监测集成、质量监测反馈为主线,以学生教育需求分析、学生满意度分析为辅线,以质量监测数据收集与分析为支撑,架构质量监测体系运行模式。

　　应用型硕士研究生培养质量监测体系构建要遵循一些基本要求:一是要引入新的质量保障与管理理论,将全面质量管理、服务质量改进、质量功能展开等先进理论与技术引入到质量监测体系的构建与完善过程之中;二是要处理好质量监测体系的外部关系,明晰质量监测体系与质量保障体系其他要素之间的相互关系,以及内部质量监测体系与外部质量监测体系互动的机制;三是要架构质量监测体系运行的基本数据系统以及数据分析系统,比如质量监测基础数据系统、质量监测指标观测值数据系统、质量监测数据处理系统、质量监测数据分析系统以及质量监测程序规范文件系统,以增强质量监测指标的可监测性和质量监测体系的可操作性。应用型硕士研究生培养质量监测体系构建如图 8-2 所示。

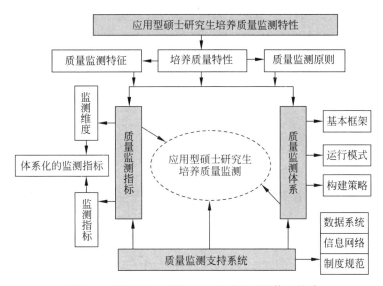

图 8-2　应用型硕士研究生培养质量监测体系构建

四、完善质量评估体系

　　随着研究生教育的发展以及研究生教育管理体制的变革,政府等外部组织对研究生培养机构内部质量控制的直接干预明显减少,转而以质量审计和专业认证的方式来进行和推动。研究生培养单位要在业已进行的内部质量评估的基础上,扩大内部质量评估参与主体的代表性,推进质量评估信息的共享,发布研究生教育质量年度报告。

其一,聚焦增值效果。研究生教育质量评估有多种类型和模型,出于不同目的开展的质量评估有着不同的功能取向。以美英德日四国为例,由于各国专业学位教育特点的不同,评估维度各有差异,美国基于"市场需求"维度或者"行业用人标准"维度对专业学位研究生教育质量进行评估,英国基于"毕业生学习产出"维度进行评估,德国基于"通用标准与专业标准"维度进行评估,日本基于"教育构成要素"维度进行评估①。应用型硕士研究生因其定性而非定型的培养规格特性,培养质量体现出明显的生成性,因此很难检验,也不能每事都用事实检验。随着学生学习的深入,他们的学习成效表现出结构日益复杂化的趋势。这里面包含两种主要的变化:其一,量的变化,如知识量出现增长;其二,质的变化,所学的知识逐渐融合成为一个结构化的范式。学习的定量阶段首先出现,然后才是学习的质变。研究生要结合质量监测评估来反思自己在完成相应学习任务后对事物的理解是如何趋向复杂化的。要改进质量评估,评估内容从单一的理论知识考核扩展到知识应用能力、实际问题解决能力以及跨学科的综合思维能力等方面;评估主体从单一的学科领域内的专家扩展到职业领域的需求方、职业资格标准的制定者以及社会中的利益相关者;评估方式从单一的课程考试的终结性评价扩展到教学过程中的实践性评价②;要全面关注理论课程学习状况、科学研究成果、学位论文质量、实习实践总体表现、参与完成实践项目的表现、参与其他相关活动的状况等各个方面;要建立应用型人才培养质量分析和跟踪调研制度,研判应用型人才培养满足社会发展需求的程度,以及进一步改进的举措。

其二,坚持实用导向。教育评估理论正在发生转变,"一是评估的功能由注重'认知、鉴定、监督、管理'向'发展、导向、改进、形成'拓展和转变;二是评估的形式由'静态性、一次性'向'动态性、持续性'转变;三是评估的视角由'关注结果、历史回顾、分析判断'向'关注过程、现实评判、未来指引'转变;四是评估方案和指标体系由预成性向生成性转变;五是评估方法和手段更加多样化、现代化和个性化,提倡定量与定性相结合"③。质

①　孙阳春,王富荣,李静.国外专业学位研究生教育质量评估维度研究及启示[J].内蒙古师范大学学报(教育科学版),2011(1):23-25,52.

②　李成明,王晓阳.针对职业领域的专业学位研究生教育:内在逻辑与知识[J].学位与研究生教育,2015(2):23-27.

③　王战军,王永林.监测评估:高等教育评估发展的新图景[J].复旦教育论坛,2014(2):5-9.

量评估的目的不在于得出结论,而是为了持续改进,因此,质量评估过程实际上就是应用型硕士研究生培养参与主体之间的连续性建构过程,就是增强共享责任的过程,就是促进质量行动的过程。以实用为导向的评估,一是要求从抽象的对象转移到具体的对象,也就是由可能的评估报告阅读者转向实际的首要的有特定目的的使用者,由潜在的用途转变为关于具体明确用途的清楚承诺;二是根据需要选择最为适当的评估内容、模式、方法、理论或用途,而不固守任何特定的评估取向、评估假设,强调评估过程本身而非评估结论;三是强调评估者与受评者、评估信息使用者的互动,以"主动—反应—调适"来构建评估者和受评者之间的协调互动,促成评估者自觉而慎重的行动,以增进利益相关者之间的有效合作①。

其三,重视绩效评价。研究生教育绩效评估是指研究生教育系统内个体、团体、组织为了实现一定的教育目标,开展的各项教育活动或项目的过程和结果,包括教育投入、教育过程和教育产出等方面内容的多维构建。具体到应用型研究生教育绩效的评估,许多投入是传统的高等教育投入衡量指标体系所不包括或未予以强调的,高等教育投入衡量指标体系,就教育投入的微观层面而言,几乎只统计高等学校内部的,而不涉及高等学校外部与研究生培养相关的其他投入。教育过程也是有忽略的地方,学术型硕士研究生培养过程有着明确的培养路径图,一步一步很明确,也有计划性,但应用型研究生的很多培养活动和培养环节并不完全取决于高等学校内部和校内指导教师,而是受制于外部因素,且常常游离于质量监测系统之外。教育产出也是如此,与学术型研究生培养相比,应用型研究生培养的好坏更难评价,受教育者和用人单位评价的主观性更强。为此,一是要转变绩效思维模式,从强调研究生培养机构单方面的绩效责任转变为强调研究生培养机构、政府、企业等社会机构的共同绩效责任;二是要转变绩效责任观点,从强调绩效责任的边界划分转向追求共享责任,从强调责任性转向强调责任心,从强调绩效责任与利益主体的一一对应转向强调利益主体之间绩效责任的协商建构,强调全面质量绩效责任的理念,达成研究生培养机构以及政府、企业等社会机构的责任共享与公担;三是要树立整合型的绩效责任观念,结合不同的情景灵活采取民主绩效责任制度、法定绩效责任制度、专业绩效责任制度、市场导向绩效责任制度与标准导向绩效责任制度。

---

① Daniel L. Stufflebeam,George F. Madaus,Thomas Kellaghan. 评估模型[M]. 苏锦丽,等,译. 北京:北京大学出版社,2007:499-507.

结　语

　　硕士研究生培养的主导模式正从学术型向应用型转变,因此要重新界定我国研究生教育尤其是硕士学位的定位,建立起应用型硕士研究生培养模式和培养体系。对于应用型硕士研究生培养来说,首先要真正打破原有的培养体系和培养模式,全新地建立起与应用型硕士研究生培养相适应的发展路径、能力结构、培养模式、培养平台、培养过程和质量保障体系,以提升我国硕士研究生的培养质量和适应社会需求的能力。

　　应用型硕士研究生培养应当成为硕士研究生培养的主导类型。硕士研究生培养类型谱系两端是学术型和职业型,而两端之间的“其他型”一直被忽略。针对“学术型”与“专业学位”二分法的缺陷,本研究提出了基于培养目标和培养类型的硕士研究生分类法:一种是划分为学术型硕士研究生、应用型硕士研究生,狭义的学术型硕士研究生之外的统称为应用型硕士研究生;另一种是划分为学术型硕士研究生、职业型(专业学位)硕士研究生、应用型硕士研究生,三者皆采取狭义界定。本研究主张采取三者皆狭义界定的三分法,各自的狭义界定有助于更好地界定各自的边界,分别采取相应的政策引导、培养模式和就业指导,达成基本标准的质量保障与多元需求的服务引领。硕士研究生培养未来发展要调控学术型硕士研究生的培养模式与发展路径,推动实施中途分化分流;合理紧缩专业学位的适用范畴,增强其针对性和职业化;扩大应用型硕士研究生的培养规模,使其成为开放的积极发展领域。主张从制度设计、模式构想、过程重构等方面区分三类研究生的培养,但并不排斥职业型(专业学位)与应用型硕士研究生培养改革实践的相互借鉴。

　　多样化推进应用型研究生培养是一个共同趋势,要抓住“应用”“异质”“开放”三个关键维度。加快应用型硕士研究生培养要坚持推进研究生分类培养改革、规范专业学位研究生教育、培育新的应用型硕士项目、创建新型研究生培养单位、贯通应用型硕士培养体系、鼓励研究生培养单位自主探索、适时启动新的应用型硕士研究生培养项目。要聚焦各种应用性学科领域、跨学科领域、新兴学科领域、科技发展涌现的领域,重点培养战略性新兴产业和高新技术企业所需要的高级专门人才、高科技服务业人才、本地化技术人才,要围绕创业教育、产业硕士、联合学位推进模式创新。研究生教育是一种创业型教育,要以"双创"型人才作为研究生培养的目标导向,实现研究生教育由就业型向创业型的转变。面向高新技术产业实施产业硕士培养模式,培养单位与高新技术企业深度合作,共同培养面向特定产业(行业)和企业的研发类应用型硕士研究生和技术管理类应用型硕士研究生。探索"两个学位,不同学科,交叉联合,同时进行"的联合学位制度,通过教学计划、课程体系的设计和优化,鼓励一部分学有余力的研究生同时修读一个偏向应用型的学位(比如工商管理硕士、法律硕士、公共管理硕士等),以培养出一批高素质的跨学科复合型人才。

　　学术性、实践性、职业性构成应用型硕士研究生培养的质量特质。研究是研究生素质的基本指标,不同类型不同规格的研究生之"研究"的状态、过程与结果各不相同。应用型硕士研究生基于新型知识生产的学术性,强调的是"专业独创性"而非"学术独创性",其独创性体现出场景化、实践化、问题化特征,知识体系体现出跨界、弱结构化和生成性特征;基于"为实践反思的"的实践性,强调的是"实践能力"和"反思能力",其实践能力的定向、构成、变化与形态都体现出特殊性;基于超越"关于该专业的知识"的职业性,强调的是职业胜任能力和"研究型的专业人员",致力于培养学生熟练掌握以应用性为导向、不同情景下有效行动的一组技能。应用型硕士研究生能力构成要围绕提高专业实践效能这一核心,既要反映未来职业成功者的专业实践必须依托的专业知识和专业技能,又要彰显与专业实践密切相关的实践能力和实践智慧。

　　应用型硕士研究生培养模式体现出社会需求的价值取向、重视实践的性质特征、面向应用的知识基础三个特征。当前应用型硕士研究生培养方案的加法模式(即在相应学术学位培养方案基础上特别增加针对职业需要的实践教学和实践能力发展部分)、减法模式(即在删除学术学位培养方案中部分内容的同时强化实践教学)都有其弊端。应用型硕士研究生培养模式更加注重培养理念、培养模式、培养环节的差异性和多元化,应当综合考虑硕士研究生多元化带来的时空结构、学习方式、指导方式、求学者特征等方面的变化而创新培养模式。提出以培养目标引导培养模式的选择、以培养方案落实培养模式的内涵、以多元构成优化培养模式的建构、以类型多样激发培养模式的效力。

　　应用型硕士研究生培养要有与之特性相切合的专门支持网络的匹配和支撑。培养平台建设要以人才培养为纽带,以构建综合化训练网络为目标,推进多元参与主体跨界合作,聚集实践性培养资源,营造新的学术生态系统,形成高水平的应用型硕士研究生培养链条。培养平台的搭建需配有以实践知识与能力为中心的实体和目标、为专业实践提供方向的发展策略和操作方法、共享知识的指导原则和实践性知识共享价值体系。

应用型硕士研究生培养过程首先必须构成一个整合体系,搭建有益于培养高素质应用型硕士研究生的资源增值系统。要以学科课程体系、能力课程体系为基点,以基于问题的课程体系为切入点,辅以拓展性课程和基于实践导师(实践场所)的课程等主要针对教学实践、技能发展和职业能力培训的课程模块,形成一个适合应用型硕士研究生培养的完整的课程体系。要以提升研究生将不同知识领域的知识之间、知识与产品增值过程之间进行有机关联的能力与意识为导向,强调课程的深度、宽度、综合的整体平衡,实施跨学科培养、模块化教学、全方位训练。要以问题情景创设和实践能力发展为中心,构建理论课程教学、实践课程教学、项目研究和实习实践一体化的培养过程,协调培养过程与研究生生活周期,通过培养目标的整合、培养环节的连贯、培养活动的聚焦等促成培养过程的集成化,建立起一个系统化的应用型硕士研究生培养体系。

应用型硕士研究生培养质量保障要围绕职业需求和职业技能发展来构建,拓展质量保障的基点,由专注于内生要素扩展到内生要素与外部要求两者兼顾,外部社会发展特别是职业领域需求的影响力要更大一些;扩充质量保障的空间,由局限于研究生培养单位内部延伸到研究生培养单位与实践能力训练场所、用人单位的结合部上,发挥各种校外训练系统在质量保障中的作用;加强质量保障的反馈,由自省式反馈转型为内部指导与外部公开相结合,以便用人单位能够更加便利地获取培养质量方面的有效信息。要综合考虑质量监测主体(培养单位、实习实践单位)、空间(校内、实习实践场所)、范畴(课程教学、实习实践、毕业成果)的多元性,以质量的感知、质量的内部审核、不同主体/不同范畴的质量监测、质量监测集成、质量监测反馈为主线,以学生教育需求分析、学生满意度分析为辅线,以质量监测数据收集与分析为支撑,架构质量监测体系运行模式。

应用型硕士研究生培养改革发展涉及许多方面,是一个长期的工程,需要顶层设计和系统推进。

其一,立足需求。推进研究生教育调控机制的供给侧结构性改革,建立研究生教育的质量、规模、结构等供给与社会各方的需求相互协调的运行方式。保持研究生教育机构内部培养要素的动态平衡,维护研究生教育微观结构的灵活性与稳定性,满足应用型硕士研究生培养的需求。为此,要思考当前最紧迫的需求是什么，最急需的需求是什么，大规模需求集中在哪些领域和层次、类型，新的小规模特殊需求又将出现在哪些领域。而对这些需求特征和需求变化的回答依赖于基础性调查、大数据分析和科学性预测①。研究生教育规模增长方式从补偿性增长转变为协调性增长，从被动调整向主动适应转变，以发展带动结构调整和以结构调整促进发展并重。研究生教育结构决定着研究生教育体系对国家发展支撑作用的发挥程度，研究生教育强国与研究生教育大国相比其对研究生教育结构的要求发生了显著的变化，其发展模式相应地要突破过去的追赶型和补偿性发展模式。应用型硕士研究生的发展要从学术型硕士研究生分流的衍生发展为主转变为应用型硕士研究生自身发展为主，整个硕士层次研究生教育格局要相应发生根本性的调整和变革。

其二，扩大参与。一是要吸引传统生源转向应用型硕士研究生教育生源。要通过政策引导，鼓励报考者报考应用型硕士研究生。这一方面可以从提高应用型硕士研究生的相关待遇、改变其被歧视和边缘化的状况着手，从政策、制度设计上支持应用型硕士研究生教育的发展，增强其吸引力。另一方面，要通过保证应用型硕士研究生教育的质量，提升其内涵，特别是其本身特征和价值的差异性与特色优势，来增强应用型硕士研究生教育的吸引力。二是吸引新的参与者。我国研究生教育发展到当前阶段，进入一个规模、结构、效益、质量等问题交织的转型阶段。就研究生培养规模而言，我国成为世界研究生教育大国，如何挖掘研究生生源尤其是优秀生源，保持研究生教育积极发展态势，是当前我国研究生教育改革与发展必须解决的一个现实问题。其中一个有效的举措就是要增强各种研究生教育项目对在职人员的吸引力。为此，要改革培养目标，增强应用型硕士研究生培养的针对性；改革培养方式，增强应用型硕士研究生培养的实效性；改革招生方式，增强应用型硕士研究生培养的便利性。三是推进差异化认同。随着研究生教育规模的扩大，以及研究生就业市场压力的急剧加大，仅仅依靠基于超额的社会认同和基于替代的社会认同来增强应用型硕士研究生培养的吸引力是远远不够的。为此，要从基于超额式社会认同、替代式社会认同过渡到差异化社会认同，彰显应用型硕士研究生培养的特色、价值，提升其含金量，增强毕业生就业能力和职业发展潜力；推行科学研究和技能训练相结合的结构化培养，兼顾学术能力和职业技能的多方位

---

① 廖湘阳，孙瑜.2018 年中国学位与研究生教育发展热点述评[J].学位与研究生教育,2019(5)：1-9.

可迁移训练,促进研究技能和职业技能的平衡发展。

其三,创新机制。一是要加强产学研合作。要重新界定研究生教育与产学研结合的关系。过去一直强调通过产学研结合来培养研究生,这也构成我国研究生培养的一个特色。但是,过去更多的是把产学研结合作为研究生培养的一种工具、一个途径、一类模式,现在应当从一个更广泛的视野来重新界定两者之间的关系,特别是要针对新型知识生产方式的兴起这一新趋势及其对整个社会知识格局的影响,要注意到研究生教育推动产学研结合的作用与意义,推进研究生教育系统与其他系统之间的相互开放,建立新的双赢的长效机制,吸引社会力量、社会资源向研究生教育开放。二是推动研究生教育融入协同创新。研究生教育是科技第一生产力和人才第一资源的重要结合点,是高层次创新人才的主要来源,是提高综合国力与国际竞争力的有力支撑。因此,研究生教育必将在协同创新的新格局、新机制的形成中发挥重要作用,成为推动协同创新的重要力量,成为开展协同创新的主要阵地,成为实现协同创新的关键因素。相应地,研究生教育应当与协同创新相互促进,主动融入协同创新,推进科教融合、产教融合,以此主动适应国家需求、提高创新实践能力、保证整体教育质量。三是要优化研究生培养模式。系统推进研究生教育的结构调整与模式创新,重点进行类型结构和形式结构的调整和优化,合理定位不同类型研究生的培养目标,明确不同类型研究生培养的对象、模式、途径,建立多模式、多规格的研究生教育类型结构与形式结构,增强研究生教育对社会需求的适应性和引导性。根据不同的培养目标设计合理的培养过程和科学的课程体系,加强实践性教学、案例教学,强化应用型研究生的实践能力、职业能力的培养和发展。

其四,提高质量。一是强化学术性、实践性与职业性的统一。学术性是其基本属性,实践性是其表现形式,职业性则是其价值取向。应用型硕士研究生培养与职业领域特别是应用性职业领域密切相关,人才培养主要面向非传统的学术性岗位,体现出职业性特征。但其职业性与一般的职业性又有着明显的差异,是基于学术性与专业性的职业性。二是坚持以实践能力训练为核心,通过系统训练增强研究生解决模拟环境中实际问题的能力、解决工作场所中单一实际问题的能力、解决实际问题的能力以及能力的可迁移性。三是加强应用型硕士研究生培养平台建设,构建综合化训练网络,与研究生人才培养活动相辅相成,形成完整的、系统的培养环境与培养链条。四是优化课程体系,综合考虑基于学科的学科式课程体系、基于能力的一体化课程体系、基于问题的课程体系、基于实践导师(实践场所)

的课程体系四种课程模式,综合采取结合模式与拓展模式优化课程体系,发展一套与现行学科课程体系或者学科课程向配套的拓展性课程。五是加强质量保障,构建多元参与体系,建立质量标准体系,健全质量监测体系,完善质量评估体系;充分运用现代信息技术和大数据网络收集大数据,建立相应的数据采集、汇聚、分析、传播机制,创新研究生教育质量评估供给模式,结合数据开放提升教育治理能力,优化研究生教育资源布局和配置,助推有质量的教育公平,增强研究生教育质量保障能力。

其五,自主探索。一是转变研究生教育政策范式。在这样一个变革的时代,政策范式的科学性比政策内容的科学性也许更加重要,政策范式的变革比政策内容的调整也许更加重要。随着研究生教育政策范围从具体问题式的、单项目的转向战略性的、多项目的,政策决策的复杂性以及可选择的项目数相应地由低到高、由少到多,决策环境由精确到不精确,决策标准由单一到多元,政府政策将更加宏观化、战略化,由此而留下来的大量政策空间,需要各种政策辅助系统来补充、发挥、挖掘。二是鼓励自主探索。研究生培养单位改革的自主性与积极性的激发与维持是最根本的,这种自主性与积极性既是改革的组成部分,又是推进改革的保障。要通过改革增强培养单位的自主性,促进培养单位的自主性,保护培养单位的自主性,为培养单位自主探索研究生教育改革提供制度保障。各种研究生人才培养的自主探索应当成为常态,高层次应用型人才培养模式与途径的探索与实践应当拥有一个更加开阔的视野,应当更加自主、多元和开放。

研究生教育规模发展了,研究生教育形态也发生了根本性的变化,需要加强研究生教育基本理论的研究。当研究生教育的变迁处于量变阶段时,定量分析和客观描述是一种有效的研究手段,是推进研究生教育政策优化的必要手段,但是当研究生教育已经发生质变后,单一的定量分析和客观描述就不足以反映时代特征了,有必要进行理论分析和哲学反思。应用型硕士研究生培养研究要从理论和实践两个层面进一步加强。首先,要进一步研究"应用型硕士研究生"的特征和"应用型硕士研究生培养"的特征,并由此拓展至对整个研究生教育基本概念的研究。"应用型硕士研究生"不是"硕士研究生"和"应用型"两个概念简单构成的复合概念,而是一个全新的概念,相应地,应用型硕士研究生之培养与其他类型硕士研究生之培养有着不同的本质内涵和实践形态。要重构硕士研究生培养体系就不应完全按照"硕士研究生"的框架和术语来研究"应用型硕士研究生",更需要从"应用型硕士研究生"本身出发,从多个角度来分析其内涵和特性,以此反推"硕士研究生"及其培养的系统重构。在继续研究应用型硕士研究生的特质及其培养规律的同时,应当结合应用型硕士研究生等新的类型的出现,反思和重构"硕士研究生"乃至"研究生"的概念内涵。其次,要研究如何形成应用型硕士研究生培养的政府宏观政策引导、培养单位自主探索、企业组织积极参与之间的合力,如何促进应用型硕士研究生培养的宏观体制与微观机制之间的互动。

2020年,全国研究生教育规模再次扩张,研究生招生数达到110余万人,在学人数突破300万人,这既是对社会需求的及时应对,又是对培养能力的一次检验,也是对培养体系的巨大挑战。随着研究生教育规模、结构、类型的调整,研究生教育与社会经济科技关系的转变,研究生教育适应社会需求机制的变革,研究生培养体系的构成要素及其相互关系也发生了相应变化。我国研究生教育必须紧扣服务需求,立足提高质量,聚焦人才培养,汇聚各方资源,建成更高水平的研究生培养体系。

一是架构立德树人和培根铸魂的研究生育人体系。要改变侧重"才"而忽略"人"的倾向,实施学业发展和品德修养的全方位、全过程指导,把立德树人融入培养体系的各个方面和培养过程的各个环节,把培养活动聚焦到立德树人这个根本目标上来。建立研究生导师立德树人的引导机制、激励机制,完善可操作、可考核的研究生导师立德树人职责实施细则,在重申正面引导性要求的同时出台"红线"或"禁令",促使研究生导师潜心研究生培养,自觉规范导师权力的行使,建立更加良好的师生关系。建立全覆盖的指导教师培训体系,创新研究生指导方式,从经验走向科学,从强调学生自身特质、导师指导行为转向追求学生学习行为、品德修养与导师指导的一致性建构。针对研究生社会认知、职业目标的成熟性,引导研究生在科学研究、创新创业和社会实践中增强自信、磨砺品性、彰显才干、服务社会。

二是重塑研究生培养与学科体系之间的新型关系。"跨界"思维与技术的盛行推动新兴交叉学科的发展,削弱学科划分的传统基础,导致研究生培养的学科逻辑和组织单元显著变化。研究生培养"分门别类"的学科目录依据逐步淡化,培养类型规格与学科目录的清晰对应日渐式微,研究生培养的学科体系更加强调社会需求而非学科划分,更加聚焦人才培养而非学科建设。研究生培养是学科建设的溢出效应,更是学科建设的关键要素,学科建设是研究生培养的基础又是其抓手,要根据社会需求推动学科建设与研究生培养的关联、互动与融合,两者微观上都以高深知识理论为基石,中观上相互交织和相互促进,宏观上都需与社会经济发展良性互动。

三是推进研究生课程体系设置与实施机制的变革。一个好的研究生课程体系体现出完整性和系统性,与核心能力培养相匹配,与培养过程活动相适宜,与专业实践场景相吻合。巩固和完善系统的课程学习这一制度优势,跃升课程目标,创新课程形式,加强高水平的系列课程的开发与建设,同时加强课程学习与其他培养活动的协同共进。以职业能力和综合素养为核心,结合行业的实践经验和知识创新,开发专项实践、问题解决训练等新型课程,设置综合交叉集成性训练项目,形成学科式课程与问题导向式课程相辅相成的课程体系。按照实践逻辑对传统上的学科知识重新编码,提炼和转化场域性新型知识,兼顾陈述性知识、程序性知识和策略性知识,构成以特定职业胜任力为核心的知识体系。变革课程实施模式、机制和途径,确立核心课程体系,制定核心课程标准,科学设计课程模块,促进课程的整合,建立科学的课程评价体系。

四是创建适应教学场域新变化的研究生教学体系。面对人工智能引发的深度学习、跨界融合、人机协同、群智开放、自主操控等新趋势,研究生教学要转向以学生为中心,转向以自主性、合作式学习为主,促进研究生从被动的"因材施教"转向主动的"因材适教",自觉结合培养目标、课程内容、职业志趣以采取恰当的学习策略。"教"和"学"要聚焦高阶思维活动,以真实的实际问题引入专业知识技能,引导研究生学会运用专业概念、最新理论来描述、解释实践场景所遇到的问题。运用课程紧凑策略鼓励研究生围绕感兴趣的知识模块和技能模块进行有深度的学习,促成知识技能、认知框架和思维方式的升级,同时达成深层学习的体验和学有所成的感受。瞄准未来工作、新兴技能,顺应知识形态新变化,引入翻转课堂、在线课程,提升教学的前沿性、生成性,与此同时着力发展研究生连通知识网络的能力。创新研究生培养基层组织,探索跨院系中心、项目制、项目组制学习模式等新的组织形式,推动研究生培养各方资源的汇聚、整合与重构。

五是促成研究生科研体系与人才培养链条的共振。新的知识生产方式的盛行,知识资本化与资本知识化的共生,人才培养链条与产业创新链条的融合,研究生培养日益置于真实而非创设的场景之中。要拓展和转换"学术独创性"的指向,从强调创新的"唯一性"转而推崇"场景化",鼓励学习过程中的"微创造"、具体实践中的"小创造"、专业领域中的"真创造"。促进产学研合作和科教融合,大学的学科知识促进企业的知识基础重构,企业知识促使大学知识生产方式的多元化,达成不同知识主体、异质知识体系之间的互补,实现人才培养资源的跨界整合。以研究生培养和本土就业为抓手,推动最新产业技术的当地化,研究生培养过程与产业实践的技术支持、特定岗位的技术改进、企业创新的技术配套密切互动,建立起区域学习和能力发展的新格局、新网络,以更加积极、更为灵活地满足区域经济社会发展需求。

六是建立基于学生发展的培养质量监测保障体系。建立以"学"为中心的评价体系,拓展学生学习产出的内涵,从预设的学习成效的达成度拓展到出乎意料却令人满意的非预期成效,从学习成绩和科研成果拓展到研究生的未来职业发展,从单一的标志性成果拓展到体现过程性的一系列阶段性成果。利用现代信息技术进行学习轨迹的追踪和个性化评价,学习轨迹记录从薄薄的一张成绩单拓展为包含诸多其他内容的翔实记录,学习轨迹分析从纠结学习成效高低的因果关系转变为呈现学习活动各方面表现之间的关联,促使研究生通过对这些翔实记录的反思改进自己的学习。开展研究生培养状况满意度调查、学习与科研投入度调查、培养质量反馈评价、就业状况和发展潜力调查、分区域分行业人才需求调查,构成内外结合的研究生培养质量监测体系。拓展质量保障视野,由倾向于单一主体的封闭转向为多元主体的开放,由局限于研究生培养单位内部延伸到研究生培养单位与实践能力训练场所、用人单位的结合部上,形成立交化、交互式质量保障体系。

七是保证研究生培养体系的整合贯通与开放灵活。研究生培养体现出愈加显著的需求驱动特征,培养体系的建构要从"消费者为中心的"转向"消费者驱动的",继续通过培养环节与活动的技术改进来满足社会需求,同时鼓励根据社会需求的大数据和研究生个性化选择来生成差异化的培养环节与活动。研究生培养体系要保持开放性和灵活性,研究生可以根据个人职业发展、兴趣状况和时间安排选择和完成培养环节和活动,打破固化的先后次序,以便既能获得专业能力、职业技能和综合素质的全方位指导和整体性提升,又能及时获得某种急需技能的专门培养。增强培养过程中环节管理的执行力,各个培养环节与活动既是可以规范和监管的,又要避免操作细则的繁文缛节和机械僵化。协调培养过程与研究生生活周期,建立研究生成长支持系统,全程关注研究生的报考、入学、课程学习、论文选题、论文撰写、就业动向和人际交往等,使其顺利渡过研究生生涯各个阶段。

参 考 文 献

（一）著作

"研究生培养模式创新的理论与实践研究"课题组.中国研究生培养模式的理论与实践
研究[M].北京：高等教育出版社,2013.

"中国学位与研究生教育现状"课题调研组.中国学位与研究生教育发展报告(2011)
[M].北京：清华大学出版社,2012.

Daniel L. Stufflebeam,George F. Madaus,Thomas Kellaghan.评估模型[M].苏锦丽,等译.
北京：北京大学出版社,2007.

E. M.菲利普斯,D. S.普夫.如何获得博士学位——研究生与导师手册[M].黄静,姚一
建,译.北京：中国农业出版社,1996.

E. M.罗杰斯.创新的扩散[M].唐兴通,郑常青,张延臣,译.北京：电子工业出版
社,2016.

E.格威狄·博格,金伯利·宾汉·霍尔.高等教育中的质量与问责[M].毛亚庆,刘冷
馨,译.北京：北京师范大学出版社,2008.

Edward F. Crawley,Johan Malmqvist,et al.重新认识工程教育——国际CDIO培养模式与
方法[M].顾佩华,沈民奋,陆小华,译.北京：高等教育出版社,2009.

Jeff Saperstein,Dr. Daniel Rouach.区域财富——世界九大高科技园区的经验[M].金马
工作室,译.北京：清华大学出版社,2003.

Maresi Nerad,Mimi Heggelund.博士教育全球化：动力与模式[M].李毅,张国栋,译.上
海：上海交通大学出版社,2010.

Robert C. Reardon,Janet G. Lenz,James P. Sampson,et al.职业生涯发展与规划[M].侯
志瑾,等.北京：高等教育出版社,2005.

Stuart Powell,Howard Green.全球博士教育[M].查岚,严媛,徐贝,译.上海：上海交通
大学出版社,2012.

阿尔文·古尔德纳.新阶级与知识分子的未来[M].杜维真,罗永生,黄蕙瑜,译.北京：
人民文学出版社,2001.

艾德·卡特姆,艾米·华莱士.创新公司：皮克斯的启示[M].靳婷婷,译.北京：中信
出版社,2015.

埃德加·莫兰.复杂性理论与教育问题[M].陈一壮,译.北京：北京大学出版社,2004.

爱德华·希尔斯.教师的道与德[M].徐弢,李思凡,姚丹,译.北京：北京大学出版
社,2010.

爱德华·希尔斯.学术的秩序[M].李家永,译.北京：商务印书馆,2007.

安德烈·焦尔当.学习的本质[M].杭零,译.上海：华东师范大学出版社,2015.

奥克肖特.经验及其模式[M].吴玉军,译.北京：文津出版社,2005.

北京航空航天大学首都高等教育发展研究基地.高校与科研院所联合培养研究生典型
　　案例汇编(2012)[M].北京：北京大学出版社,2014.

彼得·德鲁克.创新与企业家精神[M].蔡文燕,译.北京：机械工业出版社,2018.

伯顿·克拉克.建立创业型大学：组织上转型的途径[M].王承绪,译.北京：人民教育
　　出版社,2003.

伯顿·克拉克.探究的场所——现代大学的科研和研究生教育[M].王承绪,译.杭州：
　　浙江教育出版社,2001.

布迪厄.实践感[M].蒋梓骅,译.南京：译林出版社,2012.

布莱恩·阿瑟.技术的本质：技术是什么,它是如何进化的[M].曹东明,王健,译.杭
　　州：浙江人民出版社,2014.

茶世俊.研究生教育制度渐进变迁[M].北京：北京大学出版社,2010.

陈春花.激活组织：从个体价值到集合智慧[M].北京：机械工业出版社,2017.

陈劲.新形势下产学研战略联盟创新与发展研究[M].北京：中国人民大学出版
　　社,2009.

陈万思.知识员工胜任力——理论与实践[M].上海：上海财经大学出版社,2007.

陈学飞,等.西方怎样培养博士：法、英、德、美的模式与经验[M].北京：教育科学出版
　　社,2002.

大卫·格里芬.后现代科学——科学魅力的再现[M].马季方,译.北京：中央编译出版
　　社,1995.

大卫·沃德.令人骄傲的传统与充满挑战的未来：威斯康星大学150年[M].李曼丽,
　　李越,译.北京：清华大学出版社,2007.

底特利希·本纳.普通教育学——教育思想和行动基本结构的系统的和问题史的引论
　　[M].彭正梅,徐小青,张可创,译.上海：华东师范大学出版社,2006.

董秀华.专业市场准入与高校专业认证制度研究[M].上海：上海人民出版社,2007.

菲利普·G.阿特巴赫,帕特丽夏·J.冈普奥特,D.布鲁斯·约翰斯通.为美国高等教育
　　辩护[M].别敦荣,陈艺波,译.青岛：中国海洋大学出版社,2007.

弗·兹纳涅茨基.知识人的社会角色[M].郑斌祥,译.北京：译林出版社,2000.

弗里茨·马克卢普.美国的知识生产与分配[M].孙耀君,译.北京：中国人民大学出版
　　社,2007.

国家职业分类大典修订工作委员会.中华人民共和国职业分类大典(2015年版)[M].
　　北京：中国劳动保障出版社,2015：6-9.

海迪·M.内克,帕特里夏·G.格林,坎迪达·G.布拉什.如何教创业：基于实践的百
　　森教学法[M].薛红志,李华晶,张慧玉,陈寒松,译.北京：机械工业出版社,2017.

亨利·埃茨科威兹.三螺旋——大学·产业·政府三元一体的创新战略[M].周春彦,
　　译.北京：东方出版社,2005.

亨利·埃茨科维兹.三螺旋创新模式：亨利·埃茨科维兹文选[M].陈劲,译.北京：清
　　华大学出版社,2016.

亨利·埃兹科维茨,劳埃特·雷德斯多夫.大学与全球知识经济[M].夏道源,译.南
　　昌：江西教育出版社,1999.

亨利·切萨布鲁夫,维姆·范哈弗贝克,乔·韦斯特.开放式创新：创新方法论之新语
　　境[M].扈喜林,译.上海：复旦大学出版社,2016.

胡玲琳.我国高校研究生培养模式研究——从单一走向双元模式[M].上海：复旦大学

出版社,2010.

黄启兵,毛亚庆.大众化高等教育质量保障:基于知识的解读[M].北京:北京师范大学出版社,2011.

黄启兵,毛亚庆.大众化高等教育质量保障:基于知识的解读[M].北京:北京师范大学出版社,2011.

黄尧.学历证书与职业资格证书相互转换的理论与实践研究[M].北京:高等教育出版社,2007.

基莫·哈尔默,伊拉里·林迪,卡勒·比拉宁,韦莎·萨米宁,贾斯汀·怀特.芬兰模式:创新政策和治理经验[M].王景丽,卜荣露,译.上海:上海交通大学出版社,2016.

姜大源.当代德国职业教育主流教学思想研究——理论、实践与创新[M].北京:清华大学出版社,2007.

杰勒德·德兰迪.知识社会中的大学[M].黄建如,译.北京:北京大学出版社,2010.

金子元久.高等教育的社会经济学[M].刘文君,译.北京:北京大学出版社,2007.

经济合作与发展组织(OECD).以知识为基础的经济[M].杨宏进,薛澜,译.北京:机械工业出版社,1997.

玖·笛德,约翰·本册特,凯恩·帕维特.管理创新:技术变革、市场变革和组织变革的整合[M].王跃红,李伟立,译.北京:清华大学出版社,2008.

卡内基教学促进基金会.学术水平反思——教授工作的重点领域[M]//当代外国教育改革著名文献(美国卷·第三册).北京:人民教育出版社,2004.

凯瑟琳·艾伦.技术创业:科学家和工程师的创业指南[M].李政,潘玉,译.北京:机械工业出版社,2009.

康德.实践理性批判[M].邓晓芒,译.北京:人民出版社,2004.

科林·琼斯.研究生创业教育[M].王占仁,译.北京:商务印书馆,2016.

克劳斯·施瓦布.第四次工业革命[M].李菁,译.北京:中信出版社,2016.

克里斯·阿吉里斯,唐纳德·A.舍恩.实践理论——提高专业技能[M].邢清清,赵宁宁,译.北京:教育科学出版社,2008.

克利夫顿·康拉德,珍妮弗·格兰特·霍沃思,苏珊·博雅德·米勒.美国如何培养硕士研究生[M].袁本涛,刘帆,等译.北京:北京大学出版社,2016.

克瑞斯提诺·安东内利.创新经济学、新技术与结构变迁[M].刘刚,张浩辰,吴旬,等译.北京:高等教育出版社,2006.

肯·罗宾逊.让思维自由[M].闾佳,译.杭州:浙江人民出版社,2018.

李伟.实践范式转换与实践教学改革[M].北京:教育科学出版社,2010.

里德-西蒙斯.欧洲大学史:第一卷,中世纪大学[M].张斌贤,等译.保定:河北大学出版社,2008.

丽贝卡·S.洛温.创建冷战大学——斯坦福大学的转型[M].叶赋桂,罗燕,译.北京:清华大学出版社,2007.

梁启超.饮冰室合集·文集之二十五(下)[M].北京:中华书局,1989.

廖文婕.我国专业学位研究生培养模式的系统结构研究[M].厦门:厦门大学出版社,2013.

廖湘阳.研究生教育发展战略研究[M].北京:清华大学出版社,2006.

林功实.高层次人才培养的研究[M].北京:清华大学出版社,1995.

刘贵华,等.中国研究生教育发展报告 2013[M].北京:教育科学出版社,2015.

刘鸿.我国研究生培养模式研究[M].青岛:中国海洋大学出版社,2007.

刘乃全.产业聚集论[M].上海:上海人民出版社,2009.

刘晓芬.历史、结构与教育:技职教育变革的探讨[M].台北:冠学文化出版事业,2007.

刘亚敏,胡甲刚.专业学位研究生培养模式改革[M].北京:科学出版社,2017.

路易丝·莫利.高等教育的质量与权力[M].罗慧芳,译.北京:北京师范大学出版社,2008.

罗恩·阿什肯纳斯,戴维·尤里奇,托德·吉克,等.无边界组织:移动互联时代企业如何运行[M].姜文波,刘丽君,康至军,译.北京:机械工业出版社,2018.

罗杰·金.全球化时代的大学[M].赵卫平,译.杭州:浙江大学出版社,2008.

罗杰·L.盖格.研究与相关知识——第二次世界大战以来的美国研究型大学[M].张斌贤,孙益,王国新,译.保定:河北大学出版社,2008.

罗纳德·S.伯特.结构洞:竞争的社会结构[M].任敏,李璐,林虹,译.上海:格致出版社,2017:2-28.

罗尧成.研究生教育课程体系研究[M].广州:广东高等教育出版社,2010.

马健生,陈玥,等.21 世纪世界高水平大学研究生教育:新特点与新趋势[M].北京:高等教育出版社,2016.

迈克尔·波特.国家竞争优势[M].李明轩,邱如美,译.北京:华夏出版社,2002.

迈克尔·吉本斯,卡米耶·利摩日,黑尔佳·诺沃提尼,等.知识生产的新模式——当代社会科学与研究的动力学[M].陈洪捷,沈文钦,等译.北京:北京大学出版社,2011.

麦克·F.D.扬.知识与控制——教育社会学新探[M].谢维和,朱旭东,译.上海:华东师范大学出版社,2002.

美国科学、工程与公共政策委员会,等.重塑科学家与工程师的研究生教育[M].徐远超,等译.北京:科学技术文献出版社,1999.

闵维方.中国教育与人力资源发展报告(2005—2006)[M].北京:北京大学出版社,2006.

奈什·M.帕西.研究生教育和研究力量[M]//杭州大学高等教育研究室编译.高教研究丛刊,十一辑.[出版者不详]:[出版地不详],1985.

帕利坎.大学理念重审——与纽曼对话[M].杨德友,译.北京:北京大学出版社,2008.

皮埃尔·布迪厄,华康德.实践与反思——反思社会学导引[M].李猛,李康,译.北京:中央编译出版社,1998.

琼·C.斯马特.高等教育学[M].陈伯璋,译.南京:江苏教育出版社,2010:239-244.

萨姆·萨默斯.情境影响力[M].王非,译.杭州:浙江人民出版社,2018.

桑德林·卡则斯,伊莲娜·纳斯波洛娃.转型中的劳动力市场:平衡灵活性与安全性——中东欧的经验[M].劳动和社会保障部劳动科学研究所,译.北京:中国劳动社会保障出版社,2005.

圣地亚哥·伊尼格斯·德翁左诺.商学院——引领高等教育变革[M],徐帆译.北京:中国人民大学出版社,2014.

施恩.职业的有效管理[M].仇海清,译.北京:生活·读书·新知三联书店,1992.

石中英.知识转型与教育改革[M].北京:教育科学出版社,2001.

世界银行报告.全球知识经济中的终身学习——发展中国家的挑战[M].国家教育发展研究中心组,译.北京:高等教育出版社,2005.

斯里坎特·M.达塔尔,戴维·A.加文,帕特里克·G.卡伦.MBA教育再思考——十字路口的工商管理教育[M].伊志宏,徐帆,译.北京:中国人民大学出版社,2011.

斯诺.两种文化[M].陈克艰,秦小虎,译.上海:上海科学技术出版社,2003.

唐纳德·A.舍恩.反映的实践者——专业工作者如何在行动中思考[M].夏林清,译.北京:教育科学出版社,2007.

唐纳德·A.舍恩.培养反映的实践者——专业领域中关于教与学的一项全新设计[M].郝彩虹,等译.北京:教育科学出版社,2008.

瓦莱丽·汉农,萨拉·吉林森,莉奥妮·香克斯.学以致用:世界教育趋势及令人振奋的实践[M].刘海粟,译.北京:中国人民大学出版社,2016.

王登亮,陈京雷,李永.如何建设企业大学[M].北京:中国劳动社会保障出版社,2008.

王洪才,莫玉婉.应用型研究生培养模式探索——关于研究生教学改革的行动研究叙事[M].厦门:厦门大学出版社,2017.

王战军,廖湘阳,周文辉,宋平,翟亚军,陈伟,等.中国研究生教育质量保障体系理论与实践[M].北京:高等教育出版社,2012.

王战军.中国学位与研究生教育40年[M].北京:中国科学技术出版社,2018.

威廉·克拉克.象牙塔的变迁——学术卡里斯玛与研究性大学的起源[M].徐震宇,译.北京:商务印书馆,2013.

维克托·迈尔-舍恩伯格,肯尼思·库克耶.大数据时代——生活、工作与思维的大变革[M].盛杨燕,周涛,译.杭州:浙江人民出版社,2013.

温新民.学科会聚与科研平台建设[M]//潘云鹤,朱经武.学科会聚与创新平台:高新技术高峰论坛.杭州:浙江大学出版社,2006.

乌尔里希·泰希勒.迈向教育高度发达的社会:国际比较视野下的高等教育体系[M].肖念,王绽蕊,译.北京:科学出版社,2014.

西蒙·马金森.澳大利亚教育与公共政策[M].严慧仙,洪森,译.杭州:浙江大学出版社,2007.

希拉·斯劳特,拉里·莱斯利.学术资本主义——政治、政策和创业型大学[M].梁骁,黎丽,译.北京:北京大学出版社,2008.

谢桂华.20世纪的中国高等教育:学位与研究生教育卷[M].北京:高等教育出版社,2003.

徐国庆.实践导向职业教育课程研究:技术学范式[M].上海:上海教育出版社,2005.

徐作圣,黄启佑,游焕中.科技服务业发展策略及应用[M].台北:台湾交通大学出版社,2010.

许克毅,赵军.研究生教育思想论纲[M].兰州大学出版社,2005.

薛天祥.研究生教育学[M].桂林:广西师范大学出版社,2001.

雅斯贝尔斯.什么是教育[M].邹进,译.北京:生活·读书·新知三联书店,1991.

亚里士多德.尼各马可伦理学[M].廖申白,译.北京:商务印书馆,2004.

研究生教育质量报告编研组.中国研究生教育质量报告(2013)[M].北京:中国科学技术出版社,2014.

研究生教育质量报告编研组.中国研究生教育质量年度报告(2012)[M].北京:中国科学技术出版社,2013.

研究生专业学位总体设计研究课题组.开创我国专业学位研究生教育发展的新时代——研究生专业学位总体设计研究报告[M].北京:中国人民大学出版社,2010.

姚先国,等.人才战略与区域经济发展[M].杭州:浙江大学出版社,2006.

袁本涛,王传毅,等.我国研究生教育结构调整问题研究[M].北京:经济科学出版社,2015.

约翰·S.布鲁贝克.高等教育哲学[M].王承绪,郑继伟,张维平,等译.杭州:浙江教育出版社,1998.

约翰·比格斯,凯瑟琳·唐.卓越的大学教学:建构教与学的一致性[M].王颖,丁妍,高洁,译.上海:复旦大学出版社,2015.

张建功.中美专业学位研究生培养模式比较研究[M].广州:华南理工大学出版社,2014.

张淑林,李金龙,裴旭.协同创新环境下的研究生联合培养机制改革研究[J].北京:高等教育出版社,2016.

赵琳.制度创新与研究生教育结构调整[M].北京:清华大学出版社,2018.

郑娟.跨界联合:工科博士生培养模式新探索[M].北京:社会科学文献出版社,2017.

中国学位与研究生教育发展报告课题组.中国学位与研究生教育发展报告(1978—2003)[M].北京:高等教育出版社,2006.

中国学位与研究生教育发展年度报告课题组.中国学位与研究生教育发展年度报告(2012)[M].北京:中国人民大学出版社,2013.

中华人民共和国职业分类大典(2007增补本)[M].北京:中国劳动社会保障出版社,2008.

朱丽·汤普森·克莱恩.跨越边界——知识、学科、学科互涉[M].姜智芹,译.南京:南京大学出版社,2005.

竹内弘高,野中郁次郎.知识创造的螺旋:知识管理理论与案例研究[M].李萌,译.北京:知识产权出版社,2006.

Berelson B. From Graduate Education in the United States[M]//Graduate education in the United States. New York:McGraw-Hill Book Company,Inc.,1960.

Berelson B. Graduate Education in the United States[M]. New York:McGraw-Hill Book Company Inc.,1960.

Bernhard Streitwieser, Anthony C. Ogden. International Higher Education's Scholar-Practitioners:Bridging Research and Practice [M]. Oxford:Symposium Books Ltd.,2016.

C. F. Conrad,D. J. Eagan. Master's degree programs in American higher education[M]//J. C. Smart(ed.). Higher Education:Handbook of Theory and Research. New York:Agathon Press,1990:107-160.

C. Frayling. Research in Art and Design[M]. London:Royal College of Art,1993.

C. Oliver. Carmichael. Graduate Education:A Critique and A Program[M]. New York:Harper & Brothers publishers,1962.

Celia B. Fisher, et al. Applied Developmental Science:Graduate Training for Diverse Disciplines and Educational Settings [M]. New Jersey:Ablex Publishing Corporation,1996.

Clifton F. Conrad, Jennifer Grant Haworth, Susan Bolyard Millar. A Silent Success: Master's Education in the United States [M]. Maryland: The Johns Hopkins University Press, 1993.

David Scott, Andrew Brown, Ingrid Lunt, et al. Professional Doctorates: Integrating Professional and Academic Knowledge[M]. New York: Open University Press, 2004.

K. J. Kohl, J. LaPidus. Postbaccalaureate futures: New markets, resources, credentials[M]. Washington DC: American Council on Education and Oryx Press, 2000.

Kevin D. Haggerty, Aaron Doyle. Ways to Screw up in Grad School[M]. Chicago: The University of Chicago Press, 2015.

Leonard Cassuto. The Graduate School Mess: What Caused It and How We Can Fix It[M]. Cambridge: Harvard University Press, 2015.

Maresi Nerad, Raymond June, Debra Sands Miller. Graduate Education in the United States [M]. New York: Garland Publishing Inc. , 1997.

Michael Gibbons, et al. The New Production of Knowledge: the Dynamics of Science and Research in Contemporary Societies[M]. Beverly Hills: [s. n.], 1994.

Michael J. Pelczar, Jr. Lewis, C. Solmon. Keeping Graduate Programs Responsive to National Needs[M]. San Francisco · Washington · London: Jossry-Bass Inc. , 1984.

Mihail C Roco, William Sims Bainbridge. Converging Technologies for Improving Human Performance[M]. Dordrecht: Kluwer Academic Publishers, 2002.

Paul Hager, Susan Holland. Graduate Attributes, Learning and Employability [M]. Netherlands: Springer, 2006.

Peter Jarvis. Professional Education[M]. London: Croom Helm Ltd. , 1984.

Pintrich, P. R. , Schunk, D. H. Motivation in education: Theory, research, and applications [M]. Englewood Cliffs: Prentice Hall, 1996.

Richard J. Storr. The Beginnings of Graduate Education in America[M]. Chicago: University of Chicago Press, 1953.

Robert B. Reich. The Work of Nations: Preparing Ourselves for 21st Century Capitalism [M]. New York: Knopf Doubleday Publishing Group Knopf, 1992.

Robert G. Burgess. Beyond the First Degree: Graduate Education, Lifelong Learning, and Careers[M]. Buckingham: SRHE and Open University Press, 1997.

S. Blume, O. Amsterdamska. Post-graduate education in the 1980s[M]. Paris: organization for Economic Co-operation and Development, 1987.

Terri Seddon. What is doctoral in doctoral education? [M]//Bill Green, Tom Maxwell, P. J. Shanahan. Doctoral Education and Professional Practice: The Next Generation?. Armidale: Kardoorair Press, 2001.

Tony Becher, Mary Henkel, Maurice Kogan. Graduate Education in Britain[M]. London: Jessica Kingsley Publishers Ltd. , 1994.

UK Council for Graduate Education (UKCGE). Professional Doctorates [M]. Dudley: UKCGE, 2002.

Wenger E. Communities of practice: learning, meaning and identity [M]. Cambridge: Cambridge University Press, 1998.

（二）期刊论文

Annamaria Silvana de Rosa.博士生教育国际化的新形式：欧洲博士学位[J].王福胜,庄丽君,译.学位与研究生教育,2011(1)：71-77.

W.诺顿·格布拉,马文·莱泽逊.高等教育中的职业教育主义：教育信条的胜利[J].高馨,译.国际高等教育研究,2007(3)：1-10,25.

敖永胜.企业研究生工作站培养全日制专业学位研究生探索[J].学位与研究生教育,2011(3)：68-72.

芭芭拉·M.科姆.博士生教育去向何方？——全球变化背景下欧洲的新举措[J].北京大学教育评论,2007(4)：66-74,185.

白晓煌,张秀峰.专业学位教育与执业准入资格的协同衔接研究——美国的经验与启示[J].中国高教研究,2018(8)：100-106.

包水梅,顾怀强.专业学位研究生教育——跨越式发展背后的尴尬及其化解[J].中国高教研究,2011(9)：41-45.

毕家驹.国家学位标准要与时俱进[J].高教发展与评估,2006(6)：31-34.

别敦荣,万卫.论我国专业学位研究生教育人才培养模式改革[J].研究生教育研究,2011(4)：77-80.

别敦荣,易梦春,李家新."十三五"时期研究生教育发展思路[J].中国高教研究,2016(1)：83-90.

别敦荣,赵映川,闫建璋.专业学位概念释义及其定位[J].高等教育研究,2009,30(6)：52-59.

别敦荣.专业学位研究生教育的特性及其质量标准的学理探析[J].研究生教育研究,2013(3)：76-81.

蔡建华,周宏力.专业学位研究生教育的职业特性及其实现[J].中国高教研究,2011(4)：47-50.

蔡小春,刘英翠,熊振华.全日制专业学位研究生项目式实践课程的创新探索[J].学位与研究生教育,2018(4)：20-25.

曹健,芮国强.研究生教育质量观：转变及重构[J].学位与研究生教育,2003(1)：16-19.

常永胜,罗海鸥.基于创业导向的专业硕士研究生培养目标与路径研究[J].高教探索,2012(6)：100-104.

陈谷纲,陈秀美.专业学位研究生教育的质量观[J].学位与研究生教育,2006(7)：28-32.

陈皓明.树立科学的质量观和发展观 全面推进工程硕士教育发展[J].学位与研究生教育,2006(11)：15-17.

陈洪捷,沈文钦,高耀,赵世奎.学位授权审核机制改革与我国研究生教育治理路径的调整[J].教育研究,2016,37(1)：17-25.

陈厚丰,李海贵.建立我国高等职业教育学位制度的探讨[J].高等教育研究,2015,36(7)：54-59.

陈伟,裴旭,朱玉春.我国研究生教育质量保障体系构建的有关探讨[J].学位与研究生教育,2010(7)：50-54.

陈武林.创业教育中研究生学术资本转化：定位、价值及实现路径[J].研究生教育研究,2017(4):25-29.

陈新忠,董泽芳.研究生培养模式的构成要素探析[J].学位与研究生教育,2009(11):
　　4-7.

陈兴德,王翠娥,王晟.美国工程硕士研究生教育历史、现状与反思——兼论工程硕士
　　研究生教育的学术性与专业性之争[J].学位与研究生教育,2011(6):72-77.

程晗.构建我国应用博士学位制度的思考[J].中国高教研究,2001(2):49-50.

程斯辉,王传毅.研究生培养模式:现实与未来——"研究生培养模式改革"高端论坛
　　综述[J].学位与研究生教育,2010(3):50-53.

程斯辉,詹健.研究生培养模式研究的新视野[J].清华大学教育研究,2006(5):83-88.

程斯辉,周叶中.浅谈我国研究生教育发展的战略定位[J].学位与研究生教育,2006
　　(6):31-34.

邓光平,郑芳."专业"与专业学位设置[J].江苏高教,2005(5):44-46.

邓光平.澳大利亚深度合作培养专业博士的探索——以新英格兰大学的 P/W/U 三维
　　协作培养模式为例[J].高等教育研究,2016,37(8):91-95.

邓光平.国外专业博士学位的历史发展及启示[J].比较教育研究,2004(10):27-31.

邓光平.我国专业学位设置政策的主要问题与对策建议[J].学位与研究生教育,2007
　　(10):4-7.

邓丽芳,谭化雨,慕丽伟,王玉梅.我国硕士研究生发展取向实证调查与分析[J].学位
　　与研究生教育,2011(10):62-67.

邓涛.国外教育专业博士教育的成效与问题——兼谈对我国开展教育博士专业学位教
　　育的思考[J].学位与研究生教育,2009(8):72-77.

邓涛.美国教育博士学位论文改革:理论探索与实践样态[J].学位与研究生教育,
　　2014(2):72-77.

丁楠,杨院.研究生教育与劳动力市场需求有效衔接机制探究[J].研究生教育研究,
　　2018(1):11-15.

丁雪梅,钱乙余,张满山,等.参照国际模式 结合中国国情 进行两年制硕士研究生培养
　　的探索(下)[J].学位与研究生教育,1998(2):45-50.

丁雪梅,甄良,宋平,等.实施分类培养 构建应用型人才质量保证体系[J].学位与研究
　　生教育,2010(2).

丁雪梅,甄良,宋平,等.研究生分类培养模式改革的 SWOT 分析及对策研究[J].研究
　　生教育研究,2011(1):7-10.

丁雪梅,甄良,宋平.调整结构 改革培养模式 提高培养质量——哈尔滨工业大学应用
　　型人才培养的探索与实践[J].研究生教育研究,2011(5).

董云川,李敏.研究生教育规律初探[J].研究生教育研究,2018(5):1-6.

杜尚荣,施贵菊,朱毅.专业学位研究生培养的实践指向性教学模式建构研究[J].研究
　　生教育研究,2017(1):78-82,92.

杜占元.探索创新 深化改革 推动专业学位研究生教育再上新水平[J].学位与研究生
　　教育,2016(1):1-6.

樊文强,马永红,赵迪.美国无论文硕士学位项目教育模式研究——以普渡大学为例
　　[J].学位与研究生教育,2016(9):69-74.

范建刚.适应社会需求:提高研究生教育质量的关键所在[J].学位与研究生教育,
　　2005(6):42-45.

范精明,施长富,房京.对加快军事应用型研究生培养的几点认识[J].学位与研究生教育,2004(5):15-18.

方展画,薛二勇,劳俊华.硕士研究生学制国际比较及启示[J].高等教育研究,2007(1):105-109.

冯俊,程鑫.一种可供借鉴的研究生培养模式[J].学位与研究生教育,2001(10):39-43.

冯俊.从现代主义向后现代主义的哲学转向[J].中国人民大学学报,1997(5).

佛朝晖.未来十年欧洲高等教育区优先发展的领域——博洛尼亚进程之《鲁汶公报》[J].世界教育信息,2010(2):16-20.

复旦大学研究生院课题组.我国硕士学位类型若干问题的探讨[J].学位与研究生教育,1995(1):55-59.

高进军,陈瑶,邵福球,李彦武.从ICPD看专业博士教育的国际发展趋势[J].学位与研究生教育,2012(4):68-71.

高田钦,蒋燕.墨尔本大学教育硕士"临床实践"实习体系探析[J].研究生教育研究,2018(3):90-95.

高秀兰,李明志.面向经济建设 培养应用型人才[J].学位与研究生教育,1993(5):59-60.

格西娜·施万.知识不是铲子——大学和民主社会[J].复旦教育论坛,2010(5):37-39,67.

古继宝,陈诚,何昌清.自我职业管理、实习旺盛感与就业能力:学校职业支持的调节作用[J].研究生教育研究,2016(3):36-43.

谷教砚.加强领导 推动改革 努力提高研究生教育质量——研究生工作座谈会情况综述[J].学位与研究生教育,1986(4):6-9,18.

关辉.跨学科研究生教育的"碎片化"及其整合[J].学位与研究生教育,2013(10):40-44.

郭芳芳,郎永杰,闫青,等."专业硕士扩招"的理性思考——基于S大学践行政策过程的质性研究[J].北京大学教育评论,2014,12(4):17-33,183-184.

郭时印,朱育锋,李尚群.专业学位研究生实施OFTC培养模式的实践探索[J].学位与研究生教育,2018(8):52-57.

韩恒."形同质异"的问题意识——兼论专业学位和学术学位论文的选题[J].学位与研究生教育,2014(6):40-42.

韩映雄.我国专业学位研究生教育发展规划与改革[J]现代教育管理,2010(3):67-70.

何东昌.关于学位工作改革与发展的几个问题[J].学位与研究生教育,1993(6):2-6.

何东昌.认真贯彻落实党的十四大精神 加快学位工作的改革和发展[J].学位与研究生教育,1993(1):1-3.

何家蓉,傅文利.探析日本产学官联合制[J].国外社会科学,2009(3):96-99.

何振雄.整合不同类型研究生培养模式 满足社会发展对各类人才的需求[J].学位与研究生教育,2007(10):52-55.

侯晓虹.美国高层次应用型国际商学教育研究——兼议中国现状与改革建议[J].研究生教育研究,2014(1):91-95.

胡甲刚.科学学位与专业学位的有机结合——美国专业科学硕士(PSM)教育的改革探索[J].学位与研究生教育,2013(10):67-71.

胡莉芳.美国专业学位研究生教育规模变迁研究(1971-2012年)[J].中国高教研究,
　　2016(2):80-86.

胡玲琳.学术型与应用型人才培养类型并存的驱动因素探析[J].学位与研究生教育,
　　2011(6):58-61.

胡玲琳.学术性学位与专业学位研究生培养模式的特性比较[J].学位与研究生教育,
　　2006(4):22-26.

胡鹏山,席时桐.面向新世纪工科研究生教育体系、模式、过程的思考[J].学位与研究
　　生教育,1996(1):23-26.

胡钦晓.英国实践博士:形成、特征及启示[J].教育研究,2016,37(4):125-133.

胡志刚,张非也,高博,等.专业学位研究生教育计划的生成机制建设——军事职业胜
　　任力视角[J].学位与研究生教育,2015(12):56-62.

胡纵宇.教育博士的培养指向:专业性向度与实践性向度[J].学位与研究生教育,
　　2014(11):5-9.

黄宝印.我国专业学位教育发展的回顾与思考(下)[J].学位与研究生教育,2007(7):
　　26-31.

黄宝印.我国专业学位研究生教育发展的新时代[J].学位与研究生教育,2010(10):
　　1-7.

黄福涛.能力本位教育的历史与比较研究——理念、制度与课程[J].中国高教研究,
　　2012(1):27-32.

黄建洪,张洋阳.研究生人才培养的"教学—科研"一体化模式研究[J].研究生教育研
　　究,2018(6):30-34.

黄建欢,张亚斌,尹筑嘉.企业中高层人才需求与研究生培养机制创新——基于企业中
　　高层人才需求调查的研究[J].中国高教研究,2009(6):42-45.

黄正夫,易连云.从师徒规训到协同创新:研究生培养范式的转换[J].研究生教育研
　　究,2014(2):38-42.

黄正夫,易连云.协同创新视野下研究生培养模式的转换[J].学位与研究生教育,2014
　　(4):7-10.

纪宝成.关于我国研究生学科专业设置问题的思考[J].学位与研究生教育,2007(8):
　　1-6.

姜卉,戚安邦.基于经验式学习的MBA伦理领导能力提升模型[J].学位与研究生教
　　育,2008(2):48-52.

姜兆华,姚忠平,赵力,龙军,孙秋,尹鸽平.化工学科应用型研究生培养模式与课程体
　　系的探索与实践[J].学位与研究生教育,2013(9):22-26.

蒋承,罗尧.专业硕士的就业意愿研究[J].北京大学教育评论,2014,12(4):2-16,183.

蒋德明.切实采取有效措施 全面提高研究生培养质量[J].学位与研究生教育,1987
　　(5):9-14.

焦磊,郭瑞迎.全日制专业硕士教育专业实践绩效管理机制研究[J].研究生教育研究,
　　2018(5):43-47,76.

焦磊,张乐平,陈小平.研究型大学全日制工程硕士实践基地发展的困境与策略研
　　究——基于案例大学的实证调研[J].研究生教育研究,2016(4):74-79.

靳培培.论我国专业学位研究生教育发展的基本导向[J].学位与研究生教育,2013
　　(1):48-52.

康翠萍.对学位类型界定的一种重新解读[J].学位与研究生教育,2005(5):50-52.

莱斯特·古德柴尔德.在美国作为一个研究领域的高等教育:历史、学位项目与知识基础[J].北京大学教育评论,2011,9(4):10-40,182-183.

雷环,王孙禺,钟周.创新型高水平工程人才的培养——英国工程博士培养的创新与矛盾[J].学位与研究生教育,2007(12):61-67.

雷强,刘旭涛.探索培养 MPA 人才的新模式[J].学位与研究生教育,2006(7):33-36.

黎军,李璧强.从一元主导到多元平衡:研究生教育质量保证模式的发展趋势[J].中国高教研究,2010(1):41-44.

黎学平.英国哲学博士学位与专业博士学位比较[J].学位与研究生教育,2005(6):53-58.

李爱民.新时期日本研究生教育改革的路径与特点[J].学位与研究生教育,2010(10):72-77.

李成明,王晓阳.针对职业领域的专业学位研究生教育:内在逻辑与知识[J].学位与研究生教育,2015(2):23-27.

李红昌,叶玲,裴劲松.研究生"全程问题导向学习模式"与知识迁移理论[J].学位与研究生教育,2006(7):51-54.

李俭川,周伟,刘勇波.加快建设相对独立的专业学位研究生教育体系[J].学位与研究生教育,2012(1):55-58.

李金碧.硕士研究生课程设置的反思与范式重构——基于后现代主义课程理论的视角[J].教育研究,2017,38(4):49-54,116.

李金龙,万明,裴旭,等.我国研究生联合培养政策变革及实践发展历程、特征与趋势[J].研究生教育研究,2016(6):8-12.

李娟,孙雪,穆晓星.专业学位与职业资格认证对接机制的案例研究与要素分析[J].研究生教育研究,2012(6):67-72.

李立国,詹宏毅.我国硕士研究生教育的学科结构变化分析[J].学位与研究生教育,2010(3):20-24.

李璐,裴旭,张淑林.供给侧结构性改革视角下的研究生教育调控机制探析[J].学位与研究生教育,2017(2):68-72.

李敏.美国硕士研究生教育的类型分析[J].学位与研究生教育,2003(12):38-41.

李明磊,王铭.专业学位研究生的培养与质量保障——第五届中国研究生教育学术论坛综述[J].学位与研究生教育,2012(12):25-28.

李茜,张晖,张大勇,等."应用型"农业推广硕士专业学位研究生培养模式的再思考[J].中国高教研究,2012(6):45-49.

李圣,李勇,王海燕.基于过程的应用型人才培养质量集成管理模式研究[J].研究生教育研究,2015(5):36-41.

李盛兵.世界三种主要研究生教育模式之比较研究[J].教育研究,1996(2):12-17.

李盛兵.研究生培养模式研究之反思[J].教育研究,2005(11):55-58.

李素芹,张晓明.我国硕士生培养目标多样化的认知语境阐释[J].学位与研究生教育,2009(6):54-58.

李素琴,田欣叶,侯晓华.美国高等教育项目管理沟通机制初探——以专业科学硕士学位(PSM)项目为例[J].学位与研究生教育,2012(7):69-72.

李文英,陈元元.日本硕士专业学位研究生教育的发展及经验[J].研究生教育研究,

2018(4)：91-95.

李小平,张建肖.军队应用型研究生的内涵与特征分析[J].学位与研究生教育,2007
(6)：55-58.

李晓强,张平,邹晓东.学科会聚：知识生产的新趋势[J].科技进步与对策,2007(6)：
112-115.

李昕.专业化、高质量、重实践——日本专业学位研究生教育发展十年[J].学位与研究
生教育,2013(3)：70-73.

李雪垠.欧洲推进"博洛尼亚进程"的博士生培养改革[J].学位与研究生教育,2006
(10)：67-72.

李晔.被学科规训限制的专业学位教育[J].学位与研究生教育,2009(11)：49-53.

李永周,姚嫚,桂彬.网络组织的知识流动结构与国家高新区集聚创新机理[J].中国软
科学,2009(5)：89-95.

李余生,孙爱珍.工程类型硕士生培养特征[J].学位与研究生教育,1994(5)：35-40.

梁传杰,毕姗姗.研究生培养模式研究之反思[J].研究生教育研究,2015(1)：11-
15,62.

梁传杰,吴晶晶.我国专业学位研究生教育发展历程回顾与前瞻[J].研究生教育研究,
2014(3)：23-27,31.

梁德东,于爱国,陈雪梅,等.全日制工程硕士培养模式的创新与实践——以吉林大学
车辆工程领域工程硕士培养为例[J].学位与研究生教育,2013(12)：17-21.

廖湘阳,凌恒.美国理学专业硕士培养特点分析[J].比较教育研究,2011(6)：20-24.

廖湘阳,王战军.搭建非学术型硕士研究生培养平台的思考[J].中国高等教育,2009
(24)：28-30.

廖湘阳,王战军.知识经济与研究生教育的互动[J],中国科技论坛,2002(6)：58-65.

廖湘阳,张晴,孙瑜.日本硕士毕业生初次就业状况及其应对策略[J].学位与研究生教
育,2015(2)：66-71.

廖湘阳,周文辉.中国专业学位硕士研究生教育发展反思[J].清华大学教育研究,
2017,38(2)：102-110.

廖湘阳.非学术型硕士生教育质量特质与培养过程架构[J].中国高教研究,2010(2)：
37-41.

廖湘阳.非学术型硕士研究生教育发展的路径与重点[J].学位与研究生教育,2010
(2)：21-25.

廖湘阳.全日制硕士专业学位研究生专业能力与职业技能协同培养研究[J].研究生教
育究,2013(5)：74-79.

廖湘阳.硕士研究生培养质量的反思与重构[J].中国高等教育,2007(20)：36-38.

廖湘阳.台湾技职校院研究生教育发展分析[J].高等教育研究,2013(10)：38-45.

廖湘阳.学科会聚过程中的决策模式研究[J].科技管理研究,2009(9)：468-470.

廖湘阳.研究生教育质量观演变与发展战略选择[J].中国高教研究,2004(9)：25-27.

廖湘阳.重构研究生教育质量保障的价值理念[J].中国高等教育,2012(7)：22-24.

林功实,白永毅.研究生培养模式和渠道多样化的探讨[J].清华大学教育研究,1989
(2)：5-10.

林功实.加速实现硕士生培养重心的调整[J].学位与研究生教育,1996(4)：12-15.

林蕙青.积极探索 开拓创新 深入开展专业学位研究生教育综合改革试点[J].中国高

等教育,2011(6):9-12.

林健."卓越工程师教育培养计划"通用标准研制[J].高等工程教育研究,2010(4):21-29.

林腾蛟.高等技职教育的定位与发展[J].技术及职业教育,2001(66).

刘春惠,王战军.基于学位类型的研究生教育质量评价[J].学位与研究生教育,2012(2):9-13.

刘贵华,孟照海.论研究生教育的发展逻辑[J].教育研究,2015,36(1):66-74.

刘国权,蒋恒.改革完善工科研究生教育体制的研究与思考[J].学位与研究生教育,1996(1):18-22.

刘国瑜,李昌新.对专业学位研究生教育本质的审视与思考[J].学位与研究生教育,2012(7):39-42.

刘国瑜.论专业学位研究生教育的基本特征及其体现[J].中国高教研究,2005(11):31-32.

刘红.专业学位研究生课程建设:知识生产新模式的视角[J].中国高教研究,2015(3):36-40.

刘红斌,杨志群,陈丽冰.研究生创业教育的现状与对策[J].高教探索,2014(3):119-122.

刘晖.提高质量 深化改革——研究生工作座谈会情况综述[J].学位与研究生教育,1987(6):9-13.

刘惠琴,沈岩,张文修.论工程硕士研究生教育的改革与创新[J].清华大学教育研究,2004(3):102-105.

刘建银,冉亚辉,王昌善.职业能力导向下教育硕士学位论文形式及评价标准改革探析[J].学位与研究生教育,2015(7):21-25.

刘磊,傅维利.实践能力:含义、结构及培养对策[J].教育科学,2005,21(2):1-5.

刘宁,沈妍,赵红星,陈金龙,赵美蓉,朱金明.知识生产模式Ⅱ视角下"3I·4C"研究生分类培养体系的构建与实践[J].学位与研究生教育,2018(11):45-50.

刘群群,朱佳斌.欧洲硕士层次工程人才培养标准比较研究[J].学位与研究生教育,2015(10):71-77.

刘少雪,杨亮.从比较的角度看制约博士研究生教育规模的因素[J].学位与研究生教育,2005(11):18-21.

刘少雪.研究生教育多元化发展的时代要求与趋势[J].高等教育研究,2009,30(2):61-65.

刘婷,高虹,王应密,等.我国工程硕士教育实施专业认证的问题与对策[J].学位与研究生教育,2015(8):57-61.

刘伟民,徐丹阳,王沛民.基于REO三维模型的中职硕士培养目标定位辨析[J].学位与研究生教育,2008(6):40-43.

刘晓峻,张小明,汪以初.以基础研究为依托向高科技应用延伸——综合性大学培养理科应用型研究生的探讨[J].学位与研究生教育,1993(1):6-8.

刘亚敏,胡甲刚.流程再造:基于硕士研究生学制改革深层转换的思考[J].学位与研究生教育,2008(7):56-60.

刘亚敏.我国专业学位研究生培养模式改革的价值取向[J].研究生教育研究,2016(2):1-5.

刘贻新,张光宇,阎秋生,等.基于 MLP 模型的地方工科院校研究生教育综合改革与实践——以广东工业大学为例[J].学位与研究生教育,2018(2):17-21.

陆叔云."学位教育"不当用词的辨析[J].高教探索,2010(4):10-14.

栾锦红,梁红蕾.国外专业学位研究生教育发展目标的定位与实践[J].学位与研究生教育,2013(6):74-77.

罗文标,彭汉,杜娟,等.基于知识创新的工程硕士研究生培养模式研究[J].学位与研究生教育,2009(6):8-11.

罗晓庆,全力,王蕾.专业学位研究生培养的产业教授模式研究——基于螺旋动态演化的视野[J].研究生教育研究,2018(1):71-75.

罗英姿,黄维海.博士职业发展成功的非认知能力特征及教育增值效应[J].教育发展研究,2018,38(Z1):77-84.

吕寿伟.论教育博士的实践逻辑[J].高等教育研究,2014,35(4):29-34,65.

马爱民.澳大利亚教育博士改革动向——以新英格兰大学为例[J].高等教育研究,2012,33(2):104-109.

马健生,陈玥.专业学位教育中学术能力培养的错位问题检视[J].教育研究,2015,36(7):40-48.

马燕华.论汉语国际教育硕士专业学位论文评价标准[J].学位与研究生教育,2010(7):64-68.

马永红,张乐,李开宇.校外人员参与促进培养目标达成路径研究[J].研究生教育研究,2018(1):76-82.

美媒:中美人才战美落败[J].国际人才交流,2012(7):6.

孟令奎.论硕士生专业实践与就业实习[J].研究生教育研究,2018(2):54-59.

苗耘,刘莉.美国范德比尔特大学教育博士培养"顶峰体验"改革研究[J].学位与研究生教育,2012(8):71-75.

缪园,刘栩凝.软件工程硕士胜任特征模型研究[J].学位与研究生教育,2009(3):56-59.

母小勇,谢安邦.论教育硕士专业的课程目标和取向[J].教育研究,2002(1):19-23.

穆雷,邹兵,杨冬敏.翻译硕士专业学位论文参考模板探讨[J].学位与研究生教育,2012(4):24-30.

聂鸣.加强技术管理人才培养的若干思考[J].学位与研究生教育,2000(4):49-51.

聂文斐,杨吉,宁更新,姚若河.基于三段实践式的全日制工程硕士生培养方案探索[J].学位与研究生教育,2011(3):64-67.

牛国卫,张红.专业学位的特性与专业学位研究生质量的提升[J].研究生教育研究,2011(4):81-85.

牛志奎.日本新型教师教育研究生院给我们的启示[J].学位与研究生教育,2008(12):68-72.

潘剑波,李安萍.专业学位研究生教育应用性的缺失及其对策[J].教育发展研究,2012,32(17):14-18.

彭晓霞,郭红,马齐爽,等.全日制工程硕士培养体系的创新与实践——以北京航空航天大学为例[J].学位与研究生教育,2013(2):32-36.

皮国萃,孙进.政产学研用一体化:加拿大滑铁卢大学的研究生合作教育模式及其启示[J].学位与研究生教育,2014(4):64-68.

戚兴华,黄崴.中国研究生教育发展的制度自觉与道路转型[J].研究生教育研究,2017 (1):1-7.

祁晓庆.我国研究生培养模式研究十年[J].中国高教研究,2006(9):16-19.

乔雪峰,宗晓华.权力失衡中的专业学位教育:质量危机与模式重构[J].理工高教研究,2010(6):48-51,60.

秦发兰,陈新忠,汪华,等.关于全日制专业学位研究生特色化培养的思考[J].中国高教研究,2012(4):56-60.

秦发兰,胡承孝.目标导向的研究生培养模式研究[J].学位与研究生教育,2014(1):50-54.

秦和平.工科研究生教育中设置硕士专业学位的思考[J].学位与研究生教育,1997 (1):59-62.

秦惠民,鞠光宇.美国营利性高等教育机构研究生教育的特点分析[J].学位与研究生教育,2008(6):68-72.

秦惠民.关于我国学位类型的多样化趋势[J].学位与研究生教育,1994(1):45-47.

秦惠民.论高校培养应用型高级人才应扬长补短[J].学位与研究生教育,1988(4):57-61.

仇国芳,张文修.工程博士专业学位设置初探[J].学位与研究生教育,2004(5):36-39.

阮平章.分类培养是研究生教育发展过程的必然选择[J].学位与研究生教育,2004 (8):21-24.

单晓峰,宫照军,徐隽.论全日制专业学位研究生教育发展的历史必然性[J].中国高教研究,2010(11):34-37.

申姗姗.从"专业性"看专业学位教育的发展[J].学位与研究生教育,2009(7):61-65.

石中英.波兰尼的知识理论及其教育意义[J].华东师范大学学报(教育科学版),2001 (2):36-45.

石中英.论教育实践的逻辑[J].教育研究,2006(1):3-9.

石中英.论专业学位教育的专业性[J].学位与研究生教育,2007(1):7-11.

史静寰,郭歆.院校与研究生教育的制度创新——工程硕士专业学位的生成及制度化过程研究[J].教育研究,2005(6):13-19.

史雯婷.专业学位研究生教育的基本属性探讨[J].学位与研究生教育,2004(10):32-35.

史学浩,张冰红.应用型科学学位设置的必要性与可行性——以暨南大学应用型科学学位硕士生教育为例[J].学位与研究生教育,2011(6):62-65.

史耀媛,许克毅.职业化背景下我国专业学位高等教育发展研究[J].中国高教研究,2005(6):19-22.

宋金波,吕一博,孙力,等.管经专业学位研究生3C实践创新课程体系构建[J].学位与研究生教育,2018(6):38-43.

宋远方,孙莹璐,成栋.基于反思性实践的专业学位研究生教育探索——以中国人民大学EMBA培养为例[J].学位与研究生教育,2017(7):48-53.

苏君阳.研究生培养目标的四维度分析[J].学位与研究生教育,2006(11):22-25.

眭依凡.研究生教育的发展原则[J].学位与研究生教育,2000(3):3-7.

孙富强.论专业领域的知识特性——专业学位教育的知识基础分析[J].学位与研究生教育,2016(3):58-62.

孙富强.专业学位的学科基础及其对专业学位研究生培养工作组织主体的影响[J].学位与研究生教育,2011(10):1-7.

孙国友.追本溯源:专业学位研究生教育的本质属性探骊[J].研究生教育研究,2016(2):75-79.

孙进.德国的学科文化研究:概念分析与现象学描述[J].比较教育研究,2007(12):8-12.

孙阳春,王富荣,李静.国外专业学位研究生教育质量评估维度研究及启示[J].内蒙古师范大学学报(教育科学版),2011(1):23-25,52.

孙友莲.硕士研究生分类培养需"研用合一"[J].教育发展研究,2014,34(19):62-66.

陶建国.日本法科大学院教育制度及其问题[J].学位与研究生教育,2009(9):69-73.

田建荣.关于高等教育学术性、职业性问题的思考[J].厦门大学学报(哲学社会科学版),1999(3):55-59.

田学真,张俊.全日制专业学位研究生教育质量的提升——基于"四螺旋"培养模式的探索[J].研究生教育研究,2013(3):82-86.

万淼,赵国祥.全日制硕士专业学位研究生社会认同实证研究[J].研究生教育研究,2016(5):66-73.

汪辉.日本专业学位改革的特点与问题[J].学位与研究生教育,2009(1):72-77.

汪辉.日本专业学位教育与职业资格匹配的特点与问题[J].比较教育研究,2011(6):25-30.

汪辉.日本专业学位研究生教育发展困境的政策因素及启示[J].学位与研究生教育,2016(10):72-77.

汪劲松.面向企业自主创新 培养复合式应用型工程硕士——清华大学工程硕士教育十年的改革与发展[J].学位与研究生教育,2007(1):4-6.

汪玲,何珂,包江波.临床医学科学学位与专业学位教育培养模式的比较研究[J].研究生教育研究,2014(6):81-84.

汪其岭.高层次应用人才的需求与培养[J].学位与研究生教育,1988(4):48-51.

汪雅霜,付玉媛,汪霞.从院校服务转向成长收获:专业学位硕士研究生满意度实证研究[J].中国高教研究,2018(11):57-62.

王传毅,严会芬,吕晓泓.跨学科研究生培养:加拿大大学的实践与特色[J].研究生教育研究,2016(5):84-89.

王大中,张文修,叶取源,等.工程硕士专业学位教育机制的创新与实践[J].中国高教研究,2005(11):20-23.

王帆,王远怀,王传辉,等.专业学位研究生教育的实践性课程探索——以中山大学MBA为例[J].学位与研究生教育,2013(9):9-12.

王菲菲.我国专业学位的定位及其展望[J].西安社会科学,2011(2):143-145.

王干,刁国旺,薛怀国,李玉军.建构主义理论视角下全日制工程硕士生实践教学体系的构建——以扬州大学为例[J].学位与研究生教育,2016(2):17-22.

王洪才.研究生教育处在十字路口——以高等教育学科研究生教育为例[J].清华大学教育研究,2008(5):16-21.

王霁霞,张颖.目标导向的类型化研究生培养模式改革研究——基于近十年读研目的调查的数据分析[J].学位与研究生教育,2017(7):38-43.

王建,张文修.试论设立"工程硕士"专业学位的必要性[J].学位与研究生教育,1996

（3）：59-61.

王建华,唐建荣,吴林海.基于分类推广的研究生差别化培养模式研究[J].研究生教育研究,2014(2)：33-37.

王丽萍,谢小凤,陈莹颖,等.研究生职业成熟度及影响因素研究[J].学位与研究生教育,2015(10)：47-52.

王莉方,于慧.台湾地区产业硕士研究生培养特色及启示[J].学位与研究生教育,2017(12)：65-70.

王莉华.多元化的美国专业学位教育及其质量保障机制[J].学位与研究生教育,2008(6)：73-77.

王沛民.研究和开发"专业学位"刍议[J].高等教育研究,1999(2)：46-49.

王庆.抓住机遇 深化改革 开拓进取 实现研究生教育的较大发展[J].学位与研究生教育,1993(5)：1-5.

王全林.多元互补：中国研究生培养模式的战略选择[J].高等农业教育,2005(2)：73-75.

王喜娟.加拿大教育硕士专业学位教育及其特色[J].学位与研究生教育,2009(4)：72-77.

王燕华,陈莉.体验式教学与研究生个人知识管理能力培养[J].研究生教育研究,2012(2)：39-43.

王永哲.我国全日制专业学位研究生培养的学术化倾向及改革对策[J].研究生教育研究,2016(4)：22-25,79.

王战军,廖湘阳.关于我国研究生教育"积极发展"战略的思考[J].学位与研究生教育,2001(4)：3-7.

王战军,王永林.监测评估：高等教育评估发展的新图景[J].复旦教育论坛,2014(2)：5-9.

王战军,郑中华.研究生教育质量保障体系中的责任分析[J].学位与研究生教育,2009(10)：18-21.

王忠烈.总结经验 深化改革 全面提高研究生教育质量[J].学位与研究生教育,1991(6)：1-7.

王子成,厉晖.浅谈我国专业学位设置的整合与规范[J].学位与研究生教育,2007(1)：12-16.

威廉·G.蒂尔尼.质量与研究生教育：通往卓越之路[J].戈鑫,译.学位与研究生教育,2009(3)：65-72.

韦岚,全守杰.全日制专业学位硕士研究生职业认同的意义解读与整体构建[J].研究生教育研究,2013(2)：82-85.

魏峻,姬红兵,高晓莉.关于工程类硕士专业学位研究生培养方案改革的思考和建议[J].研究生教育研究,2018(3)：30-35.

温小军.教育硕士专业学位论文选题的真实之维及其实现[J].研究生教育研究,2018(5)：48-52.

乌利希·泰希勒,陈洪捷.欧洲化 国际化 全球化——高等学校何处去？[J].北京大学教育评论,2003(1)：40-47.

邬智,赵蒙成,罗丹.论硕士研究生培养模式的改革：非正式学习的视角[J].研究生教育研究,2012(5)：38-41.

吴本厦.贯彻教委《通知》精神 全面提高研究生质量 深化研究生教育改革[J].学位与研究生教育,1987(6):1-6.

吴本厦.积极推动财经政法学科应用类硕士生的培养工作[J].学位与研究生教育,1989(1):1-3.

吴本厦.认真总结经验 面向经济建设 进一步推动培养工程类型硕士生工作[J].学位与研究生教育,1989(3):8-12.

吴本厦.研究生教育发展和改革的几个问题[J].学位与研究生教育,1987(2):1-5.

吴凡,刘少雪.为多元化职业做准备:英国博士生训练中心的探索[J].学位与研究生教育,2017(10):66-71.

吴宏元,郑晓齐.日本研究生教育组织形式及其特征分析[J].学位与研究生教育,2006(10):73-77.

吴华杰,杨钋.专业学位研究生教育的定位及教育模式探究[J].学位与研究生教育,2017(5):58-63.

吴启迪.抓住机遇 深化改革 提高质量 积极促进专业学位教育较快发展[J].学位与研究生教育,2006(5):1-4.

吴世明.对发展研究生教育的两点思考[J].学位与研究生教育,1994(4):45-48.

吴蔚,何昌清,古继宝.我国研究生分类培养的理念、实践与困惑[J].研究生教育研究,2015(1):48-52.

吴小林,齐昌政,文永红,等.全日制工程硕士研究生实践能力培养之省思[J].学位与研究生教育,2016(2):12-17.

吴杨,丁雪梅.欧洲硕士学位类型、学制的研究以及对我国的启示[J].中国高教研究,2006(2):50-53.

吴振一,刘颖,郑燕康,等.设置"工程硕士"专业学位 完善高级工程技术人才培养体系[J].学位与研究生教育,1996(5):60-63.

夏焰,汤建.从研究生院到职场——美国研究生就业市场变化及应对策略探析[J].研究生教育研究,2016(4):87-91.

向诚,柴毅,王东红,等.紧贴行业需求 校企协同培养控制工程领域高层次应用型人才[J].学位与研究生教育,2014(4):11-15.

向诚,黄宗明,张云怀.打破学科专业束缚 按行业大类定位培养复合型专业学位人才[J].学位与研究生教育,2016(2):29-34.

向兴华,李晴虹,刘捷.全日制专业学位硕士研究生实践能力结构的质性研究[J].学位与研究生教育,2016(3):62-68.

项炳池.专业学位研究生实践能力培养:雇主参与的视角[J].研究生教育研究,2015(5):79-83.

肖凤翔,连晓庆.全日制专业学位研究生教育的实践逻辑及其改革策略[J].学位与研究生教育,2012(9):36-40.

肖敏.建立研究生教育三维质量保证体系[J].学位与研究生教育,2003(6):34-37.

肖念,等.ISO9000与研究生教育质量保障体系[J].学位与研究生教育,2003(3):19-23.

谢安邦,朱宇波.我国学位与研究生教育发展30年:回顾与展望[J].教育研究,2008(11):19-29.

谢桂华,梁国雄.工科研究生教育指导思想上的一个重要转变——培养工程类型硕士生经验交流会综述[J].学位与研究生教育,1989(3):13-16.

谢仁业,贺芳玲,房欲飞.引领中国和平发展 建设研究生教育强国——未来学位与研究生教育发展的宏观背景与趋势[J].学位与研究生教育,2006(4):1-7.

谢舒媚,梅伟惠,杨月兰.研究生创业教育课程体系构建研究——基于国内外十所高校的比较分析[J].创新与创业教育,2018,9(2):6-11.

徐军海,江莹.基于三螺旋理论的全日制工程硕士生培养模式探析[J].学位与研究生教育,2010(9):23-27.

徐俊忠,周云,戴怡平."类专业学位":一种拓展应用型人才培养的策略性措施——中山大学的实践与体会[J].学位与研究生教育,2009(11):1-4.

徐岚,吕朝晖.韩国研究生教育结构改革的趋向、问题与对策[J].学位与研究生教育,2004(5):55-60.

徐铁英.专业学位教育的双重取向:内涵与启示[J].研究生教育研究,2016(1):75-79.

徐志清.研究生教育必须坚持 持续 稳定 协调发展的方针[J].学位与研究生教育,1990(6):22,32-34.

郇庆治.论学位论文的"学术理论性"[J].学位与研究生教育,2009(3):9-13.

严平.日本研究生教育改革新动向:以《第二次研究生教育发展纲要》为中心[J].学位与研究生教育,2013(6):68-73.

杨斌.治理视角下的研究生教育:权力重构与制度调整[J].学位与研究生教育,2015(6):1-3.

杨东勇,陈明阳,张健.日本加强硕士层次软件人才培养的改革探索与实践[J].学位与研究生教育,2009(7):65-69.

杨旭辉,汪敏生.关于加快发展专业学位研究生教育的思考[J].研究生教育研究,2011(6):80-84.

叶绍梁.我国学位与研究生教育"类型设置 规格要求"的基本理论研究及若干设想[J].学位与研究生教育,1997(4):56-62.

叶志明.对研究生教育与培养模式的思考[J].学位与研究生教育,2005(2):6-9.

殷朝晖.提升研究生创业核心竞争力研究——基于H大学研究生创业典型案例的分析[J].研究生教育研究,2012(5):50-54.

英爽,康君,甄良,等.我国研究生培养模式改革的探索与实践[J].研究生教育研究,2014(1):1-5.

英爽,康君,甄良.哈尔滨工业大学应用型人才培养改革实效[J].学位与研究生教育,2014(1):28-32.

于东红,杜希民,周燕来.从自我迷失到本性回归——我国专业学位研究生教育存在的问题及对策探析[J].中国高教研究,2009(12):49-51.

袁广林.应用研究性:专业学位研究生教育的本质属性[J].学位与研究生教育,2011(9):42-46.

袁广林.专业博士培养目标定位:研究型专业人员[J].学位与研究生教育,2014(11):1-5.

袁锐锷,易轶.美国大学以优秀教师标准重设教育硕士课程[J].学位与研究生教育,2005(11):58-61.

约翰·泰勒.质量和标准:专业博士学位面临的挑战[J].庄丽君,喻濯珂,徐秀秀,编译.学位与研究生教育,2010(2)：56-65.

约翰·泰勒,庄丽君,喻濯珂,等.质量和标准：专业博士教育面临的挑战[J].学位与研究生教育,2010(10)：58-65.

曾红权,彭齐东,贺浩华.从冲突到融合——谈研究生教育的学术性与职业性[J].中国高教研究,2009(10)：32-34.

曾天山.开放教育筑基"一带一路"国家战略[J].比较教育研究,2015(6)：3-4.

翟亚军,王战军.我国专业学位教育主要问题辨识[J].学位与研究生教育,2006(5)：23-27.

翟亚军.去魅与回归：专业学位研究生教育的本质与特征[J].学位与研究生教育,2014(2)：48-51.

詹盛如.机构的多元分化：论台湾高等教育的未来发展[J].高等教育,2008(2)：1-32.

詹婉华,专业学位"职业性"属性的探讨[J].江苏高教,2008(4)：90-91.

张东海,陈曦.研究型大学全日制专业学位研究生培养状况调查研究[J].高等教育研究,2011,32(2)：83-90.

张东海.专业学位研究生实践能力培养体系及其成效研究——基于传统研究生院高校的调查[J].中国高教研究,2017(6)：82-89.

张国有.就学就业趋向与研究生教育发展[J].北京大学教育评论,2004(4)：20-22.

张继蓉,李素琴.研究生培养目标的历史嬗变与现阶段我国研究生培养目标的定位[J].学位与研究生教育,2006(11)：18-21.

张佳乐,罗英姿.知识生产模式转型下的博士职业发展——基于国内外相关调查数据的分析[J].教育发展研究,2017,37(19)：25-32.

张建功,杨诚,黄丽娟.基于企业需求的全日制工程硕士实践能力校企契合度研究[J].研究生教育研究,2016(6)：73-79.

张竞,孔寒冰,王沛民.美国专业科学硕士的创立及启示[J].高等工程教育研究,2007(3)：18-21,47.

张静宁.美国大学"学术资本主义"环境下的研究生教育所面临的挑战和机遇[J].学位与研究生教育,2014(5)：67-71.

张克兢,宋丽贞.学术创业对我国工科研究生创业教育的影响及启示[J].中国高教研究,2013(10)：50-54.

张乐平,刘金程,王应密.全日制专业硕士培养模式认可度调查研究——以 H 大学为案例[J].研究生教育研究,2013(4)：77-80.

张乐平,王艺翔,王应密,等.全日制专业硕士学位论文的理想模式——基于内隐能力、外显效力的分析[J].研究生教育研究,2014(3)：76-81.

张乐平,王应密,陈小平.全日制工程硕士研究生培养状况的调查与分析——以 Z 大学为例[J].学位与研究生教育,2012(3)：11-17.

张乐平,温馨,陈小平.全日制专业硕士学位论文的形式与标准[J].学位与研究生教育,2014(5)：15-19.

张力.产学研协同创新的战略意义和政策走向[J].教育研究,2011(7)：18-21.

张凌云."美国五年后的社会科学博士"述评[J].学位与研究生教育,2009(4)：67-71.

张民宪,丁康.全面质量观与多元培养目标——论硕士研究生学制改革[J].学位与研究生教育,2006(8)：19-24.

张培训,王现龙,赵世奎.美国专业科学硕士教育的新进展：规模、模式和就业[J].教育学术月刊,2014(1):63-67.

张朋召.应用学位:设置我国第三种硕士学位类型的构想[J].研究生教育研究,2015(5):27-30.

张苏,张忠华."微硕士"项目:学历教育的拆解与重塑[J].研究生教育研究,2018(6):90-95.

张文修,叶绍梁.解放思想 转变观念 大胆推进研究生教育改革[J].学位与研究生教育,1993(3):54-55.

张孝文.深化改革 调整结构 提高质量 进一步推进我国的位工作[J].学位与研究生教育,1995(3):8-13.

张学敏,隋国成.教育硕士"U-T-S"联合培养模式的构建[J].教育研究,2017,38(10):64-68.

张英丽.博士生教育在学术职业发展中的价值[J].江苏高教,2009(3):51-53.

张嫒."跨学科"视角下研究生培养模式探析——基于加拿大研究生教育联合会报告述评[J].研究生教育研究,2016(4):92-95.

章兢,廖湘阳.以学生发展为导向建立高等教育质量评价与监控体系[J].中国高等教育,2014(1):32-34,40.

赵冬梅,赵黎明.依托行业优势 构建校企联合培养应用型研究生长效机制的探索与实践[J].学位与研究生教育,2013(2):28-31.

赵炬明.学科、课程、学位:美国关于高等教育专业研究生培养的争论及其启示[J].高等教育研究,2002(4):13-22.

赵军,周玉清.研究生教育质量概念研究新视野[J].学位与研究生教育,2011(6):52-57.

赵康.专业、专业属性及判断成熟专业的六条标准——一个社会学角度的分析[J].社会学研究,2000(5):30-39.

赵蒙成.全日制教育硕士研究生实践能力培养的问题与策略[J].学位与研究生教育,2013(11):23-29.

赵沁平.积极探索 勇于创新 大力推进研究生培养工作的改革[J].学位与研究生教育,2000(1):3-9.

赵沁平.继往开来续新篇——纪念《中华人民共和国学位条例》实施20周年[J].学位与研究生教育,2001(1):1-5.

赵沁平.开拓 创新 求真 科学构建研究生教育学学科体系[J].研究生教育研究,2014(6):1-3.

赵阳.专业学位研究生教学本科化的反思及其对策[J].教育发展研究,2014,34(3):79-84.

赵哲,宋丹,宋芳.研究生创业教育:态势研判、价值意蕴和长效机制[J].研究生教育研究,2016(3):44-48.

赵志涵,肖洋.构建"三段式"水利类专业学位研究生培养模式——河海大学专业学位研究生培养模式的改进与创新[J].研究生教育研究,2015(4):81-85.

郑世良,李丹.专业学位研究生教育中企业导师的身份认同研究[J].学位与研究生教育,2018(7):61-65.

钟尚科,杜朝辉,邵松林,等.英国工程博士专业学位研究生教育的研究[J].学位与研究生教育,2006(7):69-73.

周富强.美、澳、英专业博士教育模式浅论[J].学位与研究生教育,2006(6):68-73.

周谷平,章亮.我国硕士研究生培养的问题及对策[J].清华大学教育研究,2000(4):25-28.

周文辉,陆晓雨.专业学位硕士研究生课程教学现状及改革建议——基于研究生教育满意度调查的分析[J].研究生教育研究,2014(6):60-64.

周叶中.多样化需求与研究生教育模式改革[J].中国高等教育,2004(17):35-37.

周叶中.目标转换与模式重构:我国硕士研究生教育改革的必由之路[J].学位与研究生教育,2010(4):57-60.

周作宇.协同创新政策的理论分析[J].高教发展与评估,2013(1):1-17,104.

朱广华,陈万明,蔡瑞林,等.企业研究生工作站人才培养绩效影响因素及其演进机制[J].高等教育研究,2014,35(6):59-67.

朱广华,陈万明,蔡瑞林.我国产学研合作培养人才的企业研究生工作站建设对策[J].学位与研究生教育,2015(12):15-21.

朱金明,韩婷婷,康建山.欧洲工程教育认证体系对中国工程硕士教育认证的启示[J].学位与研究生教育,2018(7):66-71.

朱启超,隋智通,徐心和,等.调整硕士培养目标适应社会发展需要[J].学位与研究生教育,1996(4):61-64.

朱旭东.论学位论文"问题"的内涵、类型和写作的关联性[J].学位与研究生教育,2014(2):18-22.

朱云辰,黄杉,华晨.基于协同创新的专业学位研究生教育——以浙江大学城乡规划专业为例[J].研究生教育研究,2017(1):73-77.

邹碧金,陈子辰.我国专业学位的产生与发展——兼论专业学位的基本属性[J].高等教育研究,2000(5):49-52.

邹海燕.向应用转型是中国研究生教育改革发展的当务之急[J].复旦教育论坛,2011(2):48-50.

中国学位与研究生教育学会.经合组织(OECD)开展博士生"转化技能"素养调查.国外研究生教育动态,2011(17):12-13.

A. Roadon, D. Larimore. The scholar-practitioner paradox: Revisited in higher education[J]. In Journal of Research and Development in Education,1959,6:50-65.

Alan I. Leshner. Rethinking graduate education[J]. Science,2015,349(6246):349.

Alan I. Leshner. Student-centered,modernized graduate STEM education[J]. Science,2018,360(6392):969-970.

Arafeh L. An entrepreneurial key competencies'model [J]. Journal of Innovation & Entrepreneurship,2016,5(1):26.

Archer J. Some Ed. D. Programs adopting practical approach [J]. Education Week, Washington:Dee 14,2005,25(15):8.

Bliemel M J. Getting entrepreneurship education out of the classroom and into students'heads [J]. Entrepreneurship Research Journal,2014,4(2):237-260.

Bonnie Holaday, Kenneth A. Weaver, Linda B. Nilson. Revisioning graduate professional-development programs[J]. College Teaching,2007,55(3):99-103.

Botha M,Vuuren J J V,Kunene T. An integrated entrepreneurial performance model focusing on the importance and proficiency of competencies for start-up and established SMEs

[J]. South African Journal of Business Management,2015,46(3): 55-66.

Bourner Tetal. Professional Doctorates in England[J]. Studies in Higher Education,2001,26
(1): 71.

Carpenter D. On-Going dialogue: degrees of difference: the Ph. D. and the Ed. D. [J].
Review of Higher Education,1987,10(3): 281-286.

Cheetham,G. , Chivers, G. Towards a holistic model of professional competence? [J].
Journal of European Industrial Training,1996,20(5): 20-30.

E. Merzbacher. Rethinking graduate education[J]. Physics Today,1976,29(6): 88.

Frieder Meyer-Krahmer, Ulrich Schmoch. Science-based technologies: university-industry
interactions in four fields[J]. Research Policy,1998,27(8).

George F. Dreher, Katherine C. Ryan. Evaluating MBA-Program admissions criteria: the
relationship between Pre-MBA work experience and Post-MBA[J]. Research in Higher
Education,2003(6).

Graduate education 2020: CGS launches annual research symposium on the future of graduate
education[J]. Communicator,Council of Graduate Schools,Washington D. C. ,2006,34
(1).

Grant,R. Prospering in dynamically competitive environments: organizational capability as
knowledge integration[J]. Organization Science,1996,7(4): 375-387.

Grubb W. Norton, M. Lazerson. Vocationalism in Higher Education: The Triumph of the
Education Gospel[J]. The Journal of Higher Education,2005,76(1): 1-25.

Hancock S, Walsh E. Beyond knowledge and skills: Rethinking the development of
professional identity during the STEM doctorate[J]. Studies in Higher Education,2016,
41(1): 37-50.

J. S. Renzulli, L. H. Smith, S. M. Reis. Curriculum Compacting: An Essential Strategy for
Working with Gifted Students[J]. Gifted Education International,1983(1): 97-102.

Kaufman J. C. ,Beghetto R. A. Beyond Big and Little: The Four C Model of Creativity[J].
Review of General Psychology,2009(1).

Keane, Elaine. Being altruistically motivated: the postgraduate and career motivational
orientations of access students at an Irish University [J]. Cambridge Journal of
Education,2016: 1-17.

Kemp S. Professional Doctorates and Doctoral Education [J]. International Journal of
Organisational Behaviour,2002(4): 401-410.

L. V. Charleston,R. Leon. Constructing self-efficacy in STEM graduate education[J]. Journal
for Multicultural Education,2016,10(2): 152-166.

Lane P J, Pathak K S. The Reification of Absorptive Capacity: A Critical Review and
Rejuvenation of the Construct[J]. The Academy of Management Review,2006,31(4):
833-863.

Lee S. Shulman, C. M. Golde, A. C. Bueschel, et al. Reclaiming Education's Doctorates: A
Critique and a Proposal[J]. Educational Researcher,2006,35(3): 25-32.

M. Ebers, I. Maurer. Connections count: How relational embeddedness and relational
empowerment foster absorptive capacity[J]. Research Policy,2014,43(2): 318-332.

MacLeod K. The functions of the written text in practice-based PhD submissions[J]. Working

Papers in Art and Design,2000(1).

Maria P. Russell. Toward the Ideal Professional Master's Degree Program [J]. Public Relations Review,1999,25(1)：101-111.

Mason C. Entrepreneurship education and research：Emerging trends and concerns [J]. Journal of Global Entrepreneurship,2011,1(1)：13-25.

Meek V. L. , Huisman J. , Goedegebuure L. Understanding diversity and differentiation in higher education：an overview[J]. Higher Education Policy,2000,13(1)：1-6.

Nancy-Jane Lee. Professional doctorate supervision：Exploring student and supervisor experiences[J]. Nurse Education Today. 2009,29(6)：641-648.

Raposo M, Do P A. Entrepreneurship education：Relationship between education and entrepreneurial activity[J]. Psicothema,2011,23(3)：453.

Roach M,Sauermann H. A taste for science? PhD scientists'academic orientation and self-selection into research careers in industry[J]. Social Science Electronic Publishing, 2010,39(3)：422-434.

R. Rothwell. Successful industrial innovation：critical factors for the 1990s [J]. R&D Management,1992,22(3)：221-240.

S. Banerjee, C. Morley. Professional doctorates in management：Toward a practice-based approach to doctoral education[J]. Academy of Management Learning & Education, 2013,12(2)：173-193.

Shulman L. Reclaiming education's doctorates：A critique and a proposal[J]. Educational Researcher,2006,35(3)：25-32.

Simon Fletcher,Cheryl Whiting,Annette Boaz,et al. Expanding postgraduate clinical research capacity：An exploration of key resistances [J]. Journal of Further and Higher Education,2019(6).

Stan Lester. Conceptualizing the practitioner doctorate[J]. Studies in Higher Education,2004 (6)：750-777.

T. W. Maxwell. From first to second Generation Professional Doctorate[J]. Studies in Higher Education,2003(3)：279-291.

Zahra S A,George G. Absorptive capacity：A review,reconceptualization,and extension[J]. Academy of Management Review,2002,27(2)：185-203.

（三）电子文献

北京师范大学.特色发展 树立品牌 构建一流拔尖创新应用型人才分类培养体系[EB/OL]. http://www. moe. gov. cn/s78/A22/moe_847/201802/t20180226_327758. html.

波士顿咨询公司.互联网时代的就业重构：互联网对中国社会就业影响的三大趋势. [R/OL]. http://www. bcg. com. cn/cn/files/publications/reports _ pdf/BCG _ Employment__Restructuring_in_the_Age__of_Internet_CHN_Final_Aug_2015. pdf.

高虹. 国际化培养：研究生教育新维度 [EB/OL]. http://www. csadge. edu. cn/csadgeupload/uploadfile/28/1/1322449080411/1322449088187. pdf.

工程专业学位研究生教育指导委员会.立德树人 砥砺奋进深化工程专业学位研究生教育综合改革[EB/OL]. (2018-03-19)[2021-10-14] http://www. moe. gov. cn/s78/A22/moe_847/201803/t20180319_330491. html.

广东省教育厅.以现代产业发展需求为导向 深入推进专业学位研究生教育综合改革 [EB/OL].(2018-03-12)[2021-10-14]http://www.moe.gov.cn/s78/A22/moe_847/201803/t20180312_329594.html.

教育部关于做好全日制硕士专业学位研究生培养工作的若干意见[EB/OL].(2012-12-30).http://www.moe.edu.cn/publicfiles/business/htmlfiles/moe/s3493/201002/82629.html.

教育部学位与研究生教育发展中心.唱响研究生教育"高端引领 创新互动"的"同一首歌"——第四届中国研究生教育国际论坛圆满闭幕[EB/OL].http://www.cdgdc.edu.cn/xwyyjsjyxx/sy/syzhxw/284387.shtml.

国务院学位委员会,教育部.关于加强和改进专业学位教育工作的若干意见[EB/OL].(2002-01-09).http://www.moe.gov.cn/s78/A22/xwb_left/moe_826/tnull_3077.html.

阮纪宏:研究生学位贬值但不能不读[EB/OL].凤凰卫视.(2012-10-18).http://phtv.ifeng.com/program/zbjsj/detail_2012_10/18/18347756_0.shtml.

武汉大学.武汉大学深化专业学位研究生教育综合改革经验做法[EB/OL].(2018-03-02)[2021-10-14]http://www.moe.gov.cn/s78/A22/moe_847/201803/t20180302_328441.html.

正修科技大学电机工程研究所2010年度产业研发硕士专班"春季班"招生简章[EB/OL].http://electrical.csu.edu.tw/wSite/mp?mp=542201.

中国石化中原油田.校企联合培养专业学位研究生工作情况[EB/OL].(2012-07-30).http://www.csadge.edu.cn/csadgeupload/uploadfile/28/7/1321931500517/1321931514070.pdf.

中国学位与研究生教育信息网.美国:专业科学硕士(PSM)就业实力强劲[EB/OL].http:www.chinadegrees.cn/xwyyjsjyxx/zxns/zxzx/274373.shtml.

专业硕士需确实专业[EB/OL].http://news.sciencenet.cn/htmlnews/2011/1/243024.shtm.

2007 Biennial Meeting Session Description and Presentations,Don W. Kassing. Adopting the PSM Systemwide: The California State University Introduction[EB/OL].(2010-02-01).http://science masters.com/portals/0/pdfs/PSM_Biennial_2007_CSU.pdf.

AAU Committee on Graduate Education. Report and Recommendations[EB/OL].http://www.aau.edu/policy/graduate_education.

Allen B. Rawitch. Dean Dialogue: How Can Graduate Deans and CGS Provide Leadership for Professional Doctorates? [EB/OL].http://www.cgsnet.org.

Australian Qualifications Framework Council. Australian Qualifications Framework(First Edition July 2011)[R/OL].http://www.aqf.edu.au/Portals/0/Documents/Handbook/AustQuals%20FrmwrkFirstEditionJuly2011_FINAL.pdf.

California State University San Marcos,Extended Learning Professional Science Masters in Biotechnology. PSMBt Program Requirements[EB/OL].(2010-02-04).http://www.csusm.edu/el/degreeprograms/psmbiotech/programrequirements.html.

California State University,San Marcos. PSMBt Program Requirements[EB/OL].(2010-02-22).http://www.csusm.edu/el/degreeprograms/psmbiotech/programrequirements.html.

Cara Jenkin,Sam Kelton. Postgraduate university degrees paying off[EB/OL].http://www.

adelaidenow. com. au/ipad/postgraduate-university-degrees-paying-off/story-fn6bqphm-1226020028493.

Carol B. Lynch. Master's Education in a Global Context: the U. S. [EB/OL]. (2015-12-12). http://www. cgsnet. org/portals/0/pdf/mtg_am07LynchPS. pdf.

Carol B. Lynch. ,et al. Professional Science Master's 101—A Technical Workshop[EB/OL]. http://www. cgsnet. org.

Carol B. Lynch. Master's Education in a Global Context: the U. S. [EB/OL]. http://www. cgsnet. org/portals/0/pdf/mtg_am07LynchPS. pdf.

CGS,ETS. Graduate Education 2030: Imagining the Future[EB/OL]. https://cgsnet. org/ckfinder/userfiles/files/2017_GlobalSummit_Practical_Actions. pdf.

Commission on the Future of Graduate Education in the United States. The Path Forward: The Future of Graduate Education in the United States[R/OL]. http://www. fgereport. org/rsc/pdf/CFGE_report. pdf.

Council of Graduate Schools. Graduate Education for Global Career Pathways [EB/OL]. http://www. cgsnet. org/graduate-education-global-career-pathways.

Council of Graduate Schools. Graduate School and You: A Guide for Prospective Graduate Students[R/OL]. http://www. cgsnet. org.

Council of Graduate Schools. Online Graduate Education[EB/OL]. http://www. cgsnet. org/online-graduate-education.

Council of Graduate Schools. Professional Science Master's Programs See Continued Growth [EB/OL]. http://www. cgsnet. org/sites/default/files/PR_PSMEandDSurvey2012-final. pdf.

Council of Graduate Schools. Study Finds Vompletion Rates in STEM Master's Programs are Rising,But Trail Those of MBA Programs[EB/OL]. http://www. cgsnet. org/study-finds-completion-rates-stem-master% E2% 80% 99s-programs-are-rising-trail-those-mba-programs.

Council of Graduate Schools. Task Force Report on the Professional Doctorate[R/OL]. CGS: Washington D. C. ,2007. http://cgsnet. org/task-force-report-professional-doctorate.

Council of Graduate Schools. University Leaders Issue Statement on Preparing Graduate Students for Global Careers[EB/OL]. http://www. cgsnet. org/sites/default/files/pr_Summit2012_Sept6_final. pdf.

Council of Graduate Schools. White Paper-NDEA21: A renewed commitment to graduate education[EB/OL]. http://www. cgsnet. org/portals/0/pdf/NDEA21RevNov05. pdf.

D. R. Depew,et al. Growing the National Innovation System: Leading Change at Universities for Innovative Graduate Education [J/OL]. Session 1455, Proceedings of the 2003 American Society for Engineering Education Annual Conference & Exposition. http://search. asee. org/search/fetch.

David King. SUNY and the PSM Degree: The New York Context[EB/OL]. (2012-09-20). http://www. cgsnet. org/portals/0/pdf/am09_KingD. pdf.

David Matthews. Two-year degrees floated by Welsh government[EB/OL]. (2013-06-12). http://www. timeshighereducation. co. uk/news/two-year-degrees-floated-by-welsh-government/2004813. article.

David King. SUNY and the PSM Degree：The New York Context［EB/OL］. http：//www. cgsnet. org/portals/0/pdf/am09_KingD. pdf.

Douglas M Peers. The Future of the Master's Degree：Research，Professional and Other［EB/OL］. (2014-04-08). http：//www. cgsnet. org/portals/0/pdf/mtg_sm09Peers. pdf.

Edx. Choose Your MicroMasters Program［OB/OL］. https：//www. edx. org/micromasters.

Faculty of Education，Health& Professional Studies of University of New England. Introduction to course content of Doctor of Education［EB/OL］. (2007-11-10). http：//fehps. une. edu. au/Education/EdD/EdD-content. html.

Florida State University，Mathematics. MS in Financial Mathematics Degree Requirements ［EB/OL］. (2010-01-26). http：//www. math. fsu. edu/~ kercheva/FMHome/MSDegreeRequirements. math.

GMAC. MBA Hiring is Strong，with 4 in 5 Companies Planning to Hire Graduates in 2018 ［ EB/OL ］. https：//gmac. gcs-web. com/news-releases/news-release-details/mba-hiring-strong-4-5-companies-planning-hire-graduates-2018-mba.

GMAC. Strong Regional Growth in Demand for Graduate Management Education［EB/OL］. https：//gmac. gcs-web. com/news-releases/news-release-details/strong-regional-growth-demand-graduate-management-education.

Institute Of International Education. Joint and Double Degree Programs in the Global Context：Report on an International Survey ［ EB/OL ］. http：//www. iie. org/en/Research-and-Publications/Publications-and-Reports/IIE-Bookstore/Joint-Degree-Survey-Report-2011.

Jay Littlepage. Entrepreneurship and the Contemporary American University：An Industry Perspective［EB/OL］. http：//www. cgsnet. org/portals/0/pdf/mtg_sm06Littlepage. pdf.

Jeff Weber. The First Professional Degree Classification［EB/OL］. http：//www. sheeo. org/network/presen2004/Focus%201_04. ppt.

John W. Budd. Practicing what we preach：Using professional degree principles to improve HEIR and management teaching［J/OL］. http：//www. legacy-irc. csom. umn. edu/RePEC/hrr/papers/0605. pdf.

Judith Glazer-Raymo. Trajectories for Professional Master's Education［EB/OL］. (2014-07-12). http：//www. cgsnet. org.

Judith Glazer-Raymo. Trajectories for Professional Master's Education. http：//www. cgsnet. org.

Judith S. Glazer. Toward a new paradigm［EB/OL］//Joslyn L. Green. The Master's Degree：Jack of all trades. (1987-04). https：//files. eric. ed. gov/fulltext/ED284467. pdf.

Leanor L. Babco. The Role and Status of the Master's Degree in STEM［EB/OL］. http：//www. cgsnet. org/portals/0/pdf/CGSNSF2010_Babco. pdf.

Linda Candy. Practice based Research：A Guide［R/OL］. CCS Report，2006. https：//www. researchgate. net/profile/Linda-Candy/publication.

Lilian Wu. Building a Smarter Planet：a more intelligent，interconnected，instrumented world—University-Industry-Government-Non-profits ［ EB/OL ］. http：//www. cgsnet. org/portals/0/pdf/CGSNSF2010_Wu. pdf.

Maresi Nerad. Social Science PhDs—Five + Years Out: A National Survey of PhDs in Six Fields [EB/OL]. http://depts. washington. edu/cirgeweb/phd-career-path-tracking/2261-2/.

Mark Regets. What do people do with science and engineering master's degrees? [EB/OL]. http://www. cgsnet. org/portals/0/pdf/mtg_am08Regets. pdf.

Max King. The Masters Degree—An Australian Perspective[EB/OL]. http://www. cgsnet. org/portals/0/pdf/mtg_am07King. pdf.

Mster of Teaching (Secondary) (MC-TEACHSA) [EB/OL]. https://handbook. unimelb. edu. au/courses/mc-teachsa/entry-participation-requirements.

Neil Taylor, T W Maxwell. Enhancing the Relevance of a Professional Doctorate: The Case of the Doctor of Education Degree at the University of New Englang[EB/OL]. http://www. apjce. org/volume_5/Volume_5_1_60_69. pdf.

Oregon State University, Physics. MS Degree for MS track[EB/OL]. (2010-01-28). http://www. physics. oregonstate. edu/msProgram.

Oregon State University, Professional Science Master's. Curriculum & Degree Completion for M. S. in Applied Physics[EB/OL]. (2010-01-28) http://psm. science. oregonstate. edu/program-curriculumms-applied-physics.

Past Bienniel Meeting: 2005. PSMs for Mid-career Professionals: the IIT experience[EB/OL]. (2010-02-03). http://sciencemasters. com/Portals/0/PDFs/PSMB _ 2005 _ Friedman. pdf.

Peter A. Gloor, Carey Heckmann, Fillia Makedon. Ethical Issues in Collaborative Innovation Networks[EB/OL]. http://www. ickn. org/documents/COIN4Ethicomp. pdf.

Postgraduate Taught Experience Survey [EB/OL]. http://www. imperial. ac. uk/students/academic-support/student-surveys/pg-student-surveys/postgraduate-taught-experience-survey-ptes/.

Postgraduate Research Experience Survey[EB/OL]. http://www. imperial. ac. uk/students/academic-support/student-surveys/pg-student-surveys/postgraduate-research-experience-survey-pres/.

Professional Science Master's. "Science Plus" Curricula[EB/OL]. http://www. sciencemasters

Professional Science Master's. Professional Science Master's Programs[EB/OL]. (2010-01-16). http://www. siencemasters. com/portals/0/pdfs/PSMStudentFlyer. pdf.

Professional Science Master's. Structuring Satisfaction for Multiple Stakeholders[EB/OL]. (2010-02-18). http://www. sciencemasters. com/portals/0/powerpoints/CSGS_Beck. ppt.

Professional Science Master's. Students [EB/OL]. (2010-01-24). http://www. sciencemasters. com/ScienceMastersHome/Students/tabid/53/Default. aspx.

Professional Science Master's. Summary Notes from Internship and Placement[EB/OL]. (2010-02-12). http://sciencemasters. com/portals/0/pdfs/Internship_and_Placement. pdf.

Professional Science Master's: Moving to Scale and Sustainability[EB/OL]. (2010-01-15). http://www. cgsnet. org.

QAA. The Frameworks for Higher Education Qualifications of UK Degree-Awarding Bodies

[EB/OL]. https：//www. qaa. ac. uk/quality-code/qualifications-and-credit-frameworks.

Quality Assurance Agency(QAA). National Qualification Framework in England. Wales and Northern Oreland[R/OL]. http：//www. qaa. ac. uk.

The National Center for Education Statistics(NCES). Digest of Education Statistics 2014 [EB/OL]. http：//nces. ed. gov/programs/digest/d14/.

Uk Council for Graduate Education-Annual Conference 2019[EB/OL]. http：//www. ukcge. ac. uk/events/ac19-133. aspx#one.

Wendler, Cathy, Bridgeman, et al. Pathways Through Graduate School and Into Careers[R/OL]. https：//files. eric. ed. gov/fulltext/ED531249. pdf.

William Wiener. The Graduate School Perspective on Master's Degree in STEM[EB/OL]. http：//www. cgsnet. org/portals/0/pdf/CGSNSF2010_Wiener. pdf.

World Economic Forum. The future of jobs——employment, skills and workforces strategy for the fourth industrial revolution[EB/OL]http：//www3. weforum. org/docs/WEF_Future_of_Jobs. pdf.

日本大学審議会. 21世紀の大学像と今後の改革方策について—競争的環境の中で個性が輝く大学[EB/OL]. http：//www. mext. go. jp/b_menu/shingi/chukyo/chukyo4/006/gijiroku/020401bb. htm.

日本文部科学省専門職大学院室《専門職大学院制度の概要》[EB/OL]. http：//www. mext. go. jp/a_menu/koutou/senmonshoku/__icsFiles/afieldfile/2013/09/05/1236743_01. pdf.

日本中央教育審議会. 大学院における高度専門職業人養成について[EB/OL]. http：//www. mext. go. jp/b_menu/shingi/chukyo/chukyo0/toushin/020802. htm#0#0.

日本中央教育審議会《法科大学院の設置基準等について》[EB/OL]. http：//www. mext. go. jp/b_menu/shingi/chukyo/chukyo0/toushin/020803. htm#1#1.

日本中央教育審議会. 我が国の高等教育の将来像[EB/OL]. http：//www. mext. go. jp/b_menu/shingi/chukyo/chukyo0/toushin/attach/__icsFiles/afieldfile/2013/05/27/1335580_001. pdf.

日本中央教育審議会. 専門職大学院設置基準[EB/OL]. http：//www. mext. go. jp/a_menu/koutou/houka/03050103. pdf.

統計で見る日本. 学校基本調査[EB/OL]. http：//www. e-stat. go. jp/SG1/estat/NewList. do? tid=000001011528.

（四）其他

陈静. 我国专业学位研究生家奇偶与发展问题研究[D]. 重庆：西南大学,2013.

刘垠,操秀英. 我国创新型国家建设取得新进展[N]. 科技日报,2020-05-20(1).

陶学文. 我国专业学位研究生培养模式及其创新研究[D]. 武汉：华中科技大学,2011.

许冰冰. 德国职业资格证书制度研究[D]. 天津：天津大学,2010.

Council of Graduation Schools. Professional Science Master's Update: The Internship Component[R].

Council of Graduate Schools. Broadening Participation in Graduate Education[R]. 2009.

Council of Graduate Schools. Graduate Education and the Public Good[R]. 2008.

Council of Graduate Schools. Graduate Education: The Backbone of American Competitiveness and Innovation[R]. 2007.

J. S. Glazer. The Master's Degree: Tradition, Diversity, Innovation[R]. ASHE-ERIC Higher Education Report,1986(6).

National Science Foundation. Gradua te Education Reform in Europe, Asia and The American and International M obility of Scientists and Engineers: Proceeding of an NSF Workshop [R]. 2000.

Office of Science and Technology (OST). Realsing our Potential-Strategy for Science, Engineering and Technology[R]. London: HMSO. 1993.

UK Research Council. Skills Expected from Graduate Students in Search of Employment in Academic and Non-Academic Settings[R]. UK Research Council,2011.

V. P. Niitamo, S. Kulkki, M. Eriksson, et al. State-of-the-Art and Good Practice in the Field [C]//IEEE. Technology Management Conference,2016.

后　记

　　研究生教育研究是本人研究方向之所在,因关注而喜欢,因有兴趣而能坚持。2003年我完成博士学位论文《研究生教育发展战略研究》之时,对我国研究生教育改革发展及其研究有一个基本的预测,认为今后的研究将集中在结构调整、规模扩张与质量提升各自新空间新方向的拓展策略,以及三者相互之间协调共进的具体途径上。缘于此,我特别关注应用型硕士研究生培养这一研究主题,研读中国研究生教育改革发展史和相关研究文献后,发现应用型硕士研究生培养几乎与中国研究生教育制度化发展同步,中国学位与研究生教育发展脉络的主线之一就是应用型硕士研究生培养改革探索。围绕这一主题,我相继发表了10余篇学术论文,后以这些论文为基础,加以整理充实为体系较为完整的书稿。

　　书稿以《应用型硕士研究生培养研究》为题申报国家社会科学基金后期资助项目并有幸获批准立项。评审专家提出了非常好的修改建议,在此要特别感谢评审专家提出的宝贵意见。

　　参考和吸纳评审专家的评审意见和修改建议,书稿修改中进一步明确了"应用型硕士研究生"这一核心概念,新增加了单独的一节"概念界定",从多个角度对应用型硕士研究生及其培养的内涵与特征进行了界定;同时增加了一节"文献综述"以厘清"应用型硕士研究生培养"的研究基础和历史演变,尤其是对我国学者发表的相关研究文献进行了较为系统和全面的梳理。

　　研究生教育的多元分化要求明确清晰地界定硕士研究生的培养目标、划分硕士研究生的培养类型。本书采取三分法,即将硕士研究生划分为学术型硕士研究生、职业型(专业学位)硕士研究生、应用型硕士研究生,主张从制度设计、模式构想、过程重构等方面区分三类研究生的培养。整个研究围绕"应用型硕士研究生培养"这一核心主题展开,始终注意对比学术型、职业型(专业学位)与应用型硕士研究生培养各自的特征,相关理论分析和对策建议乃基于应用型硕士研究生及其培养之特质,但并不排斥应用型硕士研究生培养改革从学术型、职业型(专业学位)研究生培养中借鉴成功的经验。

本书的撰写参考和借鉴了大量研究文献,在此对各位前辈和同仁的学术贡献致以深深的敬意和谢意!此项研究虽历时较长,不断积累和修改完善,但受笔者学科背景、学识水平的制约,书中难免仍有错漏,恳请同行专家和读者批评指正!

本书得以出版,首先要感谢国家社会科学基金的资助!感谢全国教育科学规划办公室的支持!书稿修改中充分吸纳了评审专家的意见建议,再次由衷感谢评审专家的真知灼见!感谢清华大学出版社编辑商成果女士认真细致工作。

2020 年 7 月 29 日,全国研究生教育会议召开,研究生教育改革创新发展迎来大好机遇。我国研究生教育必将步入高质量发展的轨道,面向国家经济社会发展主战场、人民群众需求和世界科技发展前沿,培养出更多适应各领域需要的高层次人才,为实现中华民族伟大复兴的中国梦作出贡献!恰逢盛世,我自当倾力为之!

廖湘阳

2021 年 5 月 18 日

于湖南师范大学茶山村 6 栋 504 室